城镇化与社会变革丛书
URBANIZATION AND SOCIAL TRANSFORMATION SERIES

丛书主编 ▶ 李 铁

中国城镇化转型研究

STUDY OF TRANSFORMATION
TO NEW TYPE OF URBANIZATION

冯 奎◎著

中国发展出版社
CHINA DEVELOPMENT PRESS

图书在版编目（CIP）数据

中国城镇化转型研究/冯奎著 . —北京：中国发展出版社，2013.7
（城镇化与社会变革丛书/李铁主编）
ISBN 978-7-80234-949-0

I. ①中… Ⅱ. ①冯… Ⅲ. ①城市化—研究—中国 Ⅳ. ①F299.21

中国版本图书馆 CIP 数据核字（2013）第 121937 号

书　　　名：中国城镇化转型研究
著作责任者：冯　奎
出 版 发 行：中国发展出版社
　　　　　　（北京市西城区百万庄大街 16 号 8 层　100037）
标 准 书 号：ISBN 978-7-80234-949-0
经 销 者：各地新华书店
印 刷 者：北京科信印刷有限公司
开　　　本：700mm×1000mm　1/16
印　　　张：25.75
字　　　数：380 千字
版　　　次：2013 年 7 月第 1 版
印　　　次：2013 年 7 月第 1 次印刷
定　　　价：65.00 元

联 系 电 话：(010) 68990642　68990692
购 书 热 线：(010) 68990682　68990686
网 络 订 购：http://zgfzcbs.tmall.com//
网 购 电 话：(010) 88333349　68990639
本 社 网 址：http://www.develpress.com.cn
电 子 邮 件：bianjibu16@vip.sohu.com

总　序

　　中央政府又一次把城镇化作为拉动内需和带动经济增长的引擎，使得城镇化问题再次成为社会关注的热点。巧合的是，两次提出城镇化问题都和国际金融危机有关，上一次是亚洲金融危机，而这一次是全球金融危机。作为长期从事城镇化政策研究的团队，我们的研究积累对于中国的城镇化问题应该有着清醒的认识，但是对于社会，对于各级政府、企业家、学者和媒体人来说，如何去理解城镇化问题，就涉及将来可能出台什么样的政策，以及相关政策如何落实。因此，我们决定把多年的研究成果公诸于世，以"城镇化与社会变革"系列丛书的形式出版。丛书之所以以改革为主题，就是要清楚地表明，未来推进城镇化最大的难点在于制度障碍，只有通过改革，才能破除传统体制对城乡和城镇间要素流动的约束和限制，城镇化带动内需增长的潜力才能得到真正释放。

　　丛书出版之际，出版社邀请我作序，一方面希望从宏观的角度来评价十八大以来的城镇化政策要点，另一方面希望对国家发改委城市和小城镇改革发展中心（以下简称"中心"）从事城镇化政策研究的历程做一个简要的回顾。毕竟我全程参与了中心的组建和发展，也基本上经历了从城镇化政策研究到一系列政策文件出台的过程。其实，我内心的想法，无论目前把城镇化政策提到怎样的高度，毕竟与可操作的政策出台以及贯彻落实都还有很长的距离。我能更多地体会到，这项研究，凝聚着许多长期从事农村政策研究和城镇化研究的领导和专家的心血，也汇集了一些地方基层政府的长期实践。我们只是作为一个团队集中了所有的智慧，利用我们的平台优势把这些成果和资料积累下来。

　　1992 年，我在国家体改委农村司工作，有一次参加国土经济学会在新华社举办的关于小城镇问题的研讨会，原中央农研室的老领导杜润生先生发言，提到小城镇对于农村乡镇企业发展和农村资源整合的重要意义，回来后感受颇深。在年底农村司提出 1993 年度研究课题重点时，把小城镇和城镇化问题作为六个重点研究课题的选题之一，报告给了时任国家体改委副主任马凯同志。我记得其他选题还有农村税费改革、城乡商品流通和土地问题等等。马凯副主任只是在小城镇这个课题上画了一个圈，要求我们重点进行研究。这一个圈就决定了我后半生的命运，至今已经20年了。当时马凯同志分管农村司工作，他之所以要求我们从事小城镇和城镇化问题的研究，他的基本论断是"减少农民，才能富裕农民"。

在后来的城镇化研究中，很多人不理解，为什么当时中央提出"小城镇，大战略"？特别是一些经济和规划工作者，他们认为城镇化政策重点不应该是积极发展小城镇，而应该是发展大城市，可是谁也不去追问。当时城镇化的提法还是禁忌，户籍问题更是没人敢提。几千年来确保农产品供给问题似乎成为一种现实的担忧；已经形成的城乡福利上的二元差距，更是各级城市政府不愿意推进户籍管理制度改革的借口。只有在小城镇，因为福利差距没有那么大，基础设施和公共服务条件没有那么好，与农村有着天然的接壤和联系，而且许多乡镇企业又直接办在小城镇，在这里实现有关城镇化的一系列体制上的突破，应该引起的社会波动比较小。1993～1995年，在马凯同志的直接领导下，我们开始了小城镇和城镇化的研究。马凯同志亲自带队到各部委征求意见，1995年4月，协调国务院十一个有关部、委、局制定并印发了《全国小城镇综合改革试点指导意见》，这是第一个从全方位改革政策入手，以小城镇作为突破口，全面实行综合改革试点的指导性意见。其中涉及的内容包括户籍管理制度、土地流转制度、小城镇的行政管理体制、地方财税管理体制、机构改革和乡镇行政区划调整、基础设施的投融资改革、统计制度等多方面。

1998年国务院机构改革，国家体改委和国务院特区办合并为国务院经济体制改革办公室，原来的16个司局缩编成6个司局，涉及大量的司局级干部重组和自寻出路。为了坚持小城镇和城镇化的政策研究，把试点工作持续下去，在各方面的支持下，我放弃了留在机关内工作的机会。1998年6月，经中编委批准，以原国家体改委农村司为主体成立了小城镇改革发展中心。从此我开始了漫长而又寂寞的城镇化政策研究之路。

1997年的亚洲金融危机，我国的外向型经济受挫，很多专家提出扩大内需的思路，城镇化和小城镇终于第一次走上了政府宏观政策的台面。

1998 年十五届三中全会开始提出"小城镇，大战略"。1999 年，时任国务院副秘书长的马凯同志和中农办主任段应碧同志，把起草向中央政治局常委汇报的"小城镇发展和城镇化问题"的任务交给了国务院体改办。之后，我们又在国务院体改办副主任邵秉仁同志的领导下，直接参与起草了 2000 年 6 月中共中央、国务院颁布的《关于促进小城镇健康发展的若干指导意见》。这个文件下达之后，户籍管理制度原则上在全国县级市以下的城镇基本放开，农村进城务工人员只要在城里有了住所和稳定的就业条件，就可以办理落户手续，而其在农村的承包地和宅基地仍可保留。根据中央有关文件精神，2000 年第五次全国人口普查后，我国把进城务工的农民第一次统计为城镇人口，我国的城镇化率一下子从原来的 29% 提高到 36%。

2002 年，党的十六大报告第一次写进了有关城镇化的内容，其中把"繁荣农村经济，加快城镇化进程"写到一起，这充分说明了城镇化对于"三农"问题的重要性。值得特别提出的是，我们的城镇化研究也从小城镇开始深入到进城的农民工，中心全体研究人员就农民工问题进行了大量的调查研究。2002 年，根据马凯副秘书长和段应碧主任的安排，由中心组织人员起草了 2003 年国务院办公厅 1 号文件《关于做好农民进城务工就业管理和服务工作的通知》。

2003 年，中心被并入了国家发改委，城镇化的研究工作转向了深入积累阶段。原来曾经全方位开展的改革试点工作虽然还在进行，但是实质性内容越来越少。在这一阶段反思城镇化，站在农村的角度去推进城市的各项相关改革，看来是越来越难了。中国的体制，城市实际上是行政管理等级的一个层面，而不是西方国家那种独立自治的城市。中国城市管理农村的体制，使得从农村的角度提出任何问题都是带有补贴和扶助的性质。而实际上，由于利益格局的确立，城市仍然没有摆脱依赖于从农村剥夺资源，来维持城市公共福利的积累和企业成本降低的局面。原来简单明了的城乡二元结构，已经被行政区的公共福利利益格局多元化了，因此要改革的内容已经远远超出了 20 世纪 90 年代凸显的城乡二元结构的范畴。原来长期研究农村改革、试图解决农村问题，现在成为城镇化出发点的思路，肯定也要相应地转型，使我们的研究团队站在城市的决策角度考虑问题。2009 年，我们开始把中心研究的重点彻底地转向城市，单位的名称也同时作出了调整，改为"城市和小城镇改革发展中心"。这种转型的最大效果就是可以更多地偏重于决策者的思维，了解决策阶层所更关注的城市角度，有利于提出更好的政策咨询建议。

中心成立15年来，我和同事们到20多个省（直辖市、自治区）的数千个不同类型、不同规模的城镇调研，积累了大量的材料，并为一批城镇特别制定了发展规划。

我们所理解的城镇化政策是改革，这也是我们长期和社会上的一些学者，甚至包括政府决策系统的部分研究人员在观点上的一些重要分歧。因为城镇化要解决的是几亿进城农民的公共服务均等化问题，关系到利益结构的调整，所以必须通过改革来解决有关制度层面的问题。仅靠投资是无法带动城镇化的，否则只会固化当地居民和外来人口的福利格局。只有在改革的基础上，打破户籍、土地和行政管理体制上的障碍，提高城镇化质量，改善外来人口的公共服务，提升投资效率才能变为可能。

幸运的是，从2012年起，中央领导同志对于城镇化的重视达到了前所未有的高度。在国家发改委副主任徐宪平同志的支持下，我们终于把多年的研究积累作为基础性咨询，提供给政策研究和制定的部门。虽然关于城镇化所涉及的改革政策的全面铺开还需要时日，还需要观点上进一步的统一，但无论怎样，问题提到了台面，总会有解决的办法，任何事情都不能一蹴而就，但毕竟有一个非常好的开始。

同事们提议，是不是可以把这些年我们团队有关城镇化的研究成果出版成书？我同意了。2013年是全国深入贯彻落实十八大精神的开局之年，是一个好时候，全社会都在关注城镇化进程。此举可以把我们的观点奉献给社会，以求有一个更充分的讨论环境，寻求共识，推进城镇化改革政策的持续出台。

国家发改委城市和小城镇改革发展中心主任

李铁

2013年3月

目录 >>> CONTENTS

理论篇

经验篇

理论篇

第一章 基本概念与相关研究综述

一、城市化与城镇化

英文只有一个 urbanization，中国的官方政策语言使用"城镇化"，而不是用"城市化"与之对应。一定意义上，城镇化就是中国特色的城市化。城镇化概念的使用，内在地反映了中国在城镇化推进过程中小城镇不可替代的地位，也反映了政府对城镇化体系布局的战略思想。

1. 城市化的概念与相关研究

城市化，顾名思义，即"化为城市"。那么，何为城市？在不同历史阶段，不同学科背景的学者，对城市的理解并不相同。例如，L. 沃斯认为城市是"一个相对较大，密度较高，由不同社会阶层的个体组成的永久性定居地"。L. 芒福德则认为，城市是"权力与集体文化的最高集聚点"。

美国城市研究学者 S·科斯托夫总结认为，城市具有以下特征：①城市是人们积极的聚集行动发生的场所；②城市总是集群出现；③城市具有物质意义上的，或象征意义上的形态界限，这个界限将城市性与非城市性结构区分开来；④城市是一个有利于获取收益的地方；⑤城市必须依靠文字记录；⑥城市与乡村有着紧密的联系；⑦城市带有某种形式的纪念寓意；⑧城市是由人与建筑组成的场所。[①]

本书作者：冯奎，国家发改委城市和小城镇改革发展中心国际合作部主任、城市中国网总编、博士。

① 科斯托夫：《城市的形成：历史进程中的城市模式和城市意义》，中国建筑工业出版社 2005 年版。

在现实经济与社会生活中，理解城市概念的关键，在于找到城市与非城市之间的界限。一般而言，行政意义上的城市具有明确的界限，而在形态与功能意义上使用的城市概念则没有这种明确的界限。

在一些国家，行政意义上的城市是由法律批准建制，或者国家有明确的统计定义标准。由此派生出的特征是：它们具有明确的行政组织架构，有明确的地理界线，能够统计出明确的经济活动指标。例如在中国，行政意义上的城市有 658 个。

实际意义上的城市，或者正向实际意义上的城市转化的"准城市"，它们是指物理或社会经济层面的城市，以形态学或功能性定义进行约束[1]。

形态学意义上的城市地区（MUA）展现了在限定密度基础上的建筑空间连续性。许多研究城市的专家认可将一定规模与密度的区域称为城市，如 V. Gordon Childe（1950）[2] 强调了城市的规模和人口结构特征。Sjoberg（1965）[3] 指出，城市是达到了一定的规模和人口密度的、聚集了各种非农产业从业者（包括文化精英）的聚居地。

从形态学上意义上考虑，欧洲国家一般把居民数量在 10000 ~ 50000 人之间的地区称为城镇；而居民数量在 50000 人以上的地区称为城市。

功能性意义上的城市地区（FUA）可由劳务市场规模以及通勤者的流动方式来界定。FUA 是一个更加广阔的城市系统，它将周边城镇及乡村纳入在内。无论是从经济方面还是社会方面而言，周边城镇及乡村都对主要城市中心的依赖程度较高。

一般而言，行政城市人口是可以通过人口普查精确统计的，而形态与功能意义上的城市人口则具有模糊的特征。另外，所有形态与功能意义上的城市人口，即 MUA 人口、FUA 人口都大于行政城市人口。以伦敦为例，行政城市人口为 743 万人，MUA 人口达到 827 万人，FUA 人口为 1371 万人。MUA/城市比率以及 FUA/城市比率分别达到 1.1、1.8。这意

---

① 欧盟出版办公室编："明日之城——挑战、愿景、开拓前进" 2011。

② V. g. childe, "The Urban Revolution" Town Planning Review 21 (1950): 3 – 17

③ W. sjoberg, "The Origin and Evolution of Cities", Scientific American, September (1965), 55 – 56

味着，从功能意义上看，大伦敦城市的人口是行政意义的伦敦市的近2
倍（表1.1）。

表1.1　　欧洲各大城市的行政、形态学和功能性城市地区

	行政城市人口（百万人）	MUA人口（百万人）	MUA/城市比率	FUA人口（百万人）	FUA/城市比率
伦敦	7.43	8.27	1.1	13.71	1.8
巴黎	2.18	9.59	4.4	11.18	5.1
马德里	3.26	4.96	1.5	5.26	1.6
巴塞罗那	1.58	3.66	2.3	4.25	2.7
米兰	1.30	3.70	2.8	4.09	3.1
柏林	3.44	3.78	1.1	4.02	1.2
伯明翰	0.99	2.36	2.4	3.68	3.7
罗马	2.55	2.53	1.0	3.19	1.3
卡托维兹	0.32	2.28	7.1	3.03	9.5
华沙	1.69	2.00	1.2	2.79	1.7
法兰克福	0.65	1.46	2.2	2.76	4.2
里斯本	0.53	2.32	4.4	2.59	4.9
里尔	0.23	0.95	4.1	2.59	11.3
维也纳	1.60	1.67	1.0	2.58	1.6
曼彻斯特	0.44	2.21	5.0	2.56	5.8
布达佩斯	1.70	2.12	1.2	2.52	1.5
利物浦	0.44	0.17	2.7	2.24	5.1
斯德哥尔摩	0.76	1.48	1.9	2.17	2.9
布加勒斯特	1.93	2.06	1.1	2.06	1.1
哥本哈根	0.50	1.36	2.7	1.88	3.8
布拉格	1.17	1.18	1.0	1.67	1.4
都柏林	0.47	1.07	2.3	1.48	3.1
阿姆斯特丹	0.78	1.05	1.3	1.47	1.9
鹿特丹	0.60	1.03	1.7	1.43	2.4
赫尔辛基	0.56	1.07	1.9	1.29	2.3
奥斯陆	0.60	0.71	1.2	1.04	1.7
布拉迪斯拉发	0.43	0.44	1.0	0.71	1.7
总计	38.13	66.48	1.7	88.24	2.3

由于城市的定义如此复杂，我们需要在不同的讨论中分清楚不同的
城市定义。以美国为例，美国人口普查局给出了多种地理区域的定义，

这些区域标志着不同类型的"城市"。根据美国人口普查局的标准，2000年美国共有 3756 个城市地区，城市人口占总人口的 79%，有 361 个大都市区，有 559 个小都市区。

表 1.2　　　　　　　　　　　美国城市的概念

1	城市地区	人口不少于 2500 人，且每平方公里的密度不少于 500 人
2	城市人口	生活在城市地区的居民
3	大都市区	拥有大量人口的核心区及其在经济上结为一体的邻近社区。人口不少于 50000 人
4	小都市区	比大都市区小一些的区域
5	主要城市	每个大都市区或小都市区内最大的自治市

在美国的城市形态中，每个大都市区或小都市区的名称是由该地区内三个主要城市的名称和它们所在州的名称组成的。例如明尼阿波利斯都市区的区名由明尼阿波利斯、明尼苏达州、威斯康星州组成。这个大都市区包括了三个自治区以及另外两个州。当我们在讨论明尼阿波利斯—明尼苏达州—威斯康星州这个"大都会区"时，可能是在形态学与功能意义上使用城市的概念。但当我们讨论明尼阿波利斯、圣保罗—布鲁明顿这两个自治城市的问题时，可能是在行政意义上使用城市的概念。因此，在美国，当讨论有关经济问题时，城市地区、大都市区和城市这三个术语可以互换，但在讨论政治及行政问题时，这三个术语不能互换。

城市的概念经常具有不确定性，城市化的定义更加如此。对城市化的定义，经常取决于人们为何目的而使用城市化的概念。不难理解的基本事实是，城市化的概念无论在西方还是在中国至今仍然莫衷一是。总体来说，对城市化概念的理解，主要有狭义与广义的区分。较早提出这一概念的埃尔德里奇（H. T. Eidridge）认为，人口集中的过程就是城市化的全部含义。人口不断向城市集中，城市就不断发展；人口停止向城市集中，城市化亦随即停止。后来不少学者遵循着城市化这个质的规定性，侧重于研究人口向城市集中的演进与变化。这些学者理解的是狭义的城市化。

然而，近来有越来越多的学者偏重于从广义的角度去理解城市化。

他们指出，城市化既是人口向城市的集中，同时也意味着城市规模的扩大、城市数量的增加，并且在此基础上，城市化反映出城市的生活方式向乡村辐射。例如，日本的森川洋（1989）认为，城市化反映的内容包括城市人口增加，城市建成区扩展，城市景观、城市社会以及城市生活方式等的形成。英国帕乔内（2003）认为，城市化定义有三方面含义：第一，城市化（urbanization），城市人口占总人口比重的增加；第二，城市增长（urban growth），城市和镇的人口与规模的增加；第三，城市生活方式（urbanism），城市生活的社会和行为特征在整个社会的扩展。显然，广义的城市化的概念里，既包括了城市人口增加的内涵，也包括了城市经济和社会发展的内容。

在工业化、信息化、全球化等重大因素影响下，城市的形态日趋丰富、复杂。就狭义的城市化任务而言，西方发达国家已基本完成。但就深度城市化、再城市化、城市更新与发展等新的任务阶段而言，西方发达国家的城市化也在不断探索与前进之中。

国外关于城市化的研究主要由西方学者做出。西方学者基于欧美数百年城市化的观察分析，产生了众多理论。这些理论（流派、观点、方法）包括：二元结构的经典传统方法；自上而下的发展范式（包括不平衡发展理论、现代化理论、扩散理论）；历史主义方法（累积理论、核心边缘理论）；激进的政治经济学方法（依附论、社会剩余价值集聚理论、世界体系理论）；自下而上范式（来自底层的发展）；后现代主义方法等（顾朝林，2003）[①]。如果从这些理论所研究解决的问题来看，大致可以归纳为城市起源理论、城市区位理论、人口迁移理论、城市增长理论、城市进程理论等等。

（1）城市起源理论

西方学者孜孜不倦地进行城市起源的研究，一方面是这些学者对西方城市化历史怀有持续性兴趣；另一方面，他们也是希望城市起源的研究可以为发展中国家提供城市化与城市发展的可能性起点。

西方学者认为城市起源的原因是多种多样的。一是农业剩余产品因

---

① 顾朝林、于涛方、李王鸣：《中国城市化格局·过程·机理》，科学出版社 2008 年版。

素。早期的农民能够生产出足够的食物,这样他们就能够支持定居人口的增长。这个观点引申出来的含义是农业是稳定发展城市、城市化的重要保证条件。二是水文学因素。西方学者注意到早期城市起源于水资源丰富的平原地带。这是因为农业生产依赖于水资源。正因如此,早期城市诞生于美索不达米亚底格里斯河与幼发拉底河流域、埃及尼罗河流域、印度河峡谷、中国北方黄河流域等水土肥沃的地带。三是人口压力因素。人口在一定地区过度集中,可能导致人均享有资源环境数量下降,迫使一部分人离开这个地方,到新的地方进行定居,从而形成城市。四是防卫需要的因素。人们建造城墙,用以防卫财产与生命不受侵害,这将加剧更多的城墙外的人口向城市集中。一些城市史专家甚至认为,在兵荒马乱的年代,人们为了防御的需要而不断向聚落集合。因此,战争而不是和平,可能对早期的城市有着显著的促进作用。五是宗教因素。当代西方许多城市是围绕城市中心的宗教建筑而发展起来的,这反映了在人类早期生活中,宗教信仰与仪式的重要性。

(2)城市区位理论

城市区位理论研究的是城市效益的来源,以及城市的体系、格局与分工。在西方学者看来,产业依托于城市而兴起;而从另一个角度来看,城市必须借助于一定产业才得以集聚人口,扩大规模。杜能的农业区位理论、韦伯的工业区位理论、克里斯泰勒的服务业区位理论,分别研究了不同产业环境下,产业发展与城市区位的关系。这些理论既是产业区位理论的源泉,也奠定了城市区位理论的基础。

杜能的农业区位理论构造了"杜能环"的概念。所谓的"杜能环",是指以城市为中心,由里向外依次为自由式农业、林业、轮作式农业、谷草式农业、三圃式农业、畜牧业等农业圈层结构。农业生产方式作出上述配置,基本原因在于,在城市附近适宜而且应该种植相对于农产品价格而言运费高且笨重、体积大的作物,或者是易于腐烂需在新鲜时消费的产品,而在远距城市的地方,则生产相对于价格而言运费小的作物。例如,根据"杜能环"规律,最靠近城市的第一圈层(即最里层),应主要生产蔬菜、鲜奶等。

德国经济学家韦伯1909年出版了《工业区位论》。工业区位论的重要概念是"区位因子"（locational factors）。区位因子是指经济活动在某特定地点进行时所获得的利益。区位因子是与所有工业有关的因子，如劳动力、地租、运费等；而特殊因子则是与特定工业相关的因子，如空气的湿度等。通过对区位因子的分析，工业企业就完成了对工业的地点布局。相应地，城市提供了工业区位的区位因子；而另一方面，工业区位因子的单个集聚，又会加速城市的区域定位。

德国地理学家克里斯泰勒在20世纪30年代创立了"中心地理论"，并由廖什等人在后期进一步拓展。中心地理论重点研究了城市区位与服务业发展的关系。所谓"中心地"，是指提供商品或服务的区域。在中心地理论中，低级中心只能提供有限的低级产品，而高级中心则可提供高级商品与服务。行政中枢、大企业总部会选择高级中心地，而下级行政机构或大企业的分支机构则会选择较低等级的中心地。高级中心地就是一国的首都或其他重要的中心城市；而低级中心地则是区域性或外围的城市、小城镇。

西方学者认识到农业、工业与服务业与城市区位有着不同的内在联系，但也开始注意到所有产业都倾向于在一定地点的形成集聚效应。英国学者亚历山大、美国学者波特等人提出集聚或集群理论，更进一步解释了城市区位与产业发展的关系。亚历山大（1979）通过对伦敦、悉尼、多伦多等城市的事务所调查发现，企业的经营者追求集聚效益的目的为：一是便于与外部组织的接触；二是有利于与政府和诸机关的接触；三是接近顾客和委托人；四是接近关联企业；五是接近其他服务业；六是决策者集中等。波特在他经典的产业集群理论分析中指出，相关企业、行业协会、大学等，倾向于在一个相对较低的区域集中，以形成较强的集群竞争优势，包括能够降低成本、产生学习效应、形成区域品牌等。这些区域可能是小城镇，也可是都市核心区的一部分，也可能超越了若干城市的边界。

（3）人口迁移理论

人口迁移理论主要解释为什么会有农业人口向城市迁移，从而完成城市化。林林总总的人口迁移理论，有的侧重于解释人口迁移赖以成立的条件（如刘易斯的二元结构理论）；有的解释人口迁移的路径（如配第一克拉克的产业划分理论，钱纳里的标准结构模式理论）；有的解释迁移行为发生的内在原因（如推—拉模型）。

刘易斯于1953年提出了两部门经济发展模型。两部门经济发展模型是指社会中存在着传统农业部门与现代的工业部门。现代工业部门的劳动效率高，持续扩大，不断吸收传统农业部门的剩余劳动力。现代工业部门对劳动力需求的增长率超过了传统农业部门对劳动力供给的增长率，这时就会出现"刘易斯拐点"。刘易斯拐点的出现，不是说传统农业部门没有劳动力了，而是说现代工业部门必须通过涨工资等办法，人口流动才会继续。后来，拉尼斯、费景汉、托达罗等人结合不同的假设条件，发展了刘易斯的二元结构理论。

配第、克拉克等经济学家解释了劳动力在产业间转移的规律。17世纪英国古典经济学家威廉·配第注意到收入水平与产业结构之间的关系。举例来说，当时英国船员的收入是农民的4倍。据此他认为，收入之间的差距，将推动劳动力从低收入向高收入产业转移。柯林·克拉克在前者的基础上，对人均国民收入与三次产业的关系进行了重要的研究。他分析认为，随着经济发展与人均国民收入的提高，劳动力首先从第一产业向第二产业转移，进而向第三产业转移。第一产业的劳动力比重逐渐下降，第二产业和第三产业劳动力的比重则呈现出增加的趋势。由于第二产业与第三产业属于城市产业，这样配第—克拉克定律就解释了农民离开村庄进入城市的路径。

钱纳里等人根据世界大多数国家1950～1970年经济结构变化的经验统计材料，描述性地反映了人均GNP从100～1000美元发展区间产业结构、就业结构变动的"标准模式"。根据该标准模式，劳动力的部门转移主要发生在制造业与农业之间。从就业结构的变化来看，农业劳动力将向制造业与服务业进行转移。而在大部分时期，工业部门就业的增加远远低于农业就业的减少，劳动力因此主要由农业部门向服务业部门进行转移。

推拉模型反映了农村与城市两类不同地区对人口吸引力的强弱变化因素。当存在着农村的推力与城市的拉力时，当拉力大于推力，人口就从农村向城市迁移。但当存在着农村的拉力与城市的推力时，且拉力大于推力，人口也可能向农村回流或出现"逆城市化"。

（4）城市化经济理论

经济学们普遍注意到城市化经济的存在。所谓城市化经济，就是指由于城市人口的增加（城市化率提高），产出将随之增加。例如 Rosenthal and Strange（2004）研究提出，生产力对人口的弹性为 0.03~0.08，换句话说，人口增加一倍，将使每个工人的产出提高 3%~8%。受到这些研究的鼓励，西方甚至有学者提出，城市规模可以极大化，但不能极小化。

然而城市化经济理论也遇到了强烈的挑战。1972 年罗马俱乐部发表了《增长的极限》，提出增长不是发展，不能代表发展，如果经济增长破坏了环境，并超出资源承受力，则这种增长是不可取的。此后，西方众多学者就城市化经济的条件等展开了更多研究，并推动了增长模式的深入讨论。其中以精明增长的理念最为著名。

1997 年，马里兰州州长 Parris N. G. Lendening 首先提出了精明增长的概念。2 年后，美国城市规划协会在政府资助下，花了 8 年时间，完成了长达 2000 页的精明增长的城市规划立法纲要。美国的精明增长，主要针对以下四类问题：一是绿色空间减少和环境恶化；二是城市内部投资减少，功能退化；三是财政赤字日益恶化；四是生活品质下降。美国提出精明增长的目标：一是城市发展要使每个人受益；二是应达到经济、环境和社会的公平；三是使新、旧城区都得到发展，都有投资机会。

城市化经济理论经历了从只注重城市经济增长到追求均衡发展的目标演变，这正如彼得·霍尔所总结的那样，城市的发展至少存在着追求经济效益、社会和文化、生态环境三方面不同的逻辑[1]。

（5）新城与新城市主义理论

所有新城都是相对于旧城而言，新城发展理念与模式，也是相对于旧城发展理念与模式而言。新城理论实际上代表了西方学者在不同阶段对城市化已有过程与结果的一种反思。

英国学者霍华德 1889 年出版了《明天：一条通向真正改革的和平之路》，提出田园城市要处理好城市与乡村两种关系，确立三大目标，并由

---

[1] ［英］彼得·霍尔："规划：新千年的回顾与展望"，《国外城市规划》，2004 年第 4 期。

此开始了他的新城实践。霍华德的三大目标包括空间目标、社会目标、管理组织目标。

空间目标包括：

A. 每个田园城市控制在一定规模，对建成区用地扩张进行限制。

B. 几个田园城市围绕一个中心组成系统。

C. 用绿带和其他开敞地将居住区、工业区隔开。绿带的概念开始形成。

D. 合理的居住、工作、基础设施功能布局。

E. 城市各功能区之间有良好的交通连接。

F. 市民可以便捷地与自然景观接触。

社会目标包括：

A. 通过土地价格公共政策规定控制房客的房租压力。

B. 资助各种形式的合作社。

C. 土地出租的利益归公共所有。

D. 建设各种社会基础设施。

E. 创造各种就业岗位，包括自我创造就业岗位的专业户。

管理组织目标包括：

A. 具有约束力的城市建设规划。

B. 城市规划指导下的建筑方案审查制度。

C. 社会要成为公共设施的承担者。

D. 把私人资本的借贷利息限制在3%~4%范围之内。

E. 公营或共营企业的建立，由政府提供公共基础设施。

自霍华德之后，西方城市化的演进沿着反思、实践，再反思、再实践的主线进行。大体来说，自19世纪中后期开始，一直延至20世纪60年代，主要西方国家先后完成了城市化过程。20世纪六、七十年代以来，西方发达国家出现了郊区化运动，引起了人们对城市病的思考，各种医治城市病的"灵丹妙药"纷纷出台。20世纪90年代，西方学者注意到郊区化带来的种种负面影响，比如土地蔓延、城市中心区衰退，又掀起了新城市主义运动，希望通过以节约、集约、紧凑为核心理念的新城市主义运动引领再城市化的发展。

（6）城市化进程理论

西方学者关于城市化进程理论从三个方面进行展开：一是找出城市化进程的演进规律；二是确立哪些主要因素影响城市化进程；三是研究发现优化城市化进程的各类可行性措施。

1979 年，美国城市地理学家诺瑟姆发现并提出诺瑟姆曲线。他指出，发达国家的城市化大体上经历了一条被拉长的"S"形曲线。当城市化率低于30％时，城市化进程缓慢；当城市化率达到30％时，城市化呈加速发展状态，并延至70％甚至更高；城市化率超过70％以后，城市化进程再度回复缓慢甚至停滞状态，表明已经完成了城市化过程，城市化进入成熟阶段。

英国学者 L. 范登堡提出"城市发展阶段说"，该学说以经济结构变化的三阶段为根据，即：①从农业为主过渡到工业社会；②由工业经济过渡到第三产业经济；③第三产业部门继续发展进入成熟阶段。根据以上三个阶段的结构变化，他将城市化分成三个阶段，即城市化阶段、市郊化阶段、反城市化阶段。此外，还有两个有代表性的模型，"差异城市化理论"（Theory of Differential Urbanization）模型和"城市发展阶段"（Stages of Urban Development）模型，它们都说明了一个城市可能具有的周期性，即从①中心城区人口增长最快的城市化；到②中心城区周围地带人口增长速度较快的郊区化；到③中心城区和周围地带人口下降、中心城区的下降速度快于周围地区的逆城市化；到④中心城区的人口增长速度再一次超过周围地区的再城市化（Geyer and Kontuly，1993）。

美国著名城市专家保罗·诺克斯和琳达·迈克卡西于 2005 年出版了《城市化》，被称作是西方国家关于城市化研究的综合成果。在这本著作中，诺克斯等人提出，诸多因素与城市化发展相互影响，这些因素包括：人口的变化、政治的变化、文化的变化、经济的变化、社会的变化、技术的变化、环境的变化、地方性及历史性的偶然因素。在这些因素中，又以经济因素与城市化之间，以及经济因素与其他相关因素之间的相互影响最为强烈。城市化的结果是它对城市体系、土地利用、建筑环境与城市景观、社会生态学、城市生活等产生直接影响，而这些结果又作为间接的影响因素叠加到上述经济、人口等直接的城市化影响因素上去。

在城市化过程中，存在着许多需要解决的社会问题，并可能产生政治冲突，对这些方面的政策回应与规划，将投射到城市化进程中去。

（7）城市空间增长理论

早在 1890 年，马歇尔（Alfred Marshall）就开始关注产业集聚这一经济现象，并提出了两个重要的概念，即"内部经济"和"外部经济"。马歇尔之后，对集聚的研究逐渐延伸到其他经济要素，出现了许多流派。比较有影响的是韦伯（Alfred Webber）的区位集聚论、熊彼特（Joseph Alois Schumpeter）的创新产业集聚论、胡佛（Edgar M. Hoover）的产业集聚最佳规模论、波特（Michael Porter）的企业竞争优势与钻石模型等。集聚理论浅显的表达是指为获得集聚经济、规模经济及范围经济，具有内在联系的经济要素和经济活动往往会倾向于集中在一个适宜的地方发展，这种集聚过程一旦开始，就易形成循环因果式的促进集聚的力量，从而加速集聚的过程。集聚理论表明了城镇发展的内在客观规律，在工业布局的技术因素影响下，最高的经济效益是通过最大限度的空间集中而获得的。斯科特（A. scott，1988）从劳动过程的角度探讨了工业向城市集中的原因。

人口和产业等空间集聚是一个空间极化过程，在极化过程中，集聚效应开始显现，由于集聚经济非常明显，以致企业通常和城市连在一起，加之服务业的相伴而生，区域的增长极便逐步形成。法国学者佩鲁（F. Perroux）指出"增长并非同时出现在所有的地方，它以不同的强度首先出现于一些增长点或增长极上，然后通过不同的渠道向外扩散，并对整个经济产生不同的最终影响"。佩鲁的纯经济概念的"增长极"强调具有创新能力的推动型企业通过支配效应和扩散效应对区域经济增长的作用。1957 年法国地理学家布得维尔（J. Boudeville）和其他许多学者一起将该概念引入地理空间，提出"增长中心"这一空间概念，弥补了佩鲁对经济增长的空间结构重视不够的缺陷。他把增长极同极化空间、同城镇联系起来，使增长极作为拥有推进型产业的复合体的城镇出现。

增长极理论是区域开发中不均衡发展理论的一个典型，它强调据点开发、集中开发、重点建设，以发展中心带动整个区域发展。但是，增长极带动区域发展的扩散效应受制于距离，即离增长极越远的区域所能接受到的辐射扩散作用越小，而"点—轴"渐进扩散模式则有效地解决了这一问题。陆大道（1988）在深入研究国家宏观区域发展战略、高度总结我国多个地区发展经验的基础上，提出了"点—轴"渐进扩散理论。"点—轴"渐进扩散理论认为，随着区域生产力水平的发展，工矿居民点和城镇首先出现在资源丰富、区位条件优越的地方，它们之间出于经济和社会联系的需要建设了交通线。由于集聚效益的作用，经济活动及各种公用服务设施也将逐渐向地区的中心城镇或工矿点集中，随着联系的加强，连接城镇之间的交通线变成由交通线、能源供应线、通讯线、供气供水及其他各种管道等组成的线状基础设施束。而城镇或居民点这些"点"的周围和沿线若干条件次好地区由于交通更便利、更能接受中心镇的辐射，从而发展成为新的集聚点，继而交通线得到相应延伸。随着生产力进一步发展，那些条件好、效益高、人口和经济不断集中的城市会形成更大的集聚点，它们之间的线状基础设施也会越发完善，新的集聚点变为次级经济中心，并延伸出次级发展轴线，构成区域发展的"中心—轴线"系统。这种模式逐渐演变下去，整个区域将形成由不同等级的城镇和发展轴线组成的"点—轴"系统为标志的空间结构。

2. 城镇化的概念与相关研究

中国城镇发展历史悠久，但是大规模的城镇化只是到了改革开放以后才开始。上下五千年，在中国的黄河流域、长江流域、沿海和内陆的周边地区产生过 60 多座重要都城、几十座重要省城、2000 多座县城。2000 多年前的西汉，全国约有 5900 万人口，产生 1600 多个县城，其中许多县城都延续下来。在中国的历史上，早在唐朝时，中国的城市人口已经占全国总人口的 10% 左右，而当时的世界城市人口只占总人口的 3% 左右。

1949 年，中国的城市化率仍占全国总人口约 10%。1949 年底，全国共有设市城市 136 个，其中，中央直辖市 12 个，省辖市 55 个，专署辖市 69 个。1949 年至 20 世纪 70 年代末，中国的城镇化与城市发展经历了短暂的健康发展时期，较长时间内处于起伏发展、停滞发展的阶段。直到 1978 年，中国开始改革开放的重大抉择，发生了西方近代史上意义上规模壮观的工业革命，大规模的城镇化作为工业革命相伴相生的产物，才得以产生和发展。从时间上来说，中国的城镇化起步时间大约晚于世界上第一个完成城镇化的国家英国200年。从完成城镇化的时间来看，英国于1851年城市化率达到50%；中国于2011年底，宣布城镇化率达到51.27%，时间相差150年左右。

中国政府在官方文件中，一直用城镇化而非城市化一词。主要背景有三个。

一是中国自1949年以来，城乡之间实行不同的管理制度。不但城乡人口流动受到严格控制，且小城镇人口向中等城市、大城市流动也受到限制。这样一来，在西方国家普遍存在的农村人口直接流向大中城市的城市化路径，在中国并不存在。改革开放以来，中国农村剩余劳动力首先是在小城镇从事非农就业，然后随着一系列政策放松，才部分地涌向大中城市。因此，从实际的演进路径来说，城镇化一词比城市化更加贴切地反映了中国现实。

二是在中国特殊的城镇管理体制下，官方担心在政策文件里提出城市化一词，会导致城市对所辖小城镇和农村资源的过度攫取。中国的城市是一个行政区域，高等级城市管理着那些在等级上次而下之的城市。在中国的城镇体系中，小城镇被称作是"城市之尾、农村之头"。中国官方强调使用"城镇化"一词，暗含着对保持小城镇独立性的高度警觉，即希望借助小城镇发展的力量拉动农村经济，为农村社会发展提供服务。

三是小城镇规模较小，体制机制束缚较易突破，因而成为中国推进城镇化改革的试验田。中国大中城市的户籍、社会保障、城市投资等制度背后是一系列固化的利益。如果选择从大中城市进行改革，阻力会比较大，容易引起剧烈的社会矛盾。如果先放开小城镇的户籍制度，允许农民进入小城镇生活就业，不但有利于转化农村剩余劳动力，而且推动了小城镇的投资建设，城镇化的推进难度会小很多。强调城镇化的"镇"，实则是中国渐进式改革思想在城镇化中的体现。

事实上，由于实行的是"城镇化"，而非"城市化"政策，中国确实在一定程度上避免了部分拉美国家出现过的农村人口过度涌向少数城市的问题。各类小城镇成为吸纳人口并提供就业岗位的重要平台。但是小城镇是否数量太多，且一定程度上延滞了大城市集聚效应的充分发挥，也是学者们至今仍在争论的一个问题。

综上，城镇化就是具有中国特色的城市化。城镇化的概念暗含着对小城镇作用的重视，暗含着政府对城市布局体系、城市化路径的干预。对于城镇化，我们从两条主线来进行理解。第一条主线是从人口移动的角度来理解城镇化，即农民向城市移动，变成农民工和市民；也指城市人口从一个城镇（通常是等级较低的城市）向另一个城镇（通常是等级较高的城市）移动；还指人口虽然没有在空间上位移，但开始享受到与城市人一样的基础设施与公共服务，过上城市人一样的生活，比如大量就地城镇化的人口。第二条主线是从城镇发展的角度来理解城镇化。这里主要研究城镇为满足人口需求，在经济、社会、环境等功能形态上要进行何种功能设计。

显然，我们从适度广义的角度来认识城镇化，既抓住城镇化过程中"人"的问题，又充分关注到"人"的变化与"城"的变化之间的关系。农民的市民化是理解与研究中国城镇化的主要线索，城镇发展是理解与研究中国城镇化并行的另外一条线索。

国外关于中国城镇化的研究可以追溯到20世纪初。当时的研究学者大多为汉学家，他们着重从社会学、民俗学、文化学、历史学等角度研究中国古代城市发展、近代城市发展。20世纪50年代以来，中国特殊的政治生态吸引了海外一些政治学、经济学学者研究中国城镇发展。改革开放以来，中国蓬勃兴起的城镇化引起了海外高度关注，同时一大批海外留学生加入研究者行列，丰富了国外关于中国城镇化的研究。

20世纪70年代之前，中国学者并没有进行关于城镇化的研究，国内学者对中国城镇化研究始于改革开放之后。1983年南京召开了首次中国城镇化道路学术讨论会，如何看待小城镇发展成为中国城镇化研究的早期命题。80年代以来，越来越多的中国学者发现中国的城镇化发展难以直接借鉴西方城市化理论，于是开始了充满挑战但又饶有意味的本土化研究。

20世纪末、21世纪初以来，中国的城镇化逐步上升为中国的国家发展战略。接近14亿人口的中国，其城镇化问题成为国内外最火热的研究领域。世界银行、联合国开发署等国际一流机构连续支持中国的城镇化研究。国内多所大学开设城市学院，建立城市化研究中心。2008 年金融危机以来，中国城镇化问题被摆在更加突出的位置上。十八大报告 7 次提到"城镇化"，比十七大报告多了 5 次，引起了海内外的高度反响。城镇化研究几乎成为一门显学。

归结起来，海外学者熟悉西方城市化历史，且对城市化研究的工具能够熟练掌握，他们对中国城镇化的研究取得了一定成果。如美国学者施坚雅建立在"中国中心观"基础上对四川东南城镇的实证研究，英国学者柯克比对于 1949～2000 年"发展中经济下的城市与国家"的理论研究，陈金永（Chan）关于中国户籍制度与中国城镇化的研究等，都有较高的质量，成为海外学者研究中国城镇化的代表作。但也要看到，由于中国城镇化深植于中国特殊的制度背景下，许多数据不准确且不对外，海外学者对中国城镇化的研究仍然没有达到理想的高度。

国内学者虽然并不完全熟悉西方发达国家城市化历史，且在城市化研究工具掌握上也相对欠缺，但由于他们熟悉中国城镇化的特殊国情，在描述与实证研究上仍然取得了丰硕的成果。在中国城镇化的基本概念、城镇化模式、空间结构、演进规律、公共政策等方面，中国学者比较完整地抛出了问题，也对问题作出基本的回答。

（1）中国城镇化的基本概念

海内外学者认识到中国城镇化不同于西方发达国家。弗里德曼指出，中国城镇化研究必须要建立在借鉴国外城市化概念的基础之上。中国学者形成了对城镇化的一些认识。

表 1.3　　　　　　　　　中国学者对城镇化的认识

序号	内涵	资料来源
1	社会生产力变革所引起的人类生产方式、生活方式和居住方式改变的过程	谢文蕙等，1996
2	是指居住在城镇地区的人口占总人口比例增长的过程，即农业人口向非农业人口转变并在城市集中的过程	吴楚材，1996
3	是一个综合性、系统的社会变迁过程，它包括人口城乡之间的流动和变迁、生活方式的改变、经济布局和生产经营方式的变化，还包括整个社会结构、组织、文化的变迁	王春光等，1997

续表

序号	内涵	资料来源
4	是指人口向城市或城市地带集中的现象或过程，它既表现为非农产业和人口向原城市集聚，城市规模扩大，又表现为非农产业和人口集聚的基础上形成新的城市，城市数量增加	陈颐，1998
5	是指农村人口向城市人口转移和聚集的现象，包括城市人口和城市数量的增加及城市社会化、现代化和集约化程度的提高	胡欣等，1999
6	是由工业化发展引起的，伴随着现代化过程而产生的在空间社区上人口、社会、经济、文化、政治、思想等领域变迁演化的一段承前启后的历史分化过程	王振亮，2000
7	是一种产业结构由以第一产业为主逐步转为以第二产业和第三产业为主的过程；是一个以农业人口为主逐步转向非农业人口为主的过程；是由一种自然、原始、封闭、落后的农业文明，转变为一种以现代工业和服务经济为主的，并以先进的现代化的城市基础设施和公共服务设施为标志的现代城市文明的过程；是对居民从思维方式、生活方式、行为方式、价值观念、文化素养全面改善和提高的过程	秦润新，2000

资料来源：何念如、吴煜：《中国当代城市化理论研究》，上海人民出版社2007年版。

（2）中国城镇化模式

中国学者将中国城镇化分为"自上而下"与"自下而上"两种模式。早期进行这方面区分的一些学者，就概括出自20世纪60年代以来，中国城镇化就具有国家兴建小城镇的"自上而下"和主要靠农村富裕而产生的剩余农副产品交换促进城镇发展的"自下而上"两种模式（张庭伟，1983）。20世纪80年代以来，"自上而下"模式逐渐演变成为中国城镇化的主流模式，它是指政府通过土地征用的方式，将农民的集体土地征为国有。在此过程中，农民转为市民，城市政府在国有性质的土地上进行城市建设，推进城镇化。"自下而上"模式，是指农民在集体土地上兴建企业，从事非农产业的活动，推进农村城镇化。

"一定地区一定历史条件下具有特色的发展道路"，这是费孝通提出的"发展模式"的定义。应用到我国的城镇化道路的研究中，学界普遍认为其有三种模式：自上而下模式、自下而上模式、外力推动模式（顾朝林等，1999）。

自上而下城镇化是计划体制下政府按照城市发展战略和社会经济发展规划，运用计划手段发展若干城镇并安排落实城镇建设投资的一种政府包办型的城镇化模式。改革开放之前，我国的城市数量增长及规模扩张大部分由国家的重点项目建设及工业化进程推进，该时期我国城镇化进程也基本遵循这种自上而下的模式；改革开放以来，以小城镇发展为中心的农村城镇系统发展的自下而上城镇化模式对我国城镇化进程的作用越来越大，自下而上模式又包含两种有差别的模式——"苏南模式"和"温州模式"。"苏南模式"以村办企业和乡镇企业构成的农村经济体系为主体和特征，而"温州模式"则是以家庭工业为主体的农村个体经济体系，两种截然不同的具体模式构成了自下而上城镇化的典型。刘传江（1997）认为，在一个具有自上而下城市化历史传统而又高度中央集权的计划经济体制下是不太可能出现自下而上的城镇化模式的，这一模式只有在市场经济条件下才有可能兴起。除了自上而下及自下而上模式，我国城镇化模式还包含外力推动型模式，包括外资带动型、边贸激发型、旅游型城镇化模式等（顾朝林等，1999）。薛凤旋、杨春（1995、1997）等通过对珠三角这一外资充沛地区的调查研究，详细论述了外力推动型的城镇化模式。

表 1.4　　　　　　我国自下而上城镇化若干模式比较

比较特征	苏南模式	温州模式	珠江三角洲模式	胶东模式
起步环境	准市场经济	准市场经济	准市场经济	准市场经济
起步方式	从农副业中发展出工业	从商贩业发展出工商业	从出口加工业发展出新兴工业	从农副业中发展出工业
发展主体	社区集体	个人或家庭	集体或个人	社区集体
产权制度	社会集体范围内转移	私营、个体所有制为主	集体、个人、合资和股份制	社区集体所有制为主体
要素转移	社区集体范围内转移	个人资本自发与自由流动	外来资本、劳动力大量流入	土地、劳动力跨社区转移
与本地农业的关系	互为一体，从以农补工到以工补（建）农	农业要素流出较多，反哺型农业投入相对较少	非农化、工业化导致土地增值，农民从中受益	工农业互为一体，从以农补工到以工补农

比较特征	苏南模式	温州模式	珠江三角洲模式	胶东模式
发展结果	集体经济力增强，个人收入比较平均	个人发家致富，集体经济力依然比较弱小	集体和个人共同致富，多种经济成分齐发展	集体经济实力增强，个人收入随之提高
发展走向	从公社走向社区集体，再走向城乡联合	从个体经营走向自愿互利基础上的联合或合作	从"三来一补"到吸引外资，从进口替代到出口替代	从社区内发展走向互惠型合并与重组
发展模式	辐射型城市化	自生型城市化	辐射型城市化	自生型城市化
制度安排	需求诱导型	需求诱导型	需求诱导型	需求诱导型
适宜地区	中心城市附近集体经济实力较强的地区	集体经济实力差个体经济意识强的偏僻地区	经济高度开放地区、侨区	社区经济发展不平衡且严重受资源约束地区

资料来源：刘传江：《中国城市化的制度安排与创新》，武汉大学出版社 1999 年版。

（3）中国城镇化发展阶段

中国的城镇化历史尚且短暂，许多在西方出现过的城市化阶段，在中国还没有完整地呈现出来。根据中国城镇化发展的实际情况，不同学者对不同时间段的城镇化进行了划分研究。

顾朝林等（2008）对 1949 年以来的城镇化发展进行了划分研究，认为 1949～2006 年间的城镇化发展可以分为六个阶段，即：健康发展时期（1950～1957 年）、起伏发展时期（1958～1965 年）、停滞发展时期（1966～1976 年）、恢复发展时期（1977～1985 年）；快速发展时期（1986～1998 年）；稳定发展时期（1999～2006 年）。

中国社科院新型城市化研究课题组提出新中国成立以来城镇化发展经历了五个时期：1949～1958 年为缓慢和较稳定发展时期；1958～1960 年为冒进时期；1960～1978 年为下降和徘徊时期；1978～1994 年为稳步推进时期；1994 年至今为加速推进时期。

国家发改委城市和小城镇改革发展中心课题组（2011）认为，中国城镇化历程分为六个阶段：1949～1957 年为自然增长阶段；1958～1965 年为剧烈波动阶段；1966～1978 年为发展停滞阶段；1979～1992 为恢复增长阶段；1993～2000 年为加快发展阶段；2000 年至今为快速增长阶段（图 1.1）。

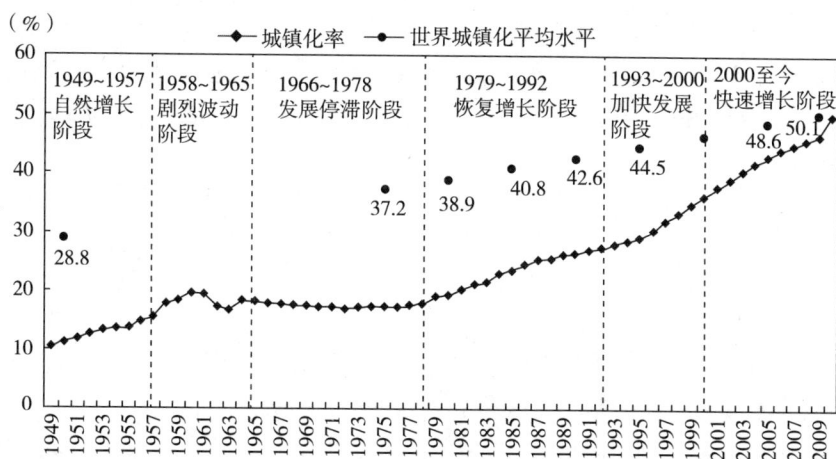

图1.1 中国城镇化的六个阶段

（4）中国城镇化的空间结构

20世纪80年代是"小城镇论"的繁荣期。著名社会学家接连发表《小城镇 大问题》，《小城镇 再探索》，《小城镇 新开拓》，强调小城镇是农村政治、经济、文化中心，是发展农村经济、解决人口出路的途径。可以说，20世纪80年代"小城镇论"不但占据了城镇化空间结构理论的高点，也成为城镇化道路的正统。那时的政策导向也是控制大城市，大力发展小城镇。

20世纪80年代末、90年代以来，众多学者开始用计量经济学等方法分析城市规模与效益的关系，得出的结论是中国城镇化过程中应充分发挥大城市的作用，理由是大城市比小城市、小城镇具有更好的规模效益。小城镇论者也看到小城镇自身存在的诸多问题，提出优化小城镇空间布局等理论。

然而，紧跟而来的大城市发展中出现了各种各样问题，包括城市人口拥挤、环境污染、交通拥堵、房价暴涨、治安混乱等等，即所谓"大城市病"，不断困扰着生活在大城市里的居民。于是，有城市研究学者适时提出，因为小城镇的规模不经济与浪费，大城市又有各种弊端，国家应该大力发展中等城市，结合国外城市人口规模的核定，即人口规模为50万人左右的城市，这样不仅能有效避免大城市病的问题，也能有效解决小城镇低效的难题。

一时间，到底是发展大城市、中等城市还是小城镇，学界各执一词。本世纪以来，大中小城市和小城镇协调发展的理论逐渐成为主流理论。随着一批城市群的兴起，许多城市学者开始强调城市群应该作为中国城镇化发展的主体形态。

（5）中国城镇化的公共政策

中国城镇化与西方发达国家明显不同之处在于，中国城镇化受到一系列体制机制的束缚与影响。20世纪80年代以来，中国学者在推进城镇化发展的主题下，发表一系列针对户籍制度、土地制度、就业制度、社会保障制度、行政体制制度改革的文章。

尽管学者们对中国城镇化的研究取得了一定成果，但目前来看，城镇化研究过程中一些基本概念如"城市"，没有准确的定义，也没有标准的统计数据。研究者对区域城镇化现象尤其是发达地区的城镇化描述较多，但对复杂的机理问题缺乏讨论。对于不同行政区划单位的城镇化展开了诸多案例讨论，但对全球化背景下中国城镇化的未来情境认识不多。对城镇化的意义、问题有了一定深度的分析，但对于具体路径含糊不清。总的来说，城镇化研究仍存在着概念有待规范、领域有待拓宽、质量有待提升的问题。

二、城镇化转型

1. 转型的定义

转型，是指事物的结构、形态与运动方式由一种状态向另外一种状态的转变过程。近年来，学者们在转型的概念框架下，集中讨论了两方面的转型：经济转型与社会转型。

经济转型这一概念是由前苏联理论家布哈林首次使用的，他在研究市场经济向计划经济发展变化的过程时，首次使用"转型"。经济转型的初始含义就是计划经济体制向市场经济体制的转变，即要以市场取代计划来发挥资源的基础性配置作用。国际上一般把原计划体制国家称作转型国家，把这些国家的经济称作转型经济。

经济转型的一般含义还包括经济发展模式的转变。例如经济结构调整优化的过程，以及发展方式由粗放转变为集约，都可以称为转型。在更广泛的意义上来讲，经济转型泛指与经济活动相关的方方面面的转变。

社会转型是转型的另外一个方面。社会学家使用社会转型用以表示一种社会形态向另外一种社会形态的转变，例如种族隔离状态下的二元社会向和谐稳定的一元社会转变，传统的社会形态向现代的社会形态的转变，或者是乡村社会向城市社会的转变。

国家或地区的转型，除了经济转型、社会转型，实际上还包括其他方方面面的转型。例如，随着经济、社会转型，国家的政治、文化以及民众心理都将发生一系列转变。

正因如此，转型研究的学者强调应把转型看作是一个综合性和一般性的社会科学流派，不属于任何传统的分科，其重点是研究具有不同社会功能的各个领域之间的关系。

2. 城市化过程中的系统转型

城市化过程是农村人口向城市转移的过程，也是农村的第一产业经济向城市的二三产业经济转变的过程。城市化过程因此必然伴随着社会系统、经济系统的转型，而保持社会系统与经济系统原有状态的各种力量对比也必然在转型过程中发生消长、派生或组合，城市化过程故而又是一个治理系统转型的过程。西方发达国家的城市化主要是一个自发的演进过程，但也经历了不同的转型发展阶段。西方学者关于城市化转型过程中的社会系统转型、经济系统转型、治理系统转型研究，取得了一系列重要成果。

（1）城市化过程中社会系统的转型

19世纪中期，英国的城市率达到50%，成为世界上第一个进入城市型社会的国家。此后又100多年，西方主要国家的城市化率先后达到50%。产业向城市集中，人口向城市转移，一批工业化大都市陆续出现。工业化大都市被认为是社会的分水岭，许多学者研究分析了工业大都市之前、之后不同的社会类型特征，区分了传统的和现代的两种社会类型。在这个方面第一个进行较为系统研究的是韦伯。此后，弗雷德里克·C.豪（Frederic C. Howe, 1905）和林肯·斯蒂芬斯（Lincoln Steffens），涂尔干（Emile Durkheim 1893）、西美尔（Gerog Simmel）则将城市型社会的研究推向系统化的高度。沃思（Louis Wirth）关于"城市性"的研究则将前人的思想进行了最精炼的概括与提升。

19世纪末，阿德勒·费林·韦伯在其《19世纪城市的成长》中，首先对城市化引起的社会系统转型进行思考。他由表及里，由宏观至微观，观察到城市化带来的显著的社会变化。首先就是人口在城市的集聚；其次，城市化引起了城市与乡村持续的变化。他分析指出，当大量的移民在城镇周围居住后，城市对大量劳动力的需求得到满足。移民导致了乡村地区的人口短缺，而更为遥远地区的移民会搬迁至此以填补空缺。这个过程会一直继续，直到最遥远的乡村地区也能够感受到快速成长的城市吸引力影响。在最微观的层面上，韦伯甚至还注意到移民的许多人口学特征，比如年轻人较多，女性移民比男性多。

美国学者弗雷德里克·C. 豪（Frederic C. Howe，1905）和林肯·斯蒂芬斯（Lincoln Steffens）明确提出城市化引领"一个时代的到来"，他们写道：

现代城市在人类文明中标志着一个时代的到来，又诞生一个新的社会。在所有关系中，生活在不断改变，一个新的文明已经诞生……社会已经演化为一个有机体，正如人类自身一样，具有头脑、心脏和神经系统……它是一个能动的有机体，具有意识，能够做出一致的行动，能够反应，能够准备，具备智能……有助于形成一个明确的政治和社会理念。

涂尔干指出城市化是一个日益分工的过程，它使得人类文明从片断走向有组织。西美尔区别了两种社会状态，第一种是个人完全沉浸在直接接触的小社会圈中；第二种是个人在集体社会中承担专门的角色。西美尔注意到乡村、小城镇的生活以及乡村与大都市之间鲜明的不同特征。前者特征是，在无意识的层次，具有稳定的生活节奏。而后者不断受到外部的刺激，需要做出不断有意识的反馈。此外，马克斯·韦伯等一批社会学家都对前工业化社会和城市—工业社会进行了比较研究。这些比较研究被城市学家布莱恩·贝利总结如下（表1.5）。

表1.5　社会学家对前工业化社会和城市—工业社会的比较研究

	前工业社会	城市—工业社会
人口	高死亡率，高出生率	低死亡率，低出生率
行为	特殊化，规定，个人扮演多元角色	普遍性，工具化，个人具有专业化作用
社会	家族联盟，扩展性家庭，种族凝聚力，在民族之间存在分野	分化，亲情关系第二，专业特征影响社会群体
经济	非货币或单一货币经济，地方交易，基础设施不足，手工工业为主，专业化程度低	以货币为基础，国家范围内的交易，相互依赖性强。工厂生产，资本密集
政治	非长期权威，规定性习俗，人与人之间的交流，注重传统	稳定的政体，民选政府，大众媒体参与，具有理性的政府机构
空间（地理）	地方范围内关系，近域特征，社会空间群体在网络空间中复制	区域与国家相互依赖，在城市空间系统中，分工基于主要资源与相对区位

资料来源：布莱恩·贝利：《比较城市化》，商务印书馆2010年版。

美国社会学家刘易斯·沃思在他的著作《城市化作为一种生活方式》中，提出了"城市性"的概念。在他看来，城市就是大尺度、高密度、居民具有异质性的人口的集聚点。从结构层次上看，规模、密度以及异质性导致了差异化、形式化、体制化及社会的失序状态。在沃思看来，城市一方面促进了社会进步，另一方面也带来了负面影响。

（2）城镇化过程中经济系统的转型

城镇化过程中，经济系统的转型体现在许多方面。首先，在城镇化过程中，在城市内部，产业结构发生重要的转型升级，第一产业的地位日渐式微，二三产业的重要性上升。第二，城乡关系发生重大的力量对比，城市成为经济的中心，城乡关系由对立到融合，最后走向一体化。第三，空间生产方式发生变化，城市与城市的关系不断演化，城市群正在成为一些国家和地区参与全球竞争的主要平台。但以上这些转型内容能否实现、如何实现，在以上转型中将会出现哪些问题？西方学者开展了深入的研究。

西方经济学家的研究表明，传统的农业社会，农业是主导产业。而工业化是城市化的发动机，工业化过程与城市化过程相伴相生。工业化带来了企业的集中布局，吸纳了制造就业人口，导致了城市化的发展。

罗森斯坦·罗丹（1943，大推动），纳克斯（1952，平衡的增长），赫希曼（1955，不平衡的增长，后向关联和前向关联），佩鲁（1958，增长极）等，都对工业化推动城市化进行了独到的研究。在工业化与城市化相互推进的过程中，产业结构经历一个由低级到高级、由简单到复杂的高度化演进过程。罗斯托在其 1960 年出版的《经济成长的阶段》等著作中，将人类社会的经济成长分为 6 个不同阶段，并指出了每一个阶段的主导产业。特别需要指出的是，当经济成长阶段到达"追求质量"阶段时，服务业将取代工业，成为主导产业。这与钱纳里等经济学家研究提示的人均收入、产业结构与城市化率之间的内在关系，有着高度的一致性。

表 1.6 经济成长的六个阶段

经济成长阶段	主导产业
传统经济社会	农业
为起飞创造前提阶段	食品、饮料、烟草、水泥等工业部门
起飞阶段	非耐用消费品工业（如纺织业）、铁路运输
向成熟推进阶段	钢铁工业、机械、肥料
大众高消费阶段	高档耐用消费品工业（如汽车）
追求生活质量阶段	服务业

资料来源：罗斯托：《经济成长的阶段论——非共产党宣言》，中国社会科学出版社 2001 年版。

按照自然演进的规律，城市化过程中，第一产业的劳动生产率低，产出比重与吸纳就业不断减少，农村将会出现凋敝的情况。Ranis 和 Fei（1961）扩展了刘易斯的分析，提出农村劳动力向工业领域和城市转移的速度，是人口增长速度、工业资本存量增长和农业技术的函数，这就强调了保持农村发展对于城市化的重要作用。Johnston 和 Mellor（1961）指出，经济发展必然导致农产品需求的大幅度上升，食品供应的失败将会严重阻碍发展，强调农村人口净收入的增长可能会成为刺激工业发展的一个重要因素，而技术更新是农村现代化的一个部分，强调农业与工业增长的相辅相成的关系。

McGee（1989）提出了 Desakota 的概念，其中，Desa 指乡村，Kota 指城市，Desakota 被创造出来用以描述同一区域上发生的城市性与乡村性的行为，表示在大城市之间交通走廊地带的农村地区，劳动密集型工业、服务业和其他非农产业迅速增长，商品和人员相互作用十分强烈。这一概念重点不在于强调城市与农村的对立，而是在于说明城市与乡村经济一体化的现实存在。

在城市化过程中，城市空间结构的转型也是经济系统转型的重要方面。经济学家克鲁格曼（Krugman，1998）指出，诸如城市化之类的有关经济活动空间和区位问题的研究被主流经济学所忽视。传统主流经济学关注的主要是如何生产、为谁生产、生产什么等问题，视而不见"何地"问题①。但也要看到，西方学者对城市化过程中空间结构的重视呈现出愈益增加的态势。当今西方众多经济学家认识到，城市及城市群已经成为一个国家与地区参与全球竞争的主要区域单元与平台，空间因素甚至可以被称作经济学研究"最后的前沿"。

（3）城镇化过程中治理系统的转型

城市化过程中治理系统的转型，是西方城市政治学研究的重要领域。西方学者认为，城市是一个空间，在这个空间里，存在着治理的需求与治理的供给两个方面问题。所谓治理的需求，是指城市必须为市民提供基础设施、公共服务，而一系列良好的制度安排所依赖的治理结构，就是治理的需求。所谓治理的供给，是指城市政府、私人部门和公民社会都是城市治理的参与机构，他们塑造着城市治理的状态。西方学者为此将城市治理与政府治理进行区分。城市治理不仅存在于政府机构和正式组织内部，也存在于政府机构和正式组织外部。

城市化过程中治理系统的转型，首先表现在乡村治理与城市治理有着天壤之别。在这方面，社会学家与政治学家共同完成了合作研究。西方的社会学家在区分乡村社会与城市社会时，并没有明确地提出不同的治理模式，但已隐含了一个重要观点，即不同治理模式的有效性取决于它与不同社会状态的契合度。例如社会学的创立者涂尔干（Emile Durkheim）、托尼斯（Ferdinand Tonnies）提出西方国家城市化实际上是从礼俗社会转向法理社会。礼俗社会是以看护和家庭的方式把人们聚在一起，通过来自家庭和邻居的非正式纪律规范约束个人行为。而法理社

---

① Krugman P. Space：The Final Frontier. Journal of Economic Perspective，1998，12（2）

会与此不同，社会关系建立在源于经济组织模式的理性、效率和契约责任之上，大部分社会交往趋向于短暂化和表面化，人们通过正式的联系集聚于机构和组织中，非个人的、制度化的规则约束个人行为。

城市化过程的不同阶段，政府与相关机构的关系也在演变，从而形成不同的城市化治理模式。诺克斯等人按城市管治和城市政治演化的不同特征，将美国城市化与城市发展分为六个阶段，即重商城市的放任自由主义阶段（1790～1840年）；地方性社会主义和机器政治的诞生（1840～1875年）；推动主义和政治改革（1875～1920年）；大都市区碎化和支持增长联盟的形成（1920～1945年）；城市作为增长机器和服务的供应者（1945～1973年）；财政危机和企业化政治（1973年至今）。在这些阶段，政府力量的变化是显而易见的。如在放任自由主义阶段，城市政府力量薄弱、组织涣散，特征是被动、循规蹈矩，来自"固定"地方家族的"天然"领导者静静地掌控着地方政府。而在"二战"以后，人们对基础设施与公共服务的期待明显增强，在美国形成了以地方政府为核心，融合投资者、市区商业机构、交易专业人士和自营者、地方大学等在内的城市治理联盟。

3. 中国城镇化转型的研究概况

一是关于中国城镇化转型的基本框架研究。顾朝林（2008）等对中国城镇化转型的框架进行了研究，认为中国城镇化转型包括人口系统、经济系统、社会系统、生态系统、土地系统、快速交通系统的综合转型。冯奎（2011）在其主持"多元复合转型的县域城镇化战略研究"中提出了多元复合转型的概念，认为城镇化转型包括市民化转型、非农就业转型、城市空间转型。张京祥等（2012）从供求机制、发展模式等方面，建立了中国城市化的三阶段分析框架。

表1.7　　　　　　　　　中国城市化转型的三阶段分析

	第一阶段 （1960～1970年代末）	第二阶段 （1978～1990年代初）	第三阶段 （1990年代中期至今）
城市化供给 扩张机制	非生产性建设计划扩张，农业、轻工业生产能力制约	边缘性经济扩张	福特制大工业推动市场与空间的快速扩张

续表

	第一阶段 (1960~1970 年代末)	第二阶段 (1978~1990 年代初)	第三阶段 (1990 年代中期至今)
城市化供给 扩张速度	滞后于工业扩张	释放活力，高速扩张	规模和集聚经济主导， 超高速扩张
城市化需求 扩张机制	国家计划劳动力调配	乡村人口不完全城市 扩张	半城市化和完全城市 化均快速扩张
城市化需求 扩张规模	严重受限	放松限制、逐步释放	撤销限制，运用落户 政策调控
城市化主要 场域	重点工业城市	小城镇、乡村地区、 轻工业城市	沿海城镇密集地区、 内地大城市地区
人口迁移管制	严格控制	小城镇放松管制	中小城市放开，大城 市采用落户政策管理 人口迁入
制度盈余	无	小规模	大规模
城市化动力	弱	较强	强
城市化速度	低	较高	高

资料来源：《城市化模式转型》第 5 卷第 2 期，商务印书馆 2012 年版。

二是比较了传统城镇化与新型城镇化的不同特征。中国科学院《中国新型城市化课题组》比较了新型城市化与传统城市化的 16 项内容（表 1.8）。

表 1.8　　　　　　　传统城镇化与新型城镇化的特征比较

比较项目	传统城镇化	新型城镇化
城市化核心标志	以城市人口占总人口的比例大小为标志，农村不能充分享受国民待遇	以城乡统筹能力与城乡一体化水平的高低为标志，全体社会成员实现共建共享
城市化动力机制	以农村的贫困和破产为代价，以城乡之间攫取财富能力和享受财富程度的巨大梯度为引力	以城乡享受公共服务均质化为核心，以城乡之间攫取财富能力和财富程度的机会平等为追求
城市化哲学思考	在低发展水平条件下，区域： 从同化走向异化 从均质走向差异 从和谐走向矛盾	在高发展水平条件下，区域： 从异化走向同化 从差异走向均质 从矛盾走向和谐
城市化社会效应	不断加剧的城乡二元结构，表现为贫富差异与区域差异越来越大，最终形成农村包围城市的社会对抗	逐步减缓和消解城乡二元结构，表现为贫富差异与区域差异越来越小，达到共同富裕，最终形成城乡一体的社会和谐

续表

比较项目	传统城镇化	新型城镇化
城市化关注重点	集中关注城市发展（产生城乡分离），城市自身单极放大，主要追求物质文明	集中关注区域发展（达到城乡融合），连同农村在内的组团式城市群，共同追求物质文明、政治文明、精神文明和生态文明
城市化要素流动	"人流、物流、信息流、货币流"在城乡之间的单向流动，城市化以集聚为主	"人流、物流、信息流、货币流"在城乡之间的双向流动，城市化表现为集聚与扩散并重
城市化空间结构	以摊大饼的模式扩张，产生严重的城市病	以大中小城市与乡村相协调的模式发展，克服城市病
城市化产业关系	第一、二、三产业的产业链简单，互不连接，界限分明，不利于获取"发展红利"	第一、二、三产业的产业链复杂，界限模糊并互相长入，有利于获取"发展红利"
城市化演变趋势	城乡之间贫富差异逐步向城市内部贫富差异推移和传布	城市效应外溢，城市内部的富裕能力逐步向农村反哺
城市化地域联系	城际之间独立分离，产生严重同构化，形成恶性竞争	大中小城市协调发展、错位发展，形成区域互补与区域联盟
城市化发展路径	大量占有资源、大量消费资源、严重污染环境，不利于公共健康	走资源节约、环境友好之路，推行循环经济与低碳经济
城市化环境效应	城市污染集中、生存空间狭小，污染物向农村转移，忽视生态伦理	城乡环境统一规划，共建绿色家园，实施生态补偿，达到生态文明
城市化生产方式	城市大工业与农村小农经济并存	城乡作为共同体实现区域的合理分工
城市化生活方式	趋向于奢华和占有的非理性消费，人居环境与生活质量下降	推崇简约和绿色的理性消费，人居环境与生活质量提升
城市化文化方式	削弱或消灭文化多样性	保留乡村文化遗产，倡导文化多样性
城市化发展战略	不利于"人与自然"和谐，不利于"人与人"和谐，以"自然系统、社会系统、人文系统"的共同劣质化为内涵	走"人与自然"和谐，"人与人"和谐的可持续发展之路，统筹城乡发展，以人的全面提高和发展为基本宗旨

资料来源：牛文元主编：《中国新型城市化报告》（2009），科学出版社2009年版。

三是研究了与城镇化转型的一个组成部分即城市转型问题。这方面的研究重点主要体现在四个方面，一是对城市转型的一般性研究，包括城市转型的界定、内涵、模式、动因和方向等；二是对城市某些特定领域的转型研究，如城市经济转型、城市产业转型；三是对问题城市和特定城市的研究，如对资源型城市的研究；四是多维度、多视角对城市转型进行研究。李彦军（2012）年出版《中国城市转型的理论框架与支撑体系》，提出城市转型的三大支撑：一是产业转型，二是中产阶级兴起，三是制度创新。他的理论观点包括：城市转型是对于城市生命周期平衡与调整的手段，城市转型是经济转型与社会转型的统一，不同发展阶段的城市有不同的转型路径，我国现阶段的城市转型总体上是工业化中期向后期阶段的转型。魏后凯（2011）对城市转型进行了类型划分，认为城市转型按领域可分为经济转型、社会转型、生态转型，按内容可分为发展转型、制度转型、空间转型，城市转型因而呈现 9 大类型的研究课题（表1.9）。

表1.9 城市转型问题研究

	经济转型	社会转型	生态转型
发展转型	经济发展转型	社会发展转型	生态发展转型
制度转型	经济制度转型	社会制度转型	生态制度转型
空间转型	经济空间转型	社会空间转型	生态空间转型

资料来源：魏后凯、叶裕民主编：《城市与区域发展转型》，商务印书馆2011年版。

四是研究提出了城镇化转型的目标和路径。农民工市民化是城镇化的目标之一，国务院发展研究中心、国家发改委城市和小城镇改革发展中心等机构的多项课题，都提出要积极稳妥有序解决农民工市民化问题。近年来，各方面学者结合城镇化中出现的问题，从不同角度研究了低碳城市、智慧城市、绿色城市、生态城市等目标城市的概念与特征，提出传统城市向上述城市转型发展的可能性途径。

三、城镇化转型政策

研究城镇化转型，是为了明晰转型的基本特征与内在规律，适时适度地推动转型，实现新型城镇化。欧美发达国家的城市化，以市场体制机制为基础，辅以一定公共政策的调整与推动，实现了自发的转型。中国属于城镇化后发国家，又是转型中的经济体，对城镇化转型中一系列突出问题进行研究，准确把握城镇化转型政策思路，开展城镇化转型实践，这是中国新型城镇化发展的重要任务。

1. 城镇化政策

政策一词来源于英文"policy"。日本学者在翻译时，挑选了"政"与"策"，组合为"政策"。在汉语中，政策原先多被解释为政府的应对之策。

政策含义的演化趋势是，凡涉及公共事务决策，由政府或由政府、权威的非政府公共组织、公民集合做出的应对之策，统称为政策。在这个意义上说，政策就是公共政策，即针对公共事务的对策。

广义而言，政策既包括公共政策，也包括私人政策。但公共政策与私人政策有明显不同。从政策主体来说，公共政策由政府、政党、非政府组织与公民做出，而私人政策由企业、个人等主体做出。从政策客体来说，公共政策针对公共领域内的事务，而私人政策针对私人事务。从政策规范来说，公共政策讲求的是公平原则、公共管理、公共利益，私人政策讲求的是私人管理、私人利益、私人效率。从本质上讲，公共政策是用公共的手段处理公共事务，无论结果还是过程都具有公众参与的特征。而私人政策是用私人手段处理私人事务，无论结果还是过程都是私人权力与私人责任的体现。

城镇化政策，是指以政府为核心、广泛吸纳非政府组织、企业、公民等主体参与，为推动城镇化发展，提升城镇化质量而制定的对策。显然，我们这里所讲的政策，应用的是狭义的政策概念，即公共政策。

西方发达国家的城市化，总体而言，是在市场机制的环境下不断演化的结果。虽然主要的西方发达国家不存在"城市化战略规划"、"城市化体系规划"等概念，但不意味着这些国家没有城市化公共政策。实质上，在具体的领域内，比如城市住房、公共卫生、教育、医疗等方面，英国、美国都曾出台了诸多政策，用以解决进城人口的基本公共服务。今天，借鉴学习西方发达国家这些公共政策，尤其是借鉴他们在城市化率刚刚超过50%时所制定的一系列政策，对于中国城镇化发展具有重要的价值。

新中国成立后开始确立城市发展方针，通过户籍制度等办法限制农村人口向城市迁移等等，其实都是城镇化政策。20 世纪 90 年代末以来，城镇化在中国的地位逐渐重要，直至成为中国发展的国家战略，城镇化政策更加全面和丰富。综合来看，当前的城镇化政策体现了以下含义。

一是从内容来看，中国的城镇化政策是在中国特殊国情下，为推进城镇化发展而产生的一系列工具组合，具体内容包括：城镇化方针、战略等重大部署；城镇化规划、城市规划等与城镇化实践相结合的规范标准；具体领域的政策操作办法，如农民工进城落户条件的规定、农民住房问题解决办法等。

二是从城镇化政策的参与主体来看，虽然说近年来企业、非政府组织与市民的参与已有一定程度的体现，但城镇化政策仍然比较强调党和政府的决策主体地位，强调党和政府的主体意志。

三是城镇化政策成为各级政府对经济和社会发展各方面资源进行配置的一种手段。例如，中央政府通过城镇化政策的颁布，确立主要城市化地区的区域分布。地方政府通过各地不同形式的户籍制度改革协调解决农村进城人口与现有城市人口的利益关系。国家和各省的土地管理部门通过土地指标的分配指标，对城镇化进程实施一定程度的调控。

四是城镇化政策面临改革与发展的双重目标。由于旧有的体制机制在很多方面束缚中国进一步推进城镇化，影响城镇化质量提升，因此，城镇化的政策取向之一是改革这些旧有的政策。另外，中国的城镇化发展需要借鉴国外先进的制度理念、技术规划标准、决策管理模式，因而现行的城镇化政策也包含着大量经济和社会发展的内容。换言之，中国的城镇化政策带有转型国家、城市化后发国家的深刻烙印。

2. 中国城镇化政策研究概况

关于中国城镇化政策的研究，来自相关机构特别是国务院直属部门或部委机构的成果十分突出。国务院发展研究中心课题组（2010）研究了城镇化的问题、前景，提出了促进城镇化健康发展的政策建议。这些政策包括：一是要进一步促进统一市场建设，清除各种限制要素流动的体制和政策；二是要完善社会保障和基本公共服务体系，为促进人口流动创造更好条件；三是进一步完善财税体制，拓宽城镇基础设施融资渠道，增强地方政府提供公共服务的能力，防范和化解城镇建设带来的财政风险；四是完善土地制度，促进土地节约集约利用，妥善处理相关方利益；五是促进城市群发展，形成合理的城镇化空间格局；六是树立资源节约与环境友好的新型城市化观念，多策并举，推进城镇可持续发展；七是改革市管县行政管理体制，加快县域经济和小城镇发展；八是深化改革，加快破除城乡二元结构；九是加快城市规划体制改革，发挥规划的调控作用；十是改进中央对地方政府的政绩考核体系，建立规范的城镇化统计制度和质量评价体系。

国家发改委城市和小城镇改革发展中心课题组（2012）提出推进城镇化健康发展的五项政策措施，包括：一是积极稳妥地推进户籍制度改革；二是推进城镇行政管理体制改革；三是加快土地管理制度改革；四是加快农民工市民化进程；五是完善其他相关配套改革。

城镇化政策也吸引了大量的学者参与。近年来，学者们在农民转移就业与市民化、农民土地权益保护、耕地保护、省直管县体制改革、农民工住房等一系列问题上进行了深入的讨论，提出了相应的公共政策建议。其中一些研究，试图架构起政策分析的总体框架，以体现政策分析的系统性。谷荣（2007）认为城镇化转型过程中，农村劳动力转移政策、城市增长政策是政策分析两大主线。沿着这两大主线，他具体地从户籍政策、就业政策、公共政策、社会保障政策、行政区划政策、城市用地政策、规划政策、城市建设投融资政策、城市环境政策方面进行了研究分析，并提出政策优化的建议。

3. 中国城镇化转型政策研究面临的主要问题

总的来说，对城镇化转型的政策分析研究还处于初级阶段，研究过程中许多问题有待进一步解决，体现为四个"缺乏"。

一是对城镇化转型的概念缺乏科学把握。多数研究在城镇化转型研究的概念框架下，实际上研究的是城镇发展转型。以"人"的城镇化为主线的城镇化转型思想并没有得到切实体现。

二是对城镇化转型的总体框架研究十分缺乏。多数研究研究了城镇化转型的某一个方面、某一处片断，并进而提出了相应的政策建议。然而从宏观角度来看，片断性的内容只有在总体框架下才有切实的意义。

因此，既抓住城镇化过程中"人"的转型，又抓住"城"的转型，从这两个方面建立政策分析框架，并条分缕析，尤为重要。

三是缺乏充足的国际比较研究。多数研究立足于中国新型城镇化与传统城镇化的对比，提出新型城镇化的特征、内涵并进行政策分析。需要指出的是，中国城镇化是世界城镇化的一部分。中国城镇化转型过程中的一些问题在不同国家不同历史阶段都存在过。国际视野的缺乏，导致了许多政策分析就事论事，缺乏历史纵深感，缺乏其他国家的经验政策支撑。

四是缺乏有针对性的案例研究支撑。城镇化是目标引导与问题推动相结合的一种实践。城镇化转型的政策分析，如果不能立足于具体的实践，就不能切中要害。由于多数研究者并没有从事城镇化发展和城镇规划的实践经验，因此他们的研究缺乏城镇化案例支撑，所作出的分析给人的感觉是坐而论道或者是隔山打牛。在这个方面，政策分析与具体区域的城镇化发展、城镇发展的规划相结合显得尤为重要。

第二章　城镇化转型的历史阶段分析

一、中国城镇化发展的现状与问题

1. 中国城镇化发展的现状

（1）城镇化水平接近世界平均水平

根据联合国人口基金会《2010 年世界人口状况报告》，2010 年，世界人口为 69.09 亿，近一半的世界人口目前居住在城市中。世界主要几个地区中，北美是城市化水平最高的地区，美国和加拿大有超过 77% 的人口居住在城镇中。非洲和亚洲是城市化水平最低的，总人口中不到 40% 是城市居民。

20 世纪 50 年代初，中国的城镇化率刚过 10%，与世界城镇化率相差近 20 个百分点。2010 年，中国城镇人口达到 66978 万人，城镇化率达到 49.95%。2011 年，中国城镇化率突破 50%，达到 51.27%，中国城镇化率与世界平均水平的差距已缩小至不足 1 个百分点。

（2）进城农民工是中国特色城镇化的主体

欧美一些发达国家城镇化过程中城市人口增加的相当一部分来自于国外移民。在美国的城市化过程中，存在着两类移民：一类称为城乡移民（rural – to – urban migration）；另一类则是国外移民（保罗·诺克斯，2009）。自 1840 年起，大量的欧洲移民开始涌入美国。19 世纪 30 ~ 40 年代发生在爱尔兰的大饥荒、英国"放任主义"政策以及农场土地大面积经营带来的农业合理化，都推动移民运动。至 1850 年，欧洲大陆的社会经济动荡连同快速工业化和农业机械化一起更剧烈地推动了各国人口的大批迁徙，其中包括德国、法国和比利时以及 19 世纪 70 年代后期的斯堪的纳维亚、丹麦、挪威和瑞典也出现了移民潮，这甚至扩散到欧洲的南部和东部。

中国则不同，国内人口流动构成中国城镇化几乎所有的内容。2000～2010年间，每年由农村进入城镇并在城镇居住6个月以上的人口超过2000万人。在中国特色城镇化发展过程中，进城农民工是主体之一。据测算，2010年，北京、上海、天津、广东和浙江的外来农民工对城镇化率的贡献率分别为35.9%、39%、24.2%、18.4%、12.8%。内地各省农民工离乡则通过减少当地的农村人口，相应地提高城镇化水平，重庆、安徽、四川和河南农民工对城镇化的贡献率分别为6.7%、5.5%、4.3%和4%。

表2.1　　第六次人口普查已公布的各地区跨省流动人口状况

地区	2010年外省流动人口（万人）	2000年外省流动人口（万人）	外省流动人口增加数（万人）	流动人口增长率（%）
广东省	3128.16	2105.41	1022.75	48.58
上海市	897.7	346.49	551.21	159.08
北京市	704.5	256.8	447.7	174.34
浙江省	1182.4	859.87	322.53	37.51
天津市	299.17	87.3	211.87	242.69
福建省	431.36	214.53	216.83	101.07

资料来源：邹湘江："基于'六普'数据的我国人口流动与分布分析"，《人口与经济》2011年第6期。

（3）城镇化在各级城镇分布情况

根据城市统计年鉴和农民工监测报告数据测算，2010年中国直辖市吸纳城镇人口比重为9.4%；省会城市吸纳城镇人口的比重为14.5%；地级市吸纳城镇人口的比重为30.5%；县级市吸纳城镇人口的比重为16.1%；建制镇吸纳城镇人口的比重为29.5%。总体而言，约七成人口集中在地级及地级以下各类城市和小城镇。

（4）城镇化在时间与空间高度压缩

城镇化在时间上的压缩是指，中国用较短的时间实现了城镇化率超过50%。根据亚行有关研究，中国的城镇化率从11%～51%用了61年，在相近的城镇化提升区间内，欧洲用了150年，北美用了105年，拉美加勒比海国家用了210年。

城镇化空间上压缩是指，中国土地资源有限，人口较多地集中在东部平原地区的城市。根据 2010 年底的数据统计，东部地区的面积占全国的比重为 9.5%，但城镇人口所占比重为 44.98%；中部地区面积占全国的比重为 10.7%，城镇人口所占比重为 23.49%；西部地区的面积占全国的比重为 71.5%，城镇人口所占比重为 22.15%；东北地区面积占全国的比重为 8.2%，城镇人口所占比重为 9.35%。由此可见，东部地区的人口密度是西部地区的 10 倍。

表 2.2　　　　　　　　各地区经济社会基本指标（2010 年）

	面积 （万平方公里）	常住总人口 （万人）	城镇人口 （万人）	城镇化率 （%）
东部地区	91.6（9.5%）	50645.75	30293.7（44.98%）	59.8
中部地区	102.8（10.7%）	36208.76	15822.36（23.49%）	43.7
西部地区	686.7（71.5%）	36056.29	14915.35（22.15%）	41.4
东北地区	78.7（8.2%）	10954.6	6318.08（9.35%）	57.7

数据来源：中国统计年鉴（2011）。

2. 中国城镇化存在的问题

在过去 30 多年中，中国经历了快速城镇化的发展阶段，完成了西方发达国家经历上百年时间才走完的进程，为走出一条有中国特色的城镇化道路进行了探索实践，但也存在着一些不容忽视的问题。

国家发改委城市和小城镇改革发展中心课题组（2011）认为，中国城镇化存在的问题包括城镇化质量不高、城乡建设用地利用粗放、中小城市和小城镇发展机会不均等、农民工权益保护问题突出、城市发展模式脱离国情等等。

住房城乡建设部城乡规划司、中国城市规划研究院研究认为，城镇发展中存在的问题包括城乡发展不协调、农村发展滞后；片面追求城镇发展规模和发展速度，忽视城镇化质量；区域不平衡现象日益突出；大城市和城镇密集地区的国际竞争能力不强；小城镇发展活力不足，特点不突出；资源浪费、环境污染问题突出；城镇发展缺乏区域统筹协调等。

中国社科院城市与环境研究所魏后凯研究员认为，中国的城市发展基本上走的是一条外延扩张发展道路，属于一种典型的粗放型发展模式。这种发展模式以高增长、高消耗、高排放、高扩张为基本特征，由此带来的问题是：加剧了城市空间无序和低效开发，加剧了城乡区域发展的不协调，加剧了社会发展的失衡，加剧了大城市的膨胀趋势。

中国社科院新型城镇化课题组研究认为，中国城镇化在城乡关系、空间关系、人口关系、生活条件、产业关系、生产条件等方面都存在着一定的问题，见表2.3。

表2.3　　　　　　　　　　中国城镇化存在的问题

问题	表现
城乡失调	城乡收入差距拉大 城市病初现端倪 农村生活环境差
空间分散	大城市数量相对不多，分布不均 中等城市作用不明显 小城市功能不全 小城镇太多，太分散
人口迁转分离	两栖式流动 失地、失业、无保障
生活条件差	失地农民生活堪忧 都市打工者的工作和生活条件差
产业发展分散、孤立	产业分散 城市化与工业化独立发展
生产要素配置低效	土地利用效率低 融资渠道不畅 基础设施投资渠道狭窄

可以认为，不同研究机构与专家对中国城镇化发展过程中的问题，都有一定的认识。但深入研究可以发现，以上这些问题，有的问题是其他问题的原因，有的问题则是其他问题的结果，而互为原因与结果的一组问题实际上可以看作是一个问题。比如农民工迁转分离与其生活条件差必然相关。如果农民工在迁入的同时能够同步实现市民化，享受到基本的公共服务，则就不存在根源于制度层面的生活条件差的问题。

对一些问题的求解，可能还会催生出其他相关性的问题。比如，在追求大中城市发展的过程中，可能必然会导致较多的两栖式流动。

因此，对中国城镇化过程中的问题，应该运用系统思考的方式，从不同角度、不同环节进行查找。一个完整的城镇化过程，必然包括城镇化的主体、载体、目标、内容、动力、实现机制、政府行为等重大方面与重大环节。在研究与解决中国城镇化问题时，必须在这些方面进行深入分析。

表 2. 4 城镇化转型分解

	WHAT	HOW	WHERE
主体转型	主体应该是什么	现在是什么，怎么样	转型向何处去
载体转型	载体应该是什么	现在是什么，怎么样	转型向何处去
目标转型	目标应该是什么	现在是什么，怎么样	转型向何处去
内容转型	内容应该是什么	现在是什么，怎么样	转型向何处去
产业动力转型	产业动力应该是什么	现在是什么，怎么样	转型向何处去
投资体制转型	投资体制应该是什么	现在是什么，怎么样	转型向何处去
政府行为转型	政府行为应该是什么	现在是什么，怎么样	转型向何处去
城乡关系转型	关系应该是什么	现在是什么，怎么样	转型向何处去

城镇化主体方面存在的问题：根据中国国情，农民、农民工，以及城市间流动人口构成了城镇化的主体。但事实上，中国城镇化的主体体现不了主体意志与主体权利。就农民而言，政府自上而下的城镇化成为城镇化的主流方式，农民在集体土地上兴建与城市同等水平的城市基础设施，享受城市生活，还面临着制度层面的种种束缚。就农民工而言，他们已经生活在城市，长期以来，他们得不到作为公民应该享受的基本公共服务，成为不完整的市民。就城市间流动人口而言，他们从低等级的城市进入到高等级的城市，还存在身份上的障碍。

城镇化载体方面存在的问题：中国的城市属于行政意义上的辖区。不同行政级别的城市，占据着不同的位置，能够分享到不同的资源。高等级城市，如首都、省会城市在固定资产投资、土地指标利用、产业布局上就会得到较充分的支持。而小城镇、乡村则处于神经末梢。改革开放以来一批在市场中成长起来的小城镇，实际上已经达到小城市甚至大中城市的规模，但在体制上仍然只能是小城镇建制。都市密集区中散布的乡村以及大都市周边的一些乡村，也可以是城镇化的载体，吸纳农民与农民工就业生活，但在一系列制度安排上他们不具备与城市一样的地位。

城镇化内容方面存在的问题：城镇化内容既指人口集中，也指城市经济发展、城市市民社会形成、城市公共治理的完善等等。但事实上，一些地方政府理解的城镇化，还仅仅是征收农民集体土地，将之变为城市建设用地。城镇化的内容就是大量的城市基础设施建设、兴建工业园区、获取高额的 GDP。对城镇化理解过于偏狭，导致对城镇发展过程中的生态问题、社会问题、制度创新等问题重视不够。

城镇化目标方面的问题：一些城市盲目追求"国际化大都市"；还有一些城市对"生态城市"、"花园城市"进行了歪曲的理解，只注重表面建设，搞大广场、宽马路、大公园等。为数众多的城市热衷建设新城、高档地产；不少城市大量补贴工业用地，大举投资生产性基础设施，对有污染的企业高抬贵手，将城市看成是生产 GDP 的工厂；相应地，对城市消费性设施投资不足，建设生态宜居的生活家园的意识不强。

城镇化产业动力方面的问题：中国名义上的城镇化化率已经超过50%。国际上城镇化先行国家在进入这个阶段后，城镇化主要推动力不再是工业制造业，而是服务业，服务业水平一般会达到60%甚至更高。但在现阶段，税收制度等政策倾向于支持工业制造业而不是服务业发展。地方政府为了追求 GDP，对于工业制造业更加重视。服务业的主体类型不多、数量不够，生产性服务业、生活性服务业没有充分发挥对城镇化的引领与带动作用。

城镇化投资体制方面的问题：在推进农民工进城中，政府要承担一些成本，包括要让农民工获得教育、医疗、保障性住房等公共服务，也包括在城镇中兴建相关的基础设施。过去，地方政府是城镇化成本的主要承担者，政府融资模式是以土地为核心，以"征地—土地收入—银行贷款—城市建设—征地"为基本操作路径。在宏观经济趋紧的背景下，在土地资源约束的前提下，如果仍然以政府作为城镇化的单一的投资主体，采取"征地—土地收入—银行贷款—城市建设—征地"的单一的融资模式，已经承担与消化不了城镇化所要产生的巨额成本。

城镇化政府行为方面的问题：城镇化过程中，中国与美国、日本、巴西等国家显著不同的是，中国政府强力干预人口向城市集聚，以行政手段影响城市增长，这种干预主要通过制定户籍政策、土地政策、行政区划调整政策、投融资政策体现出来。政府主导型的城镇化有一定的合理性，具有较强的短期性、随意性，但本质上仍然是计划经济的思维模式，存在许多问题。在具体的操作过程中，城市政府领导惯于发号施令，在公众参与方面做得不够，淤积了许多民怨。近年来，唯上是从不讲科学、造城运动盲目扩张等问题屡见不鲜，城镇化过程中政府行为广受诟病。

城镇化体制机制方面的问题：1993 年至今，恰是我国城镇化发展最快的阶段，新的城市现象、城市问题不断出现。如果说 1993 年进行设市标准重颁，是因为 1986 年的部分标准需要进行修订，尚属较小修补，那么 20 年后设市标准则需要对 1993 年的标准进行根本的重修。目前，以城镇建制为核心，在户籍制度、农民工基本公共服务、保障性住房建设、土地利用、等级化的行政管理体制等方面，现行的体制机制都存在许多亟需改革的问题。

二、中国城镇化进入转型发展的新阶段

1. 从近中远三个阶段看城镇化转型

（1）近时段

"近时段"也就是前后 3 至 5 年的时间段，近时段战略的意义在于正确应对突然发生的重大事件。

2008 年爆发的全球性金融危机，暴露了我国经济的固有问题，也就是过度依赖外需导致经济风险增大。自 1994 年以来，我国对外贸易发展速度增大，维持顺差长达 16 年之久，并有扩大之势。到 2008 年，我国全年贸易顺差 2954.7 亿美元，比 2007 年增长 12.5%，净增加 328.3 亿美元，首次出现贸易顺差增长率下降。贸易顺差的长期大幅上升，不仅导致贸易摩擦加剧，也大幅增加了外汇储备，加大了人民币升值压力和经济增长的外在风险。统计数据显示，2007 年外需对 GDP 的拉动率达到 2.5，金融危机爆发后拉动率迅速降到 0.8，2009 年跌到 - 4.1。

金融危机之后，从应对经济下滑的角度考虑，中央提出扩大内需的发展战略。扩大内需，包括两个方面，即投资需求与消费需求，而城镇化正是在这两个方面都蕴藏着最雄厚的内需。

从消费需求这一面来看，中国城镇化率目前只有 50%，提升空间还有 15 ~ 20 个百分点。即期来看，每年将有约 1000 万新增农民工进入城市。另外，中国城镇化率中有将近 16 个百分点的"虚高"成分，涉及 2.1 亿农民工。同时，中国还有 7000 万城镇间流动人口，他们也没有所在城市的户籍。这三部分人口加总，意味着中国有 3.5 亿人都属于流动型消费，也就是他们虽然工作在城市，但由于没有城市户籍，多数没有在

城市里购房并形成长期的定居型消费。如果通过城镇化，将这些人转变为市民，则将释放出巨大的消费潜力。

从投资需求这一面来看，为了适应快速城镇化发展的需要，中国的大中小城市仍将保持一定的规模扩张，仍有一批经济开发区、新城列入建设与发展计划。这批城市中的多数，经历过较快的发展之后，还将面临进一步更新的问题，需要在基础设施方面进行投资。中国现有19683个小城镇中，有一部分小城镇人口较多、经济较为繁荣。据统计，中国上万个小城镇中，镇区超过5万人的建制镇有740个。这些小城镇的基础设施投资包含着大量的内需。中国的城市发展粗放，在推进绿色、低碳、循环的城市经济等方面，有相当大的投资需求。

上述分析可见，城镇化转型发展能够满足扩大内需的需要，能够对刺激经济起到直接的作用。这是金融危机之后，中国政府明确提出要推动城镇化发展的一个原因。

（2）中时段

从中时段来看，城镇化转型是延续和巩固改革开放以来城镇化发展成果的必然要求。

以1978年为界，中国的当代史分为改革开放前30年和后30年。改革开放之前中国的城镇化发展历经波折，多数年份停滞不前。改革开放以后，面临着有利的经济社会背景与积极的城镇化政策，中国的城镇化取得了较快的发展速度。

表 2.5   改革开放后的中国城镇化发展

时期	背景	经济社会背景	主要城镇化政策	城镇化与城市发展状况
1977～1985年（恢复发展时期）	改革开放重大决策	农村经济较快发展；城市经济中心作用加强；市领导县体制形成	城市设置恢复发展	期间累计新设城市139个。期末，全国有城市324个；城市化水平达到22%
1986～1997年（稳定发展阶段）	计划经济向市场经济转变	沿海经济持续高速增长；乡镇企业快速发展	国务院批准新的设市标准	1986～1993年全国共新设城市248个，平均每年设新城市31个；1996城市化水平超过30%
1998～2008年（快速发展阶段）	提出科学发展观	应对亚洲金融危机；加入WTO	县市区行政区划合并	城市化水平增长较快，年均1个百分点

经历了 30 年城镇化快速发展之后，中国的城镇化面临转型要求。根据徐竹青等（2010）① 的研究，判断经济转型或者经济发展转型是否处于转型时期，可以有如下标识：①原有的经济发展动力对经济发展的贡献呈下降趋势，或者说资源环境难以支撑已有发展方式；②与上述因素紧密相关的是，已有的经济结构不合理或失衡趋势日趋显现；③经济发展和社会发展之间的不协调性在加强，特别是现有的发展方式在收入差距、社会保障等方面的矛盾日益突出；④现有体制对经济发展的制约在强化，特别是资源配置方式与政府职能已严重不适应经济进一步发展的要求。对照以上标志来看，中国城镇化正处于转型发展的时期。

表 2.6　　　　　　　　　　　城镇化转型的基本描述

转型标志一般描述	城镇化表现：定性描述	城镇化表现：定量描述或例证
资源环境难以支撑	土地资源浪费过多水资源匮乏	①2000～2010 年，土地城镇化率是人口城镇化率的 1.85 倍，土地利效率低下；②183 个大城市提出要建国际大都市；③2008 年工业用地占全部建设用地的 20.5%，生态用地比重比重不到 10%，居住用地比重只有 28.8%；④深圳开发强度达到 40%，东莞 38%，远高于香港（19%）、日本 3 大都市圈（15.6%）；⑤北京市建成区，污染常长超标 1～3 倍；⑥300 个城市缺水，100 个城市严重缺水；⑦单位耗水量产出的 GDP 不到发达国家的 10%
经济结构重大失衡	大城市过度扩张中小城市与小城镇发展较慢	①1999～2008 年，上海、北京、广州、重庆、深圳、东莞、天津、武汉、郑州、南京、沈阳、哈尔滨、成都人口超 400 万，建成区面积增长 1.52 倍；②东莞城市建成区和建设用地面积同期增长 32.1 倍和 33.26 倍
社会问题突出	城镇居民收入差距扩大城市居住分异城市贫困问题突出农民工权益受损拆迁利益冲突加剧	①1991～2006 年，城镇居民收入差距以年 4.5% 速度在扩大；②2008 年底，各类棚户区家庭共 1148 万户，其中城市棚户区 744 万户；③城市贫困人口规模约为 2000～3000 万人之间；④2008 年全国参加城镇医疗保险、基本养老保险和失业保险的农民工比例分别只有 30%、17%、11%；⑤全国因征地而失地的农民约 4000 万人

---

① 徐竹青等：《转型升级：浙江发展的战略抉择》，中国经济出版社 2010 年版。

续表

转型标志 一般描述	城镇化表现： 定性描述	城镇化表现： 定量描述或例证
体制机制 制约	政绩考核机制不合理 财税体制 行政管理体制	①现行设市标准是 1993 年颁布的试行标准； ②虎门镇常住人口近百万，仍属镇的建制； ③贵州改革开放以来地级市设置没有调整

（3）长时段

从长时段来看，城镇化转型将引领中国城市型社会发展，关系到中国的长远未来。2011 年底，中国统计意义上的城镇化率超过 50%，预示着中国告别乡村型社会，进入以城市为主体形态的城市型社会。从乡村型社会进入城市型社会，既是改革开放以来中国转型发展的结果，同时城市型社会的形成与发展又将引领新的转型发生。这种转型，按科尔奈（2005）的说法，"不仅仅包括经济的转型，还包括了生活方式、文化的转型，政治、法律制度的转型等多个方面"，"从集中管理的命令经济到市场经济是转型的一个维度。从较低发展水平到较高的发展水平，从一个农业社会到一个更为城镇化的社会是其他几个维度。"[①] 依照国内学者针对中国转型的研究，转型也包括林林总总多方面的内容。李晓西、胡必亮（2011）[②] 认为，转型包括农业转型、工业转型、能源转型、城乡转型、需求转型、科技发展战略转型、分配格局转型、社会保障转型、政府职能转型。徐竹青、徐明华、王祖强（2010）研究认为，转型包括民营企业内涵式发展、产业结构调整、都市圈与城市群的形成、创新体系构建、人力资本提升等。

综观各种关于中国转型的分析，都把城镇化转型作为中国转型发展的重要的方面。进一步分析表明，城镇化转型不但是转型的其中一个方面。在未来中国发展中，它还必须承担其他各种转型的主要引导性力量。

首先，城镇化转型将推动城乡一体化发展。一般意义上，一个国家将会存在着城市经济与乡村经济两种类型。按照城市化理论，城市的吸引力与乡村的排斥力（或称推力与拉力）被认定为城市化持续推进的动

---

① 雅诺什·科尔奈："大转型"，《比较》，2005 年第 7 期。
② 李晓西、胡必亮：《中国经济新转型》，中国大百科全书出版社 2011 年版。

力机制。在城市化的初期阶段，农村的推力因素占据主导地位。推力因素包括人口过剩、就业机会匮乏等。随着乡村人口进一步城市化，城市的拉力因素逐渐增强，这些因素包括丰富的就业岗位和良好的生活质量。世界城市化的历史表明，在城镇化率超过30%的时候，城镇化进入加速发展阶段，城市拉力因素占据主导性地位。

根据我国的城市实践，在城市化发展过程中，拉力的性质可以分为强制力与弹性力。所谓强制力，体现在原有城镇化过程中，就是政府利用行政权力，在违背农民意愿的情况下，通过不补偿、少补偿的方式征地，过度侵害农民的权益。所谓弹性力，就是政府创造有利的体制机制环境，在尊重农民意愿的前提下，促进农民集中居住，进行产业结构调整，适度规模经营土地。不同的城镇化方式对于乡村经济的转型发展所带来的影响并不相同。以弹性力为特征的城镇化转型将在城乡之间的推力、拉力基础上，构建一个完整的正反馈回路系统，促进乡村经济进一步向好的方面转型发展。

其次，城镇化转型将促进产业结构调整。产业经济学的基本原理认为，发展就是经济结构的成功转变。经济结构的优化升级既包括产业结构的合理化发展，也包括产业结构的高度化发展，也就是主要由第二产业带动，转变为一二三产业协调发展，并逐渐推高第三产业在国民经济中的比重。城镇化对于产业结构调整的意义在于城镇化推动了产业结构走向高级化。

改革开放以来中国经济发展成就最突出地体现在工业发展方面。1978年，中国的工业增加值仅1607亿元，随着中国经济的发展，中国的工业增加值逐年增加，2011年，中国工业增加值达到188572亿元，增长100多倍。中国工业在多年发展中取得巨大的成就，但也面临着诸多困境，这些困境包括自主创新不足，关键技术水平落后；工业生产污染严重，能源利用效率较低；工业内部产业结构不合理等等。中国经济的未来发展，就第二产业与第三产业来说，一是要继续做强做大第二产业；二是要推进第三产业。中国的第三产业比重不但显著低于发达国家，也显著低于同等收入的其他发展中国家。

在推进经济结构向第三产业转型发展方面，城镇化的作用表现在：首先，城镇人口的数量和比例大幅度增加，推动批发、零售、餐饮、娱乐、休闲、教育等城市经济的快速发展；其次，城镇空间职能定位的转型进一步巩固服务业的成果，并推动服务业进一步发展。例如，在城镇化发展的中后期阶段（即城镇化率50%~70%阶段），大城市一般定位于综合服务中心，中小城市定位于专业服务中心或生产性服务中心，大中小城市在服务功能上的互补定位，将从整体上推动整个区域服务业的发展。

表 2.7　　城市化与服务业动态发展的一般特征

城市化阶段	服务业产业结构特点	服务业空间布局特点
城市化中前期（城市化率30%~50%）	1. 服务业产出增长慢于工业，就业增长与工业相当或快于工业，因此服务业在国民经济中的比重变化不大 2. 在服务业内部，包括交通和贸易在内的流通服务增长迅速，是这一阶段推动服务业稳定增长的主要力量	1. 城市体系内，大城市是主要的工业和服务业中心，中小城市以工业为主，服务业水平较低 2. 就单个城市来说，无论大、中、小城市，服务业都具有向市中心聚集发展的特点
城市化中期（城市化率50%左右）	1. 服务业产出和就业增长开始加快，服务业在国民经济中的比重稳定增长 2. 在服务业内部，卫生、教育、福利等社会服务的增长开始加快，逐渐成为推动服务业产出和就业增长的主要力量	1. 城市体系内，大城市的功能由工业中心向服务中心转变，大城市为中小城市提供各种专业化服务 2. 就不同规模的城市来说，大城市的服务业向中心商业区聚集的程度已达到阶段性的顶点，中小城市的服务业继续向城市中心聚集
城市化中后期（城市化率50%~70%）	1. 服务业在国民经济中具有十分重要的地位，产出比重就业比重都超过工业 2. 在服务业内部，流通服务的增长速度放慢；社会服务保持稳定增长，尤其是就业增长的速度较快；生产者服务的增长速度最快，在国民经济中的比重迅速提高	1. 城市体系内，大城市是区域的综合服务中心，服务业优势显著，服务功能成为大城市的主要功能；中小城市一般是专业性较强的工业城市，所有城市的服务业比重都有显著提高 2. 单个城市内，大、中城市内的服务布局呈现由中心商业区向郊区扩散的发展特点，小城市的服务业布局保持集中的特点
城市化高级阶段（城市化率达到70%以上）	1. 服务业无论是产出还是就业在国民经济中都具有绝对优势，服务业创造了绝大部分的产出和就业 2. 在服务业内部，生产者服务保持快速增长，比重不断扩大，是推动服务业增长的最主要的力量；流通服务和社会服务的增长速度保持稳定	1. 城市体系内，大城市是区域的综合性服务中心，知识技术密集型生产者服务向大城市高度集中；中小城市的工业比重相对较高、专业化程度较高；所有城市的服务业就业比重都较高 2. 单个城市内，大城市的生产者服务在中心商业区高度聚集，中心商业区实现了功能升级和再度繁荣，生活服务则呈现分散布局；中小城市服务业呈现较为均衡化的空间布局

资料来源：陈宪主编：《中国服务经济报告》（2009），上海大学出版社2010年版。

第三，城镇化转型将有助于优化生态环境。经济发展必须以一定的资源、能源、环境消耗为代价，但在一定条件下，经济发展又可以与资源、能源消耗适度脱钩。从我国实际情况来看，长期的基本特征有三：一是资源的数量约束与质量约束并存。表现有：有质量保证的总量不足；资源的人均拥有量偏低；资源在地域呈现结构性不足；资源利率不高加剧了资源的数量与质量约束。二是能源短缺与能耗过高并存。三是生态环境恶化与治理污染困难并存。

目前而言，中国仍处于城市化的加速阶段，中国城镇化发展带来的资源环境压力还将有所增加。按目前的发展标准，全国城镇化率每增加1%，将要增加 3 亿～4 亿平方米的住房，1000 多平方公里土地，14000万立方米生活用水，3000 亿元基础设施投资，城镇生活污水和垃圾产生量也会大大增加。因此，如果仍以现有模式进行城镇化，我国的土地、水和环境都将不堪重负。

城镇化转型带动资源利用与生态环境改善主要体现在三个方面。

一是可以通过城市规划的转型，推动生态、绿色或低碳城市发展。这方面的工作从两个维度展开。第一个维度是在既有的规划里，综合运用土地利用、交通系统、水系统、生态系统、废物回收系统等既有的技术与方法，实现包括温室气体减排在内的可持续发展目标。二是专门建立全新的实验区城市。这方面比较著名的案例包括中新天津生态城、曹妃甸生态城。

表 2.8　　　　　　　　　中国在建生态城市比较

	类型	面积（km²）	规划年代	主导功能	主要规划单位	焦点问题
中新天津生态科技城	全盘新建型	约 30	2008 年	居住、研发	天津规划院	海水淡化生态修复、绿色交通
曹妃甸生态城	全盘新建型	约 80	2008 年	港口、居住与教育科研	清华规划院、瑞典 SWECO 公司	生态修复与保护、碳零排放
柳州官塘创业园	全盘新建型	约 22	2005 年	工业、配套居住与教育科研	威廉·麦克唐纳公司	太阳能、风能利用、循环经济
北京亦庄新城	全盘新建型	约 45	2006 年	工业与配套居住	柏诚集团（PB）	结合绿色交通的土地利用规划（TOD）

续表

	类型	面积 (km²)	规划年代	主导功能	主要规划单位	焦点问题
成都郫县 兰园地区 生态规划	调整 提高型	约 3	2005 年	居住	清华安地	生态保护
中新苏州 生态科技城	调整 提高型	约 4	2008 年	工业、研发 办公与居住	清华安地	低碳、节能

资料来源:《低碳城市》。

二是可以通过城市生活方式的转型,推动建立资源节约与环境友好型社会。乡村方式与城市生活方式(urbanism)最显著的不同,在于后者是基于区域的规模集中,以及由此带来的生活方式的迅速传播。案例研究表明,节能环保在许多城市能够变成一项城市市民的集体行动,这项集体行动对人们所关心的环境、资源问题进行着集体的表达与实践。

三是可以通过运用多项成熟技术,推动城市的绿色发展、低碳发展、循环发展。成熟技术的运用要符合经济学原理,即建立在规模经济基础上的收益—成本平衡,而城市提供了同样需求的最大规模集成,有利于厂商开发运用新型技术,推动能源与资源消耗的减少。

最后,城镇化发展转型能够促进社会转型。社会转型是一个社会学用语。社会转型在不同层次上可能意味着不同的事情。有关社会转型,第一种观点认为是关注程序民主;第二种观点关注民主化的经济方面(比如如何消除特权,如何形成民主的分配体制);第三种观点关注市民社会的民主化[1](韩相震,2012)。城镇化过程中,一批城市将成为影响与推动社会转型的基础平台与关键领域,这是因为城市和小城镇提供了三种条件。首先,城市提供了成员之间的利益、心理与文化认同。第二,公民行为和政治参与发生在地方层面,城市提供了事件,提供了舞台,也提供了参与的机会。第三,地方治理和城市政治提供公民权教育。在小城镇、小城市操练过公共政策与公共事件的辩论,其中的脱颖而出者,就可能在国家的层面上让人信服。

---

[1] 韩相震:"韩国中产阶级政治的动态:以'中民'为中心",载于李春玲主编《比较视野下的中产阶级形成过程、影响以及社会经济后果》,社会科学文献出版社 2009 年版。

2. 城镇化转型的战略意义

（1）对建设现代化国家的意义

全球城市化史表明，城镇化率30%～70%的阶段，是一国城市人口急剧增加，国家竞争力急剧提升的阶段。

18世纪中叶开始，英国开始了工业革命，由此开始，西方发达国家的工业化带动城市化，城市化促进工业化，迅速发展起来，将后起国家远远抛在后面。安格斯·麦迪森（Maddison）[1] 估算了世界上不同地区公元1年至公元2001年间的人均收入。结果显示，18世纪工业革命之前，西欧发达国家及其旁系地区的人均收入与发展中国家只有很小的差距，但到20世纪初时，发达国家的人均收入扩大到发展中国家的20余倍。

从当前国际经验来看，处于世界体系核心的都是城市化地区。当代数据历史考证与分析专家，剑桥大学荣誉院士 Immanuel Wallerstein 将整个世界经济视为一个由具有等级性的区域经济体——核心、半边缘和边缘——组成的不断演化的市场体系。"核心"进程涉及高收入、先进技术以及多样化产品混合体组合在一起的经济联系；"边缘"进程则与低工资、更初级的技术以及较低的产品多样性相联系；"半边缘"则指兼有以上两个进程的场所。

但值得提出的，城市化地区并不都属于世界体系的核心。1950年世界最大的30个城市化地区之中，有21个是欧洲和北美的核心国家。到1980年已完全不同，30个最大的城市化地区中，19个位于欠发达国家。到2015年，30个最大的城市化地区将只有5个位于发达国家。

依据联合国《世界城市化展望》的报告，拉美和加勒比国家1990年总人口为43971.6万人，城市人口为31416.1万人，城市化率达到71.4%，这个数据比1950年增长了将近30%。拉美这些国家40年时间里城市化率增长30个百分点，年均达到0.75个百分点，绝大多数国家都已经完成了高速城市化的阶段。

---

[1]　安格斯·麦迪森：《世界经济千年统计》，北京大学出版社2009年版。

表 2.9　　　　　拉美国家 1950～1990 年城市化水平变动

国　别	1990 年总人口（万人）	1990 年城市人口（万人）	1950 年城市化率（%）	1990 年城市化水平（%）	1950～1990 年城市化水平变化（%）
加勒比					
古巴	1059.8	780.1	49.4	73.6	24.2
多米尼加	711.0	429.3	23.7	60.4	36.7
海地	648.6	185.5	12.2	28.6	16.4
牙买加	236.6	121.7	26.8	51.5	24.7
波多黎各	353.1	251.8	40.6	71.3	30.7
中美洲					
洪都拉斯	487.9	198.5	17.6	40.7	23.1
墨西哥	8451.1	6133.5	42.7	72.6	29.9
尼加拉瓜	367.6	219.7	34.9	59.8	24.9
巴拿马	239.8	124.0	35.8	51.7	15.9
南美洲					
阿根廷	3254.7	2815.8	65.3	86.5	21.2
玻利维亚	657.3	366.5	37.8	55.8	18.0
巴西	14847.7	11078.9	36.0	74.6	38.7
智利	1315.4	1095.4	58.4	83.3	24.9
哥伦比亚	3230.0	2260.4	37.1	70.0	32.9
厄瓜多尔	1026.4	562.5	28.3	54.8	26.5
秘鲁	2158.8	1506.8	35.5	69.8	34.3
委内瑞拉	1950.2	1763.6	53.2	90.4	37.2
拉美和加勒比国家	43971.6	31416.1	41.6	71.4	29.8

资料来源：联合国：《世界城市展望：人口分部》，1995。

城市化给拉美国家带来了什么？仅从贫困这一个指标上来说，几乎在拉美地区的每一个国家，城市贫困的增幅都大于农村。这一地区 20 世纪 80 年代被称作是贫困家庭比例大幅度增加的年代，从 1981 年的 53%增加到 1988 年的 63%[①]（Joseh Ramos，1993）。在非洲某些国家，乡村和城市采用相同的贫困线标准，城市的贫困人口比例居然比乡村高。

---

① Joseh Ramos. Growth crises and strategic turnarounds. CEPAL Review, 1993（50）：63－79

表 2. 10 非洲部分国家农村和城市绝对贫困的程度

国家或地区	低于贫困线的人口比例（%）			时间	乡村和城市是否采用不同的贫困线
	城市	乡村	全国		
非洲	29.0	58.0	49.0	1985 年	
博茨瓦纳	30.0	64.0	55.0	1985~1986 年	
科特迪瓦	30.0	26.0	28.0	1980~1986 年	
埃及	34.0	33.7	33.8	1984 年	是
冈比亚	63.8	57.7		1989 年	是
加纳			59.5		
摩洛哥	28.0	32.0		1985 年	
莫桑比克	40.0	70.0	55.0	1980~1989 年	
斯威士兰	45.0	50.0	49.0	1980 年	是
突尼斯	7.3	5.7	6.7	1990 年	是
乌干达	25.0	33.0	32.0	1989~1990 年	
赞比亚	40.0		80.0	1993 年	

资料来源：联合国人居中心编：《城市化的世界——全球人类居住区报告 1996》，中国建筑工业出版社 1999 年版。

我国与其他国家一样，城市经济在国家经济中居于绝对主导性的地位。1983 年城市改革之后的 20 年，城市经济在国内生产总值的比重增加了将近 20%。一定意义上讲，城市发展就是国家的发展，城市的前途就是国家前途。中国已经告别传统的以乡村为主体的社会形态，在中国的历史上第一次进入以城市为主体的城市型社会。立足于中国城镇化现实来看，不走城镇化的道路，中国就没有机会进入发达国家的行列，进入不了全球核心区域。但是只讲城镇化，不讲转型发展，中国也可能步入拉美式陷阱。因此，城镇化转型发展是中国未来走向现代化的基本战略。

（2）对促进企业发展的意义

中国城镇化转型发展将为企业提供更加广阔的投资空间，提供更加稳定的投资环境，提供更加优质的资源要素。

从投资空间来看，中国城镇化转型将在以下方面提供投资机遇。

一是从城镇化转型主体来看，农民进城、农民工市民化以及城市间流动人口的城市融入，将带来 3 亿~4 亿多人口在城市里的购房、购车等消费需求，还将带来其他公共服务方面的需求。

二是从城镇化转型的载体来看，一批有条件的都市村庄、小城镇、县、市、新城的建设发展，将会需要大量的基础设施建设。

三是从城镇化转型的内容来看，经济转型将会为企业在生产性服务业、消费性服务业领域带来许多投资机遇；生态转型将会为企业投资绿色、低碳、循环技术提供机遇。

从稳定的投资环境来看，城镇化转型发展保证了城市良好的运行，能够为企业经营提供安全环境。

从提供优质的资源要素来看，城镇化转型的一个任务是将农民工由流民变为市民，在此过程中，通过教育、培训等方式提高他们及他们子女的素质。人力资本的提升必然有助于企业的经营发展。城镇化转型发展过程中，兴建低碳、绿色的基础设施，必然有利于改进土地的利用价值，改进土地要素的品质。

（3）对民生发展的意义

中国城镇化转型发展将针对市民民生的主要问题，有利于提高市民的幸福指数。

中国改革开放以来，在经济领域取得了巨大的成绩。中国的经济总量 2010 年超过日本，成为仅次于美国的第二大经济体。有关国际机构预测，中国将于 2016 年超过美国，成为世界第一大经济体。2010 年，上海、北京、深圳、广州等一些城市，人均 GDP 超过 1 万美元。中国城市的人均可支配收入接近 2 万元，按汇率计达到 3000 美元；按购买力平价计，则超过 1 万美元。城市人均住房面积已经超过 30 平方米，超过日本的人均水平。中国民用汽车保用量接近 1 亿辆，城市人口的私人轿车达到 3443 万辆。但是，无论是国内自我评价，还是国际主流观点，几乎没有人认为中国已经达到"中等发达国家水平"。

造成这种偏差的原因在于，中国的城市与乡村，许多民生问题没有解决。从中央到地方，对民生问题的投入不断加大；改善民生的体制机制在不断完善。但是由于历史累积的因素，加上现实中各种复杂情况的叠加，民生问题仍然十分突出。包括农民工市民化进展缓慢；城市住房价格上涨过快；大城市交通拥堵现象严峻；城市社会养老不足；城市贫困问题十分尖锐；城市教育、医疗滞后；社会的水、空气等环境质量满足不了需要等。相比较农村，城镇是社会问题更多的场合；同时，城镇人口也有更多的渠道反映意见，所以近年来社会热点不断增加，主题不断变化；舆情内容更趋复杂，激烈程度不断上升（表2.11）。

表2.11　　　2007~2012年城市居民关注的社会问题比较

2012年		2011年		2010年		2009年		2008年		2007年	
物价	43.4	物价	61.1	物价	48.6	房价	33.9	物价	70.4	物价	67.6
房价	36.1	房价	54.4	房价	39.1	医疗	32.5	食品安全	33.6	房价	28.6
贫富分化	31.6	食品安全	23.1	医疗	37.5	就业	29.3	房价	29.5	医疗	24.1
食品安全	28.8	就业	22.7	就业	28.2	物价	23.3	社会保障	24.4	社会保障	20.9
社会稳定	22.2	医疗	16.3	社会保障	25	社会保障	22.8	就业	22.1	食品安全	20.6
就业	20.1	社会保障	15.3	食品安全	18.9	反腐败	17.6	医疗	16.8	就业	17.4
反腐败	19.5	反腐败	14.5	贫富分化	13.9	食品安全	16.7	反腐败	11.9	贫富分化	17.3
社会保障	14.2	贫富分化	13.5	教育改革	11.2	贫富分化	15.3	贫富分化	11.5	反腐败	16.8
领土纠纷	9.8	社会稳定	13.1	反腐败	10.0	教育改革	11.5	环境保护	10.4	奥运会	14.8
社会道德	8.8	教育改革	9.5	经济危机	6.3	社会治安	11.4	老龄化	8.2	教育改革	10.7

注：表中数据为关注率，按照关注程度使用限选三项的答法计算得出，表中仅列出关注度排名前十位的问题，参考零点研究咨询集团历年《中国城市居民生活质量指数报告》。

　　在经济发展取得极大成就的同时，社会发展需要提升的空间依然巨大。中国正处于人均生产总值3000美元至10000美元的发展区间，人们既重视物质财富，同时又开始关注社会公平、环境质量等问题。当人均生产总值超过10000美元的时候，社会公平、发展满意度、幸福感等问题，将更加成为人们关注的主要问题。在这样的历史阶段，推动城镇化转型发展，建立以人为本的城市发展观，必然有助于提高人们的幸福指数，推动和谐社会建设。

　　（4）对城市竞争力的意义

　　传统的中国城镇化发展模式下，土地利用粗放，人力资本贡献份额小，城市的平均劳动生产率低。中国城市平均劳动生产率不但无法与发达国家相提并论，甚至远低于巴西、阿根廷等拉美国家，以及马来西亚、泰国、新加坡等亚洲国家。

表 2.12

国家	二、三产业增加值（官方汇率）/（百万美元）	二、三产业增加值（PPP）/（百万美元）	1997年城市人口/（百万）	城市劳动生产率（官方汇率）/（美元/人）	城市劳动生产率（PPP）/（美元/人）	城市平均劳动生产率/（美元/人）
中国	787958	3379167	390.7	2017	8649	5333
印度	287605	1133700	264.1	1089	4293	2691
巴西	716070	964844	130.1	5504	7416	6460
阿根廷	320266	364169	31.6	10135	11524	10830
韩国	280011	430978	38.3	7311	11253	9282
马来西亚	62749	121953	11.9	5273	10248	7761
泰国	136975	363952	12.5	10958	29116	20037
新加坡	85425	81292	3.1	27556	26224	26890

注：根据《世界发展报告，2000》计算。许学强：《中国城市化理论与实践》，科学出版社2012年版。

中国社科院全球城市竞争力课题组使用 GDP 规模、人均 GDP、地均GDP、劳动生产率、跨国公司落户数、专利申请数、价格优势、经济增长率和就业率等九个指标，对全球 500 个城市的竞争力进行测度。研究发现，最具竞争力的前 20 个城市分别是纽约、伦敦、东京、巴黎、华盛顿、洛杉矶、斯德哥尔摩、新加坡、旧金山、芝加哥、多伦多、首尔、波士顿、圣迭戈、奥克兰、赫尔辛基、马德里、维也纳、费城、休斯敦。在这 20 个最强的城市中，北美有 10 个、欧洲有 7 个、亚洲有 3 个，中国没有。我国城市竞争力最强的是香港，全球排名第 26 位，内地城市最靠前的是上海，全球排名第 41 位，这也是我国仅有的两个进入全球排名前50 位的城市。另外，深圳、北京、澳门三个城市进入全球排名前 100 位，全球排名在 100～200 位之间的城市也只有台北与广州两市①。

城市是一个生命体。在产业周期、经济周期、技术进步等因素的综合作用下，城市会经历成长、繁荣、衰落。而要避免城市衰落，并且不

① 倪鹏飞主编：《2009 中国城市竞争力研究报告》，中国社科文献出版社 2009 年版。

断保持较高的竞争力，唯一的途径是在关键性历史阶段推动城市转型发展。城镇化转型有助于通过提升城市平均劳动生产率，促进城市发展。世界上一些重要的城市区（比如鲁尔区）都经历过严重的经济衰退、人口减少、环境破坏、失业率增加，他们的再生之道无他，都是通过城市的转型发展调整了城市发展的周期，使城市重新焕发生机。

三、中国城镇化转型发展的分析框架

当前，推动城镇化转型发展，面临许多制约因素，例如：利益格局固化，农民工进城遭遇软抵抗；城镇化成本较高，融资创新能力不够；工业化进程没有结束，生态低碳道路并不顺畅；城市管理能力不足，不稳定风险加大。但也要看到，改革开放以来，中国创造了世人瞩目的经济成就，农村人口加快转移，城镇建设日新月异，这为实现城镇化转型发展提供了坚实的基础条件。综合起来看，有利的条件包括：粮食问题不再是制约城镇化的主要问题；财政能力大大增强，基础设施明显改善；城镇体系不断优化，城市群初步形成；体制机制改革不断深入，正在促进与推动城镇化发展。

本文作者认为，城镇化转型发展，应该立足于城镇化的本质内涵，即农民工、农民与城市间流动人口的市民化，从城镇化的主体、载体、目标、内容、动力、路径、支撑条件等方面研究。这样的研究兼顾城镇化转型的过程的完整性，兼顾到程序与内容的统一，兼顾到转型关系的制约与推动。据此，本文构建了城镇化转型研究的分析框架，并将相关章节总括为四篇，即理论篇、经验篇、专题篇、实证篇。

理论篇主要包括第一、第二章，概括了城市与城镇化的基本概念与相关研究，讨论了城镇化转型的一般含义。

经验篇主要包括第三、四、五、六章。其中，第三、四、五章专门就英国应对早期城市化问题、美国促进城市增长的做法、巴西过度城市化发展的教训进行研究。第六章较为全面地总结城市化先行国家的经验教训，特别是描述了这些国家在城市化中后期阶段的主要发展趋势。我国的城镇化率刚刚超过 50%，处于城镇化中后期发展的阶段。第六章专门对城市化先行国家进入城市化中后期阶段的趋势规律进行研究，旨在为我国城镇化转型提供切实的国际借鉴。

专题篇是本书的重点，包括第七至十四章，分别从中国城镇化过程中的主体转型、载体转型、目标转型、内容转型、产业动力转型、投资体制转型、政府行为转型、城乡关系进行专门研究，试图较为全面地构建一个城镇化转型的论述框架。

第十五、十六、十七章是实证篇，选取了郑各庄村、双流县、浙江省三个不同行政级别的区域作为案例，分别研究村庄的自主城市化转型发展、县域城镇化与城市发展战略、省域城镇化战略等。

本文的研究内容主要体现四个方面的结合，即城镇化转型的历史研究、理论分析、地方实践、政策构建。

在历史研究中，本文注意到将两个维度的历史背景相结合，将中国城镇化转型发展置于世界城市化的背景下进行分析。本文认为，中国城镇化是世界城市化的重要组成部分。世界城市化的经验对中国仍然有着重要的参考与借鉴价值。同时，中国当前的城镇化进程必然带有某种城镇化历史发展的烙印。在理论分析中，本文借鉴经济学、管理学、社会学、地理学的一些基本概念，注重分析城镇化演变过程中多种复杂因素的关系。在对地方实践的分析中，本文注意总结各地在推进城镇化过程中探索的不同模式，并对这些模式产生的背景、特征、效果进行说明。在有关政策建议中，本文并不照搬照抄已出台的政策，而是从学术研究的角度提出新的政策建议。

经验篇

第三章　英国解决古典城市问题的经验与启示

　　18 世纪中叶开始的英国产业革命，是产业发展史、城市化发展史的重要章节。产业革命与城市化发展直接相关，而城市化发展带来的城市问题与城市化政策密切联系。英国产业革命是自由资本主义的胜利，但其胜利是以公共利益的损失和城市化当期及远期的健康发展为代价的。为保护公共利益并保障城市化健康发展，英国在 19 世纪中叶，即城市化率达到 50% 前后，开始重视发挥城市化公共政策的作用。

　　中国意义上的产业革命起始于 20 世纪 70 年代末，迄今只有不到 40 年的历史，在 40 年多中，产业革命推动了城市化，但当前的城市化面临着与当初英国同样的问题。分析英国城市化政策产生的背景、特征，特别是分析英国城市化政策对中国的借鉴与启示，具有重要的意义。

一、英国城市化的简要过程

　　在英国城市化发展过程中，有四个密切相关的环节：蒸汽机的发明、工厂的建立、农村劳动力转移、城市人口的增长。

　　蒸汽机的发明。蒸汽机的发明成为工业革命的引擎，而工业革命的发展则成为人类历史上大规模城市化的强大动力。1769 年，瓦特研制出单向蒸汽机，并于 1782 年进一步改进为双向蒸汽机。1785 年，第一座以蒸汽机为动力的棉纺厂在诺丁汉附近建立。此后，以蒸汽机为动力，采掘业、冶炼业、交通运输业等一系列产业发展起来。从此，蒸汽机"突破了人力、畜力和其他自然力作为机器动和的局限性，能够供给可控制的动力，从而打破了从手工业生产到大机器生产的动能屏障"①。

工厂向城市集中。工业革命之前，工厂选址的基本条件是：依河而建并且尽量靠近煤矿产地。工业革命之后，工厂选址可以摆脱以上条件，因为新的动力革命使得工厂可以在任何地点兴建并取得成功。工业革命之后，新的工厂迅速搬迁到城市。工厂在城市的集聚，就有对于工人的大量的需求，这就进一步促进了英国的城市化运动。

农村劳动力转移。在工业革命的地区，农村的发展是和城市增长紧密联系在一起的。科学技术的运用使得农业生产效率得到提高，解放了农业劳动生产力。食物供应不断增加，剩余的劳动力不断得以转移。例如，从 1811 年到 1851 年城镇化率达到 50% 这 40 年间，英国从事农业的劳动力比例下降 13 个百分点；从 1851 年到 1901 年城镇化率达到 80%，英国从事农业的劳动力又下降 13 个百分点。

表 3.1　　　　　　　　　1811~1901 年英国产业劳动力结构

	1811 年	1821 年	1831 年	1841 年	1851 年	1861 年	1871 年	1901 年
农业	35.2	33.3	28.1	22.3	22	18.8	15.3	9
工商运输业	44.4	45.9	42.1	48.5	53.8	55.7	54.6	64.1
其他	20.4	20.8	29.8	29.2	24.2	25.5	30.1	26.9

注：1811、1831 年是以户为单位。
资料来源：钱乘旦：《第一个工业化社会》，四川人民出版社 1988 年版。

城市人口增长。在工业革命前的 1750 年，英国生活在 2500 人以上的城市中的人口仅占全国总人口的 25%，1801 年增加到 33.8%，1851 年上升到 50.2%，1911 年达到 78.1%，而农村人口则从一个半世纪前的 75% 降至 21.9%②。

工业革命不仅带来了英国城镇化人口增长，还带来了其他工业化国家城镇化人口的增长。工业革命产生了新的城市类型，数量还不在少数。工业经济需要的正好是城市可以提供的：工厂、仓库、商店和办公室、交通网络、大型劳动力市场和消费者市场等物质基础设施。相应地，工

① 赵照："英国早期城市化研究——从 18 世纪后期到 19 世纪中叶"，华东师范大学博士论文，2008。
② 纪晓岚："英国城市化历史过程分析与启示"，《华东理工大学学报》（社会科学版），2004 年第 2 期。

业化改变了城市的面貌、内容结构和功能。工业时期还带来了中央商务区（CBD）的开发，它为新的公司提供办公建筑和企业总部（保罗·诺克斯等，2011）①。

人口向其他城市转移。欧洲工业革命起源于英国伦敦，随之扩散到法国、德国。伦敦、巴黎、柏林由此成为工业革命的黄金三角：它们拥有良好的区位，紧邻原材料与能源，具备大型劳动力市场。黄金三角的城市化不断发展，促使移民潮向周边其他国家和地区扩散，由此带来世界范围内的技术变革、人口城市化。

二、"古典城市问题"及其影响

英国在1851年的城市化率超过50%，成为世界上第一个城市化国家。英国的工业化、城市化取得了很大的成就，成为工业化、城市化的先行者，但英国同样面临着许多严峻的问题。这种在工业革命初期出现的城市问题，被称之为传统（古典）的城市问题。这些问题与城市化快速发展、高度发展之后产生的现代城市问题既有联系，又有区别；有相似的一面，又有截然不同的根源。这些问题包括环境污染的问题、居住等生活条件恶劣的问题、社会阶层冲突的问题、农业遭受破坏的问题。

空气与水的污染。当时中小工厂毫无秩序地混入市区；林立的烟囱排放出遮天蔽日的黑烟和有害气体；工厂中排出的废水与生活污水滞留在洼地中，散发出冲天的臭气并污染着环境和水源。投资商所建造的高密度低质住宅杂乱无章地排列在工厂的附近，缺少必要的采光、通风条件，室外活动场地甚至是最起码的给排水和垃圾处理设施②。

恶劣的居住条件。恩格斯调查了1844年惊人的城市曼彻斯特③：一个人沿着河岸上非常粗糙的小路走着，穿过晾衣竿和洗衣队列到达一群杂乱无章的小型单层一室小层。大部分是土地板，工作、居住和睡眠全部都在一个房间内进行。在这样的蜗居中，仅有6ft长、5ft宽，我看了两

---

① 保罗·诺克斯等：《城市化》，科学出版社2011年版。
② 谭纵波：《城市规划》，清华大学出版社2008年版。
③ 转引自保罗·诺克斯等：《城市化》，科学出版社2011年版。

张床（什么样的床和寝具啊！）它们占据了整个房间内除了壁炉和门阶之外的所有空间。据我所见，好几个这样的小屋完全是空的，尽管门开着，居民斜靠在门柱上。门前堆积着大量脏污和垃圾……这些给人类建的牲口棚两侧是房子和一个工厂，在另一边是一条河……沿河布满了这样的棚户。

城市阶层冲突。当时，英国的国家和地方政府信奉一条充分保护个人财产、鼓励民营企业发展的不干预政策。唯利是图的资本家一味追求企业利润，压榨劳工。他们住在宽敞的花园房里，经过宽敞的大路来到办公室。大路两边的棚户区里的工人不断积累着对资本家的怨气。当时，英国各个工业城市不断爆发出工人反对资本家的罢工运动。政府推崇市场的自由竞争，使得无序的状态蔓延到公共管理领域。道路、运河、铁路等公共设施在建设管理中出现各自为政的严重混乱状况。

农业遭受破坏。英国城市化初期的能源主要是煤炭。矿山环境原先只局限在矿址周围，但从 19 世纪 30 年代起，由于有了铁路，就波及各地。在很多原先是农村良田的地方，炉渣垃圾堆积如山。农业和农田本来在大自然与人类社会之间创造一种平衡，因为它能够周而复始进行自我修复。但现在这种过度破坏性的采矿工业及矿渣堆放使得农业生产环境受到重创。

所谓的古典城市问题，对英国城市化的进一步发展带来了严重的影响。

一是降低了城市化人口的质量。英国 1837 年建立了一个政府机构——注册总局（General Register Office）。W. 法尔（William Farr），第一位注册总长、现代统计科学的发明者之一，早在 1841 年就公布了英格兰和威尔士平均预期寿命为 41 岁，在宜人的萨里（Surrey）是 45 岁，利物浦只有 26 岁，曼彻斯特只有 24 岁。这些差异很大程度上由于北方工业城市婴儿死亡率极高所致。[1]

二是削弱了英国城市化发展的产业动力。城市化的动力是产业发展，产业发展的基本要素之一是劳动力。过于恶劣的居住条件影响到农村人

---

[1] 彼德·霍尔：《城市和区域规划》，中国建筑工业出版社 2008 年版。

口进入城市打工的意愿，而现有城市工厂里的雇员日渐虚弱，工厂的劳动生产率出现严重下降。

三是破坏了大中城市的综合承载力。英国的产业革命是在自由竞争、缺乏规划、过度追求私人利益的背景下兴起的。所有工厂都竞相选择在城镇的滨水地带，以利于获得大量的水以供应给蒸汽锅炉，并制造必要的化学溶液和染料。铁路开进市区，把城市里最宝贵的地方变成货场和编组车站。城市变成了工厂、铁路、货物和垃圾堆放的选址。工业生产功能的过度的、不合理的集聚，破坏了城市可能具有的商业工能、居住功能等综合功能，破坏了大中城市的综合承载力，影响到这些城市的未来发展。

四是动摇了城市化的生态基础。18 世纪中期以来英国的城市化以工业化为基础，而工业化又以采矿业为支柱。在整个 19 世纪之前，采矿业只是整个人类活动的次要部分。在 18 世纪末到 19 世纪中这段时间，采矿业成为各工业部门的基础。采矿业造成生态风景受到破坏、公共环境被搞得乱七八糟。从今天的眼光看去，这种城市化动摇了人们生活的生态基础，根本不会让生活变得更美好。

工业革命带来了城市化的迅速发展，1851 年第一届世博会在伦敦举办，可以看做是全世界对英国工业化、城市化的高度褒奖。但工业化、城市化带来的许多城市问题，让英国人头痛不已。1850 年前后，英国各大中城市爆发了规模不等的运动，抗议政府对城市化问题的"不干涉主义"。在这样的背景下，英国开始反思过度放任的城市化可能存在的问题，着手从公共卫生、住房等方面改进公共政策，推进城市化进一步发展。

三、英国城市化政策的主要特征

英国城市化政策主要是问题应对型的，而非目标引导型的。英国针对当前城市化存在的问题，采取一些弥补性的措施。

1. 以法规与条例作为主要政策形式

1848 年英国《公共卫生法》的制定是一系列社会改良行动中的决定

性事件，也被认为是近代城市规划的开端①。立法的背景是大面积霍乱的流行，已经危及城市的正常运行。1842 年《关于劳动者阶层卫生状况的报告》和 1844 年、1845 年《大城市及人口稠密地区状况咨询委员会报告》②的发表，引起社会各方面极大关注，逼使以政府为代表的公权对私权实施各种限制。经过不断辩论，《公共卫生法》终于面世。依据该法可设立中央及地方卫生局，专门负责城市给排水、道路、公园、清扫以及出租房屋、屠宰场墓葬等公共卫生管理事务。

英国《公共卫生法》只是一个例子而已。1800 ~ 1840 年间，在英格兰及威尔士的 208 个城镇中，制定了大约 400 个与城市改良相关的法规，城市的道路、给排水、煤气、市场、港湾、墓地等设施得到不同程度的改善。

基于《公共卫生法》（1848 年首次颁布，1875 年修订版）的要求，英国各地地方政府建立了相关的机构，并制定了一系列具体落实《公共卫生法》的建筑条例。1875 ~ 1882 年，英国 1000 多个城镇、600 多个村制定了相关的建筑条例。这些条例，对于建筑物的间距、排污等作出规定，并据此产生了一批"依法建设的住宅"（By - law housing）。

稍晚些时候，在欧洲别的国家也诞生了类似的条例。比如 1875 年德国诞生了《普鲁士道路建筑红线法》。

2. 建立公共管理机构落实政策

芒福德曾经说过，工业革命催生的工业城镇，只是一个名词。它只能说明一个事实：2 万多人挤在　个地区之内，这个地区可以（而且实际上也真的）扩大 100 倍而根本不会有社会学意义上的城市公共机构（芒福德，2005）③。

英国城市化政策的一个突破是成立公共事务管理机构，首先是卫生、环境等方面的机构。1835 年，英国颁布《城市自治机构法》（The Municipal Corporations Act），改组了市政府。但这份法案并没有使城市当局承担

---

① 谭纵波：《城市规划》，清华大学出版社 2008 年版。

② Report on the Sanitary Condition of the Labouring Population, 1842; First Report of the Commissioners for Inquring into the State of Large Towns and Populous Districts1844 Second Report etc 1845。

③ L·芒福德著，宋俊岭等译：《城市发展史》，中国建筑工业出版社 2008 年版。

起公共服务或环境卫生的管理职责。英国城市卫生特别委员会、英国大城市状况的皇家委员会分别于 1840、1844 年拟就两份报告，这两份报告受到采纳，英国每个基层地区开始设立一个单独的公共卫生机构，管理排水、铺路、清扫和供水事务，同时这类机构也有管理新建房屋的建设标准的权力。1848 年，英国依据《公共卫生法》，成立了中央政府卫生部，地方相继成立了卫生局。1871 年，英国成立中央政府所属的地方政府部。根据 1875 年的《公共卫生法》，英国对英格尔和威尔士进行了市区范围外的地方政府体制的改革，全国被划分为城市和乡村两种环境卫生区域，并且接受地方政府部的领导。

在卫生、环境、公共住房等领域一系列机构的建立，使得英国公共政策有逐渐落到实处。

3. 社会团体积极参与政策讨论

彼得·霍尔①曾经指出，为了解决英国城市化现实中存在的种种问题，必须至少满足三个条件：第一是要有采取行动的愿望；第二是要有关于如何采取行动的知识；第三是要有一个有效的行政机构包括资金，来实行必要的管理和提供公共服务。而这在一个自由资本主义的时代，从很多方面来说，包括撤换现有的、无效能的地方政府，都是最难做到的。在英国城市化政策兴起之时，政府的作用还不够充分，各种社会团体发挥了重要的补充作用。

19 世纪 40 年代，英国一批最先感受到城市化种种问题的上层贵族、慈善家成立了各种团体。Edwin Chadwick 最早成立了济贫法理事会（Poor Law Board），这个理事会开展一系列活动，直接促成了皇家城镇健康管理委员会（Royal Commission on the Health of Town）的成立。该委员会通过发表报告，推动进步思想得以传播。一时间，英国成立了各类团体，主要有城镇健康协会（Health of Town Association）、助贫清洁协会（Assosiation for Promoting Cleanliness Amongest the Poor）、改善劳工阶层生活条件协会（Society for Improving the Conditions of the Laboring Class）、改善大

---

① 参考彼得·霍尔 2004 年 7 月 22 日受上海欧美同学会邀请在华演讲，题目为《城市发展与城市复兴——欧洲与中国的经验》。

都市区工薪阶层生活条件协会（the Metropolitan Association for Improving the Dwellings of the Industrious Class）等等。

这些社会团体刚开始的作用也仅是提出讨论问题，提出若干解决方案，随着社会团体的自身发展，特别是随着公共政策重要性日益凸显，它们就成为英国城市化公共政策必不可少的参与主体。

4. 投资商参与推进各项政策

英国当时着手改进卫生设施、提供工人住房，但由于这些方面需要大量资金，政府实际上难以全部承担重任。英国一些企业家开始参与到卫生设施改造、建设样板住房等合作事务中去。19 世纪 60 年代，著名的 Geoge Peabody 和 Guinness 家庭，为工薪阶层建设了许多住房。这些投入的收益大约 5%，在当时显得十分低微。自 1860 年起的 30 年，Geoge Peabody 家族大约在伦敦建有 2 万所公寓，目前有些还在使用中①。

四、对英国城市化政策的评价

1. 英国存在城市化政策

学术界流行一种观点，认为发达国家比如英美国家没有城市化政策，理由是他们的城市化是自发形成的，是工业化的结果，是在市场机制引导下逐步演化的结果。这个观点是片面的。在城市化过程中，为应对与解决城市化带来的问题，由政府部门主导制定并颁布执行的各种类型的政策，都可以称为城市化政策。英国为应对卫生、环境、住房等方面的问题，建立公共管理机构、出台法规条例，这些就是城市化政策的具体体现。英国一些社会团体积极参与政策的制定，并参与推进城市化过程，也体现了英国城市化政策在制定与落实中的显著特征。当然，英国的城市化政策确实只是针对出现问题的弥补性、应对性政策，英国没有制定过全国性的城市化发展战略，也没有城市化率等指标设计，这是需要注意到的。

---

① 诺克斯等著，顾朝林等译：《城市化》，科学出版社 2011 年版。

2. 英国的城市化政策有明显的被动性

英国的城市问题到了积重难返的地步，甚至开始危及英国经济社会能否稳步推进的地步时，英国才颁布实施城市化政策。无疑，这已经付出巨大的成本。城市化政策的被动性有四个原因。

第一个原因是城市化是人类社会的全新现象，城市化速度之快，带来的变化之剧烈，超出英国人的想象。例如，英国城市污染程度在短短二三十年时间内比先前严重了 2~3 倍。曼彻斯特这样的城市的污染状况在不到 60 年时间（1774~1831 年）里加重了 6 倍还多。城市的许多问题是由于大量移民和城市飞速扩展，而城市管理体系仅相当于一个村庄的管理系统所致。[①]

第二个原因来源于渐进决策模型的局限性。工业革命之前的数百年，经济与社会的进展相对缓慢。与这种经济社会发展状态相适应的，是当时占主导地位的渐进决策模型。所谓渐进决策模型，有两个特征，一是基本遵循已往的政策，"向后看"而不是"向前看"。二是不追求突破性的变化，通过小修小补的办法进行政策完善。渐进决策在一个缓慢变化的社会下比较有效，因为它有利于维护社会的稳定。但在剧烈变动的转型时期，渐进决策模型往往跟不上进步的速度，同时也对未来更大的变化失去调控能力。

渐进决策模型显然已经不能适应处于城市化快速发展阶段的英国。在快速变化时期，英国政府实际上处于一种无能为力的状态，因为既往的政策已经失效，而对未来的情境政府又没有能力去揭示。在转型时期更需要现代公共政策的另一重要模型——理性决策模型，它强调综合掌握各方面的情况，确立目标，并对达到目标的多种方案进行成本—收益分析。但囿于当时人们对城市化的认识，英国各界不可能在 19 世纪中叶提出新的城市化目标。

公共决策的两种模型，在具体的城市化政策制定中，基本对应着以下两个技术流程：一是问题推导型的城市化政策，二是目标引导型的城

---

① Mark Girouard. Cities and People: A Social and Architectural History. New Haven: Yale University Press, 1995: 268

市化政策。英国 19 世纪中叶的城市化政策主要是问题引导型政策。这是因为当时英国疲于应付困局，根本提不出任何新的、前瞻性的目标。19世纪末，霍华德在《田园城市》中所传达的理念，从城市化决策来说，实际上代表的是一个新的决策技术流程，即目标引导型决策。霍华德比较了当时业已存在的"城市磁铁"、"乡村磁铁"的种种利弊，提出了"城市—乡村磁铁"这一全新的概念，并认为"田园城市"兼具"城市—乡村"磁铁的优势，可以成为引领城市化发展的目标。

第三个原因是英国当时形成了各种各样以获取经济利益为唯一目的利益群体，社会上形不成力量去推进形成新的城市化政策，或者说造成了许多政策迟迟出台不了。城市史专家芒福德非常深刻地分析指出，当时产生新城市的力量是矿山、工厂和铁路。但是，它们之所以能够成功地改变城市的传统概念，是由于上层阶级的团结显然已经破裂。工人们只能看着银行家、企业家和机器发明家的脸色行事，而这些既得利益者为新型城市聚集体创造了一种只利于他们的三大支柱：废除同业公会，为工人阶级创造一种永远没有安全感的状态；为出卖劳动力与出售商品建立一种竞争性的公开市场；保持在外国的属地，以攫取新工业所必需的原料，同时作为吸收机械化过剩产品的现成市场。

第四个原因，也是最重要的原因，是由于当时盛行的"没有计划"、也不需有计划的发展观念。"没有计划"的观念既来自于所谓神学的启示，也由于当时自由资本主义思潮的影响所致。马尔萨斯的《人口论》，亚当·斯密的《国富论》所论述的争取个人利益、自由竞争的思想成为社会的主流思想。在这样思想的影响下，人们认为工厂的选址、工人区的建设，政府都不要干涉，而要留待自由竞争的机制去发挥作用。人们迷信地以为，互相冲突、分散零乱的个人（企业）利益争夺会产生合理的计划与秩序。藐视政府当局的任何积极作为甚至成为当时的一种风气。

有了以上四种原因，不难设想，英国出台与执行各项城市化政策是十分艰难的。

3. 英国的城市化政策起到了积极的作用

英国的城市化率在 19 世纪中叶达到 50%，19 世纪末达到 80%，基本完成城市化过程。自 19 世纪中叶起，英国采取的一系列具体的城市化政策，缓和了社会矛盾，改善了人民生活，促进了经济发展，起到了一定的积极作用。

更重要的还要看到，英国在城市化率达到 50% 之后，各种具体的政策不断响应出现的危机，这种政策响应又推动城市化往前进一步发展。这个危机—回应模型系统，成为一个连续不断的博弈过程，优化了英国的城市化路径，促进了英国经济社会的发展。

五、英国城市化政策的启示

英国是世界上第一个开始城市化的国家，也是第一个完成城市化的国家。因此可以说，英国的城化面临的挑战与路径选择是前无来者。中国是在世界上人口最多的国家开始城市化的国家，近十年来，每年城市化转移人口超过大伦敦的人口，且中国的城市化发生在特殊的城乡二元结构国家，面临一系列独特的体制环境，从这个意义上说，中国的城市化面临的挑战与路径选择也是前所未有的。但是城市化终究有一些规律需要遵循，城市化政策的理念与方法也可互相借鉴。英国城市化政策对中国的启示主要有以下方面。

1. 需要及时制定合理的城镇化政策

英国的经验表明，在城市化起步阶段，城市化速度较为平缓；而城市化进入 30% 的区间之后，速度明显加快。50% 的城市化率既是一个国家进入城市型社会的标志，也是城市化快速发展的中间阶段，基础设施、公共服务供给不足的问题严重，社会矛盾突出，是城市化发展最为艰难的时期。在这个阶段，政府顺应城市化发展的趋势，出台相应的城市化政策，是推动城市化发展的应有之义。

英国有着市场经济体制的传统，城市化的发展总体上遵循着自然进化的过程。但由于英国片面强调自由资本主义的竞争特征，城市化政策呈现出较强的被动性，政策成本明显加大，政策效果明显受限。中国是城镇化后进国家，完全可以借鉴英国等城市化先行国家的经验，一方面重视发挥市场机制的作用，特别发挥工业化带动城镇化、城镇化促进工业化的作用；另一方面，制定较为合适的城镇化战略、路径，变被动应付的城镇化政策为积极引领的城镇化政策，少走弯路，少交学费，实现城镇化健康发展。一些学者认为城镇化就是工业化的结果，否认可以通过城镇化方针、战略及具体的政策去引导城镇化发展，这是教条地沿袭了自由资本主义无为而治的思想，并没有全面看到英国等城镇化先行国家的经验与教训。

2. 需要发动社会组织使其成为城镇化政策的推进者

英国的经验表明，城市化涉及国家经济系统、社会系统、治理系统的转型。在史无前例的城市化浪潮面前，仅靠政府的力量难以应对所有的城市化问题。城市化带来的环境、卫生等问题，需要社会团体、公民共同应对。城市化融资等问题，也需要多个主体合力分担。

到目前为止，中国城镇化是一个政府主导型的城镇化发展模式。在英国当时政府力量过于小弱的情况下，社会团体甫一面世就开始积极参与城市化政策的讨论、制定与落实，发挥了积极的正面作用。延至今天，在英国等欧洲国家的城市治理架构中，政府、社会组织、企业等成为公共治理的有机组成部分，某些领域如城市环境治理社会组织的作用甚至比政府更大。中国现在的情况是，政府的力量过于强大，贬抑了社会组织的发育与壮大。在城镇化过程中的某些公共事务领域，政府大包大揽，吃力而又不讨好。在未来二三十年内，中国城镇化率将有较大的提高，城市和小城镇的数量要增加，质量要增强，在城镇化进程中涉及的环境治理、公共卫生、城市化融资等方面，中国的社会组织仍然有巨大的进步空间。城镇化政策的一个重点，首先是培育推进城镇化政策的"联席主体"即社会组织。

3. 城镇化政策应以人为本，关注民生

英国的城市化政策虽然有被动应付的一面，但是当时英国抓住了公共卫生、环境、住房等跟人相关的政策领域，牵住了"牛鼻子"，取得了较好的效果。尽管英国城市化政策的根本出发点是缓解社会矛盾，维持资本主义的生产与再生产，但客观上他们围绕人的需求，还是部分体现了以人为本的思想。发展到今天，英国等西方发达国家，由于存在着选民"用脚投票"的压力，政府仍然不得不注重选民（市民）的呼声与要求。

中国城镇化取得了很大成就，但也存在着各方反映强烈的问题。如在环境领域，工业化、城镇化的发展，作为主要原因，导致空气污染极其严重。当年伦敦的"雾都"形象在中国许多城市上演。社会舆论认为，让人呼吸都感到疼痛的城镇化不是我们想要的城镇化。再比如，在住房问题上，大中城市房价过高，农民工在大中城市的住宿条件恶劣。在大中城市，50 岁以上农民工人均居住面积只有 $5.52m^2$，农民工人群的人均居住面积是 $8.16m^2$，仅相当于城市居民人均面积的 1/3[①]。农民工居住在城中村、城乡结合部，周围水、气、声环境较差。尤其是建筑工人，往往居住在污水横流、机器轰鸣、尘土飞扬的工棚内。以上这些问题的解决，既是城镇化质量提升的需要，也是国家走向现代化、为全体公民提供基本公共服务的必要举措。

4. 城镇化政策应尽可能通过立法形式加以体现

英国城市化政策的具体体现形式主要是法、条例等。以法的形式体现政策，好处很多：一是法比公告等形式有天然的严肃性；二是在立法过程中要走立法程序，在充分的辩论中能提高法的科学性与社会认知度；三是有利于执行。

我国已经形成了庞杂的城镇化政策体系，这个体系既包括方针、政策、战略、规划，也有各种办法、条例、公告、通知、文件。例如关于农民工住房问题，2006 年是以"国发 5 号文"的形式出现；2007 年 12 月是以五部委发布《关于改善农民工居住条件的指导意见》的形式体现。户籍制度改革也充满了"规定"、"试点方案"、"意见"等字样。许多公告、文件、通知、规定、方案、意见只是一些职能部门内部工作流程的"广而告之"，既不具备严肃性，也没有后期的执行跟踪与监督审查。不同时期、不同部门的公告、文件、通知自相矛盾。上级政府机构的公告、文件、通知在下级政府机构得不到落实体现。一些方案、规定、通知时过境迁，收不到应有效果。当前必须正视的一个事实是，以非法律形式出现的各种政策，往往带有部门化、非正式、暂时的色彩，是许多职能部门既显得重视某件事，但又能达到"进可攻、退可守"效果的产物。

---

① 吕萍：《农民工住房：理论、实践与政策》，中国建筑工业出版社 2011 年版。

城镇化进一步发展，迫切需要提高政策严肃性、可执行性、全局性，需要把一些具备条件的改革方案、城镇化政策文件交付法律表决，以法律形式昭告社会，以切实推动城镇化的进一步发展。

5. 城镇化政策的制定要运用多种技术路线

英国 19 世纪中叶城市化率刚过 50% 时，城市化政策完全是问题推动型。到了 19 世纪末时，目标引导型的政策渐渐增多。兼具问题推动型与目标引导型两大要素特征的政策，既解决了问题，又为未来发展预留了较大的空间。

在体现城市化政策的规划类型上，英国既有具体的地方规划，又是全球第一个推出"结构规划"（也称为远景战略规划）的国家。具体的地方规划与结构规划的衔接，有明确的技术流程。例如，地方规划必须有 6 周的公布限期要求，且地方规划呈交结构规划当局审核不少于 28 天。在公布期限内，公众的咨询意见与专家的审核意见都能考虑比较周全。

中国城镇化政策的科学性、针对性正逐步增强，但还存在着许多问题。有的政策适宜于目标引导型，但国家迟迟提不出应有的目标，这方面典型的例子是农民工市民化问题。农民工市民化的目标就是要与市民获得公民同等的基本公共服务权力，但至今仍没有城镇化政策对此进行清晰的表述。还有一些本该是问题推动型的城市化政策，但地方政府却回避了问题，用虚妄的目标遮掩了真实的问题。例如，我们一些地方在提出城镇化发展战略时，一哄而上要建绿色城市、低碳城市、智慧城市，但却没有从该城市面临的实际问题出发，所提目标根本不具有成本—收益角度或其他标准上的可操作性。

总而言之，英国最早完成了工业革命和城市化，工业革命与城市化相互促进的历史，至今仍对中国等城市化后发国家有着启示与借鉴意义。借鉴英国的经验与教训，能够有助于中国以人为本，积极通过制定城镇化政策，发挥社会组织的作用，共同迎战城镇化过程中的各类问题，同时构建城镇化发展的目标，促进城镇化健康发展。

第四章　巴西应对过度城市化的政策与启示

2010 年，拉美国家成为世界上城市化率仅次于北美的国家群体。该年，北美的城市化率为 80.7%，拉美国家达到 79.6%。拉美的城市化率分别比欧洲高 6.8、比大洋洲高 9.4、比亚洲高 39.8、比非洲高 41.7 个百分点。但是，北美与欧洲基本上是高收入的发达国家，而拉美仍被世界银行等视为传统的中低收入国家。

拉丁国家的城市化被概括为"过度城市化"，其典型特征是城市化超出了工业化与经济发展水平，人口高度城市化但缺乏城市就业的支撑。这其中，巴西在过度城市化的程度、负面影响等方面来看，都成为拉美反面典型。过度城市化的问题在巴西引起高度重视，近年来，巴西经过漫长时间的摸索，研究出一系列政策办法。巴西应对过度城市化的经验与做法也堪称拉美国家中较为成功的代表。

中国自改革开放以来，城镇化取得了较快的发展。尤其是 1996 年城镇化率超过 30%，进入城镇化快速发展阶段。本世纪头 10 年（2000 ~ 2010 年），中国城镇化率年均增长 1.35 个百分点，全国城镇化率于 2011 年超过 51%，其中东部地区超过 60%。综合不同机构预测，中国 2030 年城镇化率有可能达到 65%，2050 年可能达到 75% 以上，基本完成城镇化。在城镇化快速发展的大背景下，很多地区希望城镇化还要快一些，有的地区不断调高城镇化率指标。在城镇化率发展上，不甘落后成为当前区域经济、城市经济发展的突出特征，希望通过尽可能短的时间将城镇化率从 50% 追平发达国家 75% 以上的城市化率成为一种普遍性情绪。然而，城镇化是否越快越好？过度城镇化将会带来哪些问题？这些问题都还没有引起足够重视。研究巴西过度城市化过程、影响及其政策应对的时机与手段，对于中国从城市化中期阶段向城市化后期阶段跨越具有重要的现实意义。

一、巴西城市化过程

巴西是拉美地区国土面积最大，人口最多，经济发展水平较为靠前的国家。巴西面积851.5万平方公里，人口1.91亿。

与其他多数拉美国家一样，巴西的一些重要城市都是由欧洲的殖民者建立起来的。从16世纪初（大约1520年）开始，欧洲的西班牙、葡萄牙等殖民者差不多只用了60年的时间就在拉美国家建立了早期的城市体系。所不同的是，西班牙主要在拉美的西部建立城市，目的多用于军事中心，葡萄牙则热衷于在拉美东部建设商业城市。巴西的圣保罗、里约热内卢等城市，就是葡萄牙的"杰作"。整个16、17世纪，巴西东部沿海自南往北的40多座城市，都是殖民者规划建设的，城市风格也如出一辙。

19世纪，巴西城市有所发展，影响其进程的主要原因，一是其宗主国葡萄牙王室定居于巴西，使王室所在地里约热内卢等港口城市得到极大的开放性机遇。二是大规模欧洲移民，增加了巴西的人口。19世纪后期，约有四五万欧洲移民来到巴西，里约、圣保罗的移民人口占全城人口的1/3至1/2。三是巴西的咖啡种植等初级农产品种植、加工发达。种植业成为吸引移民的原因，并成为被殖民价值的重要体现。

1930年巴西的政治革命结束了农业寡头统治。巴西开始了进口替代的工业化革命。尤其是50年代以来，巴西的工业化进展迅速。60年代至70年代中期的十余年，巴西经济增长速度年均超出10%，创造了著名的"巴西奇迹"。在工业化的带动下，巴西的城市化获得了巨大的初始能量与运动能量，巴西的人口开始大规模地向城市集中。根据1970年巴西的人口普查结果，巴西城市人口第一次超过农村，达到54%。到了1990年代，巴西的城市化水平就达到了70%。也就是不到20年时间，巴西就走完了从城市化中期到后期的所有过程。这个过程几乎只相当于发达国家的一半时间。但巴西在城市化率快速增长区间，没有充分考虑到城乡结构因素、城市基础条件、工业产业布局、城市体系结构等方面影响，导致城市化率速度增加很快、城市化水平短时间内提升，但城市化的质量却没能同步增长。也就是巴西没有制定相应的城市化政策来"对冲"可能出现的各类城市化问题。

二、巴西过度城市化的体现

过度城市化是城市化不平衡发展的一种体现。从狭义角度来看，主要是一国的城市化超出工业化与经济发展水平，出现了不平衡。广义上看，过度城市化实际上反映了不同方面不平衡，城市化与农村发展的不平衡，城市分布上的不平衡，城市化收益占有的不平衡等等。结合巴西的实例来看，具体反映在四个方面。

1. 城市化水平超出经济发展水平

依据联合国《世界城市化展望》的报告，巴西在拉美国家中的城市化增长速度也是最快的。拉美和加勒比国家 1990 年总人口为 43971.6 万人，城市人口为 31416.1 万人，城市化率达到 71.4%，这个数据比 1950 年增长了将近 30%，巴西在这 40 年中增长率将近 40%，年均 1 个百分点。

表 4.1　　　　拉美国家 1950～1990 年城市化水平变动

国　别	1990 年总人口（万人）	1990 年城市人口（万人）	1950 年城市化率（%）	1990 年城市化水平（%）	1950～1990 年城市化水平变化（%）
加勒比					
古巴	1059.8	780.1	49.4	73.6	24.2
多米尼加	711.0	429.3	23.7	60.4	36.7
海地	648.6	185.5	12.2	28.6	16.4
牙买加	236.6	121.7	26.8	51.5	24.7
波多黎各	353.1	251.8	40.6	71.3	30.7
中美洲					
洪都拉斯	487.9	198.5	17.6	40.7	23.1
墨西哥	8451.1	6133.5	42.7	72.6	29.9
尼加拉瓜	367.6	219.7	34.9	59.8	24.9
巴拿马	239.8	124.0	35.8	51.7	15.9

续表

国 别	1990 年总人口（万人）	1990 年城市人口（万人）	1950 年城市化率（%）	1990 年城市化水平（%）	1950～1990 年城市化水平变化（%）
南美洲					
阿根廷	3254.7	2815.8	65.3	86.5	21.2
玻利维亚	657.3	366.5	37.8	55.8	18.0
巴西	14847.7	11078.9	36.0	74.6	38.7
智利	1315.4	1095.4	58.4	83.3	24.9
哥伦比亚	3230.0	2260.4	37.1	70.0	32.9
厄瓜多尔	1026.4	562.5	28.3	54.8	26.5
秘鲁	2158.8	1506.8	35.5	69.8	34.3
委内瑞拉	1950.2	1763.6	53.2	90.4	37.2
拉美和加勒比国家	43971.6	31416.1	41.6	71.4	29.8

资料来源：联合国：《世界城市展望：人口分部》，1994 年修订本，1995。

特别要注意到的是，60 年代末以来，巴西的城市化率在跃过 50% 之后，反而越来越快。实际上巴西从 1970 年到 1980 年左右，城市化的增长率约为 1.2 个百分点，个别年份超过 2 个百分点。

经验数据表明，发达国家的城市化率从 50%～75% 过程，基本上也是其现代化的过程，人均国民生产总值增加幅度在 3 倍左右。但巴西于 20 世纪 90 年代之前走完城市化这一过程，人均国内生产总值只提高 60% 左右。尤其值得注意的是，20 世纪 80 年代起的 5 年，人均 GDP 不升反降，成为典型的落入 "中等收入陷阱" 的国家[①]。

2. 城市化过程中农业问题突出

2009 年巴西农村人口约 3300 万，占全国人口 17% 左右。巴西城市化过程中，城市人口不断增多，农村人口不断下降。

---

① 80 年代中期以后，巴西的经济逐步恢复较快增长。1980 年巴西人均国内生产总值约为 2486 美元，2000 年为 3587 美元。2000 年国内生产总值中农业、工业、服务业的构成为 9：33：58。参考韩俊等："巴西城市化过程中贫民窟问题及对我国的启示"，《中国发展观察》，2005 年第 6 期。

表4.2　　　　巴西城乡人口增长比例和城市化水平（%）

年份	年均人口增长率			城市化水平
	总计	城市	乡村	
1940	—	—	—	—
1950	2.3	4.6	1.7	36.2
1960	3.1	6.2	1.8	44.7
1970	2.9	5.4	1.5	55.9
1980	2.5	4.4	-0.6	67.6
1991	1.9	2.8	-0.7	75.6
1996	1.4	2.1	-1.1	78.4

资料来源：Ana Cristina Fernandes, Rovena Negreirus：Economics developmentism and change within the Brazilian urban system, Geoforum 32（2001）：418.

　　但农村人口下降并没有导致巴西农业生产率的相应增长，这根源于巴西特殊的土地制度。巴西70%的土地为私人有所，土地可以买卖。在农村，0.9%的农场主拥有44.6%的土地，而40%的农民只拥有约1%的土地。农场主囤积土地并非为了耕种，而是出于囤积投机需要。根据巴西应用经济研究所的资料，巴西小农户单位面积的产值是大农场主的1.6倍。在城市化过程中，农场主获得了更多的土地，耕种产量不断降低；小农场主的产值虽高但规模小，纷纷放弃耕种。种种不利的情况导致在快速城市化情况下，巴西的农业并未得到同等发展，一批失地、失业、无住房、贫困农民成为农村不稳定因素。1984年，巴西产生了"无地农民运动"的组织，该类型组织的数量已经发展到30多个，举办过多次集会，甚至冲击总统庄园。

3. 大城市膨胀，小城镇发展缓慢

　　巴西城市体系的结构特点是，圣保罗与里约热内卢人口规模呈爆炸式增长。1900年，圣保罗与里约都不过几十万人口。1950年，巴西第一大城市圣保罗的人口约为250万人，1980年就达到1350万人。同期，巴西第二大城市里约热内卢的人口由290万人增加到1070万人[①]。全国一半以上人口居住在10万人以上的城市中，其中9个大城市占全国人口的29%。1990年，拉美有4个人口在千万左右的大城市，巴西占了2席。

①　韩俊等："巴西城市化过程中贫民窟问题及对我国的启示"，《中国发展观察》，2005年第6期。

相比较而言，巴西的小城镇发展则显缓慢。1970 年代巴西城市化率从 50% 开始向上攀升，进入城市化中后期阶段，人口 100 万以上特大城市的数量从 4 个增加到 7 个，50 万到 100 万的大城市数量从 5 个增加到 7 个。而人口 2 万人以下的小城镇数量从 3649 个降低为 3495 个。

4. 各类城市在地理上分布不合理

全国 51% 以上的人口居住在 10 万人以上的城市，其中，9 个人口规模最大的城市都在东部沿海地区。1980 年，人口超过 2 万人的城市中，东南部占 59%；北部占 4%；东北部占 19%；南部占 13%；中西部仅占 5%。

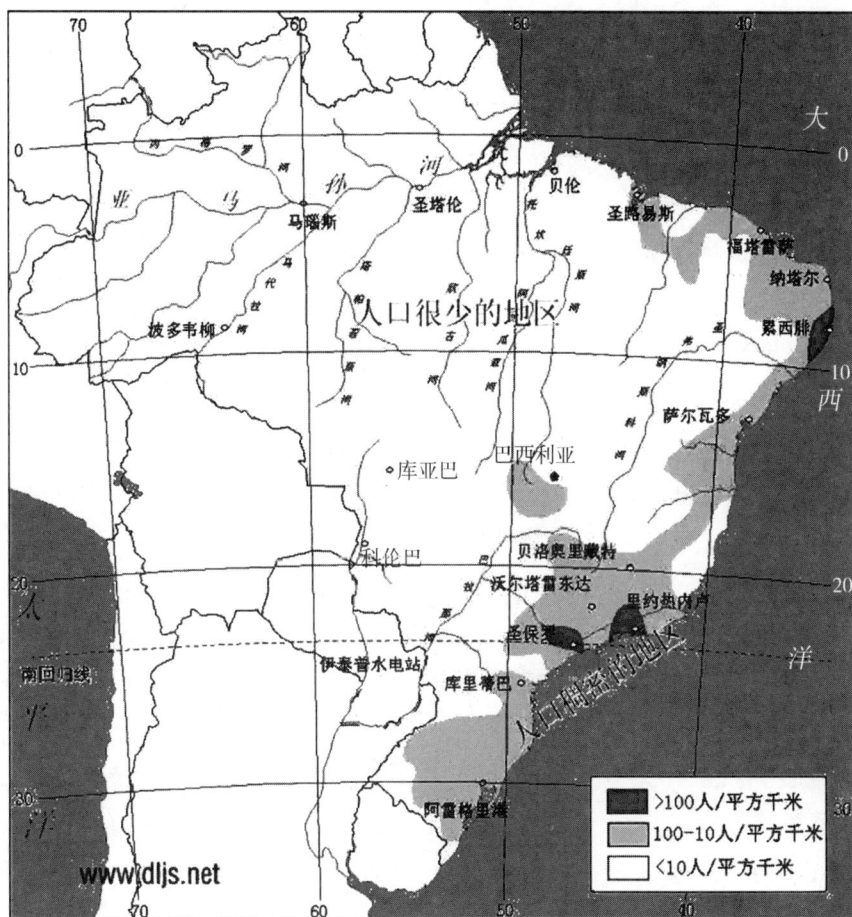

图 4.1　巴西人口的地理分布

5. 贫富人口出现高度分化的现象

根据联合国人居署 2009 年公布的一份报告，拉美是世界上贫富差异最大的地区，而巴西又是其中典型的代表。在拉美地区，20% 的富人占有 56.9% 的财富；而 20% 的人只有 3.5% 的财富。其中，在巴西，50% 的财富集中在 10% 的富人手里，而最穷的 10% 只有 0.8% 的财富。另有学者用反映贫富数的指标基尼系数来衡量，拉美基尼系数超过 0.5 的国家中，巴西仍是首当其冲，2008 年，巴西的基尼系数为 0.594，玻利维亚为 0.572，洪都拉斯为 0.553，多米尼加为 0.55。[①]

巴西是世界上贫民窟现象最突出的国家。按照巴西的统计概念定义，50 户集中一起，房屋无序，占用他人或公共用地，缺乏基本卫生设施的就是贫民窟。目前，圣保罗有贫民窟约 1500 多个。里约是现代化大都市，城区人口 550 万，有 150 万人住在贫民窟里，其中一个大的贫民窟有贫民 15 万人。近 20 年来，巴西人口增长 20%，贫民窟增长 120%，住在贫民窟里的人有 3500 万人，占全国人口 1/4。[②]

6. 生态环境出现污染

根据世界卫生组织公布的 91 个国家逾 1100 个城市的空气污染品质研究报告显示，巴西城市平均水平比可接受的污染标准高出 2 倍，空气品质恶劣全球排名第 44。其中，里约热内卢是巴西空气污染最严重地区。而造成污染的主要原因是工业、汽车和城市垃圾。巴西最大城市圣保罗每天制造垃圾约为 2 万吨，75% 的垃圾被填埋，13% 暴露野外，9% 用于植物堆肥，仅有 3% 得到焚烧处理。[③]

生态环境的污染已经直接影响空气、水的使用。受汽车排放和工业排放的影响所致，巴西最大工业兼旅游城市圣保罗位列全球最污染城市前列。生活环境给巴西用水带来麻烦。1980 年，圣保罗有一半以上的住房没有下水道设施。

此外，巴西的河流污染也十分严重。日前，来自民间环保社团的一

[①] 郑秉文："拉美'过度城市化'与中国'浅度城市化'的比较"，《中国党政干部论坛》，2011 年第 7 期。

[②] 浙江省发展规划研究院：《决策咨询》（内部报告），2004 年第 17 期。

[③] 程晶："城市化进程中拉美国家城市环保的经验及教训"，《世界历史》，2007 年第 6 期。

组学生沿着南大河州的一条沿河公路进行实地考察，他们发现，越是靠近大城市，河水越黑，而且河岸垃圾成片。在巴西，大多数地区的城市污水都是未经处理就排入河水之中，也没有完善的垃圾分类系统。这是导致河水遭受污染的主要原因之一。由于生活垃圾等造成的水体污染，巴西供水显得更加紧张。全国有 5% 的人口面临日常性缺水。海滨城市圣保罗一半以上家庭必须实施定时、定量供水。巴西专家还指出，巴西大部分城市都有贫民窟，而这些地方的居民普遍缺乏环保意识，也不便于管理，如何解决这一问题，已经成为摆在巴西政府面前的一大难题。

三、巴西过度城市化形成的原因

巴西过度城市化既有复杂的历史原因，也有现实原因；既有城市化发展一般性规律的作用使然，也有巴西国内城市化政策的影响和带动作用；既有巴西国内的原因，也是全球化背景下政治经济不合理分工体系的原因。归结起来主要有七条。

1. 城市偏向政策

"城市偏向"（Urban Bias）是 1977 年 Michael Lipton 在其著作中创造的一个概念。[①] 它反映了一个基本的事实，就是在部分发展中国家，政策制定者并没有完全考虑到城乡之间、区域之间、不同人群之间的发展要求并据此及时制出合理的调配性政策。政策制定者出于多种目的，往往可能制定出有利于城市发展的政策，比如产业较多向城市尤其是大城市集中，更多地补贴给城市尤其是大城市的市民等。

尽管这一理论还很表面化，但它仍具有一定的解释力。巴西 20 年代中期实行"赶超战略"，并于 20 世纪 60 年代明确实行进口替代战略。政府集中力量发展耐用消费品产业和重工业，希望在短时间内实现国家富强。结果就是，在 1960～1970 年代，巴西的重工业和消费品产业体系大多布局在港口城市，尤其是圣保罗和里约热内卢这样的大城市。工业化

---

① M. Lipton, Why Poor People Stay Poor: Urban Bias in World Development (Cambridge, Mass.: Harvard University Press, 1977)

在城市的区位布局，带来的一个直接的效应就是，它们直接带动制造业就业；同时，工业化区位布局也带动相关消费产业发展，吸引服务业就业人口。巴西的农村地区一直是以传统的种植、原料粗加工为基础，没有发展起农村工业化体系。而巴西在实施进口替代赶超战略的初期，从效率角度考虑，并没有重视工业在农村的布局。这些是导致巴西城市增长的重要原因。

2. 农村土地制度

传统的"推—拉"理论解释认为，许多城市化产生于推力（push factor）和拉力（pull factor）共同作用的结果。城市拥有较多的工作机会，较高的工资福利，因而产生吸引力。而农村土地耕种效益较低等因素又形成推力。"推—拉"模型部分解释了巴西城市化的实际情况，但巴西又有自身的独特性。

巴西农村土地多数属私有制（表4.3）。农民占有的土地少，没有规模效益。同时，由于在土地占有上与大农场主的不对等，农民在有关粮食生产、农作物经营上常常受到农村"寡头"们的欺压。遇到自然灾害、国家政治动荡，或者在土地权益与经营活动的纷争中受到不公正对待而又无法获得公平处理时，这些农民往往就"撂挑子"，即变卖土地逃到城市。在巴西城市化过程中，城市失业是个司空见惯的现象，农民们也具备这些信息，所以并不是农民觉得他们在城市里能够获得工作，能够获得较高的工资福利，而是因为他们实在觉得在农村非常绝望。就巴西的地方政府而言，他们不愿开罪于大的农场主，但也不愿意看到农村的社会矛盾尖锐化，寄希望于把问题交到大城市解决。

表4.3　　　　　　　　　　巴西的土地结构

农户所占土地面积（公顷）	农户数量	占农户总数的比例（%）	总土地面积（公顷）	占全部土地面积的比例（%）	平均每户所占土地面积（公顷）
低于10	1388711	31.6	7616113	1.8	5.7
10～25	1102999	26.0	18985869	4.5	17.2
20～50	684237	16.1	24141638	5.7	35.3
50～100	485482	11.5	33630240	8.0	69.3
100～500	482677	11.4	100216200	23.8	207.6

续表

农户所占土地 面积（公顷）	农户数量	占农户总数的 比例（%）	总土地面积 （公顷）	占全部土地 面积的比例 （%）	平均每户所占 土地面积 （公顷）
500～1000	75158	1.8	52191003	12.4	694.4
1000～2000	36859	0.9	50932790	12.1	1381.8
超过2000	32264	0.8	132631509	31.6	4110.8
总数	4238421	100.00	420345382	100.00	99.2

数据来源：韩俊、崔传义等："巴西城市化过程中贫民窟问题及对我国的启示"，《中国发展观察》，2005年第6期。

过多的农民涌向城市，而且其中大部分是青壮年劳动力，这就必然带来城市人口自然增长率大幅度攀升，甚至超出净迁入率。这也是巴西城市化水平短时期内提高的一个原因。

3. 大城市对小城镇的剥削

依据一些拉美学者提出的不发达与依附理论（the Dependency Theory），发达国家之所以发达，是因为有不发达国家存在供其剥削，发达国家与不发达国家建立起了剥削与依附关系。推而广之来说，大城市与小城镇也会建立起这样的剥削与依附关系。

巴西的圣保罗、里约热内卢等大城市，具有城市发展上的"先发优势"，同时又具有产业政策的支撑，因而呈现复合性加强的发展态势，即强的更强。在没有明确的区域协调政策的引导下，靠近这些大城市的中小城市与小城镇，其人口、资源、产业都被大城市吸收，成为名副其实的"灯下黑"。巴西的城市化就走上了这样的道路：小城镇数量减少，有的小城镇根本无法维持基础设施和公共服务。大城市日益膨胀，患上难以解决的"城市病"。

4. 城市化与就业相脱节

经济数据显示，第二次世界大战前夕，巴西、墨西哥、委内瑞拉、哥伦比亚、秘鲁等5个主要的拉丁美洲国家，其工业化率与城市化率都在10%～15%之间，也即保持工业化、城镇化的大体平衡（仇保兴，2012）。[①] 但到了60年代，工业化率没有明显提升，而城市化率增加到

---

① 仇保兴：《笃行借鉴与变革》，中国建筑工业出版社2012年版。

30%～50%，其中，巴西达到了50%的城市化率，城市化率超过工业化率大约20个百分点。这就表明，巴西的城市化并不以工业化为支撑。

在城市化快速发展的1970～1980年代，巴西过分倚重重工业和高技术产业。巴西原先有一定竞争力的劳动密集型产业没有得到国内的足够支持，加上受到国际分工的影响，失去了竞争力。大量的劳动力因此只好进入低层次的服务业就业，包括家庭服务业、小微型的个体经营等。这类就业一般没有劳动合同，劳动者没有社会保障，收入增长缓慢。在没有工业化提供充足的就业岗位的情况下，许多进城家庭的就业模式是，男的多从事简单的体力劳动，女的从事站街的行业（流动售卖，甚至卖淫）。

世界城市化的一般规律是，城市化快速发展的早期阶段，工业化是城市化的动力，工业化提供了大量的就业岗位，成为推进城市化的主要动力。城市化发展的中期靠后阶段，从工业制造业中分离出来的服务业环节（生产性服务业），以及其他生活性服务业共同作为城市化发展新的动力。巴西在产业选择上没有遵循以上一般规律，产业政策的失误加剧了市场的高失业率。劳动者工资价格低，工作不稳定，陷入贫困。贫困引起的一系列连锁反应，造就了贫穷者的失望情绪，成为诱发犯罪等问题的重要因素。贫穷也导致这部分人口没有良好的营养条件、卫生条件、教育环境，从而"再生产"了下一代贫穷。

5. 缺乏合理的公共政策

巴西城市化来得规模既大，速度又快，政府没有能够在公共政策上采取相应的措施。

以贫民窟为例来进行说明。贫民窟是历史上早已存在的城市化伴生现象。城市史研究专家早就发现，贫民窟对富有的多房用户或地产商来说，实际上意味着投资性的机遇。因为有了贫民窟，他们就可以通过出租房屋，获得稳定的收益。黑社会中的一部分还希望贫民窟不受政府管理，因为这意味着他们可以依赖对贫民窟的管理收到额外的"保护费"。

巴西在城市化加速发展的阶段，在建设用地供应、基础设施配套、社区特殊人群保障等方面缺乏经验，没有充分制定有力的政策，来解决进城人口的居住问题。后来，依托于贫民窟的非法房屋交易市场发展起来之后，且各种其他非法交易行为（如贩毒）也发展起来。黑社会把持了贫民窟，替代了政府对该类型区域的管理，贫民窟逐渐成为政府插不进、管不好的一块区域。

再以交通为例。巴西在城市化过程中，无节制地发展私人小汽车，里约热内卢等城市由此成为全球闻名的堵城，成为许多城市不断提及的教训。

6. 地理因素等影响

巴西东部，特别东南沿海区域是平原地带，气候湿润、交通便捷，适宜于城市发展。而中西部广大地区是山地环境，不利于城市发展。

7. 政治及全球化的因素

巴西等国家原先就是葡萄牙等国的殖民地，后来欧洲移民不断增多。随着巴西的独立，原先的殖民势力就不断退缩到大中城市，特别是像圣保罗、里约这样的城市。为了维护既得利益，他们动用市场化与非市场化的方法，保证圣保罗、里约从周围地区，特别是通过占有与吸收农村资源，来扩大人口规模，实现繁荣。市场化的方法包括在大城市建立欧美公司的分支机构，从事对外经济贸易合作。非市场的方法包括通过影响城市政府，制定有利于大城市垄断的各项政策等。值得提出的是，在全球化加深的情况下，圣保罗、里约等城市，已经成为各世界城市（如纽约、伦敦、东京、巴黎等）实现对巴西国内小规模区域城市实施联系与控制的"中间"城市。

四、巴西应对过度城市化的主要做法

巴西 1960~1970 年代经历过快速的工业化、城市化发展，但是过度城市化给巴西带来了许多问题。为了解决过度城市化的问题，巴西采取了种种政策做法。

一是实施有利于农村发展的政策。国家设立协调发展委员会，建立基金会，支持农村发展。为了稳定农业和农民，巴西在农村进行土地制度改革。巴西政府对农村占用土地较多的大庄园主荒芜的土地进行征收。对土地和土地上的附着物分别用国库券与现金两种形式征收，价格参考市场价。对于无地、无其他收入的农民，巴西政府通过发放贷款的方式予以支持，一般设定 20 年的长期优惠贷款期限，并对前几年的利息予以免除。为了稳定农业和农民，巴西政府还与农民签订合同，政府负责提供土地、资金，将农业生产必要的其他的基础设施配套齐全。农民负责农业生产，基本条件是需要在农村定居，并且不得随意更改农业用途。

二是实施扩展的都市区政策。所谓扩展的都市区，就是采取办法，让都市区的核心区与周边中小城市、小城镇协同发展。如圣保罗老市区50~80 公里半径范围内建设了 8 个卫星城，这些卫星城环境优美，交通相对便利，从事旅游、水产等细分产业，具有一定吸引力。目前，卫星城总共大约分流了圣保罗 10% 的市区人口。从里约热内卢到贝洛奥里特的大都会区也规划建设了一批卫星城，星罗棋罗的小城镇分解了部分人口。

三是实施区域协调发展政策。实施区域协调政策，一定程度上是希望人口在空间上能有所分散，主要是为了减轻大城市的人口压力。另外一个用意是促进农村地区发展。

巴西区域发展极不平衡，东南部人满为患，中西部荒无人烟。传统上，巴西东南部、东北部是人口高度集中的大都市区，而中西部等地方地广人稀。为了推进区域协调战略，巴西政府于 1956 年决定在中西部戈亚斯州海拔 1100 米的高原上建设新都，定名巴西利亚。1960 年 4 月正式迁都于此，巴西利亚因此成为 20 世纪建造的首都。实施区域协调发展的政策后，各地区的增长率有所变化，例如原先人口过度集中的东南部的年均增长率呈下降趋势。而原先中西部基本上无人居住，到了 1980 年，全国人口的 5% 居住在中西部地区。表 4.4 是 1940~1980 年间人口超过 2万人的城市人口相对分布和增长率。

表 4.4　　　　　超过 2 万人的城市人口相对分布和增长率

	城市人口的区域分布（%）					年均增长率（%）			
	1940	1950	1960	1970	1980	1940~1950	1950~1960	1960~1970	1970~1980
北部	3	3	3	3	4	2.7	5.8	6.2	7.4
东北部	21	20	19	19	19	4.3	5.2	5.5	4.7
东南部	64	64	64	62	59	4.7	6.1	5.1	4.3
南部	12	12	13	12	13	4.5	7.1	5.2	5.7
中西部	0	1	1	4	5	15.2	17.2	11.8	9.2
巴西	100	100	100	100	100	4.6	6.2	5.4	4.4

资料来源：Ana Cristina Fernandes, Rovena Negreirus: Economics developmentism and change within the Brazilian urban system, Geoforum 32 (2001): 419.

四是实施促进制造业发展的政策。20 世纪 80 年代以来，巴西采取措施，支持劳动密集型企业发展，尤其是在一些中小城市支持纺织、服装、皮革等产业发展。加大教育培训力度，提升农村转移人口的劳动技能。对非正规就业加大管理力度，既保障就业者权益，又引导非正规就业向规模较大的正规就业形式转变。

巴西在 20 世纪 80 年代以来，采取了种种政策措施，试图校正过度城市化带来的问题，收到了一定的成效。农村凋敝的情况有所缓解，定居农村的农民数量有所增加，1990 年安置的农民定居点有的发展成为小城镇。大城市的人口增长开始减缓，圣保罗与里约等城市人口占全国的比重已经下降。如里约人口占全国比重由 1970 年的 7.7% 下降到 1990 年的 6.5%。中西部城市人口有所增加，特别是由于首都迁移后，中西部人口在全国占比由几乎为零上升到 5%。城市失业率有所下降，贫民窟状况得到缓解。

但也要看到，过度城市化中的许多问题积重难返，远非短时间内能完全解决。有些是制度问题，以土地制度为例，巴西农村土地 70% 是私有制，拥有较多土地的农场主在巴西政治经济生活中有着相当的话语权，全国 1/3 的联邦议员是大庄园主，他们对所谓的土地改革一事一直持反对态度。巴西近 40 年来仅安置了 20% 的失业农民，失业农民问题仍然十分严重。有些是城市发展自身的惯性因素在起作用。以圣保罗为例，通过多年努力，圣保罗周边已经形成了多个经济活动中心，如 Belo Horizonte，Ubelandia，Londrina，Marinaga Port，Alergre Florianopolis，Sao Josc dos Campos。但由于历史上过多的经济资源与企业仍然集中在圣保罗市区内部，限制了邻近区域的发展。

五、巴西应对过度城市化的启示

启示之一，城市化率要适度，不能不切实际追求高的城镇化率。

2011 年我国城镇化达到 51.27%，从城镇化率上来说已经步入城市型社会。城镇化发展的下一步就是进入城镇化的下半场，将城镇化率推高到 70% 或更高一点。但巴西的教训告诉我们，城镇化率的增长应与经济发展，尤其是工业化相适应，不能盲目追求过高的城镇化率。实际上，我国当前被统计为城镇人口的 7 亿人中，还有 17% 左右的人不能完全享受到城镇的公共服务。因此，我国的真实城镇化率要大打折扣。在未来二三十年当中，我们一方面要继续农业转移人口的城镇化，另一方面是要逐步化解掉 2 亿多农民工，使他们真正成为市民。如果不切实际地追求过高的城镇化率，就会导致老的问题（农民工市民化）没有解决，新的问题（农业转移人口）接踵而来，多重问题叠加，带来城镇化治理上更大的麻烦、更大的成本。

启示之二，城镇化过程中要注意城市与农村的协调发展。

城镇化与农村的发展既矛盾又统一。城镇化发展过程必然是农村人口减少的过程，可能会转移掉一部分农村的土地用于城镇开发。但二者又是统一的。因为城镇化转移掉一部分农业人口后，农村生产率就会上升。同时城镇化发展也依赖于农业生产提供充足的粮食。农业发展对于保障城镇化顺利推进至关重要。

我国特殊的国情决定，在中国城镇化发展过程中，农业、农村问题是一个长期的问题。当我国城镇化率超过 50% 时，农村人口仍有近 7 亿。这么多人不可能同时转移到城镇中去成为市民。假使城镇化率达到 70%，我国农村仍有 4.5 亿农业人口。城镇化不可能自动解决农村问题，相反如果不注意二者之间的协同关系，就会导致农业、农村、农民稳定不了，大量农业人口放弃农业涌向城里但找不到工作，就可能把农村的贫困带到城镇，把农村的不稳定带到城镇。这样，城镇化实现不了，农村也将遭到重创。

启示之三，大中小城市与小城镇体系要布局合理，形成合理的城市群分工。

受多种历史与现实因素的影响，巴西的城镇体系并不合理。突出的特点是大城市集中了太多的人口、资源、产业，小城镇数量多但普遍规模小、基础设施陈旧落后、产业发展后续乏力。不合理的城镇体系将影响到大中城市、小城镇的竞争力，也影响整个区域、国家的竞争力发挥。

我国 20 世纪 80 年代普遍推行小城镇发展战略，90 年代以来的十多年，实际上走的是一条大城市发展道路。目前，全国 100 万人口以上的大城市已有 125 座,有 30 个城市的常住人口超过 800 万,其中 13 个城市超过 1000 万人。大城市在发展过程中,人口、资源、环境、土地问题十分突出。以水资源为例,全国 80% 以上大中城市缺水,其中 20% 的城市严重缺水。水资源不足、水体污染严重成为制约城市发展的重要"瓶颈"。建制镇与集镇的总数将近 4 万。但其中有约 25% 的小城镇人口规模小,基础设施水平落后,缺乏有活力的产业,部分小城镇到了举步维艰的地步。城市群有了初步发展,但城市群外延式扩张的痕迹明显,城市群内部不同城镇的资源占用不合理、功能分工体系不科学。

大中小城市协调发展,构建有活力的城市群,需要制定前瞻性引导性规划、培育市场合作机制等。如果不从当前入手去做,就会贻误调整优化的最佳时机。

启示之四,要注重产业增长点的培育,特别是要发展能够带动较多就业的劳动密集型产业。

巴西的城市化因为失去了产业的支撑,显示出强烈的"泡沫"迹象与问题。我国一些省市,为了追求较高的城镇化率,或者是政府为了占有农民的土地,就将农民集中起来,居住在小城镇或城市中。农民从形式上变成了市民,但他们失去了赖以生存的土地,又没有找到新的工作机会。短时间内,失地农民可以依靠征地补偿款去维持生活,但长远下去,没有就业的城镇化必然引发新一轮城市贫困与不稳定。

针对不同类型的城市和小城镇应该发展哪些产业,现在流行一种普遍的论点是要发展高端现代产业,包括高端制造业、现代服务业。这种产业定位的实质是以较多的技术与资本替代劳动,不利于吸纳农民工就业,不利于推进城镇化。巴西当年也是直接跳过非技能型的劳动密集型初级出口替代产业,直接进入需要资金、技术、设备水平较高的耐用消费品行业。结果就是就业岗位更加减少,城市失业变得更加突出。

启示之五,对于城镇化过程中出现的住房等问题,要从公共政策角度重点研究解决。

住房问题是所有城镇化问题中最直接的问题。在快速城镇化时期,住房问题会更加突出。如果解决不好,将直接有损于劳动力人口的再生产,影响城市功能发挥,为城市衰败埋下种子。巴西的教训告诉我们,对进入超大型城市的人口规模应有适度控制；政府应在建设廉租房、经济适用房、公租房等方面有所作为；应调动社会各方面资源，共同为进城人口提供住房。进城人口集中居住的区域还应加强管理，防止这些地方成为将来难以根治的城市顽疾。

启示之六，政府应针对城镇化已经及可能出现的问题，及时调整出台城镇化政策。

城镇化政策的时机十分重要。如果时机太晚，许多问题已经生成，再好的政策也只能收到部分的效果，且付出的成本会很大。巴西在 1960 年代，对即将出现的城市化问题，实际上并没有十分积极主动地采取合理的措施去应对。直到 1980 年代，城市化问题已十分尖锐，在国内强大的压力以及国际机构的敦促下，巴西政府才出台一系列措施。但这时候，类似于农村土地问题、城市体系问题、产业结构不合理问题都环环相扣，甚至成为死结。巴西如果早在 1960 年意识到城镇化转型发展的重大挑战，采取更加主动的干预政策，应该能够较早一些走出中等收入陷阱，成为拉丁美洲首屈一指的国家，也有机会跻身世界发达国家行列。

第五章 美国促进城市增长的
城市化政策与启示

当今世界上最发达的国家美国，在其早期的城市化过程中，借助农业人口向城市转移（rural – urban – migration）以及大量的欧洲移民，实现其城市化率从19世纪初期的10%突破到1920年的50%。1920年代之前，早期美国的城市数量增加、规模扩大，主要是自发的力量所致。

在城市化率达到50%后，美国的城市化仍处于快速发展阶段，但空间形态、发展方向、动力机制、政府作用等均发生许多重大变化。在应对1929～1933年大萧条、从"二战"中迅速恢复以及治理"郊区化"问题等不同发展阶段，美国政府转变角色地位，通过制定与实施城市增长政策成为美国城市化发展的重要推动力量。对此，美国学者诺克斯明确无误地说，美国"城市化的关键转型是经济危机与宏观调控"[①]。另一美国学者 J. Hancock 很客观地将罗斯福新政评价为"充分表明决策与规划是城市化过程中政治经济学的一个重要特征"[②]。从1920年之后的50年，美国的城市化率达到75%，成为高度城市化的国家。与此同时，美国的城市化地区面积不断扩展，纽约等城市成为当今世界上首屈一指的世界城市，当初还是星星点点的一批大中小城市，连缀成世界上具有强大竞争力的城市群、城市带、大都会区。

2011年底，中国的城镇化率跃过历史性的50%，达到51.27%。在新的阶段，中国城镇化的基础条件、发展方向、动力机制出现了新的特

① 保罗·诺克斯等著，顾朝林等译：《城市化》，科学出版社2011年版。
② J. Hancock, "the New Deal and American Planning: The 1930s", in The Two centuries of Amrican Planning, ed. D. Schaffer (Baltimore, Md: Johns Hopkins University Press, 1988), 197 –
230

征。中国的城市化是典型的政府型城市化，政府角色如何定位，直接关系到城市增长的效果。国内学者在比较中美城市增长过程中政府角色时，经常讨论的问题包括：美国从未提出过城市化率、没有明确的城市化战略的概念，是不是说明美国没有城市化政策？美国在城市增长中，政府是不是一直都是无所作为？美国政府在 1929～1933 年采取了许多行政性的城市化政策，是不是说明我们政府主导型、充斥着行政化色彩的城市化政策，不但不需要改革反而需要不断强化？……针对以上问题，研究美国城市增长过程中的政府角色，不但有理论意义，还有着较强的现实指导意义。

广义上说，城市增长是城市化过程中城市数量增加、城市规模扩大、城市力量增强。不同学科对城市增长的研究视角并不相同。产业增长、技术进步理论主要从生产力发展的时间维度来解释城市增长。空间理论着重从空间拓展的影响因素和动力机制等角度研究城市增长。城市经济增长是城市增长的主要原因，也是研究城市增长的重要视角。本文侧重于从经济领域的公共政策分析的角度，研究美国城市增长中政府的角色特征，以期对中国城市化进程中的政府行为改进有所借鉴。

一、被动应对：美国城市化早期阶段

16 世纪前北美已有许多小的城市聚落，17 世纪的英国殖民统治奠定了美国城市体系的基础。19 世纪开始的 40 年是美国商业城市化时期，到 1840 年代之后，美国迎来了工业城市化时期。1920 年是美国城市化重要的时间节点，这一年美国的城市化率达到 50%，而 1920 年代的大萧条与"新城"是美国城市化转型发展的关键阶段。1930 年代起美国步入郊区化时期，这一过程由于二战有所中断。二战后，美国的城市成为增长机器，区域扩散与大都市区合并，造就了美国高度发达的城市群。

1920 年之前，美国的城市化过程中的城市增长基本上是自然推进过程。其特征反映在以下三个方面。

1. 自发移民带来人口增长

19 世纪 30～40 年代起，有两股力量迅速出现，启动了美国城市化的大幕。一股力量是由于西欧工业技术的扩散，引起美国农业机械化水平增强。农业生产力的提高使美国农业的剩余劳动力大量出现。另一股力量是由于欧洲不稳定的政治局势、灾荒以及农场大面积经营带来的农业合理化运动，导致来自欧洲进入美国的移民快速增长。两股移民力量的汇合，使美国的城市人口跃上新的台阶。如1840年纽约的人口只有391114人，到1875年已经达到130万人；巴尔的摩的人口则从1840年的10余万人变成40万人。1875年，美国有15座城市连同他们附近的乡村超过10万人口，其中一座130万人，5座为35～45万人，余下9座为10～15万人。1870～1920年，美国城市地区的人口数量翻了两番。

2. 工业与城市自行推进

美国工业城市化之前的商业城市化时期，城市体系主要由一连串港口贸易型城市组成。工业革命之后，这些港口贸易型城市凭借先发优势，继续得到发展。同时，工业制造业发展又引起一批新城镇的出现。所谓新城镇，并不是重新建立的城镇，而是在原有较大规模的城镇的基础上进行发展扩大。这类城镇主要包括依托能源地建立起来的城镇、矿业城镇、交通枢纽城镇、重工业城镇。

表5.1　　　　　　　　　　美国城市化早期的特征

城镇类型	特征	举例
能源地	一些需要大能耗的企业在这里集聚。早先是水能丰富的地区，后来是煤炭集中的地区	宾夕法尼亚的哈里斯堡
矿业城镇	它们为工业经济提供煤矿	弗吉尼亚的诺顿
交通枢纽	在铁路或航路经过之地	弗吉尼亚的罗阿诺克
重工业城镇	它们提供煤矿、铁矿，供重工业企业使用	匹兹堡

工业与城市自行推进的实现机理是：工业制造业通过它的实现单元——工厂的建立，形成了工业制造业的区位。工厂通过前向、后向联系，发展了产业链条，推动了相关产业类型上的增加、数量上的增加。这些相关产业必然需要更多的人口。同时，工业制造业通过税收等渠道，积累了社会财富。在生产生活条件不断改善的社会压力始终存在的前提下，工厂区所在地的政府用工厂上缴的税收以及其他收入，逐步改善基础设施，不断提高公共服务水平，这些又为新的工厂企业的积聚创造了条件。

3. 政府在城市增长中居被动地位

19 世纪初期，美国自由主义思潮还比较盛行，人们认为自由竞争的个人与企业会将经济引导到最优状态。当时，地方政府机构刚刚开始建立，政府力量比较弱小，也无法承担起全面管理经济与社会的责任。在影响城市增长的两件事上，可以看出当时美国政府的被动地位。

一是关于移民。19 世纪美国并没有限制移民的法律，移民的大量涌入促进了美国的城市化发展。例如，1890～1920 年有超过 1200 万的移民来到美国，占美国人口增长的 1/3。美国工会组织与当地协会出于保护当地人就业岗位等方面考虑，不断向政府施加压力，才逼使政府于 1920 年通过限定移民配额的法律，而这时美国的城市化率已经达到 50%。

二是关于铁路交通。铁路交通对于形成美国的城市体系起到了关键作用。1860 年，美国铁路里程为 3 万英里，1890 年达到 16 万英里。早期美国政府的支出受制于当年的税收水平，根本无力承担类似于铁路交通这类开支。美国交通的发展是建立在公司制的基础上，由公司完成的。铁路公司投资建设铁路，并与谷物公司以及其他各类型商业公司联手，改变了美国的区域版图联结，这才使沿线的城市有了巨大发展机会。美国政府只是参与一些铁路投资建设，并在推动全国铁路统一的标准上有所贡献。

二、主动参与：美国城市化中后期阶段

1929 年 10 月起，美国进入大萧条时期。1929 年美国失业率约为 3%，1933 年上升至 25%。大萧条对重工业城市造成重创，如匹兹堡、底特律的失业率达到 50% 以上。大萧条还造成美国乡村至城市的移民、海外向美国本土的移民停滞不增，美国城市化过程放缓，城市增长严重减速。

大萧条促使美国人开始反思新的城市增长政策。先前的美国政府一直奉自由竞争、不干预的思想为圭臬，认为私人企业的市场竞争将一直引导美国经济走向繁荣。大萧条的到来迫使人们放弃这一思想。1932 年，富兰克林·罗斯福就任美国总统，开始了著名的"罗斯福新政"，其核心

思想就是沿用凯恩斯对经济的干预。大萧条之后，美国又经历了经济发展的起起伏伏，对城市增长的思想也有不同变化，但总体而言，大萧条之后，美国政府主动参与城市增长的程度比以前有明显提高，具体表现在四个方面。

1. 经济危机的干预者

为应对大萧条，美国开始实施"新政"（New Deal）。新政引导资本进入两个方向：一是教育、健康、福利、住房等项目，用以维持经济生产力，同时促进劳动力的再生产；二是各类公共设施建设，如高速公路，既为未来经济打下基础，又吸收劳动力就业。新政实施以后的20世纪30年代初，美国大都市区人口开始迅速集中，同时郊区化进程也得以加速。

大萧条造成了美国的城市化危机，即城市人口和产业增长停滞，并引发其他种种问题，其危机受到公众决策的关注。1937年，国家资源委员会（National Resources Committee）下属的委员会提交了一份报告，题为《我们的城市：它们在国家经济中扮演的角色》，其中的主要内容就是要求对城市化的问题进行强力干预：

①城市社区中存在着严重的收入和财产分配不均……

②……地方通过提供补贴、免税，以及免费场地的手段不加选择地吸引与当地产业不协调的企业，这迟早会使整个工业格局失常……

③物质规划与工厂的快速废止是另外一个问题……

④交通方式的竞争形式在国家城市形态中留下了混乱的烙印……

⑤城市不平衡的发展伴随着难以控制的部分细分和投机行为……现在面临着制定一个合理的城市土地政策的问题。

⑥城市住房是最沉重的问题之一……

⑦城市的公共卫生在欠发达地区和低收入人群中尤为危险……

⑧拥有种族、宗教和文化多样性的城市是许多差异极大的个体最优越的避风港……但是在这种异质性中，城市也面临着一些沉重的问题……城市的生活方式虽然在经济上相互依赖却常常在社会上被分割开来。同盟者可能形成团体、阶级或地方。

⑨……城市的年轻人……仍然与他们本可好好利用的高等教育机会隔绝……

⑩未成年人犯罪、有组织犯罪，以及商业欺诈是许多城市的弊病……

⑪城市公共财政是另一个正在出现的严重问题……

⑫城市的另一个任务就是调整传统城市权利的范围……

⑬机构重叠混乱的政府单位……从没有为不断扩张的美国都市地区的发展做打算……

⑭……一些城市仍然面临着没有系统规范的民事法律，不负责任的政治领导方式，对不公正以及令人置疑的行政方式的放纵……①

根据以上分析，委员会的结论是：国家对城市问题的关注普遍要小于对国家现有其他重要问题的关注。为应对以上种种问题，委员会政策建议包括五项：一是提高城市生活的标准，改善生活水平；二是消除城市的不良现象，首先是取缔贫民区；三是对城市状况进一步了解；四是对工业用地进行良好规划；五是国家要和城市齐心协力解决安全和就业问题，要通过与前瞻性和良好的规划相一致的系统发展及再发展来合理地重塑城市社区和区域。

在包括上述国家资源委员会在内的许多机构的建议下，美国政府采取了许多实际的政策措施，用以解决美国经济发展过程中在城市化方面存在的突出问题。以住房政策为例来看，美国成立了联邦住房管理署，被授权可以通过有条件的抵押贷款来刺激房屋建设和房屋产权所有。根据30年代制定的《住房法案》，美国成立了房屋管理局，用以消除破旧住房，并向穷人提供住房。大萧条中成立的劳动促进管理署，致力于扩大就业。

在美国历史上，城市仅仅是州的产物，与华盛顿实际上没有任何直接联系。大萧条时期，美国乡村同样萧条，但为什么美国政府如此高度重视城市？按美国城市史专家诺克斯等人的分析，有两个原因：一是在推行凯恩斯主义的经济管理战略状况之下，城市成为实现承诺的重要目标。因为在大都市区背景下的公共开支，可以产生潜在的乘数效应。二是随着城市化的推进，大都市区的选票对总统选举团的组成日益重要。②

---

① 布莱恩·贝利：《比较城市化》，商务印书馆 2012 年版。

② 诺克斯等著，顾朝林等译：《城市化》，科学出版社 2011 年版。

2. 粗放增长的管理者

美国 1920 年的城市化率达到 50%。小汽车的使用,郊区生活成本更便宜、环境更适宜等一系列复杂的因素,导致美国在 20 年代就开始出现郊区化。郊区化的浪潮受到大萧条和第二次世界大战的影响,时断时续。20 世纪 50 年代以来,美国郊区化浪潮更加汹涌,不但富有的中产阶级开始迁往郊区,而且一些下等收入的家庭,以及部分工商企业也纷纷迁往郊区。郊区化意味着美国城市化一个新阶段的到来,即城市化过程 II。按照美国经济学家弗里德曼(Friedmann J. 1966)的说法,城市化作为国家或区域空间系统中的一个复杂社会过程,它包括人口和非农业活动在规模不同的城市环境中的地域集中过程,非城市型景观逐步转化为城市型景观的地域推进过程,还包括城市文化、生活方式和价值观念向农村的地域扩张过程,前者被称为城市化过程 I,后者被称作城市化过程 II[①]。

学者们对美国城市化过程 II 褒贬不一。有学者认为这个过程造就了当今世界上最成熟的城市化模式,认为它推动了城乡一体化发展,带来了美国持续的繁荣局面。多数学者与政策分析人士认为,美国郊区化有必然性,但其中隐含的问题也不容忽视,这就是"粗放增长"问题。据美国林肯土地政策研究所提供的资料:纽约大都市区自 1960 ~ 1985 年间人口仅增加 8%,而城市化区域增长了 65%;在 1970 ~ 1990 年的 20 年间,芝加哥都市区人口增加了 4%,但城市化区域扩大了 45%;更为典型的克利夫兰同期城市人口减少了 12%,但城市化区域反而扩大了 33%。

针对粗放增长,美国提出"精明增长",用以应对。1997 年,马兰里州州长 Parris N. G. Lendening 首先提出了"精明增长"的概念。后来戈尔副总统将其作为总统竞选纲领——21 世纪新的可居议程(New Livability Agenda for the 21ˢᵗ Century)。按照后来形成的精明增长的城市规划立法纲要,美国精明增长的目标有四,即:城市发展要使每个人受益,应达到经济、环境和社会的公平,使新、旧城都有投资机会,都能得到较好发展。基本做法包括以下多项内容[②]。

---

① Friedmann J. 1966. Regional development policy: A case study of Venezula. Massachusetts: MIT Press

② 仇保兴:《笃行借鉴与变革》,中国建筑工业出版社 2012 年版。

①保护绿色空间以维持清洁空气、水源，为每个家庭提供步行、游玩和休闲场所；

②强调以公共交通和步行交通为主的开发模式，改善道路规划，扩展多种交通模式，解决拥堵；

③鼓励市民参与规划，以创造一种社区意识，营造归属感；

④加强城市经济竞争力。一方面通过高质量的生活环境来吸引人才和高技术产业，另一方面采取修改税法、住房补贴等，改变市中心衰退的趋势；

⑤强调开发计划应充分利用已开发的土地和基础设施；

⑥鼓励土地利用的紧凑模式，反对城市蔓延，紧凑型的城市空间、多组团的结构最符合生态要求；

⑦提倡土地混合使用，住房类型和价格多样化。

美国推进精明增长采用"规划立法指南"的方式。到 2002 年底，美国已有 14 个州全部或部分采用"精明增长的城市规划立法指南"的建议修改法规。

3. 与企业合作的倡导者

美国政府积极倡导政府与企业的合作，以提升城市基础设施和公共服务的数量与质量，最终达到促进城市增长的目的。

在基础设施领域，规模巨大的污水处理系统、垃圾再利用系统等，都成为公私合作的对象。20 世纪 70 年代以来，美国环境保护协会（EPA）提高了水质标准，许多城市积极寻求与私营企业合作，以保证水厂的持续运营。到 1985 年，已有 15 个都市选择私有化的污水处理工程。另外，有 1/3 的地方政府将部分道路、桥梁和隧道设施建设私有化，大约 1/5 的政府把房屋建筑和修车场建设私有化。

在公共服务领域，美国政府也通过政府与私营机构合作的方式，提供公共服务。在商业垃圾收集、交通工具牵引和保存、医院管理经营、为无家可归者提供避难所等方面，50% 以上的地方政府将这些服务承包出去。

公私合作关系的建立，开始时还较多是美国政府的应对性行为，然后渐渐演变成为美国城市增长的战略性行为。1988 年，美国总统委员会在私有化报告中指出，私有化将被未来历史学家视为 20 世纪后期美国政治经济生活中最重要的发展之一。美国州政府议会估算出 20 世纪 70 年代每年由私人部门提供的服务不到 300 亿美元，到 80 年代早期就增加到 800 亿美元，90 年代是 1500 亿美元，而且地方政府的数据库里包含有 35000 多个州或地方私有化的例子①。私有化的基本应用领域是城市化和城市发展。美国一些城市以 20% 以上的成本节约获得至少同等标准的基础条件（基础设施、公共服务）水平，这有力地促进了美国持续的城市增长。

4. 城市"中心地"战略的实施者

"中心地"的概念，最早由德国地理学家 W. 克里斯泰勒（Christaller）于 1933 年创造。中心地的概念原先描述服务企业的区位选择，后来被广泛应用于研究城市体系、零售业、集市的区位选择。美国城市政府认为，在全球化竞争的今天，城市必须成为中心地，而且是高级别的中心地才具有竞争力。根据对中心地的理解，高级别的中心地必然是人口较多的城市，人口规模是中心地的一个门槛。为了抬高门槛，就必须采取切实的措施将生产者、消费者吸引到特定的城市。

为此，美国政府主要采取四个措施：一是努力维持城市作为生产和制造业基地的吸引力；二是使联邦政府支出资本化，也就是通过与企业合作，从而使得政府在军事、宇航方面的支出，能够带来地方城市发展的乘数效应；三是获得或保持城市在企业管理、政府、金融和商业服务中重要的指挥和控制功能，例如一些美国城市认为，会议和展览中心能够成为"指挥控制中心"（Command and control center），因而对于举办高级别的会议，兴建公—私合营的展览中心十分重视；四是要把城市打造成为购物天堂。

总而言之，在美国城市化早期，政府在城市增长中的作用是被动应对。随着城市化发展阶段的变化，美国城市面临郊区化、分散城市化、再城市化等不同的挑战。政府逐步改变以往的角色，转为以更加积极主动的姿态，努力扩大城市人口规模，提高城市的竞争力，促进城市增长。

---

① 诺克斯等著，顾朝林等译：《城市化》，科学出版社 2011 年版。

三、美国政府推动城市增长的主要方式

美国政府推动城市增长是以市场机制为基础，高度重视法律法规的权威性、约束性作用，并注重调动公众参与的力量。只有在特殊情况下才短暂使用行政手段。

1. 以市场机制为基础

纵观美国城市化的历史，美国联邦政府和地方城市政府都没有在任何阶段提出过城市化率、再城市化的目标。政府的政策主要集中在为城市化创造条件，比如向城市转移人口提供住房，提供就业补助。其政策的着眼点在于扫除一切不合理的障碍，而把是否向城市迁徙、迁徙到哪个城市等留给公民自我选择。美国城市基础设施和公共服务的改革模式，也是基于市场机制而进行设计。由于市场机制发挥作用需要一段时间，所以美国很多城市增长政策的出台往往会略有滞后。典型的例如针对城市的粗放增长，这种现象 20 世纪 20 年代开始萌芽，40～50 年代再度兴起，60～70 年代后达到高峰，但直到 90 年代才列入政策研究议程。城市化政策时间滞后的一个原因，是美国强调市场机制选择是第一位的，条件不成熟时不能以行政手段强行、提前对经济、社会进程以及公民的自由选择予以干预。

2. 通过法律手段促进城市增长

美国是一个法治国家。城市化的任何政策不能与现行的法律相矛盾。如果有新的政策，也要考虑变成法律法规，这样才具有严肃性。美国研究机构、规划师往往也是从法律角度给出城市化政策的建议。早期关于移民数量是否控制、控制多少实际上是通过移民法加以解决的。城市化过程中大量进城人口的住房，是通过"临时住房法案"（1934）、"公共住宅法"（1937）、"民权法案"（1968）等加以解决。有法可依、有法必依使得城市化落到实处。比如，按照 1968 年"民法法案"（Civil Right Bill），有色人种和穷人在租房、买房、申请房贷时如遇到歧视，可向法院、住房和城市发展部（HUD）提起诉讼。1988 年的修改案进一步改进了实施办法，给予 HUD 更大的司法管理权，并以法律形式要求一切贷款

机构向全社会发放贷款名单。又比如针对粗放增长，美国规划师协会在政府资助下花了 8 年时间，完成了长达 2000 页的"规划立法纲要"，核心思想是要通过区划法规的调整对新开发区进行管理。

3. 特殊时期会强化运用行政手段

典型的是罗斯福新政。罗斯福新政被认为是"即兴"的政策。根据新政的提议，美国成立了市政工程管理部（Civil Works Administration CWA）、公共工程管理部（Public Works Adminstration PWA）、工程进展管理部（Works Progress Administration WPA）、联邦紧急救助管理部（Federal Emergency Relif Administration FERA）、PWA 紧急住房分部（Emergency Housing Division）、再安居管理局（Resettlement Administration）。

这些新机构的成立来源于当时罗斯福新政的提议。其中一些机构成立后，经过一段时间运转后，依法转变为常设政府部门。例如，PWA 紧急住房分部、当时所做的工作是开展贫民窟治理以及建设公共住房，希望借此缓减大城市贫民窟附近地区的急剧恶化。根据 1937 年的美国住房法案，该部成了后来的美国住房局（U. S Housing Authority）。但多数机构只是临时性行政机构，基本目标完成后就予以注销或合并到别的机构。

4. 发动公众力量参与推进城市增长

公众参与（Public Participation）代表一种文化，一种机制，一种城市增长的推动模式。在推进城市增长过程中，不管是主动还是被动，美国政府都会深入考虑到如何运用公众参与推动城市增长。首先，围绕城市化与城市发展问题的各种非政府组织众多，政府通过资助这些非政府组织的科学研究，以汲取他们的专业意见。针对美国粗放增长问题，美国政府资助美国规划师协会进行了 8 年研究，提出长达 2000 页的建议方案。其次，地方城市政府在推进城市增长过程中，与多种社会角色形成广泛的联盟，形成公众参与的统一力量。在所谓"增长机器网络"中，包括的角色有投资者（投机商、开发商）、有组织的劳动力公司、联邦官僚机构、地方大学、公用事业和交通公司、新闻机构、市区商业机构（商会、银行、主要零售商）、艺术机构（博物馆、戏剧院、展览会）等等。

四、美国经验的启示

启示之一，不同国家有不同的城市增长政策，中国应制定有中国特色的城市增长政策。

一些自由主义的经济学家对政府当前的城镇化战略提出尖锐的批评。一个理由就是，发达资本主义国家如美国没有城市增长政策。

我们的研究表明，所谓城市增长政策，实际上是由不同发展阶段具体的政策组成。只要这些政策属于公共政策，且目标在于推动城市数量增加、规模扩大、竞争力提高，就应将其归结为城市增长政策进行研究借鉴。1840~1970年代是城市化从开始到基本结束的主要时间段，以1920年为节点，美国的城市增长实际上经历了由自由放任到以市场机制为主、政府积极参与的新阶段，已经形成了明确的城市化政策导向。认识不到这一点，盲目以为美国对城市化、对城市发展就是不管不问，就不能理解美国形成城市竞争力的政府因素，也不能理解美国面对新近出现的城市化形态所采取各种政策措施的含义，也不能坚定我们探索有中国特色的城市化道路的信心。城市化是通往现代化的必经之路，成功的大国完成城市化历程迈向现代化的路上必须有自己独特的城市增长政策。

启示之二，城市化率超过50%时，城市增长面临新挑战，需要重新思考城市化政策和政府角色。

美国于1920年，中国于2011年城镇化率达到51%。在城市化率达到50%，进入城市型社会的期间，美国与中国都提出了城市化转型的问题。表面上相似的原因在于，在城市化率达到50%前后，美国遇到了1929年后的大萧条，中国则遭遇了2007年下半年以来的全球金融危机。由于危机带来了进入城市人口的减少，经济衰退导致城市增长停滞不前。

从城市化自身的规律来看，城市化从30%左右的城市化率开始进入加速阶段，到了50%的城市化时，前一个阶段那种难以遏制的城市化（包括人口转移、企业向城市集中）能量必然呈现缩减态势。在缩减过程中，外界的逆向力量对城市化的负面影响会比以前更强。

因此，在50%城市化率这个时间点上，如果出台积极合理的城市化政策，则会对冲外界的逆向力量，维持城市化继续发展的正能量。美国在城市化率不到50%时，政府当时没有能力其实也不需要采取过多行为。当城市化率达到50%前后，美国强力推出一系列新政措施，就是在关键时间节点上采取的战略行动。中国在城镇化率达到50%的时候，一个基本的情况是，城市增长已经相对较大，农村力量难以继续支持。但是城市增长又不是足够大，能反哺农村、农业和农民。50%城镇化率的时候，正是各种城市内部矛盾、农村内部矛盾，以及城—乡矛盾最为尖锐的时候。这时候出台城镇化政策正逢其时。

启示之三，中国城市增长政策应进行调整，注重发挥市场机制的作用。

然而，当看到美国在新政等阶段采取的强有力的城市化政策，是否就等于为我们各项行政主导型的城镇化政策找到注脚，并要继续强化我们的政府主导型城镇化呢？

答案是否定的。在1920年前，也就是城市化早期阶段，美国是以无为思想对待城市化、城市增长。他们在1920年后改变态度，其转型背景是对原先过度的自由放任的一种调整。我们在城镇化率达到50%之前阶段，政府从外部干预城镇化的力量实际上是非常强大的，主要干预方式包括在农村劳动力向城市转移、土地权属与使用模式、区划调整、城市数量的增加和规模扩张方面，政府都发挥着主导性作用。美国与中国相比，在城市增长的转型阶段，政府角色转型方向的根本不同之处在于，美国政府的主导性力量必须经历由弱到强的变化，而我们的问题是政府的力量十分强大，市场机制极其弱小，市场机制的力量必须理性地经历从弱到强的转化。今天中国的城镇化面临的问题，比如说基础设施与公共服务所需的巨额的成本（也就是城镇化成本），之所以成为难解的问题，就是因为我们没有这方面的市场机制。结果政府无能为力，又没有市场可以作为替代者来解决这些难题。

启示之四，中国应加强城市增长政策的立法，加快解决城市化若干重要现实问题。

城市增长的力量贡献主体包括数以亿计的进城农民工，投身于城市发展、城市化的企业等。有了立法，就会坚定他们作为行为主体的意志，有助于克服许多短期行为。举例来说，如果能通过立法保证一个农民工在城市里工作多少年就能获得城市户籍，那么就会坚定他留在城里的信心，就会推动他在城市消费、投资各种个人保险。这也有利于企业家预判城镇化进程，进行项目投资决策。但如果没有这些立法上的安排，城市增长就变成了城市政府的口头承诺，权威性低、时效性短，不能动员包括政府、企业家、进城农民工的力量，促进城市增长。

启示之五，当前应注重培育社会组织。政府应与社会组织、企业共同推动城市增长。

美国有一条简洁明快的经验，就是私有化和社会组织力量一直伴随着整个城市化进程，且私有化力量、社会组织成长的力量随着城市化发展越来越强。如果没有私营和社会组织的参与，美国政府也根本无力去推动城市的持续增长，去提供足够数量与高标准的基础设施与公共服务。

中国的城镇化提供了世界上最大的难题，但也提供了世界上最大的机遇。这就是13.4亿人口的城镇化将会为各类机构（企业与社会组织）提供巨大的发展机遇。如果中央与地方城市政府能够很好地将机遇价值发掘出来，培育出足够的合作伙伴，则中国的城镇化会为参与者提供共赢的机会，中国的城市增长就面临着光明前景。

总之，美国政府没有像中国一样提出城镇化战略、城镇化率目标，但不意味着美国没有城市化政策。事实上，城市化政策体现在美国推动城市增长的方方面面。美国进入城市化中后期阶段，政府主动参与城市化进程，推动城市可持续增长。他们注重运用市场机制的力量，强调立法，重视公众参与等等，这些经验值得城镇化率刚刚超过50%、正在经历城镇化转型的中国借鉴学习。

第六章 世界城市化中后期阶段的特征与启示

一、世界城市化发展的总体情况

1. 城市化出现四个阶段

世界城市化发展可以分为四个阶段：前城市化阶段、城市化中前期阶段、城市化中后期阶段、后城市化阶段。

根据联合国有关数据，2008年，世界城市化率达到50%。就全世界范围而言，几乎所有国家都跨过了前城市化阶段，部分亚洲国家以及多数非洲国家处于城市化中前期阶段，中国、巴西等发展中国家处于城市化中后期阶段，美国、欧洲、日韩等国家已进入后城市化阶段。

在前城市化阶段，城市化增长极其缓慢。一般认为，世界上最早的城市，大约产生于公元前5000多年前的聚落。位于伊拉克境内的美索不达米亚的土地上拥有最早的城市化遗迹，埃及尼罗河流域、印度河峡谷地带、中国北方黄河流域等地也都有早期城镇的雏形。早期城市发展的速度极其缓慢，一直到1800年，当年世界上9.8亿人口中，只有不到5%居住在城市中。

在城市化中前期阶段，城市化速度逐渐加快，这是由工业革命带来的。18世纪中叶之后到19世纪初，英国掀起了工业革命，导致英国城市人口的快速增加。同时，英国的工业化、城市化还传导到欧洲其他国家。从1800年到1900年（也即英国城市率达到80%、成为世界上第一个完成城市化的国家的年份），世界城市化率达到14%，城市化率在100年中增长将近10个百分点。

城市化的主要历史发生在1900年到2000年这100年中。在过去的

100 年中，城市化率由 14% 提高到 50% 以上，城市化率提高 36 个百分点，城市人口数目由不足 10 亿增长到 30 亿之多。

城市化中后期阶段，是指城市化率从 50% 到城市化达到饱和临界值的阶段。饱和值临界值是指城市化水平由高速增长转向缓慢增加阶段的城市化数值。饱和临界值一般大于 70%，但小于城市化峰值。而所谓峰值，是指一个国家城市化可能达到的最大值。例如有学者采用 Logistic 曲线进行的一项研究表明，日本城市化水平应达到 88.1%[①]，但观察日本城市化的历史可以看出，日本城市化率达到 76%（大约是 1975 年）后就处于缓慢增长状态，1975 年以后的 20 年，只增加了 5%。根据峰值与临界值的关系，我们将 88.1% 作为峰值，而将 76% 左右作为饱和临界值。

从主要国家城市化发展阶段来看，城市化中后期阶段，也就是城市化率从 50% 到 70%~80% 的饱和临界值所需时间，从 15 年至 50 年不等。

英国城市化从 1750 年（10% 城市化率）到 1850 年（50% 城市率），花费了 100 年时间。随后的 50 年左右时间，也就是到了 19 世纪末、20 世纪初，英国的城市化率就达到了 80%。

美国城市化从 1840 年左右（10% 城市化率）到 1920 年（50% 城市化率），花费了将近 80 年时间。在随后的 50 年时间内，也就是到 1970 年左右，美国的城市化率达到 75%。

日本的城市化过程开始于 1920 年代的明治维新时期，快速发展阶段为 1946~1973 年间。1955 年日本的城市化率大约为 56.1%，1975 年大约为 76%。1955~1975 年这 20 年属于日本城市化的中后期阶段，日本的城市化率年均增长约为 1.25 个百分点。

韩国 1940 年城市化率约为 10%，到 1970 年达到 50%，1985 年达到 77.3%。韩国城市化中后期阶段比中前期少 15 年。

后城市化阶段，是指城市化率达到饱和临界值后，城市化再发展的新阶段。欧、美、日、韩等发达国家从 20 世纪 80 年代后，就处于后城市化阶段。后城市化阶段的突出特征是，城市化率并没有明显的增加，但城市化的形态却发生众多变化。例如，欧美 20 世纪 80 年代以后，城市化

---

① 例如有学者采用 Logistic 曲线进行的一项研究表明，日本城市化水平峰值是 88.1%，英国为 83.9%，德国为 73.2%，法国为 76.8%，俄罗斯为 76.1%，美国为 82%。

率基本上没有变化，但出现了分裂的城市主义、边缘城市、隐性城市、城市区域、巨型城市、大都市连绵区等多种新的城市形态。

总体而言，当今世界上，少数国家处于前城市化阶段，亚洲、非洲少数国家处于城市化中前期阶段，多数发展中国家处于城市化中后期阶段，发达国家基本上处于后城市化阶段。一些拉美国家从城市化率角度来看，也处于后城市化阶段，但由于这些国家的城市化质量较差，这些国家并没有进入先进发达国家行列。

2. 世界城市化发展的不平衡性

（1）城市化率高低的对比具有不平衡性

工业革命之前，城市化进展极其缓慢。1800 年前，当时不同类型国家之间的城市化的差距不超过 5%。工业革命之后，发达国家的城市化率与发展中国家的城市化水平的差距越拉越大。20 世纪 20 ~ 30 年代以来，发达国家的城市化率进入快速发展的区间，"二战"后逐步超过 50%的城镇化率，进入城市化发展的中后期。这时，亚非拉一批发展中国家的城市化刚刚起步，速度较慢。根据联合国（2008）的数据，1950 年，发达国家的城市率为 52.5%，发展中国家为 7.3%，相距达 45.2 个百分点。

发达国家的城市化率达到饱和临界值即 75%时，发展中国家的城市化刚刚进入 30%的加速区间。同样根据联合国（2008）的数据，2010 年，世界城市化为 50.6%，发达国家的城市化率达到 75%，发展中国家为 29.4%，相距 40.6%。

由于进入饱和临界值后，所有国家的城市化率的增长都将减缓甚至停滞，因此当世界城市化水平不断增高，发达国家与发展中国家的城市化之间的差距也将不断减小。2050 年，当世界城市化水平达到 70%左右时，发达国家与发展中国家的城市化水平相差约 30 个百分点。

从各大洲的城市化水平看，北美地区最高，城市化率超过 80%，其次为拉丁美洲，城市化率达到 75%。南亚地区的城市化水平最低，2005 年的城市化水平不到 30%，低于世界水平近 20 个百分点，近乎北美国家的 1/3。

表 6.1　　　　　　　　　　世界城市化率（%）

年份	世界城市化率	发达国家城市化率	发展中国家城市化率
1950	29.1	52.5	7.3
1960	32.9	58.7	9.5
1970	36	64.6	13.1
1980	39.1	68.8	17.3
1990	43	71.2	21
2000	46.6	73.1	24.8
2005	48.6	74	27
2010	50.6	75	29.4
2015	52.7	76.2	32.1
2020	54.9	77.5	35
2025	57.2	79	38.1
2030	59.7	80.6	41.5
2035	62.2	82.1	44.9
2040	64.7	83.5	48.4
2045	67.2	84.8	52
2050	69.6	86	55.5

资料来源：United Nation（2008），World Urbanization Prospects.

（2）城市化发展质量的对比具有不平衡性

城市化发展质量的不平衡性的第一个方面，是指全球范围内，同样城市化率的国家或地区，在经济、社会、环境等方面所表现出的不同素质与竞争力。

在城市化达到较高水平的国家中，拉美国家与欧美国家的城市化质量，表现出巨大的差异。欧美国家城市化水平较高，国家 GDP 总额与人均 GDP 值都较高，社会稳定，环境优美，城市治理方法先进。而拉美国家的城市化水平尽管较高，但很长时间没有跨越所谓"中等收入陷阱"，即便短时间内跻身于发达国家收入行列，也被"中等收入陷阱"的超稳定均衡力量拉回到发展中国家队伍中来。这些国家人均 GDP 不高，增速缓慢或者是负增长，而且贫富差异极其显著，基尼系数居高不下。城市中贫民窟现象屡见不鲜，城市基础设施落后，公共服务水平满足不了城市发展的需要。

表 6.2 若干国家的赶超指数变化和基尼系数

	1960～1984 年		1984～2008 年	
	CUI 变化百分点	基尼系数	CUI 变化百分点	基尼系数
阿根廷	-12.17	43.8（1981）	-1.64	45.8（2009）
巴西	-2.46	58.6（1983）	-2.45	54.5（2008）
智利	-12.79	55.5（1984）	17.39	52.3（2009）
哥伦比亚	-1.03	50.8（1988）	-0.71	58.5（2006）
墨西哥	2.77	48.5（1984）	-5.03	51.7（2008）
委内瑞拉	-42.29	51.2（1984）	-8.87	43.5（2006）
菲律宾	-2.22	45.5（1985）	-1.43	44.0（2006）

资料来源：Prema – Chandra Athukorala and Wing Thye Woo, Malaysia in the Middle – Income Trap, paper prepared for the Asian Economic Panel Meeting at Columbia University, New York City, March24 – 25, 2011

Immanuel Wallerstein 将整个世界区分为核心、半边缘、边缘等不同区域①。对应着 Immanuel Wallerstein 的概念，欧美主要国家属于核心国家，而同样具有较高城市化水平的拉美国家处于半边缘国家，如巴西、阿根廷、智利等，而该地区少数城市化率较高的国家甚至属于边缘国家，如秘鲁、玻利维亚等。

城市化发展质量不平衡性的第二个方面，是指在一个大型区域内，部分地区的城市具有明显高于其他地区的经济活力、社会凝聚力以及对外围的控制力。这些活力、凝聚力与控制力的形成，既是历史因素的累积，也有城市群形成之后在力量上自我加强的原因。

欧洲的情况就是这样。欧洲的城市人口大约有 3.9 亿，作为一个整体，欧洲的城市化水平约为 74%，但是国与国之间仍然差距较大。比利时、卢森堡、英国、德国这些国家的城市化率都在 90% 左右，高者甚至达到95% 以上。这些国家的人均国民生产总值也是欧洲最高的，贫富差距较小，属于发达的国家，体现出较高的城市化国家的特征。这些城市化质量较高的国家，形成了欧洲"心脏"地带，其区域范围大致是以比

----

① 参考 Wallerstein, The Politics of the World – Economy（Cambrigde, UK：Cambridge University Press, 1984）

利时为核心，由伦敦、巴黎、米兰、汉堡、慕尼黑等城市围成的一个连绵状的超级城市群。这五个城市的人口占到欧洲人口的1/4。这个城市群中的城市还包括其他较高质量的城市，如伯明翰、卢森堡、苏黎世、阿姆斯特丹、不来梅、汉诺威、多特蒙德、法兰克福、纽伦堡、杜塞尔多夫等大中型城市。这些城市围成的面积约占欧洲的1/4，但经济总值占欧洲的40%。

欧洲高城市化质量的地带，形成于18世纪中期，当时传统的工业化中心、城市化中心在英国伦敦。后来，随着工业化、城市化的扩展，工业化、城市化中心向东及东南推移。欧洲一体化政策实施后，处于心脏地带的超大型城市群在通信、金融、区域治理能力等方面的自我加强趋势明显，与最不发达的其他欧洲国家与城市的差距不是减少而是增加。统计显示，2004年以前，欧洲最不发达的国家的平均生产总值约为欧洲平均数的2/3，2004年后减为1/3。例如卢森堡的城市化水平约为92%，罗马尼亚为55%，卢森堡的人均GDP约为后者的7倍。

（3）城市之间的地位对比具有不平衡性

在全球城市构成的系统中，城市之间的地位具有高度的不平衡性。美国城市学者诺克斯将城市分成世界城市、区域控制中心、专业化生产服务中心、依赖型城市等四种类型。

第一类是世界城市。其中，纽约、伦敦、东京等少数城市凭借着巨大的经济规模、在产业上的高端地位，渐渐成为能够控制和影响其他城市发展的支配性的世界城市。

除了支配性世界城市之外，还有一些城市，它们在世界经济、政治、文化等方面也发挥着重要的作用。而这些世界城市之外，又可细分为主要世界城市、次要世界城市。主要世界城市包括美国西部最大的城市洛杉矶，中部的芝加哥；欧洲的"会议之都"布鲁塞尔，文化艺术中心巴黎；南美的港口城市圣保罗，中国的香港，新加坡等等，这些城市也具有世界城市的影响。次要世界城市包括国际组织、银行、交易所、证券市场等汇聚的"流空间"，包括美国的旧金山、华盛顿，加拿大的多伦多，欧洲的柏林、米兰、马德里、鹿特丹、维也纳等。

第二类是区域控制中心。这类城市拥有高度集中的国家和区域性的大型企业总部、银行机构、生产性服务业公司（包括保险业、会计业、广告业等）。在美国，35 个城市可以被列为区域控制中心，其中亚特兰大、巴尔的摩、波士顿等 19 个属于区域枢纽中心，另外 16 个相对较弱，包括伯明翰、夏洛特、德梅因等属于次区域枢纽中心。

第三类城市属于专业化的生产性服务中心。这类城市依赖于上一级城市提供的各类生产性服务业（如银行业、信息业、咨询业），自身致力于特定的管理与技术生产，实现专业化，成为某一种产品、产业的生产、研发基地。例如圣何塞就是这样的城市，这个城市借助于洛杉矶、旧金山等提供的各类专业化服务，集中发展现代信息技术产业，现在已成为全球最为著名的半导体生产与研发基地。

最后一类是各种依附型城市。传统的制造业中心、工业/军事中心、矿产中心、旅游度假中心，构成了依附型城市的主体。这类城市的发展，一是依赖于其他区域或国际城市的驱动，例如一些制造业中心，其企业产品的产量与价格受"购买者"操控；二是依赖于其他城市的发展，例如全球著名的度假胜地拉斯维加斯，以博彩、休闲等产业为其支柱产业。20 世纪 90 年代，全球经济形势较好，其他城市涌来的消费者带动了这个城市的增长。整个 90 年代，它的增长量达到 83.3%，大都市区人口从852737 人增长到 1563282 人，在美国大都市区人口排名从 90 年代初的第 52 位，跃为 2000 年的第 32 位。

（4）工业化与城市化的对比具有不平衡性

18 世纪以来，欧美国家通过工业革命，工业化发展迅速，带动了城市化的发展。工业化与城市化相互促进、平衡发展，在 100 多年的时间内，工业化与城市化都达到了较高的水平。1960 年代前后，OECD 主要发达国家就陆陆续续进入了后工业化、后城市化的发展阶段。值得注意的两个特例是日本与韩国，这两个亚洲国家的城市化加速阶段来得较晚，但由于采取了正确的政策措施，加上当时有利的国际国内环境，它们没有经历过"中等收入陷阱"，跃入发达国家行列，成为工业化与城市化水平都较高的国家。

多数欠发达国家是另外一种图景。当世界主要发达国家已经完成工业化、城市化历程的时候，这些国家的工业化与城市化进程才刚刚起步。

由于起步时间晚，当今，不少拉美、非洲、亚洲国家，也包括部分东欧转型国家，呈现出"双低"状态，即工业化水平低、城市化水平也低。

拉丁美洲有一些国家，则出现了典型的过度城市化问题。这些国家具有被殖民统治的背景，其城市化进程的开启，并不是由于工业化带动，而是由于两方面的主要原因。一是殖民者希望在这些国家建立一些有利于统治的行政中心。例如，西班牙和葡萄牙在征服南美洲国家的过程中，天主教会希望有更多的人皈依天主教，殖民者认为将散居的农民移民到城市，也就是城市化可以帮助殖民者实现更好的控制。第二个原因是，发展城市可以更有利于原材料贸易，原材料贸易的特征是，原材料的生产加工分散在广大的农业地区，城市内部的贸易就业吸纳劳动力有限。以上两个原因直接导致上述国家往往走上了脱离工业化的过度城市化道路。过度城市化的特征是，城市人口过度膨胀，超过了城市所能提供的工业与就业岗位以及住房数量。

工业化水平高但城市化水平低是一种极端的情形。理论上说，工业化水平高必然会引致城市化水平相应提高，只有极少数政治上不完全独立的小国，它们是跨国公司工业布局密集的地区，但政治上又受到国际势力的影响，导致农村人口不能自由迁徙到城市，因而城市化水平低。

总括来看，工业发展与城市化发展之间呈现出四种关系。随着世界城市化率2008年超过50%，目前，多数发展中国家工业化水平与城市化水平都处于由低到高的转型发展阶段。这也是一个决定将会有哪些国家能够成功跻身发达国家行列的最具挑战性的阶段。

表6.3　　　　　　　　　　工业化与城市化水平的类型组合

	工业化低	工业化高
城市化低	中国、印度尼西亚、印度、泰国、巴基斯坦、孟加拉国、斯里兰卡、埃及、苏丹、尼日利亚	极少数小国
城市化高	阿根廷、巴西、委内瑞拉、哥伦比亚、墨西哥、马来西亚、菲律宾、阿尔及利亚、土耳其、南非等	美国、英国、法国、意大利、德国、加拿大、日本、韩国

资料来源：国务院发展研究中心课题组：《中国城镇化：前景、战略与政策》，中国发展出版社2010年版。

二、世界城市化中后期阶段的趋势性特征

1. 城乡关系的矛盾得到缓解，一体化发展加深

在城市化过程中，城乡关系处于动态演变之中。在前城市化阶段，城乡关系处于低水平的均衡状态：工业较少、农业生产保持原始状态周而复始、城乡人口流动缓慢。在后城市化阶段，城乡关系处于高水平的均衡状态：城市经济发达、乡村环境优美、城市经济效率高有足够能力反哺农村，而农村现代化水平较高也能够为城市提供优质充足的农业产品，城乡关系经历过不断变化转为和谐共生的状态。

城市化中前期阶段，也就是理论上讲，城市化率达到50%阶段之前的阶段，这是城乡矛盾不断累积的阶段。而城市化率超过50%、迈向城市化率饱和阶段的这一区间，又是人们寻求城乡统筹协调发展，城乡关系矛盾渐渐得到化解的阶段。

英国1850年城市化率达到50%。城市化中前期阶段的工业革命既给英国带来了城市问题，也带来了乡村问题。尽管英国历史上经过长时期的农业革命，农业有了长足发展，农业就业具有较高吸引力，但是工业革命仍然激发大量农村劳动力涌向城市。例如，在英国的北部地区，特别是西兰开郡和约克郡，1801～1861年，大城市人口平均增长2.085%，小城镇与乡村年均仅增长1.039%，大城市人口增长是乡村增长的1倍[1]。大城市的基础设施不堪重负，住宅需求短缺严重，过于密集的工厂造成环境污染，城市已不适宜居住。与此同时，乡村面临生活设施落后、工作机会缺乏等不断衰落的问题。这时的英国，很难有一件事能使各种党派有一致的意见，然而"所有人都对人口将继续向已经过分拥挤的城市集中、农村地区将进一步衰竭的问题深感不安"[2]。

19世纪末、20世纪初，英国人霍华德出版了《田园城市》，在规划思想上探讨如何推进城乡协调发展，认为通过田园城市的规划设计，不

---

[1] 广福德："英国农村城市化历程及启示"，《世界农业》，2008年第5期。
[2] 埃比尼泽·霍华德著，金经元译：《明日的田园城市》，商务印书馆2006年版。

仅可以融合城市与乡村的优点，还可以避免两者的缺点。霍华德等人还与人合作成立田园城市先锋公司（Garden City Pioneer Co., Ltd），在伦敦北部建成了第一个完整的田园城市——莱切沃斯（Letchworth）。通过建设田园城市，推动城乡协调发展的实践也延伸到其他欧洲国家，如在德国 Dresdon 的 Hellerau、比利布鲁塞尔附近的 Floreal、意大利的 Tiepolo。

进入 20 世纪以来，英国更加重视城乡问题的协调解决。二战前，英国在世界上开创了第一个完整的城乡规划体系。1942 年前由英国卫生部统管的城乡规划事务，重点针对英国城市化过程中在城乡出现的极为严重的城乡卫生及相关问题。后来，城乡规划随机构变动分别由城乡规划部、住房和地方政府部、环境部、环境和交通区域部、副首相办公室、社会和地方政府部负责。英国的城乡规划以推动城乡地区可持续发展为主，包括绿带、住房、工业和商业、规划区、市镇中心、农村地区、通信、生物多样性的地质保护、废物管理、区域空间战略、地方发展框架、交通、不稳定土地（滑坡等）的治理、历史环境保护、考古、运动和娱乐、执行规划控制、户外广告控制、海岸带、旅游业、能源、污染控制、防控噪声及防止洪灾等。

韩国城市化进入中后期阶段的时间较晚。20 世纪 60 年代以来，随着工业化与经济发展的加快，韩国大量的农业人口向城市流动。1960～1980 年间，全国城市由 27 个增至 40 个，城市化水平由 1960 年的 28%，到 1970 年已达到 50%，1985 年达到 77%。在城市化发展中，一方面是大城市特别是首都圈迅速扩张，另一方面是农村快速衰落。1960 年韩国农户收入超过城市家庭收入，到了 1970 年，农户收入只有城市家庭收入的 70%，全国 80% 以上的农家都是茅草屋，农村道路、供水设备等破旧不堪。更为重要的是，农业增长率只有 2%～3%，农民和工商企业放弃农业的思潮在韩国弥漫。

以上这些情况引起了韩国朝野的关注。1970 年，韩国总统朴正熙在旱荒对策会议上发起了"新村运动"。新村运动的主要内容，一是改善农村的居住环境；二是改善农村的生产条件，增加农民收入，提高农业的劳动生产率；三是通过教育与培训，提高农民的素质。在快速城市化背景下的"新村"运动，提升了乡村的活力。例如，1970 年韩国农力供应量只有 24%，1979 年达到 98%。1970 年代这十年，韩国农户的平均收入由 26 万韩元增加到 270 万韩元，增长 10 倍。文盲率下降 50 多个百分点。"新村"运动提高了农村的生产力，为城市化提供了较高素质的新增人口。1970 年韩国"新村"运动开始时，农业人口的比重高达 50%，到 1975 年为 37.15%，到 1985 年又下降为 20.18%。

2. 为城市化人口提供住房及社会保障成为政策核心

城市化中后期阶段，城市化率仍然保持较高的增长速度。在这个阶段，每年新进的城市人口与已经进入城市的乡村移民的城市融入问题，成为几乎所有国家城市化的核心问题。在欧、美、日、韩、拉美等城市化先行国家，由于没有户口及大城市落户的限制，原则上本国农民或外国移民可以进入任何一个城市。受工作机会的吸引，本国农民或外国移民主要是进入大城市。这些国家的进城农民或外国移民，虽然可能在身份上很快获得市民的资格，但是他们可能仍然无法获得基本的公共服务，原因主要有：①当时还没有立法规定市民基本公共服务的种类与数量、质量；②欠缺经验，物质资本不足，没有能力提供基本公共服务；③无法在短时间内解决过多进城人口的基本公共服务。这三个原因能够一定程度上解释世界上多数城市化先行国家在城市化中后期阶段为促进进城人口的城市融入面临的现状。尽管面临困难，所有城市化先行的国家都在城市化进入中后期阶段之后较短时间内，采取各种办法，试图为进城人口提供公共服务。

由于进城低收入人口的住房的重要性，许多国家都将其作为城市化政策的重点。先以美国为例，随着第一次世界大战后又一批欧洲移民及本土农民的到来，1920 年美国的城市化率达到 50%。进城人口并不能完全享受到跟城市市民一样的生活，以住房为例，他们没有"像样"、卫生的住房。之所以用"像样"，是因为当时还没有关于住房的基本公共服务立法，没有数量标准用以标志住房状况。美国城市化中前期阶段，自由市场的意识占据上风，人们认为住房等产品的提供与获得，都要靠自由市场的交易进行。当时的现实是，大量进城人口居住在条件恶劣的贫民窟中，这类贫民窟成为各种恶习的滋生地，成为城市衰败的根源，也成为道德秩序的重要威胁。1894 年与 1900 年成立的两个关注低廉住房区拥挤状况的委员会开展了一些工作，促进了社会对贫民窟问题严重性的认识，对于避免产生直接的贫民窟起到了一定的作用。大萧条后，美国于1934 年制定了最早的住房法案"临时住房法案"，用以解决失业人口的居住问题。四年后，该法案进一步补充为"公共住宅法"。根据"公共住宅法"，美国中央政府出资，地方城市政府负责修建供低收入人口使用的住房。全美 3000 多个地方"公房管理局"（LHA）负责建造并管理这些公共房屋。

日本进入城市化中后期阶段的时间较晚，大约是 1950 年之后。日本综合运用行政与市场的手段，通过一系列办法解决进城人口的住房问题，取得了很好的效果。这些措施包括：①成立了管理机构——住宅局；②以公营住宅体系为主：政府全力推动公营住宅建设；建立有效的金融保障——住宅金融公库；③公私合作，比如通过补贴等手段将出租屋纳入公营住宅视野，鼓励日本开发银行等参与解决住房问题。尽管这些措施非常得力，但由于进城人口人数众多，日本也花了将近 20 年，也就是四个"五年计划"的周期，才基本解决市民化的住房问题。日本 1966～1985 年四个五年计划期间住宅建设计划及其实施如表 6.4 所示。

表 6.4　　　　　　　　日本住宅建设计划及其实施成果

时间	计划		成果	
	总建设户数（万户）	公有资金住宅（万户）	总建设户数（万户）	公有资金住宅（万户）
1966～1970 年	670	270	673.93	256.5 (38.06%)
1971～1975 年	957.6	383.8	828	310.8 (37.54%)
1976～1980 年	860	350	769.8	364.9 (47.40%)
1981～1985 年	670	330	610.4	323.1 (52.93%)

巴西在 1960 年代的城市化率就超过 50%，其后，巴西城市化仍处于快速发展阶段，进城人口持续增多。巴西为应对进城人口的住房问题，采取了许多措施，但在七八十年代，并没有收到应有成效。1973 年贫民窟的人数只有 1840 人，占城市人口数的 1.09%，到 1984 年，已有150452 户共 815452 人居住在贫民窟中，贫民窟人数占城市人口数的 8.9%。

巴西政策失效，一是由于经验不足。1964 年，巴西成立了国家住所银行，并且通过国家住所公司执行。国家住所银行与国家住所公司的职责是为低收入者建设住房，并为低收入者购房提供贷款支持。由于没有认识到公共住房建设的复杂性，国家住所银行与国家住所公司缺乏操作经验，没有办法去筹集足够的资金，这项国家行动计划被迫终止。另一个教训是没有有效拓宽融资渠道。1980 年代，巴西国家行动计划停止后，巴西城市政府开始探索解决如何保障进城人口的住房。巴西最大的城市圣保罗成立了"圣保罗城市化与居住发展有限公司"（Companhia de Desenvolvimento Habitacional e Urbano do Estado de Sao Paulo），这个公司具有联合体的性质，经营模式是募集各城市资金，为各城市低收入家庭提供住房支持。但由于资金渠道单一，特别是巴西国有性质的公司对其他所有制的公司有一定排斥，圣保罗城市化与居住发展有限公司的作用也受到局限。

除了住房以外，进城人口的社会保障、就业等，也是城市化先行国家着力解决的问题。德国 1900 年前后城市化率达到 50%，城市化进入中后期阶段。德政府出台了一系列法规，其中最重要的举措是在前期一系列社会保险法律、法规、规章、办法的基础上，统一制定了《社会保险法》（1911 年）。当时，德国并没有全国性的失业保险制度，但已有一些城市如科隆早在 1894 年就在全市建立了失业保险制度，德国许多城市学习科隆的做法，逐步推广了失业保险制度。此外，德国还针对基本的劳动条件制定了《工厂法》。这样，在城市化率达到 50% 前后短短 20 多年时间里，德国基本上构建起较为完善的覆盖外来人口、本地人口的统一的社会保障制度，成为西方国家社会保障制度建设最早也是最为先进的国家。这些法律与制度，给予流动人口以保障，促进了农业人口融入城镇。

3. 大中小城市协调发展，城市群成为主要空间形态

欧、美、日、韩及拉美等城市化先行国家，在城市化中早期，大城市往往取得更快的发展速度。城市化率超过 50% 之后，伴随着大城市病问题的出现，上述国家都不同程度出现了大都市区、都市圈、郊区化发展。相应地，大都市区与都市圈中的中小城市、郊区小城镇也得到较快

发展。城市化中后期阶段，城市群成为主要的空间形态。具体到每个国家，城市群发展的主要动因、过程又有所区分。

表 6.5　　　　　　　　世界六大城市群发展概况

城市群	区位	人口（万人）	面积（万 km²）	主要城市	空间结构表态
美国大西洋沿岸城市群	大西洋沿岸，北起波士顿，南至华盛顿	6500	13.8	波士顿、纽约、费城、巴尔的摩、华盛顿	条带状
日本太平洋沿岸城市群	从千叶向西，经过东京、横滨、静冈、名古屋，到京都、大阪、神户的范围	7000	10.0	东京、横滨、川崎、名古屋、大阪、神户、京都	多圈层联结而成的带状
欧洲西北部城市群	由大巴黎地区城市群、莱茵—鲁尔城市群、荷兰—比利时城市群构成	4600	14.5	巴黎、阿姆斯特丹、鹿特丹、海牙、安特卫普、布鲁塞尔、科隆	多圈层联结而成的环状
英国以伦敦为核心的城市群	以伦敦为核心，以伦敦—利物浦为轴线的地区	3650	4.5	大伦敦地区、伯明翰、谢菲尔德、利物浦、曼彻斯特	条带状
北美五大湖地区	五大湖沿岸，从芝加哥向东到底特律、克利夫兰、匹兹堡，并一直延伸到加拿大的多伦多和蒙特利尔	5000	24.5	芝加哥、底特律、克利夫兰、匹兹堡、多伦多、蒙特利尔	串珠式条带相交

资料来源：参考周世锋、王辰等："世界城市群发展演变特点及其对长三角的启示"，载于任真等主编《长三角的未来，机遇与挑战》，人民出版社 2011 年版，83～86 页。

　　欧洲国家在城市化中前期阶段普遍面临一个问题，就是人口过多地向首都或其他大城市高度集中。英国城市化开启得最早，以伦敦、曼彻斯特为中心的大都市圈出现得较早，大都市病的问题也最早出现。为了应对大都市病，英国主要通过新城规划等方式，在大城市以外重新安置人口，设置住宅、医院和产业，设置文化、休憩和商业中心，形成新的相对独立的社区①。二战以后,在规划、交通发展等一系列因素的推动下,都市圈周边区域有了更多的发展。

表6.6 英国城市化空间形态的去中心化

阶段/大致时间	人口	就业
①1900年以前	中心化	中心化
②1900~1950年	去中心化	中心化
③1951年后或1961年以后,在更大的区域范围内	绝对去中心化	相对去中心化
④1961年以后,仅在伦敦和曼彻斯特	城市核心及环状地带人口流失;边缘区域人口增长	城市核心及环状地带就业机会流失;边缘区域就业增长

资料来源:彼得·霍尔著,邹德慈等译:《城市和区域规划》,中国建筑工业出版社2008年版。

巴黎19世纪初就是全球贸易中心,19世纪中期以后发展迅速,1945年左右城市化率超过50%,人口过多向巴黎集中的情况非常明显。由于法国的人口密度相对欧洲其他国家更小(如只有德国、英国一半),为了发挥密度低的优势,同时也是为了解决"大巴黎病",法国1960年以来的多个规划都强调要通过协调平衡的方法,推动城市、农村、沿海、山区的共同发展,削弱巴黎人口、经济过于集中的状况。这在一定程度上促进了法国大都市圈与小城镇的协调发展。在欧洲国家中,法国的极端性较强:巴黎大区摊得过大,人口过多;中等城市缺乏;小城镇星罗棋布。法国36778个市镇近年来出现了"合纵连横"的局面,出现了若干个"市镇联合体"。

美国1920年的城市化率达到50%。此后,美国的城市化进入了中后期发展阶段。多种因素促成了美国大都市区、郊区化的形成。第一个原因是提供优质足额公共服务的需要。随着城市人口的不断增多,各个城市都要考虑市政服务的效率。由于更多的人口可以分担基础设施与政治管理的成本,因此城市将郊区进行合并变成大都市区,成为一个经济学上的较优选择。例如,芝加哥1889年就开始将城市远郊开发区(包括海德公园、Kenwood、普尔曼、伍德朗以及工业卫星城 Grand Crossing)合

---

① 赵民,王丰丽:"新城规划与建设实践的国际经验及启示",《城市与区域规划研究》,2011年第2期。

并进来，到 1920 年上述被合并的地区人口已超过 100 万。第二个原因是交通基础设施的改进、交通工具的引进与运用。美国一直把修建发达的州际公路作为重要的工作。美国历史上，对"完善道路"起到的推动作用的高潮形成于 1890 年前后，当时一批农场主、邮寄物流业者为了市场可达性，呼吁美国加强公路建设。后来，这些呼吁者又联合了工业企业部门、交通运输部门成立了"完善道路协会"。在该协会的倡导下，美国于 1916 年诞生了《联邦援助道路法规》，该法规要求每个州在联邦政府的帮助下成立行政部门，用来规划、建设和维护城市之间的公路体系。到二战后，美国已形成了遍布全国的交通网络。战后，家庭小汽车逐步普及，大运量喷气式客运飞机投入使用，这些因素促进了区域扩散与区域联结。区域扩散有利于中心城市的资源向周边辐射，而区域联结则将中小城市与核心大都市区联系成为一个城市群。第三个原因，是政府的宏观经济管理促进郊区化及中小城市发展。大萧条时期施行的凯恩斯主义宏观管理促进了所谓"凯恩斯主义郊区"（Keynesian Suburb）的发展。其内在机理是：政府的联邦住宅管理局与私人部门（银行、储蓄机构、贷款方）合作，刺激建筑市场发展。1933 年，美国住房开工率不到100000 套，而 1937 年新住房开工率达到 332000 套，1941 年为 619000套。政府此举达到了开发郊区、吸引人口外迁的效果。

美国 1920 年后郊区化的发展，促进了城市由单中心结构向多中心格局转变。具体来说，多中心格局由以下城市类型推动形成：一是产业从大都市区外迁形成的城市；二是依托郊区宽敞的空间建设起了购物商城，在购物商城基础上又形成了居住区、生活区；三是一些企业选择郊区建造工业园区，这些工业园区的配套不断齐全，成为新的城市；四是在一些交通枢纽（如机场、高速出口）生活服务区基础上，形成了新的城市。20 世纪 30 年代之后，克利夫兰市郊的希克尔·海特（Shaker Height）的人口增长了 10 倍，加菲尔德·海兹（Grafield Heighs）增长了 5 倍，芝加哥市郊的埃尔梅伍德（Elmewood）的人口增长了 7 倍[1]。1940～1970 年美国郊区人口增长了 275%，城市人口仅增长 50%[2]。中心城市与不断拓

---

[1] Jon C. Teaford, The Twentieth Century American City, Baitimore&London, 1993, p. 69.

[2] J. John Pelen, The Urban World, Mc－Hill Book Company, 1987, p. 120.

展的郊区城市之间，通过各种关系进行联结，形成了美国大都会区的基本结构。

日本 1950 年后进入城市化中后期阶段。日本城市化空间结构出现了以下一些变化。其一，世界城市——东京仍然保持快速增长。1920 年，东京常住人口 370 万左右，约占日本人口 6.61%。1940 年达到 734.7 万人。第二次世界大战结束后，日本的经济迅速恢复，城市化率迅速提升，1990 年东京人口达到 1185.6 万人。其二，5 万人以上人口居民增长迅速，小城镇增长缓慢。1950～1970 年，居住在 5 万以上人口城市中的居民比例从 33% 上升到 64%，所有城市人口比例达到 72%。其三，东京都市圈多极分散的趋势明显。由于东京人口过密，东京和世界上其他大都市一样，采取了"多核多散"的战略。1970 年代以来，东京的部分功能已分散到神奈川、千叶、埼玉、茨城、群马、栃木诸县。其四，日本工业发展带与三大都市圈在空间上复合。东京—横滨（约 3000 万人口）、大阪—神户（约 1600 万人口）、名古屋—东海道（约 900 万人口）通过交通、通讯建立了密切联系，成为世界上最为现代、最为先进的城市带，人口总量超过日本总人口的 44%。

有的国家在城市化中后期阶段，开始注意到大中小城市协调发展的问题。比如前苏联在城市化中前期阶段，追求区域平衡原则，侧重于开发边疆与农村地区，导致城市化水平虽然在 1960 年代就达到 50%，但城市的集聚规模效应并不明显。1990 年代以来，俄罗斯的城市化重新回到聚集的方向上来，由于俄罗斯的中央集权仍然十分强大，政府城市化政策不可避免地转入大城市偏向政策[①]。拉美一些国家则是另一个方向上的典型。这些国家拥有超大城市、特大城市，但中小城市、小城镇不发达，导致大城市病极其严重，而广大农村由于没有小城镇带动又出现凋敝。

总的来看，各国在城市化中后期阶段，城市化空间模式将逐渐收敛于大中小城市协调发展的城市群理想模式。

4. 服务业取代工业成为城市化发展的主要动力

在城市化发展不同阶段，带动城市化的主导产业类型是不同的。在

---

① 徐和平：《经济发展中的大国城市化模式比较研究》，人民出版社 2011 年版。

城市化发展中前期阶段，工业制造业是主要动力。工业制造业吸引了大量非农就业人口，同时工业制造业生产出大量的轻工产品满足进城人口的基本需求。在城市化下一个发展阶段，房地产业、娱乐业、旅游业等满足城市人口日常生活的生活服务业的重要性不断上升。同时，保障与推动城市生产制造业需求的物流、金融、信息、广告、会计、律师等各类生产性服务业不断专业化、精细化、高端化。总而言之，随着城市化从中前期向中后期阶段演进，带动城市化的主要动力也逐渐从工业制造业向服务业转型。

从世界城市化历史来看，1950 年后，世界城市化率超过 50%，主要发达国家相继进入城市化中后期阶段。服务业的比重很快超过第二产业，成为引领城市化的主导动力。以 1960 年为例，美国一二三产业的比重为 4：38：58；英国为 4：43：53；法国为 10：38：52。日本由于二战后才开始工业化、城市化的腾飞，1960 年三次产业的比重为 13：45：42，德国生产制造业一贯发达，二战后处于工业经济处于恢复阶段，三次产业的比重为 6：53：41。总体上看，1960 年高收入国家三次产业的比重为 6：40：54，服务业比重超出二产业 14 个百分点[①]。

美国 1920 年的城市化率超过 50%。随之而来的大萧条造成制造业城镇普遍的衰退。一些专业制造业镇的失业率超过 60%，重工业城市底特律、匹兹堡 1933 年的失业率大约为 50%。工业制造对城市化的带动作用出现了短暂的停滞时期。取代工业制造业对城市化带动地位的是服务业，出现这种情形的原因有：首先，1930 年代之后，罗斯福新政的后期效应逐渐显现出来，这就是道路建设、郊区住宅发展等新政重点领域，承担了吸纳就业人口与城市化人口的重任，而与交通、住宅相关的产业是服务业而不是制造业的范畴。第二，交通、通信技术的改善，促进了美国商业的重组，催生了在较大的区域范围内形成新的产业形态如公司总部机构、R&D 中心等。公司总部机构、R&D 所有城市，成为新兴的服务业城市，如纽约、亚特兰大、休斯敦、洛杉矶。相应地，匹兹堡、底特律等工业城市则出现衰落。第三，二战期间出于军事使用的目的，通讯技

---

① 世界银行：世界发展指标 2008。

术的研发出现了突破，战后首先在美国出现了信息技术浪潮。信息技术深刻地改变了生产制造技术、交易技术、流通技术，这类技术的叠加结果就是一批服务业企业的诞生。战后美国的服务业就业持续上升，原因也在于此。

德国的城市化进程与美国相当，但在城市化进入中后期时，德国的服务业比重比美国低。1920 年前后，美、德的城市化率都突破了 50%，但到了 1960 年，美国的服务业比重为 58%，而德国只有 41%。在所有达到同样程度城市化水平的发达国家中，美德的服务业比重相距最大。一个主要原因是德国的工业在德国国际国内占据特殊的地位。德国西部有著名的鲁尔工业区。根据一战后签署的《凡尔赛条约》，战败国德国必须用鲁尔区的煤向法国进行战争赔偿。一战至二战期间，鲁尔区工业发展促进了向鲁尔区进行数量规模巨大的移民。二战后，鲁尔区实际上是欧洲与德国重建的工业大后方，其钢铁、煤炭产量一度分别达到全德国的 70%、80%，经济总量达到德国的 1/3。正因为以鲁尔区为代表的德国工业的特殊性，使得战后德国工业比重一直保持较高水平。但即便如此，鲁尔区在 20 世纪六七十年代还是遇到了各方面的挑战，包括开采成本加大、工业制造效益低下、环境污染严重、失业率上升、人口大量流失。后来经过将近 50 年的努力，鲁尔区终于实现由工业制造基地向生产性服务业、旅游文化产业的成功转型，2010 年当选为"欧洲的文化首都"。德国的例子再次说明，城市化进入中后期阶段后，服务业引领城市化发展是一个基本规律。

但是也要注意，在没有完成工业化或者工业化水平低的国家，简单地提出服务业取代工业成为城市化的动力，也很难达到预期的理想效果。典型的例子是部分拉美国家的城市，它们往往是殖民地时代作为行政中心或沿海贸易中心发展起来的。20 世纪中期以来，这些城市并没有建立高度发达的工业部门，仅仅因为这些国家施行自由流动的政策、农村自然灾害频发等原因而集聚起大量的人口。20 世纪 80 年代后持续的经济萧条，给这些国家工业带来更严重的影响，更多的就业人口不得不接受稳定性差的服务业岗位。1981～1988 年拉美国家的贫困人口数量由 53% 上升到 63%，反映在就业结构上，1990 年拉美地区有 26% 的人口在工业部门就业，48%的人口工作在服务业（包括交通与商业）。看起来较高的服务业事实上并没有将拉美的发展引向更好的方向，反而导致拉美的工业化、城市化问题重重。

5. 生态环境的制约性增强，可持续发展成为共识

在英国、美国、日本等国早期工业化、城市化过程中，城市化率的增长与环境污染不断加重之间有着直接的联系。

英国早期工业化、城市化的污染来源主要是工业污水、煤烟排放等。流经伦敦的泰晤士河，18 世纪还是著名的鲑鱼产地，到 1850 年左右后水生物就基本灭迹了。由于大量用煤，伦敦在 1870 年代发生了有文献记载的第一次环境污染事件，200 多个受害者死亡。

20 世纪四五十年代以后，世界范围内大规模的城市化导致几乎所有的城市化中后期国家面临着环境污染的问题。在城市化增长过程中，居住在城市的人越来越多，生产和生活污水得不到处理，堆积在河、湖周边，污染了水源。人们对木材等需求量增加，导致大量的森林砍伐。主要工业化、城市化国家的工业部门和汽车拥有量增长迅速，由于没有执行严格的汽车尾气排放的规定，在城市中，每天都有成吨的铅、氟化物、一氧化碳等有毒化学品排放到大气中。尤其是以美国为代表的西方国家，城市郊区化严重。在美国，郊区化的现实使人们对汽车产生高度的依赖，连基本的设施如学校、幼托、日杂店、餐厅、银行、娱乐场所都是按照汽车的距离设计修造。一般而言，郊区居住者的人均汽油消耗量是市中心区的 2 倍，住在纽约郊外的居民的人均汽油消耗量是市中心（主要是曼哈顿地区）的 5 倍。联合国人居中心《全球人类住区报告 1996》警告说，"如果全球人口都如同美国休斯敦或洛杉矶市的平均水平那样消耗不可再生的资源，那么地球上的资源及生态体系将难以持续到下个世纪。"①

总而言之，在城市化由前期步入中后期，生态环境的严峻性、制约性显著增强。

对于环境的认识，城市化先行国家经历了一个过程。最早阶段是对

---

① 转引自仇保兴：《笃行借鉴与变革》，中国建筑工业出版社 2012 年版。

生活环境的重视。例如，英国 19 世纪 40～60 年代相继制定颁布《公共卫生法》、《消除污害法》、《环境污染法》。进入城市化率 50%之后的 50多年，英国的城市规划一直是由卫生部负责。随后阶段，是对生活环境之外的整体环境保护提高了认识。英国霍华德提出的"田园城市"，即是对生态环境不断恶化提出的应对之策。在美国，19 世纪后期则开始了"公园运动"的探索。1893 年，芝加哥建起了一个真正意义上的孩童游乐场。在接下去的 20 年里，各种公园、游乐场、公共空间在美国城市不断建成。在美国人看来，公园代表着美与宁静，可以创造较好的生活、休闲环境，用以抵御喧嚣的工业化带来的负面影响。1933 年国际现代建筑协会第四次会议发布的《雅典宪章》，强调要从居住、工作、游憩、交通功能关系等方面进行协调规划，体现了城市发展要重视整体环境的思想。

20 世纪 70 年代以来，主要发达国家的城市化率超过 50%，进入城市型国家。越来越多的国家开始思考生态环境对于发展的长远支撑问题，环境保护问题也转变为对可持续发展的探索。1972 年罗马俱乐部发表了《增长的极限》。该报告指出，自产业革命以来的经济增长模式具有不可持续性，原因是这种增长模式大量消耗了资源并破坏了环境。1977 年世界规划师、建筑师共同签署的《马丘比丘宪章》，要求"防止环境继续恶化"，"在现有环境资源之内"进行城市规划，包含了人与自然和谐、追求可持续发展的思想。1987 年 2 月，世界环境与发展委员会在日本东京召开，联合国环境与发展委员会发布《我们共同的未来》的报告，提出"可持续发展观"。按照该委员会的定义，可持续发展的基本特征是生态持续、经济持续和社会持续，其中生态持续是基础，经济持续是条件，社会持续是目的。可持续发展观不同于以往的发展观，成为指导世界城市化发展的全新思想。

尽管可持续发展逐步成为共识，但是在践行可持续发展的城市化道路上，发达国家与发展中国家仍然充满斗争。其中原因在于，发达国家工业化已经完成，进入了后城市化阶段，而发展中国家刚刚进入城市化中后期阶段，城市化发展依然需要工业化发挥引领带动作用。如果过度限制发展中国家的工业化，则发展中国家就将永远被锁定在贫穷落后的状态；但如果鼓励发展中国家继续沿着发达国家工业化、城市化的老路，人类的资源环境又承受不起。正是在这种矛盾冲突之中，城市化后发国家在未来的城市化过程中，既需要坚持走可持续发展之路，又要争取城市化先行国家特别是发达的西方国家的支持，以改善发展中国家的债务、贸易、资金等领域的困难处境。或者从另一个角度来说，发达国家应采取切实措施，偿还欠下发展中国家的"生态债务"。

6. 集约利用土地，紧凑型城市成为城市化的主流方向

在城市化中前期，世界上许多城市都经历了人口与建成区面积激增的阶段。当城市化进入中后期及后城市化阶段，通过各种办法遏制城市的无序扩张，建设"紧凑型城市"成为许多城市的发展方向。在城市化先行国家特别是欧洲国家看来，紧凑型城市发展的原因是多种多样的。首先是土地等资源的瓶颈制约促使这些国家的城市化从粗放转为紧凑；其次，乡村和未开发的土地具有的最根本、最长远的生态与人文价值不断被认识与发掘；最后，人们发现，一定的高密度有利于提高生产力而非相反。

英国 20 世纪 30 年代末期，就在绿化通道和住宅国家法令的作用下，通过建设绿带的办法，遏制城市扩张，当时，伦敦绿化带规模超过 120 万英亩。后来在英国其他城市周边陆续建起了 15 个规模不等的类似绿化带，到了 1993 年绿化带面积已增加到 450 万英亩，约占国土面积的 14%①。英国城市绿带绝大部分用于农业，其中包括一些郊野森林，并边周边各郡的生态控制绿带成为一体②。

荷兰推广紧凑型城市，国家要求开发区域必须符合最低的密度标准，如在每公顷土地上建设 33 个住宅单元。柏林市 1994 年的土地使用规划要求，2010 年 90% 的城市发展都必须是在现有的城市地区内进行的，主要是通过填充的政策来实现。根据柏林上议院提供的资料，柏林用于新开发的土地规划中，23% 来源于旧工业区；24% 是城市东部的空地，"二战"破坏后留下的一些场所；25% 是城市东部大的单一家庭土地的分割；7% 是已完成的大型住宅区；11% 是屋顶改建；10% 是先前未开发的新开发区③。斯德哥尔摩沿地下铁路区域，建设了一系列社区。社区大部分是

---

① 蒂莫西·比特利著，邹越、李吉涛译：《绿色城市主义》，中国建筑工业出版社 2011 年版。

② 北冥："一些国家的'绿道'实践"，《中国建设报》，2010 年 12 月 20 日。

③ 蒂莫西·比特利著，邹越、李吉涛译：《绿色城市主义》，中国建筑工业出版社 2011 年版。

步行可以到达的，是以距地铁站500米内的稠密住宅单元为基础发展起来的，而连栋房屋、别墅和小房子在900米之内。

从总体上看，欧洲城市的紧凑程度比美国高很多（表6.7）。美国城市相比较欧洲来说属于"不紧凑"类型，这中间有许多经济、地理、历史、人文的原因。例如20世纪30年代美国罗斯福新政为城市蔓延创造了更加有利的政策条件；美国面积极其广阔（英国人口密度是美国的8.5倍，荷兰是美国的13.5倍），历史上美国人又天生喜爱开拓疆域等等。面对粗放的城市增长，美国经过多次辩论，掀起了精明增长的运动。到2002年，已有14个州全部或部分采用了精明增长的思想。精明增长的主要原则包括：留出大面积的边缘地，禁止该地开发；再开发郊区，在特定地点建设新的建筑，以吸引更多的中高收入家庭的迁入；采用较高密度开发措施，在交通站点附近布置高密度用地，提高汽油税收；鼓励创新性的城市设计与土地利用区划规则；在个体之间创造强烈的社区感等等。

表6.7　　　　　　　欧美交通工具与城市密度比较

	人均汽车用量(km)	公共交通乘客比率(%)	城市密度(人数/公顷)
欧洲城市			
阿姆斯特丹	3977	17.7	48.8
苏黎世	5197	24.2	47.1
斯德哥尔摩	4638	27.3	53.1
维也纳	3964	31.6	68.3
哥本哈根	4558	17.2	28.6
伦敦	3892	29.9	42.3
美国城市			
菲尼克斯	11608	0.8	10.5
波士顿	10280	3.5	12.0
休斯敦	13016	1.1	9.5
华盛顿	12013	4.6	13.7
洛杉矶	11587	2.1	22.4
纽约	8317	10.8	19.2

资料来源：转引自莫西·比特利著，邹越、李吉涛译：《绿色城市主义》，中国建筑工业出版社2011年版。

在城市化中前期阶段，城市扩张是基本的趋势，新城建设是突出特征。而在城市化中后期阶段，随着城市化增长日趋减缓，集约利用土地，建设紧凑城市主要是以旧城复兴的形式体现出来。欧洲国家20世纪60年代以来，普遍对城市以外地区的发展进行了强烈的限制。这些国家通过"短期的优先权"的应用（如税务优惠），促使开发商更加注重中心城区与老城区的开发、提高人口密度，而不是在新规划区发展。在欧洲城市中，利用原先的废弃空地进行"有创意"的开发的例子特别多。按照英国政策新的政策文件，60%的住宅开发都要在再次利用的城市土地上。

8. 中产阶级逐渐兴起，社会转型机遇更大但挑战更严峻

西方发达国家在城市化中后期阶段，中产阶级得到较快培育。公众参与城市治理的多样性、透明性、程序性不断增强。

中产阶级是指社会资源占有、经济收入等方面处于社会中间状态的群体。对中产阶级没有统一的严格定义，学界判断中产阶级社会形成的标准包括：①城市化率是否达到70%以上；②"白领"社会劳动力是否大于或者至少持平于"蓝领"；②基尼系数是否控制并保持在0.25～0.30之间；④恩格尔系数是否平均降到0.3以下；⑤人均受教育水平是否达到12年以上[①]。

英美等国早期工业化阶段产生了大量的产业工人，这些产业工人构成了中产阶级的基础。发达国家大规模中产阶级产生于20世纪50～70年代，这个阶段正是英、美、法、意、德、日、韩等发达国家城市化率从50%跃入70%的城市化中后期阶段。中产阶级在城市化中后期阶段得到较快成长的原因，主要有四个方面。一是在城市化中后期阶段，城市人口继续增多，在整个社会人口的比重从50%、60%上升到70%甚至更高，从开始时的相对主导地位到绝对主导地位。二是制造业的主导地位渐渐让位于服务业发展，成为城市化的主要动力，教育、文化、卫生、医疗、娱乐、休闲、金融、商业、运输、IT等产业不断发展，在这些领域就业的人口越来越多。三是大城市的专业化分工越来越细，产生了大量的中下层管理人员。大城市与都市区是城市化发展的一个趋势，历史经验与

---

① 李彦军：《中国城市转型的理论框架与支撑体系》，中国建筑工业出版社2012年版。

发展趋势都表明，生活在大城市的人口不断增多。例如，据联合国经社理事会的研究，生活在 100 万以上人口占比将从 1975 年的 32.1% 上升到 2025 年的 40.1%[①]。大城市人口中，管理人员的比例将会更高，他们是中产阶级的重要来源。根据 Gilles Duranton&Diego Puga 等人的研究，在 150 万~500 万人口都市区范围内，管理人员与生产工人的比例，1950 年只比全国水平高 0.30%，1970 年比全国水平高 11.0%，1990 年比全国水平高 25.7%。而在 500 万~2000 万人口的都市区，管理人员与生产工人的比例，1950 年管理人员与生产工人的比例比全国高 10.2%，1970 年、1990 年分别高 22.1%、39.0%[②]。这些说明，随着城市化水平增高、大城市人口增加，下中层管理人员的比重不断增加、人数不断增多，中产阶级社会处于发育壮大过程之中。

城市化先行国家的经验表明，中产阶级的兴起有利于缓和上层与下层之间的冲突，有利于建设一个稳定的社会形态。但是中产阶级在兴起过程中，对城市治理提出了比以往更多、更严格的要求。城市化先行国家的中产阶级通过各类思潮推动城市治理的改进。在极端的情况下，中产阶级还会通过示威、游行、罢工等给城市政府施加压力。从历史上看，主要发达国家在城市化中后期阶段（大约是 1950~1970 年期间），各国罢工天数普遍较高。只是到了 1970 年代后期，随着主要城市化国家城市治理进入更加完善的阶段，罢工天数才逐渐降低。

如果具体分析西方国家各类社会思潮以及罢工等行为，我们看到，罢工等行为有的与某些普遍的城市治理相关，有的则是在社会大背景下与某 国特殊的城市的治理相关。比如，1965~1973 年间爆发的欧洲游行、罢工等行为，这是对住房领域的消费社会化的回应。例如在巴黎，由于城市边缘区开发的低租金住房缺乏最基本的公共服务，因而导致城市市民对住房的提供与管理者表示出极度不满[③]。当前类似这种因住房问题而产生的游行、罢工在其他迈入城市化中后期的国家也时有发生。

---

① 转引自国务院发展研究中心课题组：《中国城镇化：前景、战略与政策》，中国发展出版社 2010 年版。

② Gilles Duranton and Diego Puga. From Sectoral to Functional Specialization, Joural of Urban Economics 57（2005），pp. 343 - 370

③ 戴维·贾奇等编，刘晔译：《城市政治学理论》，上海世纪出版集团 2009 年版。

再如 1960 年代，美国黑人在美国的不同城市遭受种族歧视（如乘车），导致许多城市黑人大规模武装斗争或骚乱。这实际上反映了整个美国社会在黑人受到歧视的大背景下，部分城市在城市治理（在这里其实也就是城市的社会管理）方面存在的问题，在其他国家则不典型。

归结到底来说，随着中产阶级的兴起，城市治理方面遇到的挑战将会越来越多。

表 6.8　　　　　　　　1910～1993 年各国罢工天数　　　　单位：1000 天人次

年份	英国	德国	美国	法国
1910	9895	17848	—	4830
1930	4399	4029	26200	7209
1950	1389	380	38800	11729
1970	10980	93	66414	1742
1993	649	84	3981	511

资料来源：B·R·米切尔，贺立平译：《帕尔格雷夫世界历史统计（1750～1993）》，经济科学出版社 2002 年版，欧洲卷 180～191 页，美洲卷 124～128 页。

9. 城市新现象与新问题不断涌现，城市管治继续演化发展

按照联合国人居署的定义，城市管治是个人和组织、公共和私人规划与管理城市的总和，是协调各种冲突和不同利益，进行合作的持续过程。管治既包括正式的制度，也包括各种非正式行动以及公民的社会资本[1]。在城市化中后期阶段，为了应对出现的新现象，处理新问题，所有国家的城市管治都经历了复杂的变化。但在具体的管治内容方面，又有若干不同的模式。

西方发达国家在城市化中前期阶段，政府的角色偏向于自由放任。进入城市化中后期阶段之后，上述国家的城市政府都有某种程度的"精英模式"的特征。所谓精英模式就是政府部门以公共利益的代表者、维护者自居，利用权力制定政策、采取行动，解决城市化过程中的种种问题，推动城市发展。这是因为当城市化率在 50% 前后，大量城市问题密集出现，而社会组织又没有发育起来，缺乏解决城市问题的经验，因此

---

[1]　http://www.unhabitat.org/campaigns/governance/principles.asp

城市政府就有了一个形成自身作用力、影响力的"黄金时间"。英国在1850年前后、美国在1930年前后、德法等国在1940~1950年代前后，制定了大量的经济、社会、环境方面的政策，奠定了这些国家城市管理的基本制度体系，突出反映了精英模式的特征。

西方发达国家进入城市化中后期阶段，精英模式虽然还十分重要，但"合作者模式"很快就显现出更高的重要性，并且在相当长的时间里，地方权力结构呈现出"合作者模式"的特征。所谓合作者模式，是指城市政府与当地企业、非政府组织、公民等，处于多样化的、多中心的格局之中。政府的精英模式特征大为削弱，而社会组织、企业、公民的力量上升。西方发达国家20世纪中期掀起的各类公众参与运动，实际上反映的是政府主导性相对下降，社会组织、企业、公民力量快速成长的一种全新的城市管治格局。

拉美国家在城市化中后期阶段，精英模式一直难以退出历史舞台。1950年至1990年，是主要拉美国家的城市化中后期阶段。这些拉美国家的城市化增长速度很快，但质量并不高，普遍存在着正规就业水平下降、基础设施严重短缺、贫民窟问题长期存在的问题。由于中产阶级得不到有效培育，拉美国家的社会组织、企业和公民力量相对较弱，合作者模式难以形成。

前苏联、东欧等国家既不同于西方城市化先行国家，也不同于拉美国家。前苏联的城市化水平于1960年就达到50%，其他国家如保加利亚、匈牙利、波兰、捷克斯洛伐克也在1980年左右达到50%。

这些国家在城市化中前期阶段，政府的角色偏向于较强的计划调控，如通过产业布局政策、人口限制政策，调节或控制城市布局、城乡人口流动与大中城市规模。进入城市化中后期阶段，由于以下三个原因，这些国家的精英模式虽然在形式上有所变化，但将在较长时间内存在。首先，在这些国家，城市普遍被看成是比企业更高一级的部门或系统，而被纳入国家的生产计划体系。例如苏联学者库采夫在《新城市社会学》一书第一章就较为详细地阐述了苏联新城市的形成与发展。他认为，建设一座具有一定物质技术基础、社会基础设施、一定数量的固定人口的城市，需要15~20年时间。新城市的形成要经历大致四个阶段，即建立企业（相应工人生活）—项目投产—工程竣工—城市形成①。苏联、原东欧国家的城市化因而可被看成是"计划主导型的城市化"。在这些国家，很长时间以来，政府主动地承担着精英者的角色，通过各类自上而下的政府规划解决城市化问题与城市发展问题。第二，曾经导致这些国家城市化发展滞后或者质量不高的因素，主要来自于政府不合理的城市化政策。改革这些城市化政策往往同样需要在政府的主导下进行。典型的例如中国，其城乡二元的户籍政策、土地制度政策，如果没有政府参与改革，根本无法彻底进行下去。第三，在市场经济国家，社会组织、公民力量有政治与社会基础。而在传统的计划调控国家，社会组织、公民力量的培育需要相当长的时间。尽管如此，合作者模式在东欧国家也有越来越多的体现。

三、世界城市化对中国城镇化转型的启示与借鉴

综观世界城市化，我们看到的是一个不同国家争先恐后迈上城市化道路，通过几十年、上百年努力最终去实现城市化的图景。英、美、日、韩等发达国家先于中国完成了城市化，走向现代化。亚、非、拉也有一些国家的城市化比中国早，城市化率比中国高，但他们仍像中国一样，还在通往现代化的道路上努力探索。世界上还有一些国家的城市化起步不久，城市化率低于世界平均水平，属于后发城市化国家。中国城镇化是世界城市化的一个重要组成部分，学习掌握世界城市化的一般规律，借鉴其中的经验，避免一些国家经历过的教训，对于中国实现城镇化、迈向现代化具有重要意义。

首先，世界城市化的一般规律需要认真把握。当今世界上有200个左右的国家与地区，它们的地理、历史、人口、经济、社会、政治迥异。但在城市化过程中，这些国家与地区表现出一些普遍规律。例如城市化发展都经历了或将经历一个"S"形的发展阶段；在城市化起步阶段，工业发挥着主要的动力作用，而在中后期则靠服务业带动；在城市化发展

---

① ［苏］库采夫：《新城市社会学》，中国建筑工业出版社1987年版。

过程中，农村与城市的关系处于不断变动之中等等。我们今天推进城镇化，要遵守与把握这些基本规律，按照基本规律指引的方向前进。

其次，世界城市化过程中的先进经验需要认真学习借鉴。英、美、法、德、意、日、韩等国家都通过城市化实现了现代化。这些国家在处理城乡关系、发展城市经济、改进城市治理、保护城市生态环境等方面，积累了丰富的经验。2012年5月，中欧之间签署了《中欧城镇化伙伴关系共同宣言》，根据共同宣言，中欧将开展14项合作，包括城镇化战略和政策、城镇化空间布局、城镇产业经济可持续发展、城市公共服务体系、城市基础设施建设投融资机制、城市住房供应体系和模式、城市能源供应与需求管理、城市交通、公共交通和智能交通、城市绿色建筑、城市生态环境保护与治理、城市历史文化风貌保护和景观塑造、城市治理、城乡一体化政策、城镇化发展交流研讨和人员培训等。在上述方面，欧洲国家都有许多经验值得我们学习。

即便对于发达国家，他们有的方面也可能并不值得学习。例如美国人均国土面积比较大，土地的集约利用就不如欧洲国家及日韩国家做得好，在美国的某些城市，土地的集约利用甚至乏善可陈。因此，对于城市化先行国家的经验予以甄别尤为关键。

表6.9　　　　　　　中国与主要国家的人均国土面积比较

国　别	国土面积（万公顷）	人口（万人）	人均国土面积（公顷/人）	人均国土面积比较（中国为1）
俄罗斯	170745.0	14164	12.05	16.67
加拿大	99706.1	3298	30.23	41.80
美国	96290.9	30162	3.19	4.41
澳大利亚	77412.2	2102	36.83	50.92
法国	5515.0	6171	0.89	1.24
日本	3778.9	12777	0.30	0.41
德国	3570.3	8227	0.43	0.60
英国	2429.1	6103	0.40	0.55
中国	96000.0	132739	0.72	1.00

注：人口数据来源于世界银行数据库，2007年。

再次，世界城市化过程中的各类教训需要尽力避免。拉美、非洲一些国家在上个世纪 50 年代以后开始城市化快速发展，不少国家的城市化率在短时期内拉升到 70% 甚至更高。但这些国家至今仍没有走出"中等收入陷阱"，属于发展中国家。这些国家在惨痛的教训中，也试图采取一些补救措施，但仍然效果不彰。从某种意义上，城市化是给各国共同的一次机会，把握得好就能迈入发达国家行列，而把握得不好就被抛在强国之后。当前，拉美、非洲一些国家的教训在中国也有一定程度的苗头，值得高度警惕。

专题篇

第七章 城镇化的主体转型：从农民到市民化

一、一个主体两种类型

尽管对城镇化的定义至今尚未统一，但大致来说，城镇化一般表现出三个变化，即：①城镇人口增加；②城镇建成区面积扩展；③城镇景观、社会及生活方式的影响面扩大。从概念的逻辑上来说，以上三个变化并不是平行的关系。根据埃尔德里奇（H. T. Eidridge）经典的城镇化定义，人口集中的过程就是城镇化的全部含义。人口向城市集中，城市就不断发展；人口停止向城市集中，城市化也随即停止。① 显然，上述第一个变化是根本的变化。但是，第一个变化必然会衍生或伴生出另外两个变化。在实际的城镇化过程中，城市人口不断涌向大中城市，每个国家都会出现城镇数量增多、单个城镇面积扩大的普遍现象。伴随着城镇化率的提升，城市化过程中的国家都将从农村社会转向以城市为主体形态的社会，第二第三产业就业成为主导就业，现代建筑空间成为人们活动的主要空间。

人的活动总是离不开土地。以人的活动变化来定义的城镇化，天然地与每个国家的土地制度的既有形式与转化形式紧密联系在一起。在中国特殊的国情下，根据城镇化过程中人与地的结合情况，城镇化的发生、发展，可以归结为异地城镇化、就地城镇化两种形式。

第一种是异地城镇化。所谓异地城镇化，就是农民离开所在的村庄，到（外地的）城市或小城镇生活与就业。在中国统计概念中，在城市和小城镇生活与就业6个月以上就被统计为城镇人口。在中国现有的6.9亿

---

① 于洪俊、宁越敏：《城市地理概论》，安徽科学技术出版社1983年版。

城镇人口中，有约17%、总量超过2亿的农民工，没有所在城镇的户籍，他们不能完全享受到所就业城镇的公共服务。

第二种是就地城镇化。所谓就地城镇化，就是农民并不离开自己居住的地点（一般是指所在村庄或本县范围内的小城镇），他们通过就业转换，实现非农就业。同时，他们居住的村庄或小城镇通过基础设施改造，获得与城市几乎相同的基础设施水平。另外，通过集体经济发展，村民获得较好的公共服务，达到城市市民的水平。20世纪80年代中期以后，在长三角、珠三角等城市密集区内部出现了多个这样的村庄，就是就地城镇化的案例。本世纪初以来，一些大城市周围也普遍地出现了这种在集体土地上建设城市的村庄。

两种城镇化普遍存在，是中国城镇化的特色。西方发达国家以及拉美国家城市化，建立在土地私有制以及人口自由流动的基础之上。在城市化中前期阶段，英、美以及巴西等国城市化的基本路径是人口直接向大城市迁移。随着大城市集聚效应下降，这些国家开始出现郊区化形象，大城市周边小城镇得到进一步发展。我国的情况不同，出于防止大城市病特别是避免出现"贫民窟"的需要，也出于促进农村发展的需要，国家一方面抑制大中城市的过度扩张，另一方面着力推动小城镇与村庄的建设。反映在政策话语上，就是过去20年来，"新农村建设"、"小城镇发展"、"大中城市发展"多条主线并行不悖。中国"十二五"规划中提出构建以城市群为主的城镇化空间形态，强调大中小城市与小城镇协调发展，暗含着对各类城镇化平台载体的重视。在以上背景下，中国的城镇化出现了以异地城镇化为主，就地城镇化作为重要补充的格局。

显而易见的是，不同于西方发达国家早期城市过程中大量国外移民成为城市化的主体，在中国当代城镇化的背景下，城镇化的主体只有一个，即农民。但由于城镇化有两种可能的形式，因而城镇化的主体——农民，也分为两种不同的类型，并且产生不同的问题。第一类问题产生于农民的异地城镇化，通俗地说就是农民工市民化的问题。第二类问题则是农民的自主城镇化问题。大体上来说，农民工市民化问题的主要矛盾是"进城"，而农民自主城镇化的主要矛盾是在集体土地上能不能建设城市（"造城"）。

为了叙述清晰，本章首先界定一个主体两种类型。接下来，首先讨论异地城镇化背景下的农民工市民化问题，描述农民工市民化的最新实践，提出相应的政策建议。最后讨论农民就地城镇化转型与土地制度改革的关系。

二、农民工市民化存在的问题及其影响

农民工①一词的概念最早来源于 1984 年《中国社会科学院》编印的《社会学通讯》，随后这一词语逐渐被广泛应用。农民工在统计上有不同口径，学者们在研究中也有广义与狭义之分。有关农民工的概念见表 7.1。

表 7.1　　　　　　　　　对农民工的定义

韦曙林 许经勇 (2005)	农民工是从事非农产业的农民，即其身份还没有或未能得以转化又在从事非农产业的劳动者	广义
杨思远 (2005)	农民工是拥有农业户口但离开土地从事非农经济活动的雇佣劳动者	次狭义
陆学艺 (2002)	在集体、国有单位工作的农村人口（或者有农业户口的人）	狭义
韩俊 (2009)	农民工包括在县域内第二、第三产业就业人员和跨地区外出务工人员	兼有广义 与狭义
王国平 (2011)	农民工的户籍仍在农村，主要从事非农产业，有的农闲季节外出务工	广义
王桂新等 (2011)	农民工是由农村迁往城市，并常住城市工作、生活，而户口仍留在原迁出地，即在户籍上仍为农村人口的劳动力（人口）	广义
国家统计 局农调队	一是农村转移劳动力，指当年在乡以外就业半年以上或在本乡以内从事非农就业活动半年以上的农村劳动力；二是农村外出就业劳动力，定义为本年度在本乡以外的地域就业 1 个月以上的农村劳动力	口径较大
农业部固 定观察点	农村外出劳动力是指在户籍所在乡镇之外就业，外出时间在 3 个月以上的农村劳动力	口径较小

---

① 在中国城市化进程中，也有未经过农民工这个阶段，而由农民直接向市民化转型的情况发生。这种转型又具体分为两种，一是农民的土地被征用，农民直接获得城市户籍，转为市民；二是农民在集体土地上兴建具有城市功能的基础设施，享受城市一样的公共服务，实行向市民的转型。这两种转型，共同点都是农民直接的市民化转型，不同点在于方式上，我们可以分别称之为被动城市化转型、自主城市化转型。在讨论中国城市化转型的主体的时候，我们仍将重点放在农民工身上，并不意味着在城市化过程中，农民都得经由农民工这个过渡环节才完成城市化。

不管广义与狭义，农民工都具有以下共同特征：第一，户籍属于农村，无本地常住城市户口；第二，要居住本地城市或长或短时间；第三，大部分是处于劳动年龄的劳动力；第四，进城目的是从事有经济收入的活动，即为挣钱而来。①

西方发达国家没有中国的户籍制度限制，农民向城市转移与其市民化进程是合而为一的。中国特殊的国情条件下，形成了农民工这一主体。农民工因此构成了中国城镇化的主体。

表7.2	农民工数量			单位：万人
	2008 年	2009 年	2010 年	2011 年
农民工总量	22542	22978	24223	25278
1. 外出农民工	14041	14533	15335	15863
（1）住户中有外出农民工	11182	11567	12264	12584
（2）举家外出农民工	2859	2966	3071	3279
2. 本地农民工	8501	8445	8888	9415

所谓农民工市民化，用宽泛的标准来看，农民获得本地城市户籍，也就是社会身份上获得认可，就可以算作是市民化。用严格的标准来看，农民工市民化是指在一定时间段中，从生存职业、社会身份、自身素质到意识行为多种层面，都完成市民化的转型。结合经济融入、社会融入、心理融入来看，农民工市民化分为以下三个层面：①经济层面的市民化，主要包括经济收入从农业经济收入（或农业经济收入为导）转向非农经济收入（或非农经济收入占主导），职业也随之从从事农业劳动向从事非农业劳动转变；②社会层面上，主要包括社会地域从乡村社区向城市社区流动和社会身份从农民身份转变为市民身份，并获得与市民身份相一致的市民权；③心理层面上，主要表现在生活方式积累城市性，并最终完全融入城市生活之中。②

发达国家没有农民工的概念。在从农民到市民化的过程没有制度障碍，用宽泛的标准来看，农民进城就是市民化。但用严格的标准来看，

---

① 刘传江、徐建玲等：《中国农民工市民化进城研究》，人民出版社2008年版。

② 侣传振："城市化进程中的新生代农民工就业现状与对策研究"，载于《城市学研究》，2011。

这些国家的市民化也要经历一个较长的过程，甚至需要耗费两代以上人的时间。例如日本从 1955 年到 1975 年是其经济高速增长时期，同期日本平均每年约有 72.5 万的农村劳动力进入城市。当时日本实行的是自由往来的户籍制度，农民可以自由流动到城市。保障住房制度逐步解决了低收入家庭的住房，全民保险制度确保了企业的劳动力来源，推动了农民不断转换为企业员工。学龄儿童随父母转移之后，必须 3 天内到当地教委报到，由其安排入学。但仅其中保障房建设一项，日本实际上就花了四个"五年计划"的时间。①

农民工是城市人口的一部分。在我们国家，由于户籍制度及一系列相关制度的影响，许多已经长期在城镇就业、居住的农民工仍然不能享受城市的公共服务。

表 7.3　　　　　　　　安徽各市两类人口公共服务比较

类别	市	暂住人口	户籍人口	备注
养老	铜陵	企业职工养老保险、居民养老保险	企业职工养老保险、居民养老保险	户改前暂住人口不享受居民养老保险
	合肥	无法以个人身份购买养老保险；但可由单位统一购买城镇职工基本养老保险	无论有无工作单位均可购买养老保险	
	马鞍山	不能参加城镇居民养老保险、灵活就业人员养老保险和新型农民养老保险；可参加企业职工养老保险，但要在户籍地办理退休手续并享受待遇	可参加企业职工养老保险、城镇居民养老保险、新型农民养老保险，享受相应待遇	
	阜阳	不能个人参保，但可由企业、单位缴纳养老保险；在户籍地已参加养老保险的，可以将保险关系（含个人账户储存额）转入暂住地工作单位继续缴纳	可个人参保或由企业、单位缴纳养老保险	

① 资料来源：国际在线——《世界新闻报》。

续表

类别	市	暂住人口	户籍人口	备注
养老	宿州	不得以灵活就业或者个人身份在本市县、区内办理养老保险；属企业单位内部职工，由企业单位统一参保	由县、区配套资金统筹解决，实行户籍地属地管理	
医疗	铜陵	企业职工医疗保险、居民医疗保险	企业职工医疗保险、居民医疗保险、农村合作医疗保险	户改前暂住人口不享受居民医疗保险
	合肥	无法以个人身份购买医疗保险；但可由单位统一购买城镇职工医疗保险	无论有无工作单位均可购买医疗保险	
	马鞍山	不能参加医疗保险	企业职工可参加城镇职工医疗保险、灵活就业人员和城镇非职工居民可参加医疗保险、农村居民可参加"新农合"，并享受相应待遇	
	阜阳	不能以灵活就业或个人身份参加医疗保险，但可由企业、单位缴纳医疗保险	可企业、单位缴纳医疗保险或以灵活就业人员和个人身份参加医疗保险	
	宿州	不得以灵活就业或者个人身份在本市县、区内办理医疗保险。属企业单位内部职工，由企业单位统一参保	原则由县区配套资金统筹解决，实行户籍地属地管理	
就业	铜陵	凭就业失业登记证享受就业援助扶持政策	凭就业失业登记证享受就业援助扶持政策	政策一致，但就业失业登记证必须在户籍所在地办
	合肥	在户籍地发放就业（失业）登记证，在户籍地享受政策，在本市不享受相关政策	凭就业（失业）登记证，享受：①灵活就业社保补贴；②职业培训补贴；③职业鉴定补贴	
	马鞍山	享受同样政策	享受同样政策	

续表

类别	市	暂住人口	户籍人口	备注
就业	阜阳	失业登记包含：①非本省户籍人员，在常住地稳定就业满6个月后失业的；②县级以上人民政府及省人力资源社会保障厅确定的其他失业人员。失业人员可以申请就业援助	与暂住人口相同，但失业保险金必须是参加失业保险的户籍人口	
	宿州	户籍地为省内的暂住人员，凭就业失业登记证，可采取先付费，后审核报销的方式参加就业培训；对企业单位内部职工的培训，由企业单位与人社局相关部门统一办理培训费	就业服务与暂住人口相同	
住房	铜陵	外来务工人员享受廉租房、安居房、租赁补贴	享受廉租房、安居房、租赁补贴	2011年前，外来务工人员不享受相应的住房保障政策，户改当年出台此政策
	合肥	在老城区内只能购买一套住房。且没有申请使用廉租房、经济适用房的资格	在老城区内（瑶海、庐阳、蜀山、包河）购房政策为限制购买二套房，禁止购买三套房。此外。符合条件的本市户籍人员可申请使用廉租房、经济适用房	
	马鞍山	不能申请廉租住房或廉租住房补贴；如果符合公共租赁住房保障条件的，可以申请公共租赁住房	可以申请廉租住房或廉租住房补贴；可以申请公共租赁住房	外来流动人口即将纳入公有租赁房屋保障对象
	阜阳	可以申请公共租赁住房（正在建设，暂未实行）	可申请经济适用房和廉租住房，可以申请公共租赁住房	
	宿州	购房不能办理本地银行贷款；不享受政府开发的廉租房	可享受政府开发的廉租房	

续表

类别	市	暂住人口	户籍人口	备注
教育	铜陵	享受均等的义务教育，居住地入学	享受均等的义务教育，就近、划片入学	政策一致，暂住人口子女就学更灵活
	合肥	凭一年以上暂住证，在教育部门指定的定点学校上学	按户籍地、实际居住地、房产权属地一致原则，就近在所属学区的学校上学	
	马鞍山	可以参加中考，但不能参加高考；其余与户籍人口享受同城待遇	接受所有义务教育和享受教育资源	
	阜阳	采取城区定点和城乡结合部就近入学的原则；可以参加当地的升学考试（不包括高考）	按照学区划片入学	
	宿州	不享受九年义务教育，自行解决就学问题。开发区内大型企业中层以上领导的子女可选择市内较好的一小、十二小、四小入学；企业内其他务工人员子女在开发区的十八小、十九小就近入学。其他暂住人口的子女初中选校凭暂住证参加报名	按户籍地就近入学，享受国家九年义务教育；对本市区范围内农民工随迁子女，在定点学校就学（二小、十五小、五小、十九小）	
其他	铜陵	困难家庭临时救助	困难家庭临时救助	2011 年前，暂住人口不享受困难家庭临时救助

这部分城市人口难以市民化，因而产生了所谓的农民工市民化问题。农民工市民化问题对城市经济、社会、政治、生态、文化发展具有重大的影响。①

---

① 在我国发达地区的一些农村，出现了一种新的现象，即农民工不愿市民化。原因主要是农村土地特别是城郊结合部地区的土地大幅度增值，由原来的"底线保障"，逐步增值为"地产资本"。农民愿意成为"地主"，不愿成为市民。这个现象，这里暂且不论。

1. 对经济发展的影响

农民工属于有就业但不会在城市里充分消费的一群人。这是因为他们的户籍地与就业地分离，实际居住地与自己的房产分离，劳动人口与所要赡养人口分离。农民工获得的收入一般除用于自身基本吃喝需要，主要是寄回原籍，用于翻建新房、婚丧嫁娶、孩子教育、赡养老人等。

理论上说，农民工市民化将会带来较大的内需性消费。这是因为农民工基数庞大，每个个体及个体家庭少量的消费，也将会带来巨大的消费潜力。农民工可能的消费包括：在城里购置房产；简单装修；添置家电；在城里教育子女；将老人接到城里予以赡养；简单的休闲娱乐。

但以上消费都由于农民工不能市民化而难以实现。1998 年亚洲金融危机时，中国中央政府把刺激消费的重点放在城市居民身上；2008 年全球金融危机时，重点放在农村居民身上，但对农民工及其家庭没有作为重点。

如果农民工市民化进行不下去，所谓城市化蕴藏着巨大的内需，将大打折扣。农民工不能市民化，意味着无法安居，这也会影响他们就业的质量。农民工难以市民化还会影响服务业发展。服务业发展的一个特点是需要达到最低人口规模。例如按美国调查，加油站、食品店、饭店、教堂、酒店、小学的"入门人口"是 200 人；医生、地产代理、汽车零售商的"入门人口"是 300 ~ 400 人；保险代理、牙医、旅馆、五金店、汽车修理店、燃料商、药房、美容师、汽车零件商等的"入门人口"是 400 ~ 500 人之间；动物饲料、律师等的"入门人口"是 500 人以上。[①]由于农民工不能市民化，导致他们大面积地流动，服务业的规划布局难以进行，服务业的形态也呈低、小、散、乱形式存在，不利于城市经济结构的优化调整。

2. 对社会稳定的影响

农民工难以市民化，使得农民工一直处地边缘状态，带来许多现实的社会问题。

---

① 陆大道：《区位论及区域研究方法》，科学出版社 1988 年版。

表7.4 农民工边缘化特征描述

序号	边缘化概念	特征描述
1	工作性质边缘化	在非正规部门或正规部门非正规就业 没有劳动合同，拖欠工资、克扣工资现象普遍 工作环境较差，做城里人不干的工作 一些城市要确保下岗职工就业，限招农民工
2	居住地边缘化	居住在城市边缘地带（城乡结合部） 居住在城中村
3	社会地位边缘化	低于市民 缺乏向上流动的机制 没有农民协会或农民工工会维权
4	经济地位边缘化	除了日常开销，储蓄较少 没有亲戚互助，生灾害病难以应对，沦为赤贫
5	社会心态边缘化	失落 孤立 对社会不满
6	继续性边缘化	子女继续父辈的边缘状态 子女成为新增边缘性群体
7	家庭模式边缘化	单身子女外出型 兄弟姐妹外出型 夫妻分居型 夫妻子女分居型 全家外出型

边缘化的心态与生存状态带来的一个问题就是反社会，极端的行为就是犯罪。中国青少年研究中心2006年调查显示，一些大城市中，新一代农民工犯罪率正在呈上升趋势。新一代农民工，又称为第二代农民工，与第一代农民工相比，他们更加渴望城市生活，留城意愿更强烈。另一方面，他们吃苦耐劳的精神较弱，忍受性较差。[①]

第二代农民工具有的特质，如果转换得好，将使我们的城市增加许多新鲜力量。但他们渴望步入城市而又求之不得的边缘性心理与行为特征往往又促使他们为了过上体面的城市生活，为了财产等目的而冲动式犯罪。根据上海市外籍犯罪的调查发现，青年人占到73%，其中18～25

---

① 刘传江、徐建玲等：《中国农民工市民化进程研究》，人民出版社2008年版。

岁的占 25.9%，26～35 岁的占 47.1%。新一代农民工的犯罪特征主要有：团伙犯罪明显；侵财目的显著；犯罪动机简单，冲动性犯罪突出；暴力倾向突出，侵害人身权利的抢劫、抢夺、敲诈勒索、殴打和盗窃犯罪较多；犯罪时间和地点有一定规律性；初次犯罪居多；犯罪年龄呈低龄化趋势。[①]

3. 对生态资源的影响

农民工居住在城中村和城市边缘地带。这些城中村和城市边缘地带在生态资源利用存在很大的问题。根据昆明市的一项调查，问题主要有：

①违法用地严重。城中村常常利用土地的区位优势，大量出租集体土地。例如，昆明市 2004 年违法用地清理的 8000 宗近 13 万亩土地，大部分发生在城中村。

②建筑密度大，容积率高，改造难度大。城中村违法建设较为严重，特别是当城市建设需要拆迁时，许多村民把加层等违法建设当作获取高额补的一种手段，严重破坏了原本村庄的空间结构的自然和谐，机理混乱，空间结构与城市严重冲突，整个发展建设呈现无序状态。

③市政设施缺乏，环境质量差。目前这些村庄开发强度普遍过大，公共活动空间（包括绿地）缺乏，环境质量低下；市政及公共配套设施不足，大部分村中的道路曲折不通，排水雨污不分，电力、电讯线路杂乱，煤气管道不通，给排水容量不足，且公共服务设施缺乏。

农民工不能融入城市，也导致他们在城市和农村两处占地。1996～2007 年的测算表明，城市、建制镇、农村居民点用地面积分别净增 6787、6056、1783 平方公里，建制镇和农村居民点占地之和大于城市，其中住房又占了很大比重。目前农村人均居民点用地为城市人口居住用地的几十倍。如果 1 亿农民工都需要在老家建设 150 平方米的住房，全国就要占地 2250 万亩土地。这些住房建设完成之后，农民工的下一代子女可能并不会继承。这就导致了生态与资源的极大浪费。

4. 对政治形象的影响

农民工市民化，意味着他们能够享受到基本公共服务。所谓基本公

---

① 韩俊主编：《中国农民工战略问题研究》，上海远东出版社 2009 年版。

共服务一般是指政府使用公共权力或公共资源，提供与人民群众密切相关的基础性、必需的公共产品和公共服务，涉及义务教育、公共卫生、医疗保险、公共安全、劳动就业、社会保障、基础设施、环境保护、科学技术、公共文化体育、国防外交等方面①。现代国家（政府）"为维持本国经济社会的稳定"，向公民提供基本公共服务。可见，基本公共服务的一个重要作用是要警惕与防范不同人口之间由于户籍（种姓、地点等）差异引发的冲突。政府借助基本公共服务，将社会冲突保持在"秩序"的范围以内②。一国公民，不论其户籍特征，都有权力享受基本公共服务。基本公共服务以实现社会的公平与正义为目标。如果基本公共服务与户籍相捆绑，本身就意味着基本公共服务偏离了公平与正义既定的目标。

美国 1935 年颁布《社会保障法》，标志着美国基本建立公共服务制度；英国在 20 世纪 40 代年代，其他国家在 20 世纪 50～60 年代也都建立起了较为完善的公共服务体系。在美国、加拿大等国，每个 5～18 岁的孩子可以享受义务教育，每位失业人员可以维持基本生活标准，每个公民可以享受最基本的医疗服务，每位老人可以享有比较稳定的基本经济来源，每个公民可以享有基本住房保障。中国是一个社会主义国家，但如果中国政府对一国公民提供不了基本的公共服务，还要把人分成三六九等，那么他就很难在国际上树立一个社会主义现代化国家的形象。正如有些学者所说，不管你搞什么主义，几亿人口被人为分割成低人一等人群体，总是说不过去。

三、农民工市民化的已有探索

近年来各地对推进农民工市民化作出很多探索，取得了丰富的经验。从农民工对象范围以及市民化内容等方面，这些政策大致可以分为三类。

---

① 中国国家基本公共服务体系"十二五"规划重点针对的领域范围包括：公共教育、劳动就业服务、社会保障、基本社会服务、医疗卫生、人口计生、住房保障、公共文化。

② 一个例子是加拿大政府于 1937 年建立了处理各省关系委员会。该委员会建议并促成对没有能力为本省居民提供基本公共服务的省份给予财政援助。

第一类是通过积分入户的方法，逐步解决农民工入户问题，使其享受城市市民一样的公共服务。这类城市以中山市为典型代表。第二类是通过全域统筹的办法，一次性让农民工获得城市户籍，这方面成都市、重庆市做出了一系列探索。第三类是创造条件让农民工从具体的公共服务如子女教育开始，不断享受更多的公共服务，多数城市都在这方面开展了相应的工作。

1. 通过积分入户推进市民化

目前广东省全省，江苏、浙江部分市县都采取了积分入户的办法，推进农民工市民化。上海市的居住证管理办法，也为农民工落户上海提供了通道，其实质也是一种积分制。

广东省中山市是全国第一个推动流动人口积分入户政策的城市，该政策 2010 年开始实行。其特点一是针对农民工全体。本人户籍不在中山市，在中山市工作一年以上，纳入就业登记，缴纳社会保险的，都可申请积分入户。二是统筹实施较为规范。积分制管理由市政府统筹，市流动人口管理办公室负责具体实施，各相关职能部门和镇区依职责权限协助实施。三是量化操作，有一定公平性。积分管理计分标准由基础分、附加分、扣减分三部分构成，每部分都有计分标准。四是抓住农民工最关心的子女教育问题。积分管理累计超过 30 分的流动人员，其政策生育的子女就可在产权房屋所在地或工作所在地申请入读公办学校排名。市政府每年 3 月底前向社会公布可入读公办学校指标数。

中山市积分入户的效果较好。这项政策的设计与操作具有一定程度的公开、公平性，解决了部分农民工落户的问题。据统计，2010 年，积分入户第一年，通过积分入户的流动人员加上家属近 5000 人，全市共有 4318 名流动人员子女通过积分入读中小学。2010～2012 年，全市共有 3 万名农民工及其子女，通过积分实现入户或入读公办中小学。积分入户的节奏并不是"暴风骤雨"式的，对于本地居民公共服务的冲击相对有限，因而得到中山本地人支持。据中山市流动人口管理办公室调查，超过 80% 的中山本地人也对积分入户持支持态度。随着中山市积分入户政策的试点成功，2011 年 6 月，广东省政府出台了《关于开展农民工积分入户城镇的指导意见（试行）》。2012 年，广东省在各地经验的基础上，又出台了《关于进一步做好农民工积分制入户和融入城镇的意见》，将积分入户适用对象范围由"在粤务工的农业户籍劳动力"扩大至所有在粤务工城乡劳动者，由原先仅用于积分入户扩大至享受城镇公共服务，并鼓励在申请入户地长期稳定就业、技能型异地人员入户城镇。

中山市积分入户政策也存在一些问题。一是审核材料过于烦琐。现在积分管理有 30 多个分项，每个分项要求流动人口提供相应的资料证明，比如学历、职称、计划生育都需要出具相应证明。尤其是计划生育证明，需要回原籍找到村支书盖章，而原籍村支书又需要农民工实际居住城市开具相应证明，来回折腾成本较高。二是积分政策标准较高，一般农民工难以企及。根据现行政策，流动人口满 100 分可落户，其中在学历方面，本科为 80 分，研究生及以上学历为 90 分；在技能方面，具备高级职称或职业资格三级及以上者则可获 90 分。在投资方面，投资满 50 万元者有 1 分，每增加 20 万元加 1 分。三是与原户籍地的政策没有配套。如果农民工选择落户中山，他就要放弃原籍地的土地、集体分红、生育二胎等，许多农民工觉得不划算。这导致一部分农民工达到积分入户条件，但并不来办手续。2010 年，这类农民工有 1000 多人。2012 年，中山市安排 3000 个入户指标。全市共有 3310 人申请参与积分入户，2539 人成功获得指标，尚有 461 个指标没有用完。四是相对于庞大的农民工群体来说，积分入户的农民工所占比例还是太少。中山市目前有外来农民工数量约 150 万。中山市实行积分落户政策以来，共解决 3 万农民工的落户，只占农民工总数的 2%。

2. 以一元户籍的方式推进市民化

成都市户籍人口 1130 万。2010 年 11 月，成都市首次公布了《关于全域成都统一户籍实现居民自由迁徙的意见》，根据这项制度，提出到 2012 年将实现全域成都城乡统一户籍，彻底破除城乡居民身份差异，建立户籍、居住一元化管理。成都市原有农业户籍人口与非农业户籍的历史将被终结，这项改革即是"一元化"户籍制度改革。

从推进农民工市民化的角度来看，成都市这项改革有以下特征。一是整体推进。农民成为一种职业，而不再是身份的象征，全市 500 万农民从此可以"成建制"地成为成都市民。二是保护农民权益。所谓农民权益，就是这些农民工可以登记为"居民"，但他们不必放弃原先在农村所享受的各种权益。耕者照样有其田，不必付出失去承包地、宅基地的代价，其子女读书、社会保险和城镇居民同等，社会公共资源可以共享。三是双向流动。以往只讲农民工市民化，暗含的政策导向是只能推进农民进城变成市民，而城市农民则不能下乡去就业、买房居住。成都市的这项改革支持城镇居民到成都市的农村居住、生活与就业，实现了生产要素的自由流动。

成都市这项改革的重大意义在于，在成都这样一个行政区范围内，城乡居民第一次破除了身份上的差异，全面建立了户籍、居住一元化管理的体制机制，实现双向自由迁徙。成都市从此不存在本地农民工市民化的问题，取而代之是成都市居民的基本公共服务如何共同提高的问题。

成都市能够率先通过一元化户籍制度改革，解决农民工问题，主要原因有四。一是成都市 2007 年即被国务院列为全国统筹城乡综合配套改革实验区，在统筹城乡发展方面获得了中央更多的支持和更多的自由裁量权。二是从成都市地理形态来看，成都市都市圈拥有发达的城区作为都市圈的核心，周边县市呈圈层分布。中心城区资本密集、人才资源丰富、技术力量雄厚。周边圈层的县、市、区接受中心城区的辐射、带动，同时又具有较好的生态环境优势、土地储备优势、特色农业优势。成都市的这种都市圈结构，城乡之间的互补性强。三是从城镇化阶段来看，成都市进入了城镇化、逆城镇化同时发展的新阶段。城乡收入差距不断远小于全国的城乡差距，且自身的差距越来越小，从 2002 年底的 2.66：1 变为 2009 年的 2.62：1。四是积累了较多的户籍改革经验。2003 年以来，成都市稳步推进了多次户籍制度改革，在渐进式改革中，成都市户籍制度改革完成了由量变到质变的政策积累。2003 年成都取消入户指标限制，以"条件准入制"代替"入城指标"。2004 年，打破了沿袭 50 年的二元户籍登记制度，取消"农业户口"和"非农业户口"性质划分，统一登记为"居民户口"。2006 年，率先实现本市农民租住统一规划修建的房屋可入户。2008 年 4 月，实现本市农民租住私人住房可入户。

成都市通过一元制户籍解决农民工问题，存在一定局限性。一是目前这项改革只解决本地农民工的问题，对于外地来成都打工的农民工，则不能适用于一元制户籍。二是成都市是国家的城乡统筹改革实验区，享受过多项国家政策，其他地方难以比照成都施行。三是成都市在自身的都市圈范围内，通过大中小城市、小城镇统筹协调发展的方式解决了农民工市民化问题，独立统一的行政协调系统是必要条件。对于跨行政区域条件下如何解决农民工市民化问题，成都市并没有提供有效经验。

3. 解决基本公共服务推进市民化

农民工市民化的实质是让农民工享受到城市居民的公共服务，这些公共服务是一束公共水平项目的集合，包括农民工子女教育、农民工住房、社会保障、医疗卫生等多个方面。一些城市采取从具体公共服务入手的办法，特别是抓住其中的关键问题，逐步扩大公共服务在农民工中的覆盖面与标准，达到推进农民工市民化的目标。下面以农民工子女教育与农民工住房来看一些地方的实践。

浙江省有1800多万外来务工人员。浙江省政府要求，将农民工子女教育纳入当地政府发展规划。根据浙江省的规定，全省将按照"以流入地政府为主、以公办学校为主"的原则，在就近学校学额有空余的情况下，安排农民工子女入学。就近学校没有名额，当地教育行政部门必须结合校网布局和生源的实际情况，统筹安排到其他学校就学。浙江省规定，所有公办学校都有义务接纳农民工子女接受义务教育，且不得收取符合入学条件的农民工子女义务教育阶段"借读费"。

2010年，上海接受义务教育的外来流动人口子女总数约为42万人，占全市义务教育阶段学生总数的36%，共有93%的农民工同住子女在公办中小学校或政府委托的民办小学免费就读。上海市的做法是将农民工子女义务教育纳入政府保障范围，市政府通过财政补助的办法，实施农民工子女小学的设施改造。对以招收农民工同住子女为主的民办小学，每校给以50万元的办学设施改造补贴，并按成本补贴办学经费。

重庆市将符合一定条件的农民工纳入公共租赁住房保障范围。根据重庆市统筹城乡综合配套改革办公布的《2011年为农民工办好五大类实事》（征求意见稿），2011年，重庆市在主城6个片区和10个远郊区县开工建设公租房1200万 m² 的基础上，全市再开工建设公租房1000万 m²，逐步解决包括农民工在内的无房人员的居住问题。通过政策措施鼓励区县政府、工业园区为农民工建设集体宿舍或公寓新增面积 20 万 m²。[1]

广州市是流动人口大市。截至 2010 年 10 月底，登记在册的流动人口为 710 万，人数与户籍人口持平。广州市将"出租屋"的建设与管理作为解决农民工住房的主要措施。一是以政府力量为主导，建设农民工公寓；二是不断改善农民工出租屋的卫生等条件；三是鼓励房地产企业参与出租屋的建设。目前，广州共有 350 余万套出租屋，缓解了农民工住房困难的问题。

四、继续推进农民工市民化的思路

1. 明确农民工市民化所处的阶段

在城镇化快速发展的过程中，农村发展出现了一系列新问题、新矛盾。部分村庄出现了撂荒现象，显示出凋敝迹象。农村留守儿童、妇女、老人分别达到 2800 万、3000 万、5800 多万，农村社会问题越来越多。金融危机之后，城市就业的不稳定性更让一些专家学者觉得农民进城的步子不能太大。在上述背景下，有两种对立的观点变得越来越鲜明，而且都与农村土地制度有关：一种观点认为，应创造一种既可以进城、又可以返乡的机制，要保证进城农民维系与农村土地的关系；另一种仍然坚持认为通过城镇化发展，促进农民离开土地、走向城市。

如何看待在农民退出这个问题上的不同认识？

首先，这涉及对基本常识的认同与对基本发展阶段的认识。基本常识是指，世界上主要发达国家的农村人口都不超过 30%，英、美、日、韩、德、意、法等国的城镇化率都在 85% 以上。基本阶段是指，我国正处于由传统农业国家向城镇化国家的迈进当中（表 7.5）。继续创造条件，让农民从土地退出进入城市、变成市民是这个阶段的迫切任务。

从劳动力数量来分析，我国农村劳动力总量有 5 亿多，外出打工的农民工有约 1.2 亿，有约 0.3 亿从事林业、牧业、渔业。我们目前的耕地数量大约为 18.2 亿亩，按照规模经营的劳动力人均 10 亩的较低标准来

---

[1] 吕萍等：《农民工住房：理论、实践与政策》，中国建筑工业出版社 2012 年版。

表7.5

指标	传统农业国家	转型中国家	城镇化国家	中国
农村人口比重（%）	68	63	26	57.0
农业劳动力比重（%）	65	57	18	44.8
人均国内生产总值（美元）	379	1068	3489	1449[a]
农业在国内生产总值中的比重（%）	29	13	6	12.5[b]
农业对增长的贡献率（%）	32	7	5	/
农村贫困人口（%）[c]	70	79	39	/
农村贫困发生率（%）[d]	51	28	13	2.5
城市贫困率（%）[e]	73	35	22	/

注：a：人均国内生产总值（2000年，单元：美元）；b：农业占国内生产总值比重（%）；c：每天2.15美元；d：每天2.15美元；e：每天2.15美元。

资料来源：根据世界银行《2008年世界发展报告：以农业促发展》（清华大学出版社2008年版）第4、5、30页整理。

看，大约需要1.8亿农业劳动力就可以实现较高的规模化经营与农业生产效率。这样计算下来，农村大约还有1.7亿剩余劳动力。这些劳动力中有一部分在乡镇企业就业，农村还有1.5亿左右的劳动力需要转移。转移的方向就是创造条件让这些劳动力脱离土地，到城镇从事二三产业。这既是农民致富的需要，也是农村发展的需要。因此，农民从农村集体上退出的任务仍然十分繁重。

从农村集体土地经营的实际情况来看，农村集体土地耕之无利、弃不可惜的现象十分普遍。有学者调研，有12%的农民选择抛荒，56%的农民选择给别人种，28%交给集体，并由此推算出中国农地的实际抛荒率可能在10%。个别地方的抛荒率更是达到了让人心惊的70%。[①] 在城镇化的过程中，农民外出打工一个月就可能获得种田一年的收入，但由于没有农地退出的制度设计，农民的观望心理强烈，选择了宁愿抛荒，也不从农地中退出（尽管实际上已退出）。这不但造成了生产力降低，农业生产条件恶化，也直接与我国《土地管理法》"禁止任何单位和个人闲置、荒芜耕地"的相关规定相违背。

———————————

① 小丫："湖北监利：土地负担后的流转"，《南方周末》2001年6月14日。

2. 制定农民工市民化路线图

党中央、国务院高度重视农民工工作。党的十六大以来，对农民工工作作出了一系列重大部署，2006 年出台了《国务院关于解决农民工问题的若干意见》，形成了解决农民工问题的政策体系。十七大提出，要全面建设小康社会、深入贯彻落实科学发展观，确保农民工共享改革开放的成果。"十二五"规划提出，"要把符合落户条件的农业转移人口逐步转为城镇居民作为推进城镇化的重要任务"，"坚持因地制宜、分步推进，把有稳定劳动关系并在城镇居住一定年限的农民工及其家属逐步转为城镇居民。"

尽管国家对解决农民工问题的意义有了高度认识，但从目前来看，在国家层面还缺少对农民工问题的整体战略部署。具体来说，对于农民工的内涵、范围缺少界定；对于农民工应该享受哪些公共服务、享受水平缺乏可操作的指导意见；对于不同地区、不同城市在解决农民工问题上应该承担的责任缺乏分类管理；对于解决农民工问题的时间节点、阶段性任务、主要措施与政策支持缺乏详细描述。

下一步，建议国家编制中国农民工问题行动计划，明确到 2030 年基本解决农民工问题。行动计划应由国务院批准实施，并适时进行评估与修改。行动计划应该就每年解决农民工的数量、各省市承担的责任进行明确规定，成为省长工程与城市的市长工程。

3. 推进户籍制度与配套制度改革

对于户籍制度要坚定不移地予以改革。对于户籍制度改革，有两个倾向。一个倾向是认为户籍制度是造成农民工问题的标志性、核心性制度，既然要改，就应该加大力度，一夜之间将其废除就可以。还有一种观点认为，户籍制度只是一张纸，关键是要给予农民基本公共服务待遇。等到农民的基本公共服务待遇得到落实，户籍制度也就失去了意义。因此认为户籍制度改不改是不重要的。目前，第一种观点是主导性观点。

应该看到，户籍制度不改不行，一夜废除也不行。已有国内外经验表明，渐进地放开户籍制度具有一定合理性。其正面效应是让城市在自我规划与人口自由流动中获得一种保护，同时也降低了大量农村劳动力转移中盲目涌入大城市沦为赤贫的风险。世界上许多国家在城市化过程中，都是一步到位打开城门，但鲜有不存在贫民窟的。

城市专家保罗·诺克斯认为，目前欠发达国家的很多城市面临的不是缺乏城市发展的问题，而是过度城市化的问题，即城市及城市人口增长比他们能提供的工作和住房更为迅速。我国著名经济学家吴敬琏也认识到这点，他说："只有当进城务工的农民能够在城市找到工作并取得比较稳定的收入，户籍管理的放开才有自己的物质基础。否则大量缺乏稳定生活来源的无业游民在城市中聚集，一方面会大大增加维持城市治安的难度，另一方面他们面临巨大的社会压力，如果出现城市农民工向农村的巨量回流，又会影响农村的稳定。"[①]

因此，对于户籍制度改革，正确的做法是进行统一、有序、分类、配套的改革。

所谓统一，就是要认识到户籍制度是中央事权，要尽快实行全国统一的居住证制度，确定居住证承载的基本公共服务的内容，同步推进城乡统一的户口登记制度改革，逐步解决流动人口权益保障、公共服务等方面的实际困难。

从长远来看，非常有必要制定户籍法。1958 年出台的《中华人民共和国户口登记条例》已远不能适应当前的人口管理工作。主要体现在：《条例》中的部分内容已与新的《刑法》、《刑事诉讼法》相抵触；现行的户口迁移政策和《暂住证申领办法》等部分规章早已突破了《条例》有关内容。在户籍制度改革中，各地出台的试验性措施，要人才不要人口（农民工）的地方保护主义色彩严重。为了解决上述问题，从国家层面进行户籍立法，重申 1954 年宪法关于公民有居住自由和迁徙自由的条款，对于树立国家形象、统一国家的户籍管理，保障公民权利都是非常必要的。

所谓有序，就是要在国家层面上拟定出户籍制度改革的时间表。这份研究表要借鉴发达国家的经验，同时充分考虑到我国当前发展阶段的特征。研究显示，发达国家完成农村劳动力向城市转移都用了比较长的时间。如果以农业劳动力比重从 75% 降代到 10% 的标准，英国大致用了

---

① 吴敬琏："农村剩余劳动力转移与'三农'问题"，《宏观经济研究》，2002 年第 6 期。

300 年时间，法国、加拿大、美国、日本用了 100 年时间，德国用了 80 年时间。一般来说，农村劳动力向城市转移都要经历启动阶段、快速转移阶段、稳定发展阶段，在经济发展迅速的年份里，农村劳动力的转移相对较快。例如，日本 20 世纪 60 年代是经济高速增长时期，1959～1970 年，日本国民生产总值年均递增 10.9%，农村农动力大规模向工业和城市转移。

在制定时间表时，对于首都和其他少数城市不拟放开户籍管理制度管理，也应就这些城市的户籍方案等作出说明，经由公众参与的论证，让公众理解，而不必掩盖与讳言。

所谓分类，就是根据农民工分属不同区域、不同行业、不同家庭结构等情况进行分类，由各城市制定本地的准入条件。对于举家迁徙的 3000 万农民工、第二代农民工、已在城市从事较为稳定工作的农民工、无地农民工等，应优先解决其准入问题。对于申报小城镇户口的，只要有合法固定住所和稳定生活来源的，应不受行政区划限制，予以办理登记入户。对于中小城市也要逐步放开。杭州市等地提出在近中期阶段（到 2020 年全国全面实现小康之前），解决农民工问题以"离乡不离土"为主、"离乡又离土"为辅，着力帮助农民工实现"安居乐业"；在远期阶段（2020 年全国实现全面小康之后），解决农民工问题以"离乡又离土"为主，以实现农民工"同城同待遇"为重点。这种政策安排渗透的也是分类解决的指导思想。

所谓配套，就是要将户籍制度与其他相关制度联系起来，进行系统的改革。当前户籍制度改革尤其要与农村经济制度改革联系在一起进行。

4. 土地制度改革要有利于农民退出

从城镇化发展的视角来看，农村集体土地制度改革要有利于"一退一进"。所谓"退"，就是农民以市场化主体的身份，从土地上退出；所谓"进"，就是农民以城镇化主体的身份参与城镇化的过程，逐步变成市民。

一是再造市场与城镇化主体。城镇化的过程是农民的生活、生产方式变化的过程，在这个过程中，农民首先必须成为独立的市场主体，然后他可能选择在农村从事小农经营或适度规模经营，也可以选择成为城镇化大军中的一员，成为城镇化的主体。在城镇化背景下，市场主体与城镇化主体这两个主体特征因此得以合二为一。再造市场主体与城镇化主体，其核心在于让农民对生产、生活的地点、方式有自由选择权，这其中就包括大部分农民可能摆脱对土地的依赖，促使已经务工和离土离乡的农民成功转让土地，选择进入到各类城市或小城镇，成为城镇人口并从事非农就业。

二是通过确权与交易促进农民退出。理论上说，土地承包经营权流转的政策规定，可以鼓励农户在从事非农产业时将土地流转出去。从政策文件的原则性上说，目前的土地流转得到了政策的支持。例如1984年的中央一号文件就鼓励耕地向种田能手集中；1993年的11号文件，重申允许农民自愿有偿流转土地承包经营权；十七届三中全会通过的《中共中央关于推进农村改革发展若干重大问题的决定》指出土地承包关系要保持稳定并长久不变，有利于农民在从事别的行业时放心自主地流转土地。

但是有两个方面的原因，导致农户承包地经营流转不畅。一是地权不稳定现象广泛存在，二是缺少土地流转的交易环境。

从一些地方的调研来看，二轮承包之后，大部分承包地都因为人口变动等原因进行了调整。可以预见的是，经过一代人、两代人，再往后看承包地经营权就难以厘清。因此，土地确权、登记、颁证工作就显得十分重要。占多数的农民认为，土地确权后农民就能对土地有更长期的计划安排，更有利于流转。①

承包经营权的流转，还需要一个充分条件，就是交易环境的改善。这里的交易环境，首先是交易平台的搭建。政府部门要发挥主导地位，建立农村产权交易的有形平台，完善交易系统和信息服务平台，如在县（市）信息中心并且联网。要积极培育估价、谈判、签约、签证、登记等方面的中介服务组织，促进土地流转高效、公开举行。这意味着，以前政府部门只给农民承包经营权流动提供合同登记，将来要给农民提供信息与其他服务。交易环境的另一个重要方面是农村投融资机制的建立，涉及的内容有建立政策性投资担保公司，建立金融机构、集体经济组织、农户的三方融资合作机制，建立农村和农业发展风险基金，建立完善信

---

① 如对成都市温江区和大邑县的农户问卷调查显示：81%的农户都希望将土地流转出去，而土地确权有利于土地流转。

用评级机制等。

三是逐步建立以户为单位的退出机制。现有的《土地承包法》提出的是"家庭承包方式",即农村集体土地承包是以"户"为单位。但是,在其他的集体经济权利与义务事项上,集体经济组织的成员又多以"个人"为资格。集体经济组织成员与土地承包人之间不存在直接对应关系。

目前,全国有 3000 万外出打工的农民工家庭。一些政策建议里也都提出,要将他们作为优先解决的城镇化人口。但这中间涉及一个问题,就是这些农民工家庭从农村退出时,可能在集体经济的一些权利上没有退出,这导致了城镇化过程中的许多社会问题,如"空挂户口",即农民工家庭离开农村,也有条件在所在城镇落户,但因为要享受集体经济组织的权利,所以仍要把户口空挂在老家农村。

四是因地制宜设计退出模式与城镇化模式。对大城市郊区、远郊地区、偏远农村区(县)应采取不同的做法,进行农民退出的制度安排。

大城市郊区农民退出以及农民市民化的重要突破口是"土地要素"。可以探索实施"以承包地换保障、以宅基地换房"的方式,引导和鼓励本地农村居民有条件、有序转为城镇居民,逐步建立城乡统一的户籍管理体系。与此相应,就是采取直接的农民市民化方式,推进城镇化建设。例如,重庆江北村双溪村推行"自愿两放弃一退出",即针对村里有固定非农工作、有稳定收入来源的农村居民,凡自愿申请放弃宅基地使用权和土地承包经营权、退出集体经济组织的农民,按程序转变为城镇居民,并得到相应的经济补偿。同时在城镇户口登记、安排就业、子女教育、购房等方面都提供了相应的优惠。

远城郊区的重要依托平台是县城与县域经济。应以农村集体土地产权制度改革为突破口,推进农村集体建设用地流转,加快实施农业生产规模化、农村服务社区化。在城镇化模式选择上,应放开县城与小城镇户籍,以县城和重点小城镇为主吸纳非农就业人口,推进县域城镇化水平的提升。例如浙江义乌在地理上远离大城市辐射,其发展的经验之一是大力推动集体土地产权制度改革。义乌市共有 500 多名工商业主进入农业,投入资金 5 亿元,经营农地 4 万亩。2005 年义乌已流转农地使用权约 12 万亩,约占全市耕地面积的 1/3,发展农业企业与规模经营户 1900

余户。转移出去的农民从事小商品贸易、工业加工等，原先 800 多个行政区整合为 290 个社区，全市城镇化率达到 80％，成为享誉国际的日用小商品基地。

偏远农村地区的县（市），可以先行取消户口与非农业的划分，以具有固定住所、稳定职业与生活来源为基本落户条件。但对于这些地方农民户口迁入城镇的，可以允许其保留一定期限的承包地。一定期限之后，鼓励实行承包地有偿流转。这样做的目的是保证这些地方的农民进城打工后，进退有路，无后顾之忧。例如河南省舞钢市，探索以农村土地所有权、管理权、使用权、收益权四权分离为主要内容的农村土地流转制度改革，制定优惠政策，鼓励龙头企业、专业化合作组织和种植能手租种农民土地，发展现代农业。这个市还成立土地仲裁服务厅，各乡（镇）成立土地流转服务中心，把农民从土地的束缚中解放出来。

五是完善相关法律，攻克关键的难点。农民退出是整个城镇化的重要一环。从农村土地制度来看，仍有一些方面在阻碍着农民退出。

首先，相关法律还不能对土地流转提供足够支撑。以"农地入股"为例来看，当前，四川、重庆、广东等地都以"农地入股"为主要方式开展农地的使用权流转，这个做法也得到了十七届三中全会《决定》的原则支持。[1] 但法律意义上，仅有转包、出租、互换、转让等流转形式得到明确规定，而农地入股在法律上仍然缺少依据。

表 7.6　　　　关于农地入股的相关政策与法律

十七届三中全会《公报》	允许采取股份合作的方式进行土地使用权流转	原则支持农地入股
宪法第 10 条第 4 款	任何组织或者个人不得侵占、买卖或者以其他形式非法转让土地。土地的使用权可以依照法律的规定转让	是否可以作为股份资本，没有规定[2]

---

① 农地入股，是指农民以土地承包经营权作为股份投入到股份合作社或者有限公司，以股份合作社或者有限公司的形式对土地实行规模化运作，这类股份合作社或者有限公司一般以土地股份为主。

② 如果作为股份资本，按照公司法的规定，农民的承包经营权在公司对外清偿债务时，就可以转让给公司的债权人。这意味着农民可能永久失去土地，同时也意味着其他市场主体能够获得承包经营权。这显然又与农民永久获得承包经营权是背离的。

续表

《土地管理法》	任何单位和个人不得侵占、买卖或者以其他形式非法转让土地。土地的使用权可以依法转让	是否可以作为股份资本，没有规定
《公司法》第1款	股东可以用货币出资，也可以用实物、知识产权、土地使用权等可以用货币估价并可以依法转让的非货币财产作价出资	土地使用权如何用货币估价？有限公司可否依法转让土地使用权？这些问题缺少规定
《农村土地承包经营权流转管理办法》第14条	"入股"……并"不需办理农村土地承包经营权证变更"、"股份合作解散时入股土地应当退回原承包农户"	基本属于劳动合作性质，原则上只允许农地在集体内部流转，不能进入集体以外的市场

其次，农民利益的流转分配机制并不健全。农民"永久"拥有农村建设用地，但我国现行的城市建设用地都是有期限的。永久用地在转让时如何体现出"永久"的价值，目前没有完善的解决办法。另外，当农村建设用地转化为城市建设用地时，参与各方包括农民、农村集体、城市政府以及各类中介公司、开发公司，他们的利益如何分配，也没有完善的机制。由于农民处于话语权的弱势地位，他们的利益常常得不到充分体现，这也导致农民利益流转的动力不足，影响农民退出。

5. 为农民工提供基本公共服务

推进户籍制度改革与基本公共服务向农民工覆盖，是一个硬币的两面。已有经验表明，仅靠破除户籍制度的束缚，并不能解决所有城市的农民工市民化问题，有些农民工市民化的问题也不能等到户籍制度改革才去解决。在以下三种情况下，就需要特别强调从基本公共服务入手，推进农民工市民化。

第一种情况是有少数大中城市不能完全放开户籍，从改进若干基本公共服务入手，推进农民工市民化是必然选择。

我国少数超大、特大、大城市，其人口规模已经临界这类城市资源、环境承受极限，在目前城市治理水平下，人口增长必须与城市发展相协调，才不至于产生大面积无法治理城市病。这类城市主要是首都、直辖市、部分省会城市。

以上海市为例，按照上海市人口资源环境协调发展调研报告，如果按照现有规划、当前标准和现实情况，制约上海人口承载量的短板主要是生态环境，上海人口承载量为1800万～2300万人。据第六次人口普查显示，上海常住人口规模已超过2300万人，其中户籍人口1412万人，来沪人员近900万人，与2000年相比，户籍人口增加80万人，来沪人员增加580万人。如果按此趋势，到2020年人口总量将达2800万人。

类似于上海这类城市，它的实际人口承载能力可能还会提高，但前提是上海市生态环境必须得到持续改善、城市治理的水平必须有相应提高。对于这类城市来说，从具体的公共服务做起，保持公共服务供给水平提升与人口增加相适应，要比大刀阔斧地放开户籍却又对出现的问题束手无策更加理性。

第二种情况是子女义务教育问题不能等到户籍放开再去解决。子女教育有特殊性，这关系到劳动力的再生产，关系到长期国力，更是每个农民工家庭最为看重的头等大事。农民工子女教育问题，不能指望通过放开户籍的办法去解决，因为这样可能在短时间内推高农民工子女义务教育的门槛，使中心城市教育资源成为富人、特权人物集结并争夺资源的地方，造成新的社会问题。这是因为，义务教育的资源供给过少，而需求过多，中间会有严重的供需缺口。以杭州市为例，2003年以来，杭州外来人员子女就学人数分别是5.84万人（2003年）、7.52万人（2004年）、8.95万人（2005年）、10.50万人（2006年）、12.39万人（2007年），每年需要新增15所中小学校才能满足外来人员子女就学需求。而建设这些中小学校，需要一个无法压缩的周期。

但义务教育的问题又不能一拖再拖，因为子女教育有着年龄限制的因素。解决这类问题，就必须通过义务教育基本公共服务均等化加以解决。类似于义务教育这样的头等大事，必须列入每个城市农民工市民化的主要议程。

第三种情况是一些中小城市已经放开户籍，但目前主要矛盾是公共服务的供给不足。这类城市，只有通过不断提高公共服务水平，才能吸引越来越多的农民工前去安居乐业。

6. 加强跨地区社保统筹协调

当前，不同地区的社会保障并不统一，改革的碎片化特征明显。要着眼于建立全国统一的社会体系，逐步由地区试点转向全国统筹，加快确立综合性、多层次、立体化农民工社会保障的制度框架。

一是要完善跨地区转移接续的保障办法。进一步完善同一社会保险跨地区的转移接续政策，尽快实现农民工社会保险的全国统筹，实行统一的保险项目、缴费基础标准、待遇标准，基金统一调剂使用。

二是加强各类保障制度的统筹衔接。近期要妥善做好各类养老保障制度的衔接、养老保险关系异地转移接续、基本医疗保险关系转移接续、异地医疗费用结算及工伤认定、劳动能力鉴定等工作。对于下一阶段纳入农民工群体的社会政策制度设计，要实现不同层次、不同类别间的可衔接、可转换，为实现城乡社会保险一体化预留通道，做出过渡性的制度安排。

三是实行全国统一的社保卡制度。建立全国统一的社保网络，实行联保制度，打破社保卡地域限制，实行社保卡的多功能化。加快建立全国统一的社会保障网络信息管理系统，实现地级以上城市全市范围的数据集中，提高业务数据库的集中层次。

7. 建立市民化成本的分担机制

农民工市民化的成本巨大，目前的情况是，绝大部分成本由农民工流入地的城市政府承担，地方政府的财政压力较大。未来的改革中，可以考虑到从两个方向上进入：一是在纵向层面上，要切实划分中央、省、城市政府的职责；二是在横向层面上，既可以设计成本共担，也可以考虑"治权交易"。

纵向层面主要涉及中央政府、省、城市政府的职责。一是中央政府的责任。中央政府要建立和完善对农民工流入地的转移支付制度，重点对社会保障、教育医疗、就业培训、保障性住房等方面进行支持。中央政府转移支付的力度要随着人走，即城市接收的流动人口越多，转移支付就越多。要建立重大资源的省际调配制度，对于土地指标，要统筹考虑主体功能区布局、农民工数量、城市现有承载能力等因素，将用地指标与农民工流向相挂钩，进行全国范围内的合理调拨。中央政府财政补助资金的来源，可以考虑发行国债，也可以考虑从国有企业上缴利润中提取一定比例。二是省级政府要统筹协调好本省范围内农民工流入地与流出地的关系，建立省级农民工专项资金，重点支持跨地市农民工流向较多的地市。三是城市政府的责任。城市政府要调整城市规划，将农民工问题的解决纳入到城市发展中去。投入财力重点做好农民工市民化过程中改扩建所需的公共设施、基础设施、社会设施等产生的成本，配套做好教育、医疗、社会保障等基本公共服务支出。

横向层面上，主要是不同城市政府之间的关系处理。保证农民工顺利流出、顺利流入，对流出地、流入地城市政府来说，都是合理、有利的。由于农民工在转入地创造了财富，当地城市可以因此而获得税收，因此，流入地政府应该承担较多的责任。流出地政府则可以通过土地银行的建立，以农地流转所产生的税收为界给予一定的财政支出，共同分担农民工市民化成本。一个例子是，一些劳务输出地利用春节给予农民工一定的培训。

传统上，我们实行的是户籍地管理制度，人口流出后，户籍还在原地，这就导致流出地管不了、流入地管不了的局面。近年来，东部地区与中西部地区的城市政府之间、本省不同城市政府之间初步开展了"治权交易"的尝试。所谓治权，一般是指管理国家和社会公共事务的权力。在城市管理中，治权是指调配资源管理城市经济和社会事务的权力。中部地区一些地方派出人员到农民工输入地协助管理，实际上是一种治权交易。今后，在两地城市政府协商一致的前提下，更多的治权交易可以被创造出来并加以运用。

8. 提高农民工融入城市的能力

农民工融入城市，包括经济上、社会身份上、政治权利上、心理上多方位的融入。为此，就要从以下方面着手。

一是加强对农民工的职业培训。我国目前失地农民累计不少于4000万人，仅"十一五"期间每年新增失地农民就有约2000万人。另据抽样调查，有60%的失地农民生活困难，没因失地影响基本生活的只占30%；有81%的失地农民对未来生活担忧，其中担忧养老的占72.8%、经济来源占63%、医疗占52.6%。多数失地农民缺少技术专长，常常是上岗又下岗，长期处于失业或半失业状态①。

农民工培训要按照"市场导向、农民工自愿、政府扶持"的原则，创新培训机制，提高他们的就业能力。有的城市探索使用"三单"制培训，即学校出菜单、企业下订单、政府来买单的方式；还有的城市试行"双证"制培训，即帮助农民工获得学历教育证书和职业技能证书。加强对农民工培训，政府要把企业、农民工和社会组织的积极性都调动起来。例如对企业要倡导建立学习型企业模式，为农民工预留用于培训的时间；农民工参加培训，政府在学费等方面予以直接补助；社会志愿者组织根据各自的特长与资源特点，可以开发相应的课程，对农民工进行培训。例如一些行业协会可以免费为农民工进行行业技能方面的培训。

二是落实农民工的政治权利。在农民工还没有完整地享受城市市民的权利之前，要通过切实措施保证他们作为在城市生活和工作的公民的一系列基本权利。从上海农民工参加活动工会组织和党团组织的情况来看，农民工的政治权利既被外界忽视，也被农民工自身所轻视。例如，被调查的农民工中45.1%的农民工单位里没有工会组织，有28.1%的人甚至还不知道工作单位是否有工会组织。

建议修订选举法，解决农民工为主体的外来人口选举权悬置的问题。可以建立以户籍人口为基础，外来常住人口占有一定比例的选民登记制度，使国民无论在任何地方都可以行使自己的公民权利。在城市管理中，凡持有居住证，都应享受市民一样的听证、议事权利。在流动人口集聚地，建立相应的工会、党、团和协会组织，城市与企业的工会、党委、政府定期不定期听取他们的意见、建议。

五、进一步支持农民就地城镇化转型

支持和推进农民就地城镇化与农民工市民化具有同等意义。就地城镇化面临的关键性制度难点是要考虑村庄上所建城市所依托的土地性质问题。按照现行宪法规定，城市的土地是国家所有。按照《城市规划法》

---

① 张元富："建议尽快研究制定《失地农民社会保障条例》"，新华网，2011 年 3 月 19 日。

的解释，城市是指直辖市、建制市、建制镇，这样城镇化的过程也必然
就是土地国有化的过程。这里存在的问题是：城镇化的一般定义并没有
对城镇的土地性质有任何要求。迄今的理论研究也不能表明，同样一个
地块，属于集体性质就不能城市化，而属于国有性质就能进行城市化。
那么在中国这样的国家，在集体土地上建设城市的可能性与必要性在哪
些方面？

1. 尊重农民就地城镇化转型的选择

我国现有 60 多万个行政意义上的村庄。村庄在发展过程中出现了多
种类型（表 7.7）。其中，在一批大城市的外围、城市密集区、城际交通
沿线、大企业周边，出现了一批新型的发达的村庄。2009 年底，全国年
产值超过 1 亿元的村庄已有 8000 多个，其中超过 10 亿元的有 163 个，超
过百亿元的有 15 个。排名靠前的 10 个村的经济总量超过 2000 亿元，其
中华西村达 500 多亿元。

表7.7 村庄的类型

出　处	标准	分类
中国科学院地理所①	5 大类 31 个指标	现代化、发达、非农产业较快、中等发达、欠发达、不发达
北京大学课题组	乡村工业化水平及社区集体化程度	高集体化低工业化、低集体化低工业化、高工业化低集体化、高工业化高集体化
江丽②	劳动力就业结构、村庄经济发展水平、农民收入	工业村、商业村、外出务工村、资源依赖村
卢福营③	非农化方式和水平	城村、镇村、工业村、农业村
张正河④	地理位置	城市周边村、乡集及中心村、边际村、历史文化村

所有的村庄，在特征属性上都属于前文所述的第一类组合，即"村

---

① 刘慧："我国农村发展地域差异及类型划分"，《地理学与国土研究》，2002 年第 4 期。
② 江丽："现代村庄治理模式探析"，《郑州航空工业管理学院学报》，2008 年第 6 期。
③ 卢福营："非农化与中国农村社会分化"，国公网，2008 年 7 月 1 日。
④ 张正河："快速城市化背景下的村庄演化方向研究"，《农业经济问题》，2010 年第 11 期。

庄—集体土地—农村人（农民）"。但有一部分村庄显然与其他村庄不同。例如，以北京郊区郑各庄村、江苏张家港的永联村为例，它们从以下五个方面来看，更像城市而不是传统的村庄。

一是达到小城市规模。郑各庄村的本地农业户籍人口约1500人，社区各类人口约4万人。2011年村级总资产达到55亿元，经济收入35亿元，上缴税2.4亿元。永联村是苏南地区面积最大、人口最多、经济实力最强的行政村之一。2010年，村工业收入285亿元，利税16亿元，村可支配收入达8000万元。

二是具备城市就业特征。郑各庄村经过十几年的努力，以建筑业、房地产为龙头、旅游产业为品牌，科工贸文产业为配套的四大产业全面铺开。郑各庄目前提供约12000个就业岗位。本村700个劳动力全部转为产业工人，还带动11000多周边村民及社会人口就业。1996年，郑各庄的劳动力85%以上在非农就业。永联村的产业一是工业，二是公司化农业生产。目前，永联村成立了四家农业公司，分别发展高效农业、设施农业、观光农业和生态农业。

三是具备城镇用地结构特征。郑各庄全村土地总量4332亩，在现有土地利用结构中，已经基本没有耕地（表7.8）。

表7.8 郑各庄用地结构分布

用　途	占地面积（亩）	占比（%）
建筑用地	63.20	2.4
工业	291.62	11.1
教育科研用地	652.10	24.7
旅游休闲产业	465.00	17.6
商业	20.38	0.8
居民住宅	640.00	24.3
房地产开发	494.00	18.7
行政办公	2.00	0.08
公用及公共设施	6.50	0.3
总计	2634.80	100.0

资料来源：张强、刘守英等：《集体土地上长出的城市》，北京村庄制度变迁研究组，2008年9月。

永联村通过宅基地整理和村民上楼，将全村散居在 1140 亩宅基地上的 3000 户村民集中到永联、永南、钢村嘉园三个社区，节约建设用地 500 亩。永联村主动规划，将 10.05 平方公里的区域分别规划为工业区、生活区、商贸区、文体区和生态区。

四是具备城市景观特征。郑各庄村温泉水、天然气、有线电视和宽带网实现了联网入户；拓宽了道路，公交车开进了社区；引进了中戏、北电、军艺、北邮等 4 所高等院校；兴建了北京新安贞医院；中小学校、幼儿园、成人学校、文化站等文化教育体系实现了配套；社区公园、文体活动场所、图书馆、银行、邮政、电信、超市以及配电站、污水处理站和垃圾分类站等公共设施健全。

五是享受城市市民福利标准。郑各庄村民，可以享有退休养老金、医保、农龄及工龄津贴，而且家庭还享受子女从幼儿园从大学毕业的全程教育补贴、水电暖燃气等生活费用补贴和粮油实物补助等多项福利。永联村土地被永钢集团征用的村民，除获得远远高于政府规定的补偿、办理土地换社保外，在职年龄的可在企业工作，成为村集体经济组织的成员，享受股份分红和二次分配的权利；每人每月还可领取养老金 400 元。

综上，类似于郑各庄、永联村这样的村庄，更接近于城市，而不是传统的乡村。按照欧美一些国家的标准，这类村庄被统计为城市的一部分。在我国推进城镇化的大背景下，郑各庄、永联村这样在集体土地上生长出来的城市，已经成为一个新的研究课题。

2. 鼓励农民探索不同模式的就地城镇化

郑各庄、永联村的共性特征是，这两个村的农民运用集体土地资产①，特别是用活集体土地资产，将集体土地资产资本化，形成集体收益，用以持续投资兴建具有城市功能的基础设施，并向居民提供公共服务，实现农村生活方式向城市生活方式的转变。

郑各庄的做法是，村委会与前身为集体企业的宏福集团签订土地流

---

① 宽泛一点说，村民依赖的集体资产，指的是归乡镇、村集体经济组织全体成员集体所有的资产，包括集体所有的土地和法律规定属于集体所有的自然资源，集体所有的各种流动资产、长期资产。这其中，土地是最主要的集体资产。

转协议。宏福集团采取有偿租用的形式，保证每亩不低于5000元的土地租金，对尚未租出的土地，则由宏福集团按每亩每年500元的租金标准支付给村委会。村委会收回的土地租金，全部分配给享有土地承包权的农民。这样，宏福集团就从村集体手中获得了对郑各庄村域全部土地的开发与经营权，由宏福集团负责对郑各庄土地实行统一规划、招商引资，依靠市场机制推动土地流转，实现了集体资产的资本化。

永联村创立了特色鲜明的"集体持股、村企一体"的经济制度。上个世纪末，以集体经济为主体的"苏南模式"向民营经济为主体的"温州模式"转型，大批村办企业改制成了民营经济。虽然永钢集团三次改制，但村集体一直拥有大股东身份，至今保留着25%的股份。永钢每年向村集体上交数千万利润，一直是永联村的"资金蓄水池"，在村产业调整、农民增收、基础设施建设、公共事业发展等方面发挥了巨大作用。2001年以来，村里则不断为永钢发展提供后续的土地、人力，数次动员村民拆迁，还在工厂周边种植苗木。

郑各庄与永联村事实上都是在集体土地上建设城市。但是，集体土地上建设城市，仍然面临着"合法性"、"可持续性"的问题。在郑各庄为例，郑各庄有100多万平方米的产业用房，因为使用的是集体建设用地，不能立项，更不能拿产权，导致几十亿元的资产不能进入资本市场。郑各庄的经济支柱企业——宏福集团，由于是生长在集体土地上的企业，虽然已发展成为下辖15家直属企业、30余家参控股企业、7000余名员工、50亿元资产的大型企业，但是并没有上市，这便是土地有限资本化的重要例证。郑各庄地面上建设的许多房屋，实际上已销售给了不少城里人，但是这里面存在着合法性的问题，至今也悬而未决。

城市的重要属性是其开放性，城市内部各种要素具有流动性。在集体土地上建设的城市，看起来像城市，但实质上由于集体土地并不具备与国有土地一样的功能，并不能够以同样的地位进入市场，因而在集体土地上建设的城市实际上是有其形而无其实的城市。造成这个问题的根本原因在于，现有法律与政策并不完全支持在集体土地上建设城市。表7.9列举了不同法律与政策的有关规定。

表7.9 关于集体土地性质的法律与政策规定

法律或政策名称	内容	释义
《宪法》	全民所有制和集体所有制是我国社会主义经济制度的基础	集体土地也是社会公有制的实现形式
《宪法》	城市的土地属于国家所有	按照《城市规划法》解释，城市是直辖市，建制市和建制镇。推论是，村庄转型为城市，则土地一定要为国家所有
《城乡规划法》	城市、城镇、乡村建设必须编制规划，规划区用地须上一级政府批准	并没有规定规划用地必须使用国有土地
《土地管理法》、	兴办乡镇企业和村民建设住宅经依法批准使用本集体经济组织农民集体所有土地的，……可以不使用国有土地	对农村集体用地流转留下法律空间
《土地管理法》	任何单位和个人进行建设，需要使用土地的，必须依法申请使用国有土地	不能使用集体土地
《物权法》	所有权人有权在自己的不动产或动产上设立用益物权和担保物权	国家和集体的权利是对等的
《物权法》	乡镇、村企业的建设用地使用权不得单独抵押；集体土地的所有权、耕地、宅基地、自留地、自留山等集体所有的土地使用权都不能抵押	集体建设用地没有"资本性"，不能资本化
《中共中央关于推进农村改革发展若干重大问题的决定》（十七届三中全会）	逐步建立城乡统一的建设用地市场，对依法取得的农村集体经营性用地，必须通过统一有形的土地市场、以公开规范的方式转让土地使用权，在符合规划的前提下与国有土地享有平等权益	集体经营性土地将与国有土地享有平等权益
"十二五"规划	完善城乡平等的要素交换关系……逐步建立城乡统一的建设用地市场	集体建设用地与国有土地平等交换
《房地产管理法》	该法所指的房地产开发，是指在依据本法取得国有土地使用权的土地上进行基础设施、房屋建设的行为	对集体土地的房产权利没有任何规定
《国务院办公厅关于严格执行有关农村集体建设用地法律和政策的通知》（国发2007年71号）	乡镇企业、乡（镇）村公共设施和公益事业建设、农村村民住宅等三类乡（镇）村建设方可使用农民集体所有土地	除了以上三类建设，其他建设都必须申请国有土地

上述分析可知，关于集体建设用地能否与国有建设用地享有同等功能，法律法规与政策存在着自相矛盾之处。即便是同一个管理机构同一种法律在不同的时间段里，仍可能做出不同规定，这主要是反映了当时经济总体形势以及宏观调控思路。例如，1988 年第一次修正后的《土地管理法》规定，国有土地和集体所有的土地使用权可以依法转让。土地使用权转让的具体方法，由国务院另行规定。而 1998 年《土地管理法》再次修订则规定，任何单位和个人进行建设，需要使用土地的，必须依法申请使用国有土地。

集体建设用地与国有土地同等权利得不到落实，还与地方政府是否支持有关。虽然国家在土地问题上有立法权，但改革开放以来，中央政府与地方政府在事权与财权的博弈局面已经形成。一个可以预见的事实是，一旦放开集体建设用地，则土地的价格由市场决定，国有土地一级市场的垄断高价格土崩瓦解，地方政府的土地财政无法再延续下去。但在目前，地方政府承担了大量本应由中央政府承担的事权，没有土地财政的支持，地方政府无法履职，将会带来一系列经济与社会问题。这也是集体建设用地入市放放收收的原因之一。

3. 更加积极稳妥地推进农民自主城镇化转型

虽然现有法律与政策并不完全支持在集体土地上建设城市，但在推进新型城镇化的大背景下，应考虑允许农民在集体土地上建设城市。有条件的地方政府部门要在充分调研的基础上，支持农民推进自主城镇化转型实验。允许农民在集体土地上建设城市，有以下重要意义。

一是有利于提高城镇化的水平。2011 年，我国统计城镇化率达到51.27%，这其中还包括大约 17 个百分点的农民工，他们在城镇生活但并没有享受到与市民同等的公共服务。我国城镇化发展水平不但与发达国家75% ~ 85%的城镇化率相比，有较大的差距，而且还显著低于同等收入水平的许多发展中国家。提高城镇化水平，不能仅将人口集中到现有的大中城市。如果允许农民在集体土地上兴建城市，建设与城市一样的公共设施，享受与城市一样的公共服务水平，则有利于提升我国的城镇化水平。

二是有利于减少城镇化过程中的冲突。过去的城镇化，一个鲜明特征是，城镇政府征地在先，农民的市民化在后。出现了政府与农民争利，城镇政府只要地、不要人，失地农民生活困难等问题。每年因为征地而产生的冲突屡见不鲜，极端情况下还出现了农民卧轨、自杀、冲击政府机关等事件。据统计，政府较大规模的征地拆迁发生在城镇化快速发展的近十年。建设部统计，2002 年 1～7 月，建设部受理来信 4820 件次，其中涉及征地拆迁问题的占 70%。在集体上访的 123 批次中，征地拆迁问题的占 83.7%。另据国家信访局统计，截至 2003 年 8 月底，国家信访局接到的关于征地拆迁的投诉信件共 11641 封，比 2002 年同期上升 50%，上访人数 5360 次，上升 47%①。允许农民在集体土地上兴建城市，农民就具有更多的投资积极性，也能有条件享受到集体土地增值带来的收益，能够减少与城镇政府的冲突事件。

三是有利于降低城镇化带来的融资成本压力。不同的机构对城镇化的成本（也即每个农民转为市民可能产生的成本）的测算不同。按人均 10 万元的平均数计算，在城市里已有农民工与新增农民工的市民化成本将达到 40～50 万亿元以上，预计未来 10 年每年将要负担的成本将达到 2.5～3 万亿元。考虑到未来宏观经济将进入次高速增长阶段，政府收入相对减少，负担相对加重。2011 年，中国城市建设投资的费用总额是 14306 亿元。在目前的融资模式下，城镇化的成本已难以得到有效承担或化解。上世纪 80 年代允许农民进城，中国第一个农民城——浙江苍南县龙港镇 95% 的建设资金都是来自农民与企业。郑各庄的城市建设也没有国家投入。如果政策上允许农民在集体土地上建设城市，降低城镇化带来的融资成本压力，这种主动城市化必然会有效地动员农民、企业等各方面资金来源，一定程度上减轻城镇化的成本压力。

四是有利于解决城市建设用地的瓶颈问题。推进城镇化面临着土地指标约束。中国目前对各城市实行的是城市建设用地指标总量控制的办法。如果没有申请到新增城市建设用地指标，许多城市现实面临着无地可建，无城可建的局面。允许农民在集体建设用地上建设城市，将释放大量的土地资源用于城市建设，且不会挤占耕地，必然会促进城镇化发展。

---

① 赵凌："拆迁十年悲喜剧"，《南方周末》，2004 年 1 月 8 日。

表 7.10 主动城市化的资金来源

	主动城市化	被动城市化
主导因素	市场要素的合理配置，农民改善自身生活水平的刚性需求	地方政府主导的带有强烈的计划经济体制的行为，农民是弱势群体
资金来源	农民自筹资金和部分地方财政的支持	地方政府财政支出补偿农民、公共基础设施建设、提供农民教育
供给主体	农村社区政府、乡镇企业、农民集体等民间力量	地方政府权力中心进行制度安排
动力机制	农村富余劳动力压力、改变农民生活水平的意愿	政府行政指向、经济考量因素少
土地归属	农民依旧享有土地使用权	农民依旧享有土地使用权
利益分配	农民集体分享土地级差收益	地方政府、城市工商企业、农民共享土地级收益，政府寻租的空间巨大

资料来源：卞华舵著：《主动城市化》，中国经济出版社 2011 年 4 月版，第 79 页。

五是有利于将集体土地的城市建设纳入规划进行管理。在城镇化推进过程中，由于对集体土地上建设城市没有明确规定，有的地方在城市规划中回避这个问题。这反而导致在集体土地上建设城市存在的种种问题得不到正视与解决，比如一些集体用地的城市建设没有规划或者胡乱低水平规划，土地资源浪费严重，生态环境受到破坏，历史人文景观过度消失等等。将集体土地上的城市建设纳入规划进行管理，实质上是进行城乡一体化的城市规划与管理，有利于推进城镇化建设，也有利于克服城镇化建设中各种负面问题。

当然，允许集体土地上建设城市，只能是在有条件的地方。城市作为人口与经济的集聚形式，没有一定的集聚规模就没有任何效益。当前情况下，允许在集体土地上建设城市这项工作，宜在大城市郊区、交通沿线、大企业周边的村庄进行试点推进，逐步探索出可行的路径。这类村庄约占我国村庄总数的 2%，总数为一万个左右。还有一个重要的前提条件是，农民自主建设城市也必须纳入规划的范围，进行严格的规划管理。

六、小结

就城镇化的一般特征，异议并不大，即学界普遍认可城镇化首要的特征包括人口的变化，其次还包括城镇建成区面积的变化以及城市社会与生活方式的变化。但在中国特殊的国情下，我们注意到有两类城镇化现象，他们得以顺利实现，所面临的主要困难是不一样的。异地城镇化背景下，农民市民化转型是主要问题，而在就地城镇化的情形下，核心问题是集体土地改革如何才能有利于农民留守。显然，分清楚两种不同形式的城镇化，并进而讨论是大有裨益的。

在传统的二元结构框架下，中国存在着两大类组合。第一类组合是"村庄—集体土地—农村人（农民）"；第二类组合是"城市—国有土地—城市人（市民）"。在传统的城镇化路径设计中，城镇化不但意味着农民的生产空间、生活空间的转换，也一定伴随着户籍制度变化、土地属性的变更。通常的做法是，国家将村庄集体土地（包括集体建设用地和农业用地）征收为国有土地，由城镇政府通过招标、拍卖方式进行开发。农村人借此可以变成城市人，农村因而变成城市。

在城镇化发展的大背景下，这两类相对封闭式组合，需要互相打通。对于异地进城农民工而言，要加速以户籍制度改革为重点的一系列改革，推动农民工市民化。对于就地进行市民化转型的农民而言，要进行集体土地的重大变革，认可农民自主建设城市的必要性、合法性，保障其权益。农民是中国城镇化的主体，是城镇化中具有活力的第一生产力。城镇化的要点在于将农民培育成为市场主体与城镇化的主体，难点在于户籍制度、集体土地制度等方面改革，焦点在于修改完善相关的法律法规，亮点在于鼓励不同类型的农民争取他们的利益，进行不断试验，探索出切实可行的办法。

第八章　城镇化载体转型：
从小大之争到城市群

一、城镇化载体形态的演变

中国改革开放以来，城镇化取得了迅速发展。尤其是本世纪以来的十年（2001～2010 年），城镇化率年均增长 1.35 个百分点，每年有近 2000 万人口进入城市。2011 年底，中国城镇化率达到 51.27%，城市人口达到 6.9 亿人。与此同时，中国城市数量也不断增加，城市建成区不断扩大。

表8.1	中国城镇化基础指标
城市常住人口	6.91 亿人
城镇化率	51.27%
城市户籍人口	4.70 亿人
城市户籍人口比率	35%
全国人户分离人口	2.71 亿人
农民工	2.53 亿人
外出农民工	1.59 亿人
城市面积	178691.73 平方公里
城市建成区面积	40058 平方公里
城市建设用地面积	39758 平方公里
城市征用土地面积	1641.6 平方公里
城市市区人口密度	2209 人/平方公里
城镇建设投资总量	14306 亿元

根据城镇化的一般定义，城镇化既包括农村人口城市化，也包括城镇规模与数量的增加。承接人口转移的城镇构成了城镇化的载体，完整的城镇化转型必然包括载体的转型。

对于城镇化的载体形态，传统上是按大、中、小城市与小城镇这个序列来划分的。2010 年中国城市数量达到 657 个，比 1978 年增加了 464 个；小城镇数量为 19410 个，比 1978 年增加了 17227 个。城市规模在不断扩大，2010 年中国城市市辖区总人口 400 万以上的城市达到了 14 个，有 5 个人口 1000 万以上的城市，而镇区人口超过 5 万人的建制镇达到 740 个。

由于我国的城市建制又与行政区划结合在一起，因此，讨论城镇载体形态问题有时又按照不同行政等级城市来划分。2010 年中国直辖市吸纳城镇人口比重为 9.4%；省会城市吸纳城镇人口的比重为 14.5%；地级市吸纳城镇人口的比重为 30.5%；县级市吸纳城镇人口的比重为 16.1%；建制镇吸纳城镇人口的比重为 29.5%。

改革开放以来，中国城镇化的载体形态经过历史性的演进，出现阶段性的变化。概括起来有三个阶段。

1. 小城镇为主要载体形态的阶段

改革开放后一直到 1980 年代末，是小城镇为主要载体形态的阶段。小城镇能够成为主要载体形态，这是由历史文化因素、经济发展因素以及政策因素共同决定的。

1978 年，以家庭联产承包责任制为内容的农村经济改革，从安徽省凤阳县等地起步，在中国顺利推进。农村经济改革调动了农民的生产积极性，农村生产力得到极大释放。根据林毅夫 1987 年的估计，我国从生产队向家庭责任制的转变，使农业生产率平均增长了 20%[①]。这一时期伴随着人民公社的解体，原来体制下大量隐蔽的剩余劳动力显性化。

农村剩余劳动力从事非农产业，是中国城镇化的初始原因。非农产业的空间载体早先主要是家庭工业。浙江温州等地的家庭工业在全国开

---

① Justin Yifu Lin. 1987, Household Farm, Cooperative Farm, and Efficiency: Evidence from Rural Decollectivization in China, Working Paper, no: 533, New Haven, ct, Yale University, Economic Growth Center

展较早。1985 年 4 月，温州家庭工业已达 13.3 万户，大批农民走上富裕之路，成为当时引人注目的"万元户"。桑晋泉（1985）最早对温州模式家庭工业的特点进行了总结，将其概括为：以生产小商品为主，靠农民供销员和农村集市购销搞活流通渠道，靠一大批能工巧匠和贸易能手开辟致富门路。临近的江苏情况类似，不同之处在于苏南的发展主体偏多于社区集体企业。费孝通在《小城镇、再探索》一文中提到，1982 年江苏省全省社员人均收入 309 元，比 1978 年增加了 154 元，4 年翻了一番。这些地区农民富裕起来的主要因素是"农村经济结构发生的变化"。据 1983 年统计，江苏已有塘桥、乐余、前洲等 7 个乡的工农业总产值超过了 1 亿元，这些乡的工业产值都占 90%。其他一些代表性的地方如珠江三角洲、胶东等地，发展主体既有社区集体，也有个人，呈现为一种较为混合的主体特征。

新中国成立后，我国逐渐建立起城乡分割的二元户籍制度，这限制了农民自由流动到城市和小城镇。如果没有这项制度，中国也会像西方发达国家那样，大量农民涌向大中城市，开启大城市引领的城市化道路。尽管国家严格控制大中城市规模，并且严格限制农民涌向各类城市，但是 1984 年中共中央 1 号文件规定，允许农民自理口粮到集镇落户。随后又放宽了设镇标准，确立了以乡建镇的新模式。新的设镇标准规定，凡县级机关及地方国家机关所在地，均应设镇建制；总人口在 2 万人以下的乡，只要乡政府驻地非农业人口超过 10% 也可建镇；总人口在 2 万人以上的乡，乡政府驻地非农业人口占全乡人口 10% 以上的也可以建镇。这些规定在农村与城镇之间的高墙上打开了一个缺口，既推动了农民进镇，又推动了小城镇数量增加。

地方积极响应中央这个文件。浙江苍南县是其中一个典型，他们采取了三个做法。一是于 1984 年 2 月向温州市人民政府和省人民政府提交了《关于要求将我县灵溪镇、龙港镇列为省集镇建设试点的报告》，要求允许务工、经商、办服务业的农民自理口粮到该两镇落户。二是 4 月份决定每月两次集中在龙港现场办公，8 颗大印集中一次盖，使申请进城的农民一次性办完全部手续。三是制定集资建城的政策，欢迎各方面人员（"不分籍贯、户粮关系"）到苍南经商办厂。

1984 年底中国建制镇达到 7186 个，第一次超过 1954 年的 5400 个。此后延续至 80 年代末、90 年初，小城镇发展始终势头较强。1984~1992 年间，每年新增建制镇达到 919.1 个，远远超出城市的增加速度。

表 8.2　　　　　　　小城镇发展数量变动（1978~1992 年）

时期（年）	城市数（座）	年平均增加数（座）	建制镇数（个）	年平均增加数（个）
1978	193	—	2173	—
1984	300	17.8	7186	835.5
1992	517	27.1	14539	919.1

在整个 80 年代，政策界与学术界都将小城镇发展成为城镇化的主要载体。学术界方面，许多学者对小城镇进行了研究，其中以费孝通的"小城镇论"影响最为深远。综观他的"小城镇论"，主要内容包括：一是对小城镇在"四化"建设中的地位和作用进行分析（详见《小城镇在四化建设中的地位和作用》）；二是明确提出"小城镇是一个大问题"（详见《小城镇，大战略》）；三是对 80 年代初期的小城镇化的特征进行总结（详见《继续开展江苏小城镇研究》）；四是对中国小城镇化进行新探索（详见《小城镇　再探索》）；五是对小城镇化过程中的环境问题进行思考（详见《及早重视小城镇的环境问题》）；六是总结小城镇发展在中国的社会意义（详见《小城镇的发展在中国的社会意义》）。

2. 大城市加快发展的阶段

1990 年代以来，大城市渐渐成为城镇化的主要载体形态。造成成大城市成为城镇化的主要载体形态，一是因为城市经济的基本规律发挥了作用，二是因为政策原因。

城市经济史的基本规律揭示出，大城市具有中小城市、小城镇无法比拟的规模和集聚效应。据世界银行专家考察报告推论，城市只有达到 15 万人的规模时，聚集经济效益才会出现，而且"从来还不能清楚地证实城市大到什么程度会出现不经济的现象"[①]。早在小城镇风起云涌的时候，我国一些学者也证明"从实际情况来看，我国大城市的主要经济效

---

① 世界银行：《1984 年世界发展报告》（中文版），中国财政经济出版社 1984 年版。

益指标也是明显高于中小城市的，百万人口以上大城市的经济效益尤其突出"。[1]

1981～2008 年全国前 10 个特大城市的情况表明，在此期间，上海、北京、广州、重庆、天津等属于严格控制城市规模的城市，其人口规模分别增加了 1202 万、972 万、653 万、690 万、258 万，城市建成区面积还是分别扩张了 606 平方公里、376 平方公里、553 平方公里、970 平方公里、289 平方公里。大城市人口与面积增长速度高于中小城市，更是远远高于小城镇。

在国家宏观层面有一个有趣的现象。自 1949 年到 2000 年前，在城市方针方面大城市增长从来都是受到抑制，2000 年后的政策也没有单独提出重视大城市增长。

表 8.3   中国城市化发展战略的变化过程

年份	中国城市化发展战略的变化过程
1953	我看"城市太大了不好"，要"多搞小城镇"
1956	"城市发展规模不宜过大。今后新建城市规模一般控制在几万至十几万人口的范围内"
1980	"控制大城市规模，合理发展中等城市，积极发展小城市"
1990	"严格控制大城市规模，合理发展中等城市和小城市"、"小城镇大战略"
2000	"大中小城市和小城镇协调发展的道路，将成为中国推进现代化进程中的一个新的动力"
2002	党的十六大报告："坚持大中小城市和小城镇协调发展，走中国特色的城镇化道路"

但是也要注意到的另一个事实是，大城市发展是受到重视的，甚至可以说，大城市一直是优先发展的。这是因为，我国的城市其实是一个行政区域，高等级城市管理低等级城市，因而城市不完全是通过市场竞争获得资源，而可能在一定程度上是利用行政手段分配资源。在初始条件下，往往人口规模较大的城市，同时是行政级别较高的城市，如直辖市、省会城市。这样一来，行政级别较高的城市，可以在配置资源时，更多地将资源配置给自己。以土地资源分配为例，2010～2011 年西南某

---

[1] 李迎生："关于现阶段我国城市化模式的探讨"，《社会学研究》，1988 年第 2 期。

省将全省1/3土地指标用于省会城市建设；河南省96%以上的土地资源用于县以上开发区。这证明，在实际操作层面，城市政府仍然用行政手段影响了城市增长。

综合考虑不同因素，可以认为，我国大城市在20世纪80年代以来渐渐成为城镇化载体的主要形态，主要是因为遵从了城市经济发展的规律，同时也由于城市政府用行政手段向大中城市聚集了一定资源。

3. 城市群发育发展的新阶段

新中国成立以来，中国城市集聚区就开始萌芽。只是到了20世纪末、21世纪初以来，随着城市、小城镇数量的不断增加，单体城市规模的不断扩大，城市、小城镇在空间上集聚、连续，才出现了明显的环渤海城市群、长三角城市群、珠三角城市群现象。继东部沿海这三个城市群不断崛起，东部、中西部还有其他一些城市群开始发育成长，包括辽中南城市群、山东半岛城市群、长株潭城市群、成渝城市群等等。

在政策层面，国家在"十一五"规划中，首次提出"城市群"的概念①。2006年国家发布《中华人民共和国国民经济和社会发展第十一个五年规划纲要》，把城市群作为未来城镇化发展的主要形态，提出逐步形成以沿海及京广京哈线为纵轴，长江及陇海线为横轴，若干城市群为主体，其他城市和小城镇点状分布，永久耕地和生态功能区相间隔，高效协调可持续的城镇化空间格局。

2008、2009年间，国家密集出台了多项区域规划，这些区域规划都以城市群作为主体和主要空间形态。但由于城市群横跨不同的行政区，

---

① 大致来说，城市群是由相当数量的、不同性质、类型和等级规模城市共同组成，以一个或两个特大或大城市作为区域核心，借助于现代化的交通网络和信息网络等手段联系起来的，具有完整和先进的经济社会及文化功能的城市集群。在我们国家，对城市群的认识并不统一，国际上有类似的表达有megalopolis、town cluster、courbation、metropolitan area、urban agglomeration、De-sakota。国内则相应有都市密集区、都市连绵区、都市区、都市圈、城镇密集区等提法。不同的表达形式下蕴含了学者们对城市群内涵理解的差异。在城市群边界性质以及城市群识别方法方面存在简单化和较大的随意性，即：为地方政府施政的便宜性，多以行政区界线简置换成城市群的自然边界；在城市群识别方面，多由地方官员和研究人员从政治和宏观角度定性确定，少见基于区域人口、城市化率、经济总量、空间相互联系程度等指标开展深入和定量的研究；由现代地球信息技术支撑的城市群识别和区划技术体系和方法远未成熟。参见张倩："基于交通、人口和经济的中国城市群识别"，《地理学报》，2011年第6期。

不同的领域，在中国现行的体制下，难以对其进行统的一战略安排和整体规划。

表 8.4　　　　　　　　　2008～2009 年区域规划基本情况表

规划名称	区域范围（以地级市为基本单元）
广西北部湾	南宁、北海、钦州、防城港
广东珠三角	广州、深圳、珠海、佛山、东莞、江门、惠州、肇庆
江苏沿海	连云港、盐城、南通
辽宁沿海	大连、丹东、营口、盘锦、锦州、葫芦岛
山东黄三角	东营、滨州、烟台、潍坊、德州、淄博
江西环鄱阳湖	南昌、九江、上饶、景德镇、鹰潭、抚州
陕西关中－甘肃天水	西安、咸阳、宝鸡、渭南、铜川、商洛、天水
吉林图们江	长春、吉林、延边
安徽皖江城市带	合肥、马鞍山、芜湖、滁州、铜陵、宣城、池州、巢湖、安庆

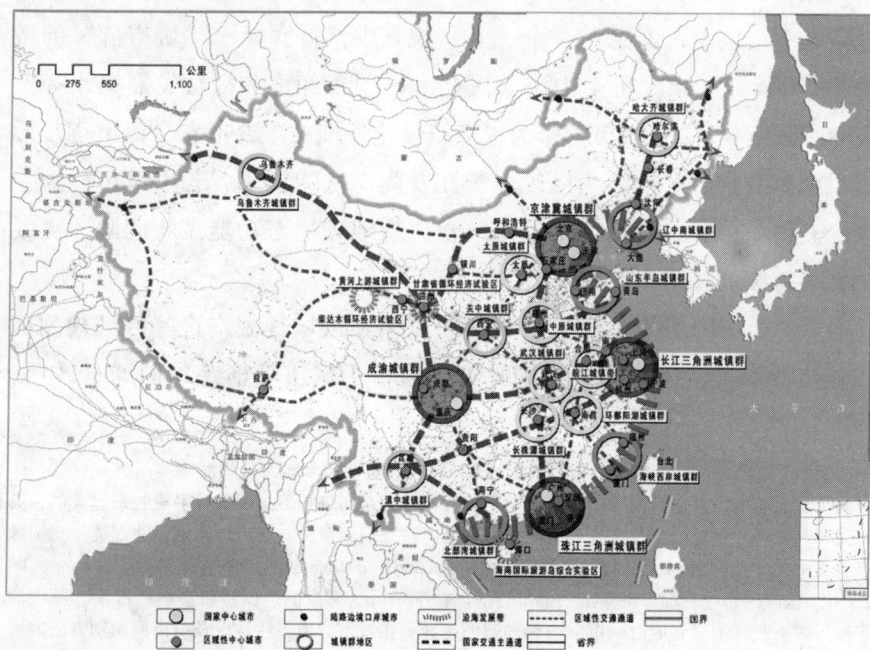

资料来源：建设部《全国城镇体系规划（2005～2020 年)》

一是中国城镇化的载体形态不同于当代西方发达国家，其演进历史也不同于这些国家。例如，中国经历了一个小城镇—大中城市—城市群的发展演变过程，而西方发达国家一般是大中城市—城市群发展阶段。小城镇是这些国家逆城市化过程的重要特点，但只是一个补充。

二是城镇化载体形态的演进发展，是市场经济与公共政策共同作用的结果。在西方国家，城镇化载体形态主要是在市场经济发展的基础上，遵循自然演进的规律。例如，西方国家 20 世纪 60 年代出现了郊区化运动、城市蔓延现象。针对这些现象，一些国家出现了专门针对城市粗放增长的规划措施。中国的小城镇、大中城市发展，既体现了市场经济的内在规律性，也有政策措施的因素。在市场经济与政策调控二者之间，市场经济的作用是根本性的、主导性的，政策措施必须通过市场经济才能发挥作用。有的地方片面强调政府的作用，认为可以通过人为手段，在没有基础的地方，"打造"若干个城市群，实践证明这种违背经济规律的做法，并不能取得成功。

二、城镇化载体形态存在的问题

当前，大中小城市与小城镇都有长足发展，协调程度不断增强，城市群正在逐步取代大中城市，成为城镇化的主要载体形态。但由于城市群的发展历史较短，城镇化的主要载体形态存在着诸多问题：

1. 大城市存在的问题

大城市在过去十余年中，建成区面积以突破性速度增长。根据《中国城乡建设年鉴》（1999、2006、2008）和《中国城市（镇）生活与价格年鉴》（2009）等数据，东莞市 2008 年比 1999 年城市建成区面积增长 3210.0%，深圳、广州、南京分别增长 495.5%、214.5%、204.6%。增长幅度超过 100% 的还有重庆（191.7%）、北京（168.5%）、郑州（164.0%）、武汉（121.4%）、成都（111.4%）、哈尔滨（106.2%）。

直辖市、省会城市、部分区域中心城市，人口数量激增。从 2000 年到 2010 年，北京市常住人口从 1381.90 万增加到 1961.26 万；上海市从 1673.77 万增加到 2301.915 万；天津市从 1000.88 万增加到 1293.822 万；广州市从 994.300 万增加到 1270.080 万；杭州市从 687.8 万增加到870.04万。此外，还有一个值得注意的现象是，部分地级城镇也出现了较快的人口增长，并突破千万人口，如苏州、南阳等。预计到2020年，上海北京等城市人口将有可能突破3000万，一批省会城市突破1500万。

表8.5　　　　　中国千万以上人口城市　　　　　单位：万人

城市	2010年常住人口	2000年常住人口	净增量
一、全国2000万人以上城市（2个）			
重庆	2884.62	3090.45	−205.83
上海	2301.91	1673.77	628.14
二、全国1000万人以上城市（11个）			
北京	1961.20	1381.90	580.30
成都	1404.76	1124.43	280.33
天津	1293.82	1000.88	292.94
广州	1270.08	994.30	275.78
保定	1119.44	1058.92	60.52
哈尔滨	1063.60	941.34	122.26
苏州	1046.60	691.68	354.92
深圳	1035.79	700.79	335.00
南阳	1026.30	972.00	54.30
石家庄	1016.38	924.18	92.20
临沂	1003.94	994.26	9.68

数据来源：各地第六次人口普查数据公报。

城市扩张过快带来大城市病，包括城市交通拥堵、住房拥挤、房价过高、资源短缺、生态空间减少、环境质量恶化、城市贫困加剧、公共安全危机凸显等等。具体现象有：①城市用地不断向外蔓延扩张，周围绿色空间不断被蚕食；②大量移民集中到城市，居住在简陋的贫民窟内；③每天有数十万人甚至上百万人到中心城区上班，产生了大容量的交通潮，城市交通拥堵日益增加；④中心区超强度开发，密集的高楼遮天蔽日，人民缺少阳光与活动空间；⑤城市中就业困难及犯罪率上升；⑥污染造成城市生态环境的严重破坏；⑦豪宅与贫民窟并存，居住紧

张，住宅质量低下、居住环境恶劣。以上几乎是所有大城市遇到的
难题。

2. 小城镇存在的问题

小城镇已经出现了高度分化，但迄今还没有针对小城镇的分类指导
的城镇化政策。

20 世纪 80 年代中期以来设立了数量较多的小城镇。这些小城镇中，
有一部分当时就没有产业集聚与人口集聚的基础，至今仍发展得不好。
2009 年统计，县城城镇人口平均为 7 万人，全国近 2 万个建制镇镇区人
口平均为 7845 人。按照小城镇人口至少达到 1 万人才有规模效应，许多
小城镇处于不经济状态。

具体来说，东部与中西部小城镇面临的困难并不完全相同。东部
发达地区外来人口多，城镇设施不能全面满足所有常住人口的需求。
而在中西部的一些县和小城镇，主要问题是产业基础薄弱，财政收入
低，因此由地方政府负责投资的供排水、垃圾处理等环境设施无力更
新运营。

表 8.6   **2009 年县城基础设施建设基本情况**

类别	人均城市道路(m^2)	用水普及率(%)	污水处理率(%)	生活垃圾无害化处理率(%)	燃气普及率(%)	人均集中供热面积($10m^2$)	建成区绿化覆盖率(%)
县城	11.95	83.72	41.64	15.09	61.66	4.80	23.48
全国城市	12.79	96.12	75.25	71.39	91.41	37.96	38.22

资料来源：住房和城乡建设部计划财务与外事司：《中国城市建设统计年鉴（2009 年）》，
中国计划出版社 2010 年版。

乡政府所在的地的非建制镇与县城相比，在经济发展、基础设施方
面又显示出差距。按 2009 年统计的数据，我国有乡政府所在地的非建制
镇 14848 个，这些非建制镇的公用设施、生态环境等指标见表 8.7。

由于人口规模太小，这些小城镇集聚效应不显著，存在着土地资源
浪费等现象。目前，尽管每个小城镇占地并不多，建成区面积平均只有
1.6 平方公里，但由于小城镇数量众多，小城镇合计的建成区占地 3 万多

表 8.7	非建制镇基础设施发展情况	
规模	建成区人口 其中：非农人口比重 建成区面积	2000～4000 人 70% 以下 1～2 平方公里
经济与产业	经济总量（GDP） 二、三产业占 GDP 比重 社会消费品零售总额 财政收入	1 亿元左右 60% 以下 1 亿元以下 0.1 亿元左右
社会事业	中等学校规模 医疗卫生水平 文化设施标志 体育场所	一般只有初中 低于县城水平 没有小型设施 没有公共运动场所
公用设施	人均道路面积 万人拥有公共交通车辆 自来水普及率 燃气普及率	10.9 平方米 无 63.5% 17.6%
生态环境	建成区绿化覆盖率 污水处理率 生活垃圾处理率	11.4% 无 无

数据来源：作者根据中国城市建设统计年鉴等计算所得。

平方公里，与小城镇集聚的 1.38 亿人口相比，人口密度只有城市平均水平的一半。如果这些人口集中到城市，则理论上可节约土地 1.7 平方公里。小城镇规模小，企业投资效益低，经营性的基础设施投入无以为继、环境恶化、陷入了一种负反馈的发展状态。

但在我国大城市周边、都市连绵区，还有另外一类小城镇，实际上他们的人口、规模已经达到小城市甚至中等城市的标准。中国城市和小城镇改革发展中心（2010）研究表明，我国有 740 个小城镇的镇区人口超过 5 万人，其中有 20 个达到 20 万人。这类小城镇目前在体制上仍按"镇"对待，自然发展受限，也难以更好地承担城镇化过程中承接人口的功能。

以镇区人口规模排序的千强镇，镇区平均人口规模达到 7.1 万人，已接近我国设市标准。2008 年，我国小城镇区镇区人口超过 10 万人的镇有 152 个，其中人口在 10 万～20 万达到小城市规模的镇有 142 个，人口在 20 万～50 万达到中等城市规模的镇有 9 个（表 8.8），这些特大镇中的一部分可以按照中小城市加以培育。浙江省首批小城市培育试点名单中，就有杭州市桐庐县横村镇、温州市苍南县龙港镇、平阳县鳌江镇、湖州市安吉县孝丰镇、台州市玉环县楚门镇、绍兴市绍兴县杨汛桥镇、平水镇等特大镇被列入该省首批小城市培育名单。

表 8.8 **特大镇的主要特征**

	一般描述	例证
人口规模大	镇区超过 10 万人的有 152 个	虎门镇达到 57 万人
产业特色鲜明	广东"专业镇"、浙江的"块状经济"	大唐镇年产袜子 160 亿双，占全球 1/2
财政收入高	2008 年财政收入超过 10 亿元的镇有 94 个	绍兴县虎门镇镇本级财政收入 10 亿元
地域分布集中	东南沿海地区	如浙江：大溪镇、柳市镇、龙港镇、店口镇
外来人口比重高	千强镇中，外来人口超过本地人口的 136 个	钱清镇本地人口 6 万人，外来人口 6.5 万人

资料来源：课题组整理。

3. 城市群存在的问题

城镇群存在的问题，包含了大城市与小城镇存在的问题，但又有其自身独特的问题，主要表现为：

一是出现了一定程度的城市群乱象。目前除了国家层面提出的主要城市化地区以外，各个省纷纷以省会为中心、以省内主要城市为副中心，构建各种不同的城市群。这些城市群的规划往往不切实际地夸大资源的向心集聚，规划的科学性较差。

二是城市群内部缺乏沟通协调机制。在国家层面上的一些城市群，其内部沟通协调机制，长期停留在纸面上，很难有实质性的进展。城市内部不同行政级别的城市之间，不同规模的城市之间的协调关系得不到解决。在牵涉到的具体协调内容方面，主要有以下几点：①上下风向之间，同流域上下游之间的产业布局与协调；②重大基础设施缺乏协调，如港口、机场、铁路枢纽；③重大公共服务缺乏协调，基本公共服务设施存在重复建设或者人为阻隔。

三是存在着重经济、轻生态的问题。姚士谋等（2011）指出，近年来，城市房地产开发过热，不少城市高层、高密度开发，带来人口密集、绿地缺乏、环境恶化的负效应，使得人与生态环境很不适宜、空气质量下降。城市群区的生态环境与水资源、土地问题更加严重。长江流域 167 座城市中有 59 座城市不同程度缺水，其中 26 座城市严重缺水。城市污水排放量不断上升，1998 年为 189 亿吨，2003 年上升到 273 亿吨。太湖流域面积仅占全国 0.38%，但每年各种污水排放量达到 32 亿吨，为全国的 10%。全国近岸严重污染海域主要分布在辽东湾、渤海湾、长江口、杭州湾、江苏近岸、珠江口等地区，已经对下一阶段这些地区城市群的沿海化发展造成负面影响。上海市近 65% 的用水量取自黄浦江水系，其干流水质总体在 IV ~ V 类，有机污染物比较突出，加大了城市建设成本的投入。

四是城市群人口承接的功能没有完全发挥。邓丽君等（2010）① 引入基尼模型计算城市规模基尼指数与城市经济基尼指数，求出基尼商指数判断其人口与经济发展的平衡性。结果发现，中国十大城市群经济集聚程度普遍高于人口集聚程度，人口和经济发展的平衡性差异明显。

三、推动城市群成为城镇化的主要载体形态

1. 促进各类型城镇有机分布，推动人口城镇化

城市群内的大城市要素市场发育完备，具有较强的规模效益，是各类企业总部区位选择的理想场所，有利于集聚高端服务业人才。各类中小城市与小城镇，生产生活成本相对较低，功能独特而互补，方便企业进行区域布局，同时能够吸引大量生产性服务业与劳动密集型企业就业、生活。

大城市、中小城市与小城镇通过便捷的交通线路予以连接，能够充分发挥不同城市的优势，成为具有活力的新型城市化地区，这为人口在城

---

① 邓丽君，张平宇，李平："中国十大城市群人口与经济发展平衡性分析"，《中国科学院研究生院学报》，2010 年第 3 期，156 页。

表8.9　　　　　　　　　　　三大城市群人口数　　　　　　　单位：万人

地区	六普		五普		四普	
	人口数	比重（%）	人口数	比重（%）	人口数	比重（%）
长三角城市群	10272.03	7.67	8422.36	6.65	7354.05	6.49
珠三角城市群	5611.84	4.19	3768.62	2.98	2559.83	2.26
京津冀城市群	8378.48	6.25	7107.3	5.61	6339.12	5.59

注：长三角城市群划分依据《长江三角洲地区区域规划（2010）》，包括上海、江苏八市（南京、苏州、无锡、常州、镇江、扬州、泰州、南通）和浙江6市（杭州、宁波、湖州、嘉兴、绍兴、舟山、台州）；珠三角城市群划分依据《珠江三角洲地区改革发展规划纲要（2008～2020）》，包括了广州、深圳和广东省其他七市（珠海、佛山、江门、东莞、中山、惠州、肇庆）；京津冀城市群划分依据《京津冀都市圈区域规划研究报告》，包括北京、天津和河北八市（石家庄、保定、唐山、秦皇岛、廊坊、沧州、张家口、承德）。

资料来源：1990年、2000年和2010年人口普查资料。

市群中的相对均衡化分布创造了条件。所谓均衡化是指人口在城镇化过程中，既从农村中转移出来，又不过度集中到大城市，而是在大中小城市与小城镇相对均衡分布的过程与状态。具体的路径有三：一是农村人口沿着传统的城镇化路径向小城镇、中小城市、大城市继续集中；二是大城市人口按逆城市化的路径，从大城市转移出来，向中小城市、小城镇进行扩散；三是中小城市借助大城市辐射带动以及小城镇要素集聚的力量，数量不断增多、不断发展壮大，成为吸引人口较多的城镇空间载体。这种在城市群范围内，人口既避免大城市过度膨胀，又避免小城镇天女散花式的均衡分布构想，得到了实际情况的呼应。例如，有学者对长江三角洲16城市农民工市民化问题进行调查，观察到的事实是，"中等城市已成为广大农民工的首选"。[①] 当然，这里有必要提出的是，城市群范围城镇化人口的均衡分布，不是回到前苏联那样，要将人口在整个国土范围内进行平均布局。

从我国城市群整个发展来考虑，据测算，到2030年，中国城市群的发展将可以集中大约10亿左右的城市人口，基本可满足中国总人口达到14.6亿人峰值、城市化率达到65%战略目标的需求。

2. 发挥城市群经济效应，提升全球竞争力

西方发达国家的大城市群对国家经济贡献率往往超过50%。如美国

---

① 参考钱文荣、黄祖辉："转型时期的中国农民工"，载于城市学研究会编委会主编《城市学研究》，中国社会科学出版社2011年版，第20～24页。

纽约、芝加哥、洛杉矶三大城市群对全美的 GDP 贡献率超过 2/3，日本的东京、大阪、名古屋三大都市圈对日本的经济贡献率达到 75%。我国京津冀、珠三角、长三角占全国经济比重在 40% 左右。①

表 8.10　　　　2007 年各地区在全国主要产业产值中所占的比重

主要 城市群	面积 （km²）	人口 （万人）	GDP 总量 （亿元）	外商直接 投资 （万美元）	进出口额 （亿美元）	人口密度 （人/km²）	人均 GDP （元/人）
珠江三角洲	54743	4409.4	26060	2215019	6133	805	59101
长江三角洲	110821	9722.8	43235	8219562	7787	877	44468
环渤海地区	225713	12179.6	46488	4767428	4337	540	38169
海峡西岸 地区	54542	2755	7567	1437946	727	505	27466
合计或四区 平均	445819	29066.8	123350	16639955	18984	652	42437
与全国总量 相比（%）	4.64	22.00	50.01	78.86	87.33		

　　国内外经验都表明，城市群内部各个城市之间相互开放，能够形成若干有利于经济发展的效应。一是竞争效应。竞争效益导致资源利用效率的提高。二是学习效应。城市群内的城市联系紧密，城市创新的各种做法能够很快被其他城市学习掌握，转化为城市自身的能力。三是成本节约效应。城市群内部城市共同举办一系列活动的沟通协调成本相对较低。四是规模效应。有些重大项目需要足够大的消费群体或配套能力，才具有投资价值，例如一些大型的生产资料市场布局就要求区域范围内要有足够多的上下游企业。五是品牌效应。城市群形成后，城市群的城市既获得城市群的集体品牌，也有自己独特的城市品牌，这对于国际合作是重要的无形资产资源。六是互补效应。在形成城市群落之前，各个城市通常按照自身的产业结构各自为政地发展经济，虽然经济年增长率始终维持在较高水平，地方经济规模也得到了扩大，但当地方资源难以维系经济的进一步发展以及产业的升级时，就会导致各级地方政府之间产生协调问题，再加上官员之间的晋升压力，使得短视行为常常发生，

---

① 顾朝林："'十二五'期间需要注重巨型城市群发展问题"，《城市规划》2011 年第 1 期。

比如重复投资建设。而一旦城市群形成，由于这些地区在空间上相互比邻，使这些功能相对单一的地区形成了一个功能相对齐全的城市群落，从而形成了一个自我包容、功能互补的城市集群。各种不同类型的城市从城市集群中分享发展收益①。

正因为有以上诸多正向效应，城市群成为一个国家工业化和城镇化进程发展到较高阶段的自然产物，成为经济发展中最具活力和潜力的核心增长点，成为经济全球化和经济区域化的有机结合，成为国家参与全球竞争与国际分工的新型地域单元。

3. 加强城市间合作，治理面域性生态环境问题

所谓面域性生态环境问题，是指这类生态环境问题产生于一个或多个城镇，并且影响到一个或多个城镇。例如大江大河大湖的污染问题、城市群的空气污染问题等等，都构成了面域性生态环境问题。例如，城市群的大气污染就是严重的面域性生态环境问题。长三角、珠三角、京津冀三大城市群占全国 6.3% 的国土面积，消耗了全国 40% 的煤炭，生产了 50% 的钢铁，大气污染排放集中。辽宁中部城市群、湖南长株潭地区以及成渝地区等城市密度大，能源消费集中的区域都出现了类似的面域性污染问题。

面域性生态环境问题，必须在城镇群范围内进行治理，才能收到根本性的效果。首先，从技术上来说，面域性问题涉及的环节较多，只有多个城镇协同解决，才能将问题的直接原因、间接原因、直接后果、间接后果查找清楚，对症下药，进行解决。其次，从政府行为特征上说，地方政府在面域性生态环境上，存在着一定程度自私自利的倾向。表现为，一个城市对于它造成的生态环境问题，希望不承担或少承担成本。典型的事例是大江大河的流域污染问题，以流域为载体的各个主体如城镇政府可能因为各自区域利益的理性考虑而陷入集体行动的困境。这种情况下，上游城市排入的污染物还未被完全稀释净化，即进入下游河段，加上下游河段的污水，造成环境污染的叠加。越往下游治理成本就越高，经济越是落后的地方所承担的相对成本越高。这种情况下，面域污染最

---

① 王春超、余静文："政府间组织结构创新与城市群整体经济绩效：以珠江三角洲城市群为例"，《世界经济》，2011 年第 1 期。

后的结果就是无法治理。

近年来，一些城市群的实践也表明，通过城市群或者跨区域协调，能够了较好解决面域性生态环境问题①。比如，在太湖流域水污染治理过程中，江苏、浙江、上海的多个城市之间等建立了多级政府之间的信息披露制度、行政监察制度和联席会议制度。又比如，辽宁中部城市群是传统的老工业基地，煤烟、机动车尾气严重，长时间以来形成了严重的大气污染，大气污染排入量占全省的60%以上。城市间相互影响明显，形成所谓"复合型区域污染"，其中污染物排放量较大的沈阳、鞍山等周边城市影响最大。针对这些问题，辽宁中部城市群将区域大气治理作为城市合作的关键性问题之一，合理分担治理成本，采取多项联合行动，收到较好效果。

4. 推进城市群协调机制建设，提升区域创新能力

从国际经验来看，一些发达国家如英、法、日、美等在新一轮区域政策中，都专门针对城市群（或都市圈、巨型城市地区）进行规划。例如，美国区域规划协会、林肯土地政策研究所等机构联合启动美国"巨型都市区研究计划——美国2050"，以期作为新的区域增长模式。在此计划中，有关机构提议制定与执行大都市区政策，以推动巨型都市区发展。

表8.11　　　　　　　　　美国拟议中的大都市区政策

	领导作用	授权	使绩效最大化
创新	建立国家创新基金会	制定产业集群补助计划，以支持产业集群开展优先发展计划	建立产业集群信息中心，以保存产业集群数据，跟踪产业集群优化发展计划，收集和宣传最佳实践经验
人力资源	对教育部下设的创新办公室进行重新定位以促进创新，并把重点放在结果上；扩大劳动所得税额抵减范围	保证公民能接受高等教育，把这项措施放在社区更新的核心位置上，并通过开展国家竞争性示范工程来鼓励加大这方面的努力	对接受各级教育的学生的成绩进行评估；为进一步开展评估、收集数据和建立量化评估模型进行投资

① 覃成林、周姣："城市群协调发展：内涵、概念模型与实现路径"，《城市发展研究》，2010年第12期。

续表

	领导作用	授权	使绩效最大化
基础设施	提出21世纪基础设施国家设想；委托一个常设战略运输投资委员会；成立一家国家基础设施公司（NIC）	为大都市区规划组织提供自由支配资金；要站在中立立场上对待有关公路和交通运输的建议	开展一项21世纪数据和分析率先计划——TransStat；制定一套对高绩效州和大都市区的激励措施
可持续特色城区	对碳排放进行定价；通过一些多学科发现—创新研究所来推动能源研发；通过"金融凭据记账业务"来催化装备翻新市场	制定可持续性挑战补贴制度，促进大都市区对住房、土地利用、运输和环境政策进行整合；建立一种精明的运输合作伙伴关系，帮助大都市区充分利用交通运输中转站周围的不动产	收集和发布碳排放数据，宣传最佳减排实践经验；要通过不动产纠纷解决程序法案（RESPA）来获取房地产交易方面的信息
区域管理	采取激励措施促进开展区域合作，进而把"区域划分理念"纳入各项联邦政策	制定管理挑战补贴制度，对各个计划领域内开展区域合作给予奖励	重建政府统计基础设施；建立大都市区创新网，借以收集、宣传和促进区域管理方面的最佳实践

资料来源：张丽君等：《世界主要国家和地区国土规划的经验与启示》，地质出版社 2011 年版。

　　中国区域政策演化发展的一个新趋势是，区域政策更多针对现有的都市圈、城市群进行设计，并投入相应的资源支持。区域政策重点与内容的转变，主要基于以下原因。首先，以往的区域政策失之于过大，简单地将全国划分为东、中、西、东北等区域。同一个区域范围内，不同地区之间差异过大。例如西部地区既有较为发达的成渝城市群、滇中城市群、黔中城市群、西安—天水城市群等等，又有禁止开发的大江大河起源地地区。其次，以往的区域政策对应的是若干省级行政区。区域政策实际上演变成为行政区政策，对于跨越行政区范围的城镇之间的经济、生态、文化联系，关注不够。第三，以往的区域政府是大城市偏向的政策，对于区域内部的中小城市、小城镇、乡村的支持不够。这是因为，区域政策的实施往往是沿着行政级别自上而下进行。在我们国家，由于高级别的城市往往管辖着低级别的城市，这样，高级别的省会城市、地级城市就将土地指标、固定资产投资指标、行政人员配置指标等予以截留。结果就是大城市资源过度集中，中小城市、小城镇得不到资源，两种资源配置情形下都出现了资源低效的现象。

新型化的区域政策针对都市圈或城市群，有力地改变了以往区域政策的不足。都市圈或都市群内部不同区域主体、行为主体之间在经济、社会、生态、文化等方面已经形成了密切联系，大中小城市、小城镇与乡村区域协作互补，各种区域协调机构或机制（如协会、城市群各专门问题协调委员会、联席会议）发育得较为完善，这都有利于实施各项区域政策，有效地促进区域成长。

四、以县域为基本单元，推动中小城市发展

在城市群中广泛存在着不同的行政区，高等级的市（如省会、地级城市）可能通过行政资源的配置，吸附较多的资源用于城市建设，而低等级的城市（如县级市）、小城镇（含县城、县内小城镇）得不到充分的资源支持，这就导致城市群的发育仍然是大城市为主导，出现一定的扭曲现象。为了优化城镇化的载体形态，就必须推动城镇化的政策重点下移，下快县域城镇化发展。

1. 加快推进县域城镇化的意义

"县域城镇化"这个概念，理论界并没有统一和明确的定义。比较有代表性的定义一个是从过程角度去定义县域城镇化；另一个是从区域空间范围角度去定义县域城镇化。

蔡国华、李苗（2006）认为县域城镇化是伴随着工业化、现代化进程的一种经济现象，是农村经济向城市经济转变和互动的过程，主要表现为人口在空间上由农村向城镇的转移，是县域经济发展的重要途径[1]。刘桂文（2010）认为，县域城镇化是农村人口和非农产业不断向县域城

---

① 蔡国华、李苗："县域城镇化发展探析"，《生产力研究》，2006 年第 12 期。

镇聚集的过程①。

白志礼等（2007）研究认为，我国城镇化包括两个空间范围的城镇化：一是县域范围的城镇化；二是县域范围以外的城市化。县域城镇化属于农村地区的城镇化，这是伴随着县域工业化和第三产业发展而发生的社会、经济结构的转换，这一转换主要表现为人口、非农产业、资本等要素由分散的农村向县域城镇集中。按我国目前的规定，县域内的城镇包括县城区（含县级市区）以及县城以外的建制镇，其余地区为农村地区②。王建国（2008）分析指出，从空间上看，城镇化可以分为两类地区：其一是城市区域。由于城市尤其是大城市区位交通优势明显，二三产业发达，基础社会完善，社会环境良好，就业空间大，人口承载力强，具有强大的集聚功能和辐射效应，因而是吸纳农村劳动力和人口推进城镇化的主要载体和平台，也是城镇化的主战场和先发地区。其二是县域。由于县域实际上是我国的广大农村地区，它既是城镇化过程中农村人口的转出地区，也是农村人口的转移地区③。

国际比较表明，有一些国家也有县制，但所承担的角色与我国的县并不完全相同。特别是在发达国家的城乡之间，就业和居住可以自由流动，因此实际上不存在我国所谓的"县域城镇化"的问题。自秦以来的两千多年，县都是我国最稳定的行政建制；当前，县是我国国民经济基本的经济单元。我国特殊的城乡二元结构依托县制这一基础，全面推进城乡一体化又依赖于县域城镇化的发展。因此，我们认为，县域城镇化是一个历史的概念，它是中国特色城镇化体系中的一个重要的方面。所谓县域城镇化，是指以县为基本单元的区域城镇化。从结果看，县域城镇化是指县域城镇人口和非农产业比重得到提升，城镇发展水平不断提高。从过程来看，县域城镇化表现为实现三大转型，即：农民向城镇居民转型（市民化转型）、农业就业向非农就业的转型（就业转型）、封闭落后的乡村向开放文明的城镇转型（空间转型）。

"十一五"以来，特别是金融危机发生之后，县域城镇化问题面临着

① 刘桂文："推进县域城镇化的对策研究"，《经济纵横》，2010 年第 5 期。
② 白志礼："县域城镇化问题的特异性与发展思路研究"，《城市发展研究》，2007 年第 5 期。
③ 王建国："河南县域城镇化发展的着力点及应注意的问题"，《中州学刊》，2008 年第 6 期。

新的发展背景与发展环境。

一是县域城镇化受到更多的政策关注。从县域城镇化的发展政策看，县域城镇化受到前所未有的重视。2006 年，政府工作报告首次专门论述县域经济发展问题。2009 年中共中央、国务院《关于 2009 年促进农业稳定发展和农民持续增收的若干意见》再次强调要"推进省直接管理县（市）财政体制改革（表 8.12）。稳步推进扩权强县改革试点，鼓励有条件的省份率先减少行政层次，依法探索省直接管理县（市）的体制"。截至 2010 年，我国已有 20 多个省份陆续进行了财政体制省直管县和扩大县级政府经济社会管理权限的试点，两项合计超过 1000 个县①。特别是，2009、2010 年中央工作会议就加快中小城市和小城镇改革，都进行了专门部署。这些政策文件意味着，县域城镇化的问题受到政策层面更多、更集中的关注②。

表 8.12 省直管县的政策文件

时 间	重要文件	省直管县改革的内容
2006 年 1 月	中共中央国务院《关于推进社会主义新农村建设的若干意见》（1 号文件）	有条件的地方可以加快"省直管县"财政管理体制和"乡财县管乡用"财政管理方式的改革
2006 年 3 月	全国人大《中华人民共和国国民经济和社会发展第十一个五年规划纲要》	有条件的地方可实行省级对县的管理体制。减少行政层级
2008 年 8 月	中共中央国务院《关于地方政府机构改革的意见》	有条件的地方可以依法探索省直接管理县（市）的体制，进一步扩大县级政府社会管理和经济管理权限
2008 年 10 月	中共中央《关于推进农村改革发展若干重大问题的决定》	推进省直接管理县（市）财政体制改革，优先将农业大县纳入改革范围
2009 年 1 月	中共中央国务院《关于 2009 年促进农业稳定发展农民持续增收的若干意见》	推进省直接管理县（市）财政体制改革，将粮食、油料、棉花和生猪生产大县全部纳入改革范围

二是金融危机凸显解决农民工市民化的问题的迫切性。中西部地区

---

① 张占斌主编：《中国省直管县改革研究》，国家行政学院出版社 2010 年版。
② 据 2009、2010 年中央经济工作会议公报。

农民工在东部就业，在获得一定的经济收入的同时，承担了家庭生活方面较多的非经济性成本。2005 年全国 1% 人口抽样调查数据显示，全国 1.3 亿农民工中有 8000 多万人已在城镇居住半年以上，有 55.14% 的农民工希望未来在城市发展、定居，但目前只有 10% 的农民工具有转化为市民的基本经济能力。全国农村留守儿童规模高达 5861 万人，60 岁及以上的留守老人 1800 万人，留守妇女高达 2000 万人，农民工普遍处于家庭分离的现实状况。

2007 年下半年以来，东部地区受到金融危机的影响，外贸出口型企业的订单削减、用工减少。金融危机的直接的影响是农民工在东部地区找不到工作，更多地回流到中西部地区（表 8.13）①。深层次的原因是农民工在大中城市融入难的问题长期得不到解决，因此开始更多选择流回本省并相对集中于县城或其他建制镇。数据显示，2009 年与 2006 年相比，农民工在直辖市的分布数量下降 3%，在地级市下降 6.5%，而在建制镇上升 40%②。

表 8.13　　　　金融危机前后农民工区域分布及变化（%）

	东部地区	中部地区	西部地区
2006 年	70.1	14.8	14.9
2009 年	62.5	17.0	20.2

金融危机加快农民工问题的暴露，同时也就加快了问题的解决过程。金融危机之后，中西部地区的地方政府普遍放开当地县城和小城镇的户籍政策，鼓励农民工进入当地的县城、小城镇；东部地区则进一步创新社会管理，研究以"积分"换户口等政策，试图为农民工市民化设计出可行的路线图。一定意义上说，危机之后，农民工市民化问题的解决有所提速。

三是城市群发展给县域城镇化的功能扩展带来可能性。近年来，除了珠三角城市群（城市密集区）、长三角城市群、京津冀城市群之外，我

---

① 另参阅《促进人的发展的新型城市化战略》，人民出版社 2010 年 10 月版，第 25 页表 2 -1，2 -2。

② 国家统计局农民工监测调查报告，另参阅《促进人的发展的新型城市化战略》，人民出版社 2010 年 10 月版，第 25 页表 2 -2。

国其他诸多城市群都得到了长足的发展。传统意义上，是走大城市、中小城市还是小城镇发展道路，一直有争议。但有一点是肯定的，在和大中城市争夺发展资源方面，县域范围内的县、小城镇总是处于弱者地位。城市群的发展理念为县域城镇化提供了新的空间，也就是县域城镇可以通过与城市群内的核心城市、中心城市进行互补合作，发挥自身独特的功能，展示自身的价值，提高吸引人口和产业集聚的能力。

四是体制机制方面的方案累积有利于深入推进县域城镇化。县域城镇化涉及许多问题，解决这些问题需要体制机制的突破与变革。受客观条件、主观认识等各方面原因限制，我国县域城镇化走的是一条渐进式的道路，有些关键性的体制机制问题经历了"积累—突破—再积累—再突破"的解决过程。在这个过程中，有些问题是先在一定区域范围内进行试点，找到解决办法后再应用到更大的区域范围。有些问题的"关键点"充分暴露后得到解决，进而带动整个问题的解决。

比如，在户籍政策方面，改革开放以来，放松对农民工进城的限制，一直是个趋势；部分县城、小城镇以及中小城市，顺应这个趋势，在户籍管理制度上不断放松，现在基本上已全面放开。未来，户籍等制度的进一步改革必将为县域城镇化的全面推进创造条件。

县域城镇化处于以上背景之下，正在显现出新的变化和发展趋势。当前阶段的县域城镇化，在市民化转型上，开始摒弃过去"离土不离乡"、"进厂不进城"等就业与户籍分离的做法；在空间平台和载体的形式上更加多样化，许多县城、县内的小城镇正在融入大城市群并成为城市群的一个节点；在科学发展指导下，县域经济加快转型，环境友好型、资源节约型产业得到发展，拓展了非农就业的空间。与县域城镇化的准备阶段、起步阶段、曲线推进阶段对应，目前中国的县域城镇化进入了全面提升的新阶段当前县域城镇化正处于一个新的发展阶段，这个阶段鲜明的特征是"多元复合转型"。所谓多元复合转型，就其一般意义来说，是指不同领域中具体转型的多元性特征，又指各个转型相互渗透、相互交织的复合性特征（许正中，2007）①。我们需要全面把握县域城镇

① 许正中：《社会多元复合转型》，中国财政经济出版社 2007 年版。

化的多元复合转型的内涵特征，从战略高度认识多元复合转型县域城镇化的现实意义与理论价值。

多元复合转型的县域城镇化，是多元复合转型的一般特征在县域城镇化领域的具体体现，就是指在县域城镇化实现过程中，多种转型的内容能够全面实现，多种转型的过程能够互相促进，从而形成一种良性发展的机制，推动形成具有较高质量的县域城镇化。多元复合转型县域城镇化有如下特征。

全面性。在县域城镇化发展过程中，农民向市民化的转型、封闭落后的乡村向文明城镇的转型、农业就业向非农就业的转型等多种转型任务全面实现。强调全面性，就是要抛弃单一性、片面性，就是要改变那种土地城镇化快于人的城镇化的问题；改变那种只进行就业地域转移、不进行户口转移等状况。

共时性。三大转型及三大转型之间的互动关系，其实现过程在时间上是基本同步的，而不是被切割成许多延缓日久的环节。例如农民的市民化问题，以往是"渐进式"演变，即在漫长的时间段里，经由"离乡不离土"、"离土又离乡"、"进厂不进城"等多个环节，问题还不一定得到解决。而多元复合转型则要求农民在就业转移的同时期或者可预期的较短时间期限之内，基本上就能解决市民化身份转移的问题。

根本性。农民在进入城镇工作的同时就能获得身份待遇，能够享受市民的完整权利，这是一种实质性的、根本性的城镇化，而不是那种在人口统计上被列入城镇人口但身份待遇仍然被二元分割[1]。实现这种根本性的城镇化在我国有着特殊的意义，甚至有学者称之为继土地改革、大包干之后中国农民的"第三次解放"[2]。

2. 推进县域城镇化的战略重点

推进多元复合转型的县域城镇化，要求全面把握县域城镇化的内涵，切实推动人口、空间、就业等方面的转型发展。

从全国范围内县域城镇化的推进要求来看，应当抓住县域城镇化的

---

[1] 易善策："'双重转型'背景与中国特色城镇化道路"，《济南大学学报》，2008 年第 6 期。

[2] 胡鞍钢："中国存在'四农'问题"，《经济研究资料》，2005 第 3 期。

主要问题，予以重点突破。当前应抓住有利时机，实施"三大群战略"，即以培育和壮大县域城镇人口群为基本任务，以城市群背景下的中小城市和重点小城镇为主要空间载体，以制造业和服务业产业集群为产业组织形式，将重点区域的县域城镇化提高到一个新的水平。

根据我国县域城镇化水平和发展基础多样性的实际情况，在微观层面应该鼓励将多元复合转型转型与每个县的情况相结合，一县一策，一县一模式，探索各具特色的县域城镇化发展战略。

县域城镇化发展必须以新农村建设发展为腹地为依托。应当在推进县域城镇化过程中，切实加强和改进新农村建设发展，推进城乡一体化的水平。

（1）培育与壮大县域人口群

首先是放开县和多数小城镇的户籍。我国户籍政策的改革已经取得明显进展（表8.14），当前要围绕县域城镇化的目标和任务，全面放开县及多数中小城市的户籍限制。具体做法是，在多数县域范围内，允许农民按居住地和就业地登记户口。对于条件尚不成熟的县，应该尽快降低农民进城落户各项标准，保障农民顺利获得户籍权利。

表 8.14　　　　　　　　　建国后我国重要户籍政策一览①

年份	政策名称	对城镇化的影响
1977	《公安部关于处理户口迁移的规定》	严格限制
1980 年代初	国家农转非控制指标由不超过当地非农业人口的 0.15% 上升到 0.2%	改革松动
1984	《关于农民进集镇落户问题的通知》	改革松动
1985	《关于城镇暂住人口管理的规定》	改革松动
1985	《中华人民共和国居民身份证条例》	改革松动
1989	《临时身份证暂行规定》	改革松动
1989	《关于严格控制"农转非"过快增长的通知》	严格限制
1992	《关于实行当地有效城镇居民户口的通知》	改革试点
1992	国务院宣布自 1993 年 1 月起，户籍与粮食供应脱钩	改革松动
1997	《小城镇户籍管理制度改革试点方案和关于完善农村户籍管理制度的通知》	改革松动

---

① 王伟等："基于制度分析的我国人口城镇化演变与城乡关系转型"，《城市规划学刊》，2007 年第 4 期，第 42 页。

续表

年份	政策名称	对城镇化的影响
1998	《关于解决当前户品管理工作中几个突出问题的通知》	改革松动
2001	《关于推进小城镇户籍管理制度改革和服务工作的通知》	改革松动
2003	《关于做好农民进城务工就业管理和服务工作的通知》	改革完善配套
2003	《2003–2010年全国农民工培训规划》	改革完善配套
2006	《国务院关于解决农民工问题的若干意见》	改革完善配套

资料来源：根据有关文件总结。

其次，要协调推进，保障进城农民享受基本公共服务。健全和完善社会保障体系，逐步实现社会保障的社会化、规范化是县域城镇化的必然要求和重要保障。

当前，要尽快理清县域城镇居民和农村居民在享受基本公共服务方面的"缺口"（表8.15）。对于在县域城镇就业的农民工，要采取切实措施，尽快实现其享受到基本的公共服务。在养老保险、医疗保险、最低生活保障等重要的难点、关键点方面实现突破。

表8.15　　　农民工在城镇享受基本公共服务情况

基本公共服务项目	农民工和本地居民之间的差异
义务教育	在流入地不能完全享受
职业教育	部分符合条件的农民工可以享受
就业服务	基本实现均等享受
职业技能培训	可以享受
养老保险	不能在流入地参加城镇社会养老保险
医疗保险	不能在流入地参加城镇居民医疗保险和新农合
失业保险	可以参加
工伤保险	可以参加
最低生活保障	不能在流入地享受
保障住房	有条件城市对农民工放开保障性住房
公共卫生	基本可以享受
计生服务	基本可以享受
公共文化	基层公共文化和体育设施向农民工开放

资料来源：《中国城镇化战略选择研究》，中国城市和小城镇改革发展中心内部报告，2010年7月，第65页。

按进城人口分类情况，协调实施，全面推进进城农民获得相应的社会保障。对因征地而转入城镇的农村人口，应强制地将安置补偿费直接用于建立与城镇统一的社会保障，直接将其纳入城镇社会保障体系。对短期在城镇打工的农民，应让其保留耕地承包权，以此作为他们的基本生活保障；对长期在城镇就业、收入和生活已经相对稳定，但尚无条件加入城镇社会保障体系的乡镇职工及其他居民，鼓励商业保险机构开展养老、医疗等保险项目；对已经脱离土地、失去工作机会又无其他生活来源的城镇常住居民，在收入调查的基础上，建立城镇生活救济制度；对于有条件的城镇，可逐步建立规范的养老和医疗保障制度，待条件成熟时，纳入当地统一的社会保障体系。

第三，要改革和完善土地制度框架，引导农民有序进城。

要在合理的土地制度框架下引导农民有序转移。当前中国城镇化的制度基础是由土地、户籍、社保、就业、教育等制度交互作用而构成的制度体系，在城镇化发展过程中，农村人口向城镇的转移需要切断或改变农民与土地的关系，绝不能是简单地剥夺农民土地和侵占农民利益，而要在合理的土地制度框架下引导农民有序转移，总结各地"宅基地换房"、"土地换社保"等方面的经验和教训，稳步探索土地与户籍改革的有效途径。

要强化农民永久使用权，激发农民参与城镇化的创造力。农村土地制度将所有权归属于虚无的集体，割裂了要素使用者和要素间纽带关系的现实，当前的改革和创新要立足于稳定家庭联产承包关系，并在此基础上弱化集体所有权、强化农民永久使用权。通过明确集体所有权和农民使用权的权能界限，既可以强化国家的宏观调控，也最大限度保护了农民的合法权益，不仅无损于国家利益，还有助于农民用好和用活承包土地，再次激发农民的无限创造力，从而为城镇化发展贡献更大推力。

建立合理流转机制，探索土地使用权进入市场交易。有条件的地方，实行土地的资本化经营。允许土地使用权和其他商品一样，进入商品市场和要素市场进行交易和流动。明晰土地产权，实行农地使用权股份化，把农户的土地长期承包权变成股权，并将土地按产业化、专业化生产要求进行集中，实行土地承包权与经营权的分离，农户凭借股权从集体分得红利以实现承包收益并体现公平。

要通过土地整理等手段，实现县域城镇化的内涵式增长。县域城镇建设中的存量土地很多，要尽可能利用存量土地，立足于内部挖潜，促进城镇土地集约利用，通过治理"空心镇"，进行旧场镇改造等整理措施，有效挖掘县域小城镇存量土地潜力，提供小城镇建设用地，控制小城镇外延。

第四，要加强对进城农民的多方面培训，进行新市民教育。

要在农民工中开展职业道德教育，引导农民工爱岗敬业、诚实守信，遵守职业行为准则，成为既熟练掌握职业技能，又具备良好职业道德的合格的产业工人。结合文明城镇创建活动，进行新市民教育，重点是引导新近转移人口遵守交通规则、爱护公共环境、讲究文明礼貌，培养科学、文明、健康的生活方式。

要高度重视和切实加强对农民工的教育和培训，不断提高他们的科学文化水平。

根据就业特点，对于主要行业涉及的基本知识和技能，要开发出具有地方特色的课程，进行专门的教育培训。

创造条件，让当地原著市（镇）民与新进城农民、农民工接受同种教育培训，以增强农民工的身份认同感和成就感。消除农民工和城镇居民的沟通理解的文化障碍，实现农民工与城镇居民的和谐共处，是农民工融入城镇的必然要求。

（2）对城市群与非城市群的县进行不同定位发展

首先，依托城市群对县域城镇空间发展重新定位。

对于城市群中的县，重点是研究功能分工。综合来看，我国城市群的核心城市都已经比较发达，而非核心区的县以及县辖镇，处于快速工业化、城镇化的阶段，内部空间也不断演化。由于城市群的能量能够极大地左右并影响到这些县或镇，因此城市群的区域背景从根本上决定了这些县、镇的产业与就业模式。这些县或镇与城市群的核心层的联系成为其对外联系的主要形式，而县或镇与其他县或镇之间的横向联系则十分有限。这种空间结构就要求城市群的县或镇，不能追求自成一体的内部功能、布局完整性，而应"咬合"到城市群的功能分工中去，成为其一部分。

对于暂时不属于任何城市群影响范围的县市，重点是围绕县城和少数小城镇进行发展，加强人口向这些地方集中。同时也要加强县域城镇化的对外联系与合作，走一条开放式发展的道路。特别是对于限制开发区内的县，其城镇化发展应坚持保护优先、适度开发、点状发展，因地制宜发展资源环境可承载的特色产业。

其次，要更新城市理念，对县城、特大镇等进行重新定位。

少数城市县按地级城市进行规划发展。这类县数目较少，但他们在国内外竞争力强、影响力大。它们一般应具备以下数个条件或条件之一：①产业上具有特色，县内的产业集群在全球价值链上的分工位置重要；②处于大都市圈之内，接受的辐射能力强；③创造和吸纳就业能力强，具备吸纳更多本地和外地流动人口的能力；④在区域合理布局上有重大战略意义。这类已不能归到传统的县的范畴中去，但又不是一个完整独立的城市，成为一种新的"城市县"。可以考虑在长三角、珠三角、京津冀各大城市群影响范围内，各选择3～5个左右这类城市县，按地级市的行政级别予以资源配置与支持，推动城市县通过城乡一体化发展实现健康的城镇化。

绝大多数城关镇按小城市规划发展。全国有50个地级区划、1630个县级行政区划（1461个县、117个自治县、49个旗、3个自治旗）并非建制市，但这些县、旗县城所在地，也已经聚集了相关规模的人口。但由于规划以及县域城镇发展理念上存在的问题，这些"城关镇"目前的职能结构、规模结构和空间结构，难以承载县域层面的区域经济文化中心的多项职能，制约了县一级经济社会发展。"城关镇"凸显县域城镇体系结构缺失[①]，应制定鼓励政策将其按中小城市培育（表8.16）。

表 8.16　　　　　　　　县级行政区的中心城镇数目

类别	地级建制市	非建制市的地级行政区划的中心区域	县级建制市	非建制市的县级行政区划的中心城镇
数量	162	50	370	1630

资料来源：课题组整理。

---

① 参考付崇兰："走好自己脚下的路"，《中国经济导报》，2010年04月08日。

将部分特大镇培育成为小城市。根据国家统计局数据，2008 年我国有小城镇 19234 个，以镇区人口规模排序的千强镇，镇区平均人口规模达到 7.1 万人，已接近我国设市标准。2008 年，我国小城镇区人口超过 10 万人的镇有 152 个，其中人口在 10 万～20 万人达到小城市规模的镇有 142 个，人口在 20 万～50 万人达到中等城市规模的镇有 9 个，这些特大镇中的一部分可以按照中小城市加以培育。浙江省首批小城市培育试点名单中，就有杭州市桐庐县横村镇、温州市苍南县龙港镇、平阳县鳌江镇、湖州市安吉县孝丰镇、台州市玉环县楚门镇、绍兴市绍兴县杨汛桥镇、平水镇等特大镇被列入该省首批小城市培育名单。

第三，要多元投资，加强城镇基础设施建设。

县域城镇化的基础设施要根据各地不同情况量力而行。要不断缩小县城、小城镇与中等城市在城镇污水处理率、垃圾无害化处理率、自来水普及率等方面的差距。同时，力求教育、文化、卫生、体育等公共服务设施基本完善。根据经济和社会发展情况，还要不断提高信息化基础设施的水平，建设信息城镇、智慧城镇。

我国传统单一的财政资金投入模式容易导致融资渠道狭窄，建设资金严重短缺，而我国的资本市场和银行业与发达国家相比尚不发达，基于以上考虑，在县域城镇化的基础设施建设中，应该选择一种政府与市场结合的多元化融资模式，在坚持财政资金投入的同时又积极探索市场化配置资源路子。

要利用好金融资金的投资拉动。树立经营城镇的理念，把城镇作为最人的国有资产来经营。对污水管网等公用设施进行抵押，用贷款来经营管理并偿还债务，滚动发展。除了利用好国内金融机构的支持，还要善于利用国外非政府组织、金融机构的资金支持。

要合理推进公用事业的市场化运营。对城镇的供水、供热、供电、园林、绿化等，进行公开招标，鼓励私营部门按照标准要求，制定可行的投资开发方案。部分公用事业，要进行市场化管理运作，努力探索公用事业与私营部门相结合的路子。

管理和开发城镇无形资产。如对城镇道路冠名进行公开的市场招标，设置合理的年限与操作办法，吸引私营企业参与利用开发。对于城镇年度

专栏8.1　　　　陕西省加快县域城镇化发展纲要（节选）

1. 县域城镇化水平

到 2012 年，县域城镇化水平达到 34.3%，年均增加 1.2 个百分点，县域城镇人口达到 790 万，年均增加 28 万；到 2020 年，县域城镇化水平达到 43.5%，年均增加 1.2 个百分点，县域城镇人口达到 1000 万，年均增加 26 万。

2. 县域基础设施建设

到 2012 年，全省县域市政基础设施水平显著提高，服务功能基本完善。城镇污水处理率达到 70%，垃圾无害化处理率达到 65%，自来水普及率达到 80%，人均道路面积达到 8 平方米，燃气普及率达到 85%；建制镇、村庄主要道路全面硬化，建制镇建成简单、低耗的污水处理设施，生活垃圾实现统一收集处理。

教育、文化、卫生、体育等公共服务设施基本完善，水平进一步提高。教育资源向县城和重点镇集中；县城有剧院和标准化文化馆、图书馆，镇（乡）有标准化文化站，村有文化活动室；全面完成乡镇卫生院基础设施建设任务；城镇体育场地人均达到 1.2 平方米。

资料来源：陕西省政府文件，陕政发（2009）21 号。

论坛活动、博览展示活动也可以试行冠名开发的办法。

探索居民参与城镇建设的途径。对新建居民小区、街道或者街区图书馆、文化馆，根据居民意愿，探索集体投资、小区共管等模式。

（3）发展就业吸纳能力较强的各类产业集群

我国学者的实证研究表明，从 20 世纪 80 年代中期一直到 90 年代中期，"村村点火、户户冒烟"式的乡镇企业都是吸纳县域富余劳动力的主力军[1]，但自 90 代中期以后，吸纳能力呈负增长状态。而在浙江、江苏、广东、福建等产业呈现集群成长态势的省份，不但乡镇企业吸纳和转移

---

[1] 于立等："中国乡镇企业吸纳劳动就业的实证分析"，《管理世界》，2003 年第 3 期。

农村剩余劳动力没有明显下降，而且城镇化水平也因此得到极大地提高[①]。以上事实充分说明，产业集群这种产业组织形式较好地解决了非农产业、非农就业的问题。当然，浙江、江苏等地传统的产业集群污染较高、效益较低，这种类型的产业集群也应被摒弃，而代之以环境友好型、资源节约型的低碳产业集群发展。

第一，要发展以第三产业为主导的产业集群。

积极发展商贸流通产业集群。如靠近经济发达的大中城市或地区，就为大城市提供辅助配套支持，或从大城市的经济结构调整中得到发展机遇，这就是城郊型经济发展模式。如果在多个区域的交叉地带，就发展跨区域的商贸业；如果具有陆路、水路等交通优势，就发展物流、运输等。

重视旅游、文化产业集群发展。旅游不会马上带来县级财政的显著增加，但旅游的好处是它的联动能力强。通过旅游业发展，一个县改善设施、提升城镇的品牌形象，可以促进投资，引来民间、外资等各方面的投资者进入。文化在某些方面与旅游相同，比如文化同样可以提升品牌形象，引来旅游观光者与投资者。在某些方面，文化立县的特殊性在于：它对于形成城镇精神至关重要，并且文化产业是一个方兴未艾的产业。德国鲁尔区借助文化这个工具复兴一批城镇的经验值得学习借鉴（表8.17）。

表 8.17　　　　　　　鲁尔区文化城镇的发展情况

人口规模	原有产业基础	转型时间	现状	成绩
530 万人，拥有 53 座城镇	煤炭、钢铁	20 世纪 50 年代	拥有 200 座博物馆、250 个文化节、100 座音乐厅，拥有工业遗址博物馆、矿山公园等	获得欧洲机会之都、文化之都、艺术之都称号

资料来源：课题组总结。

推动专业市场与产业集群产生联动效应。研究表明，"专业市场 + 产

---

① 徐维祥等："基于产业集群成长的浙江省农村劳动力转移实证研究"，《中国农村经济》，2004 年第 6 期，第 70 页。

业集群"的模式产生了"人口与产业集聚的乘数效应"①，也就是"农村工业——产业集群（围绕小商品市场）——工业园区——产业劳动力结构升级——就业乘数效应——城镇化进程互促共进"②，能够极大地推动人口的城镇化转型。

重视科技在产业集群发展中的带动作用。县域范围内的产业集群往往科技含量低。要以科技为突破点，积极进行科技创新和改革，充分利用科技成果带动农业、制造业、服务业及其他各类型企业的发展，从而推动整个整个产业集群的发展。

第二，在中西部地区加强产业集群的要素培育。

中西部地区要注重工业园区的建设和发展。产业集群以工业园区为载体，把同类企业、产业链条关联密切的企业在园区聚集起来，吸引工业的空间聚集和产业提升，以园区建设来带动整个县域经济的发展，从而形成园区型的产业集群发展模式。要积极探索科技园区、农业园区以及生态园区等各类园区的建设。

要推动中小企业发展，推动行业服务机构成长。围绕特色产业制定产业集群发展规划，促进中小企业、龙头骨干企业、行业管理机构、咨询服务机构等的集聚，以降低成本、共享知识，提高竞争力和规模效应。

第三，在东部地区推动传统产业集群的转型升级。

东部地区传统的产业集群，应从单一的加工制造的优势向研发、营销、物流、品牌等方面进行优势扩张。要通过构建先进的制造平台、研发平台、人才平台、融资平台、营销平台，物流平台，推动传统产业集群演变成为具有长远竞争力的产业集群（表8.18）。

表8.18　　　　　　　　产业集群的转型升级

比较项目	传统产业集群	先进产业集群
空间范围	较小（多以县、乡为界）	较大（多为县市以至跨省）
产业分工	相对简单（多以产业纵向关系为主）	复杂（产业纵向关系与水平关系交织）

---

① 陈修颖等："市场共同体推动下的城镇化研究"，《地理研究》，2008年第1期。
② 徐剑峰："发达地区县域城市化特征及其存在的问题"，《上海经济研究》，2002年第12期。

续表

比较项目	传统产业集群	先进产业集群
产业规模	相对较小	相对较大
产业功能	相对单一（以加工制造为主）	相对多样（研发、加工、营销、物流配送、金融服务、培训等种功能一体化）
产业组织化程度	较低（企业之间资本关系松散，群龙无首）	较高（有多个产业龙头企业，核心企业与其他企业有密切的资产或协作配套关系）
产业控制能力	较弱（价值链追随者）	较强（价值链制定者）
市场地位	较低	较高（一般是产业中心与价格形成中心）
创新能力	较弱	较强
核心资源	自然资源或资本要素	创新能力、营销网络与区域品牌
要素国际化程度	低	高

第九章 城镇化目标转型：
从一个中心到多点平衡

一、以经济建设为中心的城镇化

1. 以经济增长为目标的城镇化的宏观背景

中国城镇化如以 1978 年为界，前三十年的宏观背景是以政权建设以及政治巩固为中心，后三十年的宏观背景则是以经济建设、经济发展为中心。

1949 年 10 月新中国成立后，国家的统一和安全、社会政权的建设和巩固、经济复兴成为共和国面临的重要任务。因此，行政因素也就成为市镇设置的重要标准。中共中央规定，凡人口 5 万以上的城镇可以设市，到 1949 年底，全国共有设市城市 136 个，其中中央直辖市 12 个，省辖市 55 个，专署辖市 69 个。

1958~1960 年的"大跃进"时期，工业发展以全民大炼钢铁为中心，农村地区则掀起了人民公社化运动，新设城市 44 个，致使全国城市人口从 1957 年的 9949 万猛增到 1960 年的 13073 万，三年中城市人口净增 31.4%，城镇化率达到 19.7%。

1966~1976 年十年间，国家一方面盲目下放城镇居民、干部和知识青年。另一方面，出于国家安全的考虑，则把大量的资金、设备、技术力量"靠山、分散、进洞"，致使新城市建设很少，老城市无力发展，中国城市化处于停滞状态。

总的来说，新中国成立后至 1978 年，中国城镇化发展经历了较短的健康发展时期之后，迅速进入起伏发展时期和停滞不前阶段。如按

1949～1978 年 30 年计算，中国城镇化率年均增长约 0.3 个百分点；如按 1960～1978 年约 20 年计算，则城镇化率的增长约为零。这种局面的出现，是因为在当时国际国内复杂的环境下，政治方面的考量占据了主导地位，扭曲了经济发展的内在动力，进而阻碍了城镇化的正常发展。

1978 年开始的改革开放，其实质是解放和发展生产力，进一步解放人民思想，建设有中国特色的社会主义，其暗含的政策思想就是以经济建设为中心。1980 年 1 月 16 日，在中央召集的干部会议上，邓小平明确提出，要把经济建设当作中心。……只有劳动生产率的极大提高，社会主义大生产的极大发展，才是发展中国特色社会主义最强大的力量源泉。同时，唯有如此，才能使国家和人民摆脱贫穷落后，逐步强盛和富裕起来，才有充分体现社会主义的优越性。

以经济建设为中心，是改革开放以来中国经济社会发展的宏观政策背景与一条基本经验。以此为背景，中国城镇化开始进入新的历史阶段。

1978～1985 年，中国城镇化进入恢复发展时期。农村经济有了较快的发展，特别是乡镇企业异军突起。城市经济中心作用不断加强，尤其是沿海一批经济特区城市的建立，进一步带动了全国城市的发展。1977～1985 年，累计新设城市 139 个，年均递增 15.1 个城市。

1986～1998 年，中小城市和小城镇快速发展时期。这期间，国家提出切实防止大城市人口规模的过度膨胀，同时降低中小城市、小城镇的设置标准，中小城市和小城镇数量有了迅速增加。

2000～2010 年，中国城镇化继续保持快速发展势头。十年间，年均城镇化率提高约 1.35 个百分点，年均 2300 多万农村人口转变成城镇人口。2010 年我国 100 万以上人口的大城市有 125 个，5 万人口以上的小城镇有 740 个。长三角、珠三角、京津冀等都市群具有一定世界影响力，还有其他一些跨省域的城市群、以省会为中心的城市群，正在成长壮大。

概括起来，改革开放以来 30 年中国城镇化的发展，其宏观背景是以经济建设为中心。国家以经济建设为中心的宏观政策在城市空间上的投影，其结果就是以经济建设为中心带动了城镇化的发展。但作为一个转型中的国家，中国城镇化又不同于欧美发达国家。中国城镇化过程并不是以经济增长为动力的自然演进的城市化，中国的城镇化反映了经济建设的要求，同时又反映出城镇化政策的要求。

2. 以经济增长为目标的城镇化的主要表现

一是城市以任务分解方式实现国家的保增长目标。

自 2005 年以来，一直到 2011 年，中国预定的经济发展目标连续七年被确定为"保8"，也就是确保 GDP 年均增长 8%。2012 年，国务院总理向十一届全国人大五次会议作政府工作报告时提出，2012 年国内生产总值增长 7.5%，这是 8 年来首次放弃"保8"目标。由于城市创造了将近 80% 的 GDP，因此追求经济增长总量的任务主要是城市来承担。中国的城市通过层层分解国家经济发展预期目标的方式，形成自身的发展目标定位。在城市定位方面，几乎所有中国城市的定位都是经济中心。少数明确提出不是经济中心的城市，在年度工作报告中仍然会提出"以经济建设为中心"，并且通过变通的方式，将"以经济建设为中心"落到具体的数字上。例如北京市 2012 年政府工作报告仍然将保持 8% 的经济增长率作为首要目标。

表 9.1		2000～2009 年我国城市经济发展情况	单位：亿元
年份	国内生产总值	地级以上城市（不含市辖县）地区生产总值	地级以上城市 GDP 占全国的比重（%）
2000	99215	47362	48
2001	109655	55057	50
2002	120333	64292	53
2003	135823	76152	56
2004	159878	91695	57
2005	184937	113144	61
2006	216314	132272	61
2007	257306	157033	61
2008	300670	186280	62
2009	335353	207759	62

资料来源：2000～2009 年全国 GDP 数据来源于国家统计局《中国统计年鉴 2010》，中国统计出版社，2010。地级以上城市（不含市辖县）GDP 数据来源于国家统计局城市社会经济调查司《中国城市统计年鉴》，中国统计出版社，2001～2010。

二是城市通过建设用地外延式扩张拉动 GDP。

城市建设用地的增加，并非因为城市人口的相应增加所需。事实上，近 20 年来，我国城镇建成区快速增长，而同期城镇集聚的人口明显滞后。1990～2000 年，我国城市建设用地的面积扩大了 90.5%，但城镇人口仅增长 52.96%，土地城市化是人口城市化的 1.71 倍。2000～2010 年，我国城市建设用地的面积扩大了 83.41%，但城镇人口仅增长了 45.12%。

城市建设用地外延式扩张的直接原因，是它能够拉动 GDP 增加。1998～2008 年间 GDP 和建设用地面积的扩张速度对比显示，城市建设用地面积扩张直接拉动 GDP 增长。

表 9.2　　1998～2008 年 GDP 增速与建设用地面积扩张速度对比

	全国平均	东部均值	中部均值	西部均值
建设用地面积扩张速度（%）	7.46	8.53	6.42	6.36
非农 GDP 增长速度（%）	9.12	11.34	7.37	6.93
两者相差（%）	1.66	2.81	0.95	0.57

注：东部地区包括北京、上海、天津、河北、辽宁、江苏、浙江、福建、山东、广东、广西和海南。中部地区包括山西、内蒙古、吉林、黑龙江、安徽、江西、河南、湖北、湖南。西部地区包括重庆、四川、贵州、云南、西藏、陕西、甘肃、青海、宁夏和新疆。

资料来源：国泰君安 CSMAR 区域经济数据库。

三是依赖工业投资而不是服务实现经济增长。

20 世纪 80 年代以来，我国东部地区都是以工业促增长，通过招商引资逐渐发展起来的。工业化导向能够快速提升地方经济，从而深受地方政府青睐。因此，各地追随东部的发展经验，"工业强市"几乎成了各地城镇经济的普遍口号。地方政府对于发展工业情有独钟的重要原因在于，工业能够带来财政收入的快速增长。依据我国税制，工业企业主要产生增值税，而服务业主要产生营业税。目前，增值税是我国主体税种，占我国税收收入比重近 40%，而营业税仅为 14.8%；同时，增值税也是地方主要收入来源，占地方税收收入数额的 61%。此外，增值税比营业税更易扩大税基。增值税是对销售货物和加工修理等劳务征税，要扩大税基只需要扩大产业链条，从生产到加工，很容易实现；而营业税的计税依据是收入，要扩大税基只能扩大企业规模，需要企业有一定的经营年限。

四是经济危机到来时以城镇化促经济增长。

1998 年亚洲金融危机到来时，中央提出扩大内需的决策，其要点就是推进城镇化。2008 年全球金融危机时，中央继续提出，要把积极稳妥推进城镇化作为应对国际金融危机、扩大国内需求和调整经济结构的重要抓手，为经济长期平稳较快发展开拓新的空间。

推进城镇化对于克服经济危机的意义，被归结为两条。第一，推进城镇化是突破城乡收入分配差距的关键。从收入的分配来看，2008年农村居民人均纯收入仅相当于城镇居民人均可支配收入的30%。农村居民的购买力与消费水平相对较低，限制了宏观消费需求的扩大。第二，推进城镇化是突破收入要素分配差距的重要途径。随着城镇化率的提高，第三产业的就业比率以递增的速度增加，城镇化率每提高1个百分点，第三产业就业人数将增加663.84万人。据此，推进城镇化对发展第三产业、提高劳动收入进而扩大消费需求具有重要意义。

五是大城市依靠行政资源保持经济增长。

中国的城市与西方不同。中国的城镇既是人口与产业的集聚区，也是行政区。中国的城镇分为五级，即直辖市、省会城市、地级市、县级市、镇。高等级的城镇与低等级的城镇不同于市场意义上的竞争关系，而有着管辖与被管辖的关系。反映在资源的获得上，就是高等级城市、中心城市、城市中心区（城市中心往往是城市行政机构所在地）可以获取、占用更多的行政资源，来支持经济增长。2010年，中国地级以上城市市辖区地方预算内财政收入占全国地方财政收入的28.8%，而支出占到35.1%，市辖区人均支出是县和县级市人均财政支出的2.54倍。按土地利用总体规划，河南省到2020年用地96%为县级以上及省级产业集聚区用地，小城镇用地指标只占4%。

欧美国家，特别是美国，在城市化过程中出现了郊区化现象，中心城区出现"空心化"现象。以美国为例，1948~1980年，中心城市的人口占城市人口的比重由64%降低为43%，中心城市制造业的就业比重由67%下降为48%，零售业就业比重由75%减少为49%。但中国至今还没有出现这种情况，原因主要在两个方面：一是中国的城市化仍处于向心发展阶段，高等级城市、中心城市、城市中心区还是整个城市化的核心，集聚的力量远大于扩散的力量。另外一个主要原因就是，高等级城市、中心城市和城市中心区可以通过行政手段调配资源，支持经济增长。

六是将经济增长数量作为设市的硬性指标。

西方国家在工业革命以后产生市制。市制产生的原因在于，工业革命极大地促进了城市数量的增加、规模的扩张，城市需要一种与乡村不同的管理体制。1835 年，英国颁布《市自治法》，标志着世界市制正式形成。

西方市制标准的核心是如何设市。在"自治市"的制度下，西方在如何设市时考虑的指标比较简单。例如英国 1888 年《地方政府法》规定，在各郡中，把人口稠密区划出成立郡级市，享有与郡同样的职权，人口在 5 万以上的城市皆可独立设市，不受郡行政管理[①]。美国的州是联邦的组成成员，州以下的行政地方单位，是行政区划单位。一般而言，只要聚居有 15000 人口的"中心地"（Central Place），且当然居民有要求就可以提出设市要求，一般都会得到州特许[②]。加拿大主要按人口指标以及人口规模和人口密度指标相结合来作为设市标准，一般规定 1000 人以上就可以成立城市行政区[③]。统一后的德国由 16 个州组成，州以下的行政区划为二级，即县市和乡镇。德国的县市既是行政区划单位，又是享有自治权限的实体。一般而言，如果县的人口超过 10 万且地位重要，就可以设为不属于县管辖的县级市。

我国设市标准比较复杂，1983 年的设市标准（已废除）以及现行的1993 年设市标准，都包括了多项定量的标准。1983 年 5 月民政部和劳动人事部向国务院上报的《关于地市机构改革中的几个主要问题的请示报告》中提出"整县改市"的标准，其基准门槛是"县政府驻地的非农业人口在 8 万以上，县政府驻地非农业人口占全县总人口 20% 以上且工业年产值要在 2 亿元以上"。1986 年 4 月，国务院 46 号文件批准了民政部《关于调整设市标准和市领导县条件的报告》，分别对撤镇设市和撤县设市规定了标准。镇改市的基准标准是非农业人口 6 万以上，年国民生产总值 2 亿元以上，已成为该地区的经济中心；县改市的基准标准是对于总人口 50 万以上的县，要求"县政府驻地的非农业人口在 10 万以上，常住人口中农业人口不超过 40%，年国民生产总值要在 3 亿元以上"，对于总人口 50 万以上的县，要求"县政府驻地的非农业人口在 12 万以上、

---

① 许崇德：《各国地方制度》，中国检察出版社 1993 年版。

②③ 许学强，周一星，宁越敏：《城市地理学》，高等教育出版社 1997 年版。

常住人口中农业人口不超过 40%，年国民生产总值要在 4 亿元以上"。

我国现行的设市标准是 1993 年颁布的，对于整县设市和撤镇设市，均对人口与经济指标作出了定量的规定。如对全县改市的标准中规定了国内生产总值、第三产业占国内生产总值比重、地方本级预算内财政收入总值等多项经济类指标。以人口密度大于 400 人/km² 的县为例，要求国内生产总值达到 10 亿元，地方本级预算内财政收入达到 6000 万元。撤镇设市的标准是非农业人口达到 10 万人，其中具有非农业户口的非农产业人口达到 8 万人。地方本级预算内财政收入人均 500 元，上解支出占财政收入百分比为 60%，工业产值占工农业总产值的比重 90%。

七是经济指标完成情况是对城市党委政府考绩的重要内容。

中国官员任用的基本程序包括主要领导提名、组织部门考察、党委讨论等。这些程序本质属于上对下的行政任用、选拔。1979 年，中共中央组织部正式提出了考绩的概念。1988 年和 1995 年，中共中央组织部先后下发了县级党政领导班子年度考核和工作实绩考核两个文件。此后，各地不断完善考绩的内部程序，如设立考绩办公室等。

政绩考核存在的主要问题是，过于强调经济指标、特别是经济总量和增长指标的考核，忽视社会发展、可持续发展和人的全面发展指标的考核。在实践中，这项制度的一个后果是导致城市功能的过度集中。在那些各项功能（诸如政治中心、经济中心、文化中心、金融中心、信息中心、航运中心、交通枢纽等）原本已经高度集中的特大城市，城市政府为了追求经济指标的增长，仍然大力鼓励产业功能的集聚，积极吸引大型项目的落户，拒绝产业功能的向外转移，结果导致城市资源环境和基础设施的不堪重负①。

3. 以经济建设为中心的城镇化带来的成绩

中国以经济建设为目标导向的城镇化，修正了改革开放前以政权建设与巩固为目标的城镇化路径，一定程度上遵循了城镇化发展的规律。政府部门不断发挥企业与劳动者的作用，通过一系列政策调整，鼓励经济人追求集聚经济，由此推动了城镇化的发展，推动了经济增长与社会

① 林家彬，王大伟：《城市病》，中国发展出版社 2012 年版。

进步。其主要成绩如下。

一是极大地提高了城镇化发展速度与水平。1978～2011 年的 33 年间，中国城镇化率突破 50%，中国进入了以城市为主体的城市型社会。特别是 2000～2010 年这 10 年间，中国城镇化率年均增长 1.35 个百分点，城镇人口年均增长 2096 万人。

二是推动了城市建设与发展。城市交通更加顺畅，出行更加便捷，住房更加宽敞。

三是居民生活水平明显改善。2011 年，城镇人均可支配收入 21810 元，比 2002 年增长了 1.8 倍。

四是公共服务体系不断迈向均等化。以经济建设为中心，为国家积累了较为雄厚的财力、物力，有利于社会保障体系建设。

但也要看到，以经济增长为目标的城镇化，在带来城镇化大发展的同时，带来了许多经济问题、社会问题、生态问题。这些问题与历史上在欧美工业化过程中出现的问题有相似性，但在问题的根源、类型、表征、后果、根治途径等方面，又有很大的差异。改变以往以经济增长为目标导向的城镇化，代之以生态文明建设为目标导向的城镇化，是中国的重要战略抉择。

二、发达国家多点平衡城市化目标的形成过程

距今三个世纪前出现的工业文明，是对人类改变最大的文明形态。工业文明时代出现的二次浪潮，即以英国为中心纺织业革命，美国与德国的电力与内燃技术革命，以美国为中心的原子能、电子计算机和空间技术革命，一次又一次把人类文明推动高潮。人类历史上大规模的城市化运动，兴起于工业文明时代，它发端于英国，后来蔓延到世界各地，彻底改变了人类的生活状态与社会形态。至 2008 年，全世界 50% 以上的人口已经进入城市。从公元 1000 年到 1900 年的 900 年间，世界十大城市人口数量增长仅 2300 多万；而从 1900 到 2000 年这 100 年间，世界十大城市人口数量增长近 1.4 亿。从这个意义上说，城市化是人口在短时间内压缩进入了城市空间。

表 9.3 三种人类文明的比较

文明	年代	生产方式	城市化形态	城市人口数量
渔猎文明	一万年以前	狩猎	前城市化	——
农业文明	三百年以前	种植与养殖	村庄聚落；宗教城市、军事城市、贸易城市等	5%的城市人口
工业文明	近三百年间	规模化的工业生产	工业城市、其他类型的城市	50%以上（2008年）

以欧美为代表的发达国家的城市化，也曾走过以经济增长为目标的阶段。企业家追求企业利润的增加，劳动者追求个人收入的提高——经济人的经济增长而不是城市化政策，成为欧美国家城市化发展主导性的、内在的动力。

从理论上讲，城市环境中充裕的劳动力、集中发展的基础设施、专业化的服务机构，使得很多行业、企业与劳动者都能够获得较好的外部性，获得较快的经济增长。从这个意义上讲，经济上的外部性的大量存在，就产生了城市化经济（urbanization economy）或曰集聚经济（agglomeration economy）。城市化经济在一定范围与程度内具有累积因果的关系，也就是城市规模扩大导致外部性增加，外部性增加引起更多的人口与产业集聚。可以引用恩格斯对伦敦的评述说明城市发展的原因"城市越大，搬到里面来就越有利，因为这里有铁路，有运河，有公路；可以挑选的熟练工人越来越多；由于建筑业和机械制造业中的竞争，在这种一切都方便的地方开办新的企业，比起不仅建筑材料和机器要预先从其他地方运来、而且建筑工人和工厂工人也要预先从比较遥远的地方运来，花费比较少的钱就行了，这里有顾客云集的市场和交易所，这里跟原来市场和成品销售市场有直接的联系。这就决定了大工厂城市惊人迅速地成长。"

从实际中看，那些具有较大规模的城市，具有较多的外部性，因而形成了初期的"先发优势"。在美国城市化过程中，这些具有先发优势的城市的特征如下：交通较为便利，工艺与工业的集散条件较好；较多的企业家拥有传统技能，能通过投资与贷款促进工业发展；拥有大规模的劳动力市场；拥有消费量足够大的市场。

企业家与劳动者个人对于经济成本与收益的比较，或者说收益足够高以及成本足够低两种情况，成为欧美国家工业文明时代城市化的核心目标。

对于企业家与个人来说，在追求集聚经济的过程中，越来越多地向城市集中，引起城市增长。但是随着城市不断增长、规模不断扩大，城市也可能出现集聚不经济（agglomeration diseconomies）的情形。比如过高的土地成本、过于拥堵的交通、过于激烈的竞争导致的个人收入下降等等，都会导致企业与个人选择郊区化或者离开一个城市。

当越来越多的企业与个人离开一个城市的时候，土地、劳动力和基础设施的相对成本可能又会低到足以吸引更多的资本进入、更多的劳动者进入，于是城市重新获得增长的机会。这种情况被称为"秋千理论"，即企业家与个人的投资总是力求从收益—成本收益比最大的城市转移到最小收益—成本收益最小的城市，再回到原先的城市，如此循环。

欧美发达国家经济人追求收益—成本的相对值最大化，是经济规律使然。但是，经济人的自利本性、有限理性等等，对城市自身的发展造成了许多负面的影响。

负面影响之一是自然环境系统会受到破坏。环境所代表的"气、水、微量元素养分（肥）、能量、空间"，是人类生存与发展的基础。工业革命以来，工厂在城市集中，排入了大量的污染物，导致环境的破坏。在欧美国家城市化的过程中，生产者的负的外部性长期以来得不到及时的充分的内部化，因此破坏一直没有停止。

负面影响之二是社会系统会受到破坏。在资本主义城市化的过程中，工厂主获得了高额的利润，他们住在花园洋房中，大量的劳动者则多人多户挤在狭小的空间里，直到今天，欧美发达国家仍然存在着大量贫民窟。资本家借助雄厚的经济实力，获得了更多的话语权与决策权，导致社会管理进一步向他们的利益倾斜，社会系统于是受到进一步破坏。

负面影响之三是经济系统内部会受到破坏。当今世界，发达国家的工业化、城市化已经完成，但是亚洲、非洲等地区还有相当数量的国家处于城市化进程之中。城市化国家具有竞争力的资本家逐渐占据了产业链条的高端位置，从事研发、营销等环节，获得了高额的回报。这些回报得以成立，是因为与他们配套的工厂被牢牢地锁定在产业链条的底部。

处于产业链条底部的工厂往往处于城市化过程中的不发达地区或国家，他们获得的利润非常稀薄，无力进行技术改进、减少排污，无力招聘高素质的劳动者。而这又使得他们的城市化进程更加不顺畅，也使得整个世界经济更加不稳定。

当今世界，城市人口已经占据了人类人口的一半以上，预计2050年，全世界将有75%的人口生活在城市中。城市面积虽然只占陆地面积的20%，但生活在城市里的人进行活动，排出的CO_2却占总排放量的78%。城市人口消耗了生活用水量的60%，能源的75%，城市排出了世界总污物的75%。人类对自身发展道路的反省，一定意义就是对城市化过程与未来城市发展的反思。人类对城市化的反思与城市发展未来的反思，也就是对人类前途命运的总体思考。

正是在反思人类工业化、城市化过程中，城市化先行国家与其他国家都逐步认识到，只重视经济发展目标的城市化，是不可持续的。城市化发展必须综合考虑社会、经济、环境、生态等诸种因素。近年来，联合国、世界银行、世界经济论坛等国际机构以及世界上各方面的专家学者纷纷提出多点平衡的指标体系，以取代以经济增长为单一目标的体系。

表9.4　　　　　　　　　多点平衡的城镇化目标体系概要

	指标体系	具体内容
系统型	驱动力—状态—响应指标体系（DSR）	联合国可持续发展委员会（UNCSD）提出，分社会、经济、环境、制度四个系统
社会型	人文发展指标（HDI）	联合国开发计划署（UNDP）于1990年首次把教育水平、预期寿命和收入状况三个指标综合成一个单一的国家人类发展尺度，提出人类发展指数HDI
经济型	国家财富评价指标体系（NW）	世界银行于1995年提出以自然资本、生产资本、人力资本和社会资本四大要素来评价各国或地区的实际财富以及可持续发展能力随时间的动态变化
	可持续经济福利指标（SEW）	西方著名经济学家赫曼戴利和神学家约翰科布（Daly&Cobb）于1989年提出SEW。该指标不仅考虑了平均消费，也考虑了收入的分配和环境的退化，还考虑了全球变暖和臭氧层破坏带来的后果等因素
	绿色（GNP）	由Pearce等人于1993年对传统国民经济核算方法进行修正的核算体系，即用传统的国民生产总值减去自然资本消耗和退化得到绿色GNP

续表

	指标体系	具体内容
环境型	环境可持续发展指标体系	由环境科学委员会（SCOPE）于 1995 年创建，该指标体系综合程度高，包括环境、自然资源、自然系统、空气和水污染四个层面，由 25 个指标组成
生态型	生态服务指标体系（ES）	由 Constanza 和 Lubcheno 等人于 1997 年在 Nature 上提出，首次系统地测算了全球自然环境为人类所提供服务的价值
	生态足迹（EF）	加拿大生态经济学家 William Rees 和 Wackernagel 提出并完善的一种衡量人类对自然资源利用程度以及自然界为人类提供的生命支持服务功能的方法

资料来源：根据曾刚："基于生态文明的区域发展新模式与新路径"，《云南师范大学学报（哲学社会科学版）》，2010 年第 41（5）期，33~43 页改写。

三、中国城镇化走向多点平衡的必要性

过去的城镇化，以经济建设为中心，将城镇看成是增长机器，其职能就是生产出越来越多的 GDP。这种以经济增长为核心目标的城镇化，将人、自然环境与社会发展置于经济增长的阴影之下，导致了人与自然、人与人之间的分裂与对抗。而新型城镇化，则要摒弃这种只将经济建设作为目标的城镇化，要将多点平衡作为城镇化目标。所谓多点平衡，就是将城镇化看作是一个巨型的有机系统，注重经济、自然环境与社会等多点之间的和谐互动。以多点平衡作为城镇化的目标，有其多方面的必要性。

首先，多点平衡的城镇化反映了城镇化最本质的目的。

亚里士多德说过，人们来到城市是为了过上幸福生活。今天在中国，人们追求城镇化，同样是因为相信城镇让生活更美好。但是以经济建设为中心的城镇化，将城市作为增长机器，将经济效益作为至高无上的标准。城市作为一架粗糙的唯利是图的增长机器，破坏了原本干净的水、清洁的空气、和谐的人际关系、亲情与友爱的邻里，这使得城市自身的吸引力急剧下降。而正在进行向城镇化转型的乡村地区也面临着吸引力下降的问题，比如自然、半自然景观退化，生态平衡失调；景观格局混

乱，生态环境质量下降；与自然和谐的历史文化风貌与建筑风格遭到破坏等等。

城市化过程中，由于过度追求经济活动的效率，而给城市带来的种种问题被称为"城市病"。城市病病在城市身上，但也会直接影响到每个人的正常生活。一些研究已经指出了让人担忧的事实，即中国的城镇化进程同癌症病的发病率提升可能具有内在有关系。第三次全国死因回顾调查显示，中国人癌症死亡率在过去30年中增长了8成。还有研究表明，未来10年，癌症死亡率将上升1倍。基于一些经验事实，例如城市人口癌症发病率比农村高，大城市的癌症发病率比中小城市高等，医学专家普遍认为城镇化过程中过于追求经济增长，导致生态环境的污染是重要的、直接的原因。另外，城市人之间心理与文化的冲突，也是导致各种癌变的原因。

中国的城镇化在短期内实现了城镇人口数量的迅速增加，赢得世界的广泛注意。但从另一个角度来看，中国城镇的吸引力开始受到越来越多外国媒体、本国居民的诟病。在一些地方，城市的吸引力在慢慢减退，原因就在于城市只适合赚钱，而不适合居住。将多点平衡作为城镇化的目标，恰恰是为了全面增强城市的吸引力，全面提高人们的生活水平，实现发展的终极目标。

其次，多点平衡的城镇化是缓解资源与环境制约的需要。

从资源条件来看，单纯以经济增长为中心的发展模式将使我国面临越来越严重的资源约束。我国资源的人均占用量普遍偏低。人均耕地占有量只有世界平均水平的39%，淡水为27%，森林为20%，可采煤储量为53%，石油剩余储量为11%，可采天然气储量为3%，铜为25%、铝为10%，其他矿产资源分别占世界的3%到50%之间。我们能源产出效率远远低于发达国家。2008年，我国GDP占全世界的7%，但能源、钢铁、水泥的消耗量分别占世界消费量的16%、36%、36%。

从环境条件来看，人口较为密集的京津冀、长三角、珠三角三大城市群水污染严重，其近海岸的渤海和东海局部海域污染严重。我国大气污染严重，尤其是经济较为发达的华北、华南、华东地区均呈现明显的区域性的大气污染特征，其城镇密集地区，灰霾现象更为频繁。

专栏9.1 **城市化进程与灰霾同步发展**

　　人类活动及其经济发展水平造成的排放源增多，使得珠江三角洲地区呈现出城市灰霾污染明显的区域特征。观测资料显示，灰霾天气的产生与城市化、工业化的加快几乎是同步的。如广州、花都、从化三个相邻的城市比较，广州城市化、工业化的速度最快，花都次之，从化最慢，其年灰霾日数则为广州最多，从化最少，花都居中的区域分布特征。

　　综合珠江三角洲地区及大城市历年霾日数和大气能见度的波动曲线，以及细粒子在气溶胶中的比重变化，可以看出珠江三角洲地区灰霾污染的严峻态势至少还会延续一段时期。值得关注的是广州等城市近两年的霾日数趋于平稳，升幅收窄，这显然是与各地开始重视科学发展观和着手灰霾治理的行动分不开的。这也表明，灰霾污染是可以遏制并得到治理的。有专家对此乐观地预计，经过二三十年的努力，珠江三角洲地区的灰霾污染问题有望从根本上得以解决。

　　资料来源：谭明华："关于城市灰霾的治理"，《城市问题》，2009 年第 10 期。

　　从区域特征来看，部分城镇化程度较高的地区，资源与环境的破坏性程度比其他地方要更加严重。如太湖流域面积占全国的 0.38%，但每年污水排放量达 30 多亿吨，超过全国的 1/10。近岸严重污染的海域主要是城镇化、工业化较为发达的辽东湾、渤海湾、长江口、杭州湾、江苏近岸、珠江口等地区。

　　我国的工业化进程刚刚到达中后阶段、城镇化率刚刚过半，还要通过未来 30 年甚至更长时间才能在全国范围内基本实现工业化、城镇化。实现工业化、城镇化的过程，是经济、资源、环境等方面综合协调共同推进的过程。目前，资源、环境方面的平衡性已经受到破坏，如果在城镇化过程中，资源环境与经济发展的不平衡性进一步强化，将直接影响到能否顺利推进下一步的工业化、城镇化进程，影响到现代化的整个目标。

第三，多点平衡的城镇化是化解矛盾确保社会稳定的需要。

城镇化涉及对农民的利益的调整。近几年，我国每年征收土地面积大约在 500 万亩左右，其中耕地在 300 万亩左右。由于征收标准比较低，征地补偿安置费用在一些地方难以达到"确保被征农民生活水平不降低、长远生计有保障"的要求，同时农民缺乏非农就业的素质与机会，这些综合因素造成了失地农民的生活困难，影响了社会和谐。因为征地而导致的自焚、冲击国家机关、卧轨等恶性事件时有发生。从过去的经验和教训来看，一些地方实际上走的是一条削弱农业、剥夺农民、放弃农村的城镇化道路。当前城镇化势头强劲，少数地方将城镇化与新农村建设片面割裂，不计条件讲城镇化，不愿多提新农村。在城镇化热潮的掩盖下，农业、农民、农村在一些地方问题较大，在更多的地方还在积蓄着不稳定的因素。中国自新中国成立以来实行的是城乡二元结构的体制，50% 的城镇化率恰恰意味着城乡关系正处于极不稳定的阶段。改革开放的时候，城镇化率不到 20%，农村还有充足的力量来支持城市发展。设想到 2050 年，城镇化率达到 70% 以上，城市也有足够的力量可以反哺农村。但目前，城乡关系处于最为艰难、复杂和最不稳定的历史时期。

城镇化涉及进城农民与原市民的利益调整。从城乡人口特征来说，中国当前是三个 1/3：1/3 人口是市民，1/3 是农村人口，还有 1/3 是以农民工为主体的各种人口。从新老市民特征来说，2 亿多进城农民工与即将进城的 3 亿多农民，在不同的时间轴上混合排列，重塑传统的城民市民社会，构建起多元主体混合的城市市民群体。进城农民增多，短时间内对城镇的基础设施、公共服务提出了巨大的需求。因为财力有限，或因建设周期所需，多数城市在教育、医疗、卫生等方面，难以短时间内满足所有新老市民（原市民、新近转为市民的农民工 、农民工）的需求。新老市民之间、市民与准市民之间，利益纷争呈上升趋势。近年来，一些城市出台的城市管理政策激起了新老市民的争辩与对抗，在极端的情况下还引发了剧烈的冲突。

即便不考虑市民之间的冲突，他们作为一个整体与政府部门之间的矛盾与冲突也时有发生。例如，宁波、厦门等城市的工业项目，因为环保问题，引发了大规模的市民集体"闹事"事件。这就反映了政府关心的经济目标与市民关心的生态环保目标内在的冲突。由于城市政府的治理能力（例如舆情应对能力）所限，可以预见，由于各类目标冲突引发的不和谐事件将会有所增长。

总之，在城镇型社会发展初级阶段，人民内部关于利益的纷争，取代了以往的简单的利益格局划分，成为社会问题的主要源头。在全球化、信息化的浪潮中，城市问题与国家问题，国内问题与国际问题交织，这使得中国的城镇型社会暴露在巨大的社会风险之中。与此同时，中国并不像西方发达国家那样有较好的政府管理机制、社会组织机制，以消解社会的风险。

第四，多点平衡的城镇化是经济、社会、环境可持续发展的需要。

单纯以经济增长为目标为主导的城镇化规划、发展，以简单的经济激励与经济约束机制解决所有的问题，这种激励—约束机制具有短期性、系统的破坏性，因而是不可持续的。而用系统思维、多元平衡的观点指导下的规划、发展，强调资源的综合效益，强调增长容量与可承载力，重视社会多样性特别是注重保护弱势群体、少数人群体。这样的规划、发展注重到系统的平衡，具有长期性、可持续性。不同目标下的规划发展见表 9.5。

表 9.5　　　　　　　　　规划发展模式的比较

	以经济增长为主导的规划发展	多点平衡为主导的规划发展
时代背景	工业文明时代	工业文明后期、后工业文明时代
哲学基础	功利主义、工具主义	人与自然、人与人和谐共生
指导思想	为经济建设服务；保护与发展对立；城市增长正面影响最大化（大建设、大手笔）	可持续发展；保护与发展统一；城市增长负面影响最小化（如循环经济）
价值取向	经济效益（经济成本效益）；城市规模和增长速度；以市场为导向，鼓励强者生存	资源的综合效益（有限开发集约利用；单位资源利用效率）；增长容量和可承载力；因地制宜，重视多样性（保护弱势）
思维模式	线性思维；单一问题思维；简单的激励—约束机制解决紧迫问题	系统思维（多元价值、多目标）；和谐共生，系统动态平衡；整体思维；整体利益优化

续表

	以经济增长为主导的规划发展	多点平衡为主导的规划发展
知识基础	以经济学科和工程学科为主要；生态学处于辅助地位	自然科学、综合性社会学科、工程学科广泛介入；生态学科成为核心学科之一
规划目标	经济建设目标为主	多元目标
规划内容	重视经济问题；均质功能分区	融入自然生态系统分析和多元社会视角；生态功能分区
规划控制	技术规范控制	技术规范控制与"公共政策"引导
开发模式	经济上合算的、方便的	综合目标平衡的、稳健的

四、多点平衡的城镇化的实践案例

近年来，多点平衡的城镇化理念逐渐被人们所接受。我国许多城市开始改变以往那种只注重城市经济增长的城镇化发展观念，探索用多点平衡的一系列要求与数量指标指导城镇化转型发展。主要体现在积极创建环境友好型城市、资源节约型城市、绿色产业型城市、循环经济型城市、包容性城市、和谐型城市等方面。

1. 环境友好型城市

对环境友好型城市的认识仍在深化之中。简单来说，环境友好城市是指城市的各种元素之间的友好协调，包括城市的自然环境、社会环境、经济环境、制度环境、人文环境的友好协调。

表 9.6　　　　关于环境友好型城市的主要观点

来源	主要观点
李祥荣	城市的生产消费活动与城市生态系统的协调和可持续发展
柏国强	人与环境充分协调与友好
温宗国	城市经济系统与生态环境系统之间的和谐关系
陈如、匡强	以人与自然的和谐为核心，保持经济发展、社会进步、生态保护三者高度和谐
赵沁娜	综合考虑城市自身在自然环境、资源禀赋、经济水平、社会文化特点，采取有利于生态环境保护的生产、生活和消费方式

续表

来源	主要观点
王敏	人类对环境的友好行为，环境对人类的友好响应
张保生	城市在本地生态承载能力范围内以合理的技术经济手段尽可能地满足当地人们的物质需求和对环境质量的要求

资料来源：①李祥荣、李伟娟：《环境友好型城市》，中国环境科学出版社 2006 年版。
②柏国强："上海构建环境友好型城市研究"，华东师范大学博士论文，2005 年。
③温宗国、李蕾："环境友好城市指标体系及其标杆管理"，《环境保护》，2007 年第 22 期。
④陈如、匡强："构建南京环境友好型城市建设的战略体系"，《改革与开放》，2008 年第 11 期。
⑤赵沁娜等："环境友好型城市研究进展述评"，《中国人口·资源与环境》，2010 第 1 期。
⑥王敏等："环境友好城市建设初探——以上海为例"，《环境科学与技术》，2007 第 8 期。
⑦张保生等："环境友好型城市指标体系的研究"，《北方环境》，2011 第 1 期。

不同学者与机构基于对环境友好型城市的不同认识，构建了不同的指标体系，其共同点是将环境保护目标放在与经济发展同等重要的位置。常国华（2011）构建了由经济发展 8 项指标、环境保护 19 项指标、社会进步 3 项指标的环境友好型城市评价指标体系。

表 9.7　　　　　　　　　　　环境友好型城市评价指标体系

一级指标	二级指标	序号	三级指标
环境友好型城市综合评价	一、经济发展	1	第三产业占 GDP 比重（%）
		2	高新技术产业产值占工业总产值比重（%）
		3	工业用水重复利用率（%）
		4	单位耕地面积化肥施用量（折纯）（千克/公顷）
		5	单位 GDP 综合能耗（吨标准煤/万元）
		6	单位 GDP 水耗（立方米/万元）
		7	单位 GDP 建设用地（公顷/亿元）
		8	工业固体废物处置利用率（%）
	二、环境保护	9	森林覆盖率（%）
		10	人均公共绿地面积（平方米/人）
		11	人均淡水资源量（立方米/人）
		12	自然保护区面积占国土面积比例（%）
		13	人均耕地面积（公顷/人）
		14	全年空气质量优良率（%）
		15	城市水环境功能区水质达标率（%）
		16	集中式饮用水水源地水质达标率（%）
		17	城市生活污水集中处理率（%）
		18	工业废水排放达标率（%）
		19	市区区域环境噪声平均值（分贝）
		20	二氧化硫排放强度（千克/万元）（GDP）

续表

一级指标	二级指标	序号	三级指标
环境友好型城市综合评价	二、环境保护	21	城市生活垃圾无害化处理率（%）
		22	危险废物处置率（%）
		23	环保投资占 GDP 比重（%）
		24	机动车环保定期检验率（%）
		25	清洁能源使用率（%）
		26	建设项目环评执行率（%）
		27	机动车尾气达标率（%）
	三、社会进步	28	恩格尔系数（%）
		29	公众对城市环境保护的满意率（%）
		30	中小学环境教育普及率（%）

资料来源：常国华："环境友好型城市"，载于李景源等主编：《中国生态城市建设发展报告》，社会科学文献出版社 2012 年版。

2005 年 3 月，胡锦涛总书记在中央人口资源环境工作座谈会上首次提出我国建设环境友好型社会的号召；同年通过的《中共中央关于制定国民经济和社会发展第十一个五年规划的建议》中，更是明确提出了我国要"建设资源节约型、环境友好型社会"的战略构想。北京、上海、大连、青岛、珠海、南京等城市在创造环境友好型城市上面，纷纷采取了一系列措施。

表 9.8 　　　　　　　一些城市创造环境友好型城市的措施

城市	规划或行动计划	措施示例	成效示例
北京	2005、2006 年连续下发建设节约型城市行动计划	深化实施固体废弃物处置等十大工程；完善政策引导机制等六大机制	绿色面积从 2000 年的 36% 上升到 2007 年的 43%；实施欧 IV 标准后，机动车排放消减 15% 左右
上海	2008 年启动上海环境友好型城市动议项目	编制了环境友好型城市认可标准	与 20 世纪 90 年代相比，上海每万元 GDP 综合能耗下降了 75%
大连	2002 年开始实施"蓝天碧海绿地"工程	6 方面共 34 项工程内容，包括产业结构调整，加强城市绿化等	先后荣获联合国授予的"人居奖"、环境"500 佳"，获建设部"中国人居环境奖"

续表

城市	规划或行动计划	措施示例	成效示例
青岛	编制方案，开展全市环境友好单位创建工作	建设海水利用等五大基地，突破海水淡化装备制造等七项关键技术，在节约能源、土地、原材料、资源综合利用等方面开展技术创新	环境友好型城市的建设主体增多，例如出现环境友好型车队、环境友好型小区等
珠海	利用特区的立法权，出台20多项环境友好型城市建设的法规和规章	建立以环保为中心的产业导向目录，优先鼓励发展低能耗、低污染的产业	获国家级生态示范区、国际改善居住环境最佳范例奖等
南京	"十一五"规划中将环境友好型城市建设作为九项战略任务之一	城市工业园退城进园，城市垃圾发电、农村村镇集中与合并、	"十五"期间，南京万元GDP综合能耗从3.4吨标煤下降到2.53吨标煤

2. 资源节约型城市

中共十六届五中全会提出，要把建设资源节约型社会、环境友好型社会作为国民经济与社会发展中长期规划的一项战略任务。所谓资源节约型社会，就是在生产、流通、消费等领域，通过采取综合性措施，提高资源的利用效率，以最少的资源消耗获得最大的经济和社会效益，保障经济社会可持续发展的城市①。

资源节约型城市的实质在于，获得同样的经济产出所付出的资源应该最小化。为此，在资源节约型城市构建中，经济发展指标与资源消耗指标就成为重要的两大类指标。在经济发展指标中，由于服务业、文化产业、循环经济等消耗的能源较少，因而一个城市同样的经济产出，就要求服务业、文化产业、循环经济占比较高。在资源消耗指标方面，万元GDP用水量、万元GDP用电量、人口集聚、经济集聚等指标都是其中重要方面。

---

① 黄侃婧："资源节约型和环境友好型城市化道路选择原因分析"，《法制与经济》，2009第6期。

表 9.8   资源节约型城市评价指标体系

目标层	准则层	指标层	分指标层
资源节约综合指数	节约现状指数	资源消耗指标	经济聚集指数 人口聚集指数 土地闲置率 万元 GDP 用水量 人均生活用水量 污水处理回收率 万元 GDP 耗电量 人均生活用电量 一次能源消耗量 固体废物利用率
		经济发展指标	服务业占 GDP 比重 清洁能源使用率 文化产业比重 循环经济比重 绿色建筑所占比重 绿色营运车辆占有率
		社会节约指标	人口增长率 政府绿色采购率 公共交通分担率 节水器具普及率 城市气化率 集中供热普及率
	节约现状指数	技术支持指标	R&D 经费占 GDP 比重 高新技术产业增长率 科技成果转化率 科技进步贡献率
		社会支持指标	市民绿色消费 市民观念 企业社会责任 人均受教育年限 万人拥有专业技术人员数
		制度支持指标	教育经费占 GDP 比重 政府政策、法规执行力 科技管理机构及其运行情况 科技推广体系及其运行情况

资料来源：康玲芬、赵有翼："资源节约型社会"，载于李景源等主编：《中国生态城市建设发展报告》，社会科学文献出版社 2012 年版。

国内诸多城市开展了资源节约型城市建设的活动。

表9.9　　　部分城市开展资源节约型城市建设的主要措施和效果

	主要措施	主要效果
北京	编制规划，制定标准，完善政策。2005年6月，公示了《北京加快发展循环经济，建设节约型城市规划纲要和2005年行动计划》 强化法制建设，提高执法能力 推进循环经济体系建设 提高土地、水等资源使用效率 调整产业结构，实现资源优化配置 广泛宣传报道	2009年万元GDP能耗降幅为5.57%，在全国排第一 经济结构进一步优化，第三产业比重突破70% 太阳能、地热能、风能、生物能等开发利用不断加大 54家政府机构签订了《节能责任书》，完成节能指标要求
青岛	八大重点领域（发展现代服务业、推行清洁生产、拓展工业"三废"、生活垃圾和再生资源的再生利用的、优化工业园区、发展高效生效态农业等） 八个重点方面（循环经济示范企业、循环经济重点行业、生态工业示范园区、高效生态农业示范园区、创建绿色系列先进典型、政府扶持和鼓励使用的绿色产品、循环经济技术开发和应用示范工程） 50个重点项目	所辖12个区市全部建成国家环保模范城市 工业固体废弃物综合利用率达到98%，污水处理率达到80%以上 "十一五"期间，万元GDP能耗下降22% 成为国家海水利用示范城市，已较大规模利用海水代替淡水 即墨大桥场风电发电项目建设规模全国第二
深圳	与科技部共建"国家低碳生态示范市" 强力推广绿色建筑 发展节约型园林绿色，提升资源再利用水平 开展中水和雨洪综合利用，节约水资源	每年全市新建筑节能达标率达100% 建成了兆瓦级太阳能光伏并网电站，部分公园园内道、园灯、厕所等所有设施均采用节能和环保材料 城市再生水利用率进一步提高，中水回用生态补水与绿化浇灌用水达22.5立方米/天 获"中国人居环境范例奖"、"广东省宜居环境范例奖"

3. 包容性城市

国外政治家、学者对"包容性"一词从哲学、政治学、经济学、社会学、心理学等方面作出深入研究与不同理解。在国外政治家、专家学者研究探讨的基础上，国内政治家、专家、学者探讨了具有中国特色的包容性的内涵与外延。例如，2010 年 9 月 16 日，胡锦涛主席在第五届亚太经合组织人力资源开发部长级会议上，公开阐述了对"包容性增长"的中国式理解。曾培炎在博鳌亚洲论坛上从四个方面界定"包容性发展"，即：第一，包容性发展是所有人机会平等、成果共享的发展；第二，包容性发展是各个国家和民族互利共赢、共同进步的发展；第三，包容性发展是各种文明的互相激荡、兼容并蓄的发展；第四，包容性发展是人与社会自然和谐共处、良性循环的发展①。

包容性城市是践行包容性理念，推动全面包容性发展的城市。基于包容性的内在要求，结合城镇化的实际，有学者提出，我国未来城市化发展，应该选择基于包容性发展理念的新型城市化道路，即：以城市包容为逻辑起点，以复合型城乡二元结构破解为突破口，以中、小城市为城市增量的重要载体，基于发展前提条件的包容、发展过程的包容、发展结果的包容三个环节，遵循城乡耦合、社会整合、产城融合、公共服务均等化等原则，形成权利公平、机会均等、规则透明、分配合理的城乡一体化格局②。

我国许多城市在城市精神中提出"包容"或"宽容"、"兼容"等概念，意味着对包容性城市的追求。例如北京的城市精神是"爱国、创新、包容、厚德"；成都的城市精神是"和谐包容、智慧诚信、务实创新"；太原的城市精神是"兼容、和谐、诚信、卓越"；广州的城市精神是"务实、求真、宽容、开放、创新"。一批城市已经在建设包容性城市上面做出了努力，取得了实效。例如，2010 年 10 月 4 日，在"2010 年世界人居日"庆典活动上，昆山荣获联合国人居署颁发的"联合国人居奖"。联合国人居署的评语指出，昆山确保外来人口除充分享有平等的教育机会外，还充分享受退休、医疗和其他社会保障待遇，并与当地人口拥有同样的享受公共服务的权利。

---

① 2011 年，博鳌亚洲论坛的年会以"包容性发展，共同议程与全球挑战"作为主题。国务院原副总理、论坛副理事长曾培炎在论坛上对包容性发展的内涵做出解释。可参考 http: // news. xinhuanet. com/fortune/2011 - 04/15/c_ 121311030. htm

② 陈秋玲等："城市包容性发展与中国新型城市化"，《南京理工大学学报》（社会科学版），2002 年第 25 期。

专栏9.2　　　　　　　　　**昆山市建设包容性城市的做法**

　　昆山城市的发展中始终包含了对包容性指向的关照，一直在实践着包容性城市建设。

　　发展经济的最终目的就是提高社会民众的福祉。因此，昆山在着力发展经济的同时也同步跟进了"富民优先"政策，确保人民群众共享经济发展的成果。具体化为"三有五保"（三有：人人有技能，个个有工作，家家有物业；五保：通过加大财政转移支付力度，建立起低保、养老保险、医疗保险、拆迁补偿、征地补偿为主体的农村保障体系），以及富农强村、政府为市民购买民生险等一系列政策和措施。此外，面对外来人口远远超过本地人口的现实，创新了外来人口管理方式。设立专门的外管机构，实施五大计划（安居计划、教育计划、关爱计划、成才计划、文明计划）确保外来务工人员有房住、子女有教育、社保有保障、技能有提高、文化生活有关照，促进新老昆山人的融合。

　　随着经济社会的发展和对外开放的加强，各种观念和生活习惯逐渐渗透进昆山城市的日常生活肌理之中。尤其是随着外来人口的增加，不管是高端技术人才、精英人士和外籍人士，还是普通的打工者，都带来了风格迥异的文化需求和文化表现形式。昆山在处理外来文化和本土文化，传统文化与现代文化之间采取了协同共进的办法。通过创建国家历史文化名城、发展古镇旅游等方式充分挖掘传统文化内涵，弘扬先贤文化，塑造昆曲等品牌，通过组织国际文化旅游节、国际啤酒节、金秋招商晚会以及新年音乐会等文化活动，充分彰显了昆山这座现代城市的文化魅力。通过完善公共文化服务体系，举办外企文化艺术节等系列活动，促进新老昆山人的文化交流和文化融合，充分保障每一位市民的文化权利。形成了传统文化与现代文明兼收并蓄、本土文化和外来文化融合发展、大众文化和精品文化齐头并进的文化多元化生态。

　　转引自黄金萍：《包容性城市：昆山的新形象》，昆山市文化发展研究中心内部刊物，2012年1月号（总第15期）。另见，http://www.kswhyj.com/index.asp。

结合城镇化转型的实际，包容性城市发展重在以下几个方面。

首先，城市要对外来务工人员（农民工、农民、流动人口）关心、爱护。从政策层面上来说，城市政府要积极推进农民工与城市间流动人口的市民化，让他们尽快、尽可能地享受到与当地户籍人口一样的公共服务。从市民社会来说，城市户籍人口应自觉养成公平友善对待外来人员的良好风尚。

其次，城市规划、发展要体现大城市与周边中小城市、小城镇、乡村和谐共生的理念，在规划与发展上做到城乡一体化规划。大城市尤其是大城市的城区，一般是各种行政性机构较为集中的地区，也是各类优质的公共服务资源（如学校、医院、体育、文化设施）密集的地区。应该在可能的情况下，尽可能将优质的公共服务资源向周边扩散。

再次，要针对城镇化参与主体的突出问题出台专门的政策解决方案。在城镇化过程中具有不同的行为主体。目前，突出的问题是农村土地归农民集体所有，但农民集体不是法人或自然人，不具备法律上的人格，既没有完善的内部组织构机构，其本身又难以行使所有权。城镇化过程中大规模开发导致土地价格上涨、劳动力成本上升，这对一些中小企业是巨大冲击。失地农民或农民工基本保障缺乏，没有良好的就业、稳定的收入和完善的社会保障。土地所有权缺失。针对这些问题，有关城镇化综合协调部门要有针对性地研究，出台政策，切实保护城镇化参与主体的合法利益，依法有序推进城镇化平稳发展。

最后，加强公众参与，化解矛盾。政府部门要虚心听取市民意见，在城市发展方面做到充分的公众参与。城市发展规划在形成前、制定中或是完成后，要多方面征求意见。城市重大民生项目要听取不同阶层人士的各种意见。对于不同观点要有协调、化解机制，避免观点尖锐化引发重大社会不稳定事件发生。

在城镇化过程中，强调建设包容性城市，就意味着对不同行为主体、利益主体的合法诉求有切实的维护，避免一味追求经济增长、追求提升城镇化率而掀起所谓的城镇化浪潮。

除了环境友好型、资源节约型、包容型城市的城市实践之外，近年来，我国有关部委也提出了其他一些目标城市类型。例如建设部提出建设"园林城市"，强调城市绿化的数量、自然环境质量、基础设施水平和相应的城市管理水平。原国家环保总局提出建设环保模范城市，强调经济发展水平高、环境质量良好、资源合理利用、生态良性循环、基础设施健全、生活舒适便捷。建设部提出建设生态园林城市，强调利用环境生态学原理，规划、建设和管理城市，进一步完善城市绿地系统，有效防治和减少城市大气污染、水污染、土壤污染、噪声污染和各种废弃物，实施清洁生产、绿色交通、绿色建筑，促进城市中人与自然的和谐，使环境更加清洁、安全、优美、舒适。原林业部提出建设国家森林城市，强调城市生态系统以森林植被为主体，城市生态建设实现城乡一体化发展。总而言之，各地围绕多点平衡的城镇化目标进行一系列卓有成效的一系列探索，这些探索一定程度上改善了生态环境、促进了社会和谐稳定。

但也要看到，中国到目前还是一个发展中国家，经济发展在实现现代化、建设小康社会的过程中起着独特而关键的作用。按照党的十八大报告的任务，到2020年要实现国民生产总值和人均收入翻一番，年均经济增长率必须确保达到7.2%。从长远来说，高度发达的经济水平有助于减轻与解决生态问题、有助于促进社会稳定。但在特定的时间阶段，特别是在城镇化转型过程中，如何确保城镇化为经济增长提供雄厚的引擎动力，又要保护好生态环境，并且维护城镇化过程中各类群体的根本利益，确保社会稳定，达到多点平衡，在理念、技术、方法、路径方面，都还充满挑战。

第十章　城镇化的产业动力转型：
从工业制造业到服务业

1978 年以来中国的城镇化，主要是工业制造业带动的城镇化。2011 年底，中国城镇化率已经达到51.27%，中国的城镇化进入到中期及中后期发展阶段。在这个阶段，城镇化发展更多地应以服务业来引领与带动；与此同时，中国城市的功能应从定位于工业制造城市转向服务业城市。为什么发展城市服务业对于城镇化转型具有极强的紧迫性？我们要发展哪些城市服务业功能？城镇化转型过程如何处理好工业制造业与服务业的关系？如何进行规划理念与方法的调整，以适应转型发展的需要，推动服务业城市的形成与发展？

一、产业转型是中国城镇化转型的必然趋势

1. 产业转型是世界城市化的规律

欧美等国城市化所揭示的规律表明，城市化发展的起步阶段是工业制造业带动，在中后期阶段是服务业带动。从工业制造业到服务业带动是世界城市化发展的一个规律，它对于解决欧美城市化转型中的社会问题危机、经济危机以及提高城市竞争力起到了关键作用。

欧洲的工业革命始自英国。18 世纪中期，英国中部出现了大规模的制造业。制造业带来的显著变化是，它将家庭工业变成了大大规模的工厂生产。工厂提供了工作就业的机会，吸引了农村的剩余劳动力。工厂主们在工厂周围建造了许多住房，容纳进城工作但目前还无房可住的工人。城市的聚落围绕着工厂建立起来。

当今英国一些著名的城市，曾经都是工业城市。例如伦敦，在第一

次工业革命的推动下，一跃成为世界第一大港和"世界工厂"，并保持了300多年。曼彻斯特 1750 年还是一个仅有 1.5 万人的小镇，到 1801 年已经发展成为 7 万人的城市，1861 年人口达到 50 万，1911 年人口达到 230 万。曼彻斯特因此不再是传统意义上的军事、政治、贸易或者教会中心，它已转变成为集原料、装配、分配制造于一体的世界制造中心。

19 世纪初至 20 世纪 20 年代美国的城市化率达到 50%，美国的城市化大致经历了三个阶段，即商业城市时期（1790～1840 年）、早期工业发展与城市体系重组时期（1840～1875 年）、工业城市化时期（1875～1920年）。总的来说，在城市化率达到 50% 之前的 100 年左右时间，美国是以工业化带动城市化发展。

工业制造业在这个时期带来的效应体现在两个方面。一是促进人口的增加。人口的增加来自两个方面。当时由于欧洲西北部的工业革命中心的工业技术向美国转移，美国的工业企业开始兴起。随着工业技术的转移，一大批移民开始涌向美国。另一个来源是农民放弃农业，到工厂寻求工作机会。工业制造业带来的第二个效应是，它促进了城镇的发展。这类城镇主要包括依托能源地建立起来的城镇、矿业城镇、交通枢纽城镇、重工业城镇。

表 10.1　　　　　　　　工业制造业促进城镇发展的特征

城镇类型	特征	举例
能源地	一些需要大能耗的企业在这里集聚。早先是水能丰富的地区；后来是煤炭集中的地区	宾夕法尼亚的哈里斯堡
矿业城镇	它们为工业经济提供煤矿	弗吉尼亚的诺顿
交通枢纽	在铁路或航路经过之地	弗吉尼亚的罗阿诺克
重工业城镇	它们提供煤矿、铁矿，供重工业企业使用	匹兹堡

欧美城市化发展表明，城市化兴起于工业制造业。工业制造业通过它的实现单元——工厂的建立，形成了工业制造业的区位。工厂通过前向、后向联系，发展了产业链条，推动了相关产业类型上的增加、数量上的增加。这些相关产业必然需要吸引更多的人口。同时，工业制造业通过税收等渠道，积累了社会财富。在生产生活条件不断改善的社会压力始终存在的前提下，工厂区所在地的政府用工厂上缴的税收以及其他

收入，逐步改善基础设施，不断提高公共服务水平，这些为新的工厂企业的积聚创造了条件。

欧美等国在城市化起步并达到一定高的城市化率之后，普遍面临着复杂的城市社会问题需要解决。在解决这些社会问题的过程中，公共服务业、生活性服务业开始发展起来。以英国为例，1850 年前后，英国的城市化率达到 50%，进入了以城市为主体的社会。与此同时，英国爆发了史上大规模的社会运动，反抗由于城市化带来的环境、卫生等问题。在这样的背景下，英国相继出台了《公共卫生法》（1848 年颁布、1875修订）、《环境卫生法》（1866 年）、《工人阶层住宅法》（1890 年）。这些法令着重于满足城市化过程中的公共服务与生活性服务需求。在政府法令带动下，加上大量人口集中必然带来的服务需求，这些城市化先行国家的服务业开始发展起来。

服务业发展的另外一个原因是，在欧美城镇化发展过程中，都曾经出现过工业制造业能力过剩的问题，这引起对工业制造业的调整，调整的结果之一是那些为工业制造业进行服务的辅助功能，逐渐居于主导地位，比如机器修理、公司财务咨询、法律服务、物流贸易等等。

这一切的自然演化又由于空前绝后的经济危机而得到提速。1929 年全球性的经济危机，使得资本主义国家的失业率大幅度攀升。1929 年美国的失业率为 3%，1933 年达到 25%。在这场经济危机中，以制造业为主要功能的城市遭到最为严重的打击。如一些专业的制造业城镇的失业率超过 60%。重工业大城市如底特律和匹兹堡的失业率在 1933 年大约为30%。而那些经济较好多元化的大城市如费城和西雅图的失业率则为20%~30%。经济危机暴露了资本主义国家经济的脆弱性，引发了一系列的经济与社会转型。在以上危机面前，以美国为代表的资本主义国家认识到，工业制造业形成的生产能力应该与那些为生产进行服务的行业平衡发展，城市经济才能较好地应对出现的各类危机，城市的工业制造业功能向服务业功能发展成为欧美许多城市发展的趋势。

第二次世界大战至 20 世纪六七十年代，主要欧美资本主义国家的城市化率先后达到 70% 以上，进入城市化中后期。在这个阶段，传统的制造业对城市化的带动作用继续走低。以美国为例，1973~1982 年的经济危机中，受损最为严重的就是传统制造业部门。俄亥俄州的休斯敦作为去工业化的象征，1977 年坎贝尔钢铁公司的倒闭使得一夜之间就损失了 1 万多个工作岗位。20 世纪 70 年代，底特律失去了多达 16.6 万多个工作岗位。由此带来了一系列相互激化的问题：工厂倒闭→制造业就业岗位减少→零售业与服务业不景气→非充分就业→低收入与贫困增加→人口外迁→计税基数减少→社区老化→城市面临破产。

引领资本主义经济走出困境，以及引领城市化后期阶段欧美城市化发展的主要是生产性服务业。20 世纪 70 年代以来，开始出现了三项意义重大的技术，这些技术与生产制造业的结合产生了诸多生产性服务业门类。这三类技术主要是：

生产过程技术，如电子控制生产装配线、自动化机械工具、机器人技术、电脑缝纫系统等，这些技术增加了生产过程的可分离性与弹性。

交易技术，尤其是基于电脑技术的准时制库存控制系统增加了企业的区位和组织方式上的弹性，使得在需要时直接购买原材料、零部件和信息而消除了大量缓冲的库存储备。

流通技术，如通信卫星、光纤网络、微波通信、电子邮件、宽体喷气式客机等技术，减少了流通的时间和成本，随着商业活动范围的增长开拓了更广泛的市场空间。

建立在以上新技术基础之上，欧美为生产进行服务的生产性服务业开始了转型。1976～1986 年，美国的生产性服务（主要为专业化服务和商业化服务）就业岗位增长了 1 倍多，从 270 万上升到 560 万；到 1993 年又增加到 1150 万，2002 年增加到 1600 万。

值得高度关注的是，服务业发展改变的不仅是一国发展路径，而且改变了全球分工体系。当今世界，主要发达国家以全球城市为空间载体，以生产性服务业为产业内容，重塑了全球的空间格局、经济格局。由此，全球的城市化也被理解成为核心层、半边缘与边缘层。核心层是指那些生产性服务业比重高，尤其是金融服务业、信息技术服务业在全球占据主导地位的城市化地区。边缘区则是享有初级加工技术，从事生产制造工业品的地区。半边缘层则居于二者之间。

简而言之，到了 20 世纪 90 年代，主要资本主义国家服务业产值在国内生产总值（GDP）中的比重都超过 60%，达到所谓的"服务经济状态"。关于服务经济的意义，美国经济学家富克斯（V. R. Fuchs）作出了经典性的总结：由英国开始扩展至大多数西方国家的从农业经济向工业经济的转变具有"革命"的特征；而……从工业经济向服务经济的转变……同样具有革命的特质。[①]

需要指出的是，城市化先行国家的服务业与制造业并不是有你没我的关系，而是存在着融合推动、空间互补等多种关系。以美国为例，在郊区化过程中，产业在区位上得以分工。中心城区集中力量发展高端服务业，包括金融、保险、信息技术，而郊区则成为商业与制造业较为集中的地带。1960~1980 年，美国出现了 2000 多个郊区工业园区。郊区工业园区的大量涌入，也显现出美国郊区制造业的集群化，产业集群的形成推动郊区产业迅速发展。到 20 世纪 80 年代，美国大都市郊区的制造业已明显超过中心城市。1982 年，美国最大的大都市区的郊区制造业雇佣工业占 53.85%，占城市核心地区占 46.15%。80 年代以来，美国城市制造业继续向城市和小城分散，大城市已很难见到工厂。

郊区制造业厂商有了较多的收入之后，为本地的基础设施改善、非基础设施机构的建立创造了新的条件，这又引起了其他产业，尤其是服务业的集聚。城市中心区在制造业大规模迁入郊区之后，传统的服务功能也向郊区大规模转移。20 世纪七八十年代，郊区巨大的郊区中心、郊区商业林荫道、超级商业林荫道等相继出现。到 1978 年，郊区零售额超过了整个社会的半数，远远超过城市中心或农村地区。上述趋势的演化结果就是，欧美一些国家的小城镇的发展开始提速，它们现在往往就是一个或几个工业制造业巨头的基地。

制造业向郊区外移，从两个方面影响到大城市核心区的功能提升。一方面，大城市的人口与产业逐渐外迁，迫使大城市进行有机更新，转变与提升城市功能，以应对城市空心化、空洞化的现象。另一方面，大城市的人口与产业逐渐外迁，有利于大城市的发展。这是因为原有的大城市，密集了较多的制造业、人口密度过度、城市病已非常突出。美国

---

① V. R. Fuchs. The Service Economy. National Bureau of Economic Research, 1968: 1.

东北工业带的纽约市曾经是工厂区。仅在 1906～1907 年一年就新开工厂 3060 家。1922 年该市密度为每平方英里 2342 人，由于工厂外迁，纽约市 1965 年下降到 1381 人。城市密度的降低使城市病趋于缓解，环境质量有所提高，交通压力得到减轻。工厂区的外迁，还降低了城市中心区的土地租金，也改善了城市居民的住房条件。这些都从一些方面反映出，制造业外迁以及郊区化模式带来了一定益处，因而具有一定客观必然性。

2. 产业转型是中国城镇化的迫切要求

中国过去 30 年的城镇化发展过程，与发达国家早期城市化过程一样，是工业化驱动的城镇化。工业化由此也成为驱动城市化与生态环境交互胁迫的首要社会经济因素。工业化推动城市化的进程，城市化进程中工业企业开始集中，人口不断增加，工业化因此改变了用地规模与人口分布。工业化过程的一个特点是，它会引起较多的水、电等能耗需求。中国工业能源消耗占消费量比重均在 65% 以上。"十一五"期间，中国贯彻落实节能减排政策，工业能耗从 2.59 吨标准煤/万元降为 2009 年的 2.05 吨标准煤/万元，但与发达国家相比，中国的工业能源利效率还是偏低。2009 年，美国工业能源利用效率为 0.512 吨标准煤/千美元，按照照 1 美元 = 6.8 元人民币折算，中国工业能源利用效率只有美国的 36.59%。

过去 30 年，中国经济实现了高速增长。展望未来，过去支撑经济高速增长的外部环境与内部条件发生了新的变化。

本世纪以来，以消耗自然资源为特征第二产业和工业的增加值增速持续高于经济增速，占国内生产总值的份额持续提高。2001～2008 年，第二产业年均增长率为 11.3%，其中工业为 11.5%。2008 年，第二产业占 GDP 的比重达到 48.62%，对 GDP 的贡献率达到 52.66%；其中工业占为 42.94%，对 GDP 的贡献率达到 46.93%。

对比发达国家的产业结构，我国工业增加值已经达到主要发达国家的历史高点。我国的工业增加值主要来自于加工制造业，装备制造业的发展水平较低。加工制造业中高消耗、高污染、低附加值的加工制造业

表 10.2 2000 ~ 2008 年三次产业对 GDP 的贡献率（%）

项目	第一产业	第二产业	其中工业	第三产业
2000 年	15.06	45.92	40.35	39.02
2008 年	11.31	48.62	42.94	40.07
2001 ~ 2008 年均年长率	4.2	11.3	11.5	10.8
份额变动	- 3.75	2.70	2.59	1.05
对 GDP 贡献率	5.15	52.66	46.93	41.95

数据来源：王一鸣：《走向 2020：中国中长期发展的挑战和对策》，中国计划出版社 2011 年版。

比重偏高，技术和知识密集型的高附加值的产业比重偏低。目前，中国所采用的工业技术水平只有 15% ~ 18%，达到世界 20 世纪 80 年代后期的技术水平，能源利用率不到 35%，比发达国家低近 10 个百分点，工业污染排放量却是发达国家的 10 倍。世界银行最新研究报告表明，我国每年因为环境污染造成的损失约占当年新增 GDP 的 10%，如果不改变现有发展方式，2020 年将上升到 13% 以上[①]。

经济增长的模式如果沿着以往发展路径继续扩大规模，必将受到资源环境方面强烈约束。改变的方式就是调整经济结构，推动服务业在 GDP 中的贡献率稳步提升；推动能源利用方式和生产方式的变革，重点发展节能、环保产业；在产品的设计、生产、包装、运输、销售、使用一直到最后的废弃物处理过程，都做到环境污染小、资源利用效率高。

我国服务业发展起点低、问题多，未来空间巨大。根据钱纳里的计算方法，对 1970 ~ 2010 年世界城市化率、服务业比重、人均 GDP 等数据进行分析，可以计算出新的城市化率与服务业的变动关系（表 10.3）。通过对比，可以发现 1970 ~ 2010 年世界人均 GDP、服务业比重、城市化率之间的关系。人均收入在 2600 美元左右时，城市化率在 52.8% 左右，服务业比重在 48% 左右的水平。人均收入在 5260 美元左右时，城市化率在 58.8% 的水平，服务业水平超过 50%。

---

① 李景源等主编：《中国生态城市建设发展报告》，社会科学文献出版社 2012 年版。

表 10.3　　　　1970～2010 年世界城市化率与服务业变动关系

级次	2010 年人均 GDP	服务业比重（%）	城市化率（%）
1	460	36.0	37.6
2	658	38.5	40.7
3	1315	43.2	46.7
4	1973	46.0	50.3
5	2630	48.0	52.8
6	3288	49.5	54.7
7	5260	52.8	58.8
8	6575	54.3	60.7
9	9863	57.1	64.3

2010 年，我国东中西部地区服务业比重分别为 43.8%、35%、37%，不仅分别低于世界水平，同时也明显低于各地工业比重。2010 年，我国服务业在 50% 以上的省市，只有北京、上海。同时我国城市化水平较高的东部地区，服务业比重严重低于同等城市化国家。2010 年，我国东部地区城市化率已经基本达到 60%，但是服务业比重仅为 43.8%。其中，上海市城市化率为 89.3%，服务业比重仅为 57.3%。江苏、浙江、广东的城市化水平都在 60% 以上，但是服务业比重分别低于工业 5、8.1、11.1 个百分点。

二、城镇化转型需要重点发展的服务业类型

西方发达国家的城市化在自然演进的过程中，经历了由工业制造带动再到服务业带动的发展转变。当前，中国需要加快发展服务业，有条件的大城市形成服务经济，以推动城镇化的转型发展。

1. 发展生活性服务业，满足城镇化人口的现实需求

中国城镇化在 1979～1989 年十年间，年均城镇人口增加量 1140 多万。在 1990～1999 年十年间，年均增长 1420 万。2000～2010 年间，中国的城镇化率年均增长 1.35 个百分点，每年有 2100 万人口进入城镇，每年的城镇化人口超过一个伦敦市的人口。预计"十二五"期间，每年仍将有 800 万～900 万人口进入城镇。根据不同的城镇化水平情景分析，

2010～2020 年中国城镇化人口增加量将仍保持平均 1000 多万。

发展各类生活性服务业，才能满足每年新增大量城镇人口的现实需求，这是提高中国城镇化质量的基本保证。包括：

城镇社区服务业。社区服务业包括社区商业服务、社区养老助残服务、便民利民综合服务、废旧物资回收利用服务、社区环境服务、社区保安服务、社区信息化、社区福利服务、社区物业管理服务等。目前，社区在人才素质、技术水平、设备质量都存在许多问题，商业、社区文化娱乐、社区医疗卫生等方面都远远不能满足需要。以社区医疗为例，2009 年，社区卫生服务站诊疗人数仅占 6.87%。2001～2009 年间，综合医院的增长速度达到 24.16%，而 100 张床位以下医院个数增加仅占 4.84%。[①]

家庭服务业。家庭服务业是一个包括内容众多，但迄今仍未受到重视的服务业门类。我国家庭服务业供不应求的问题整体上比较突出。例如郑州市总人口约 800 万人，其中 60 岁以上的老人约 70 万人，空巢家庭约 10 万人。该市家庭服务业协会估计，家庭服务业人口在 10 万人以上。沈阳老人数 106 万，空巢老人家庭约 20 万个，全市仅家庭服务员就缺 4 万个左右。成都、宜昌等市的家庭服务企业员工缺岗率大约在 10%～30%。

表 10.4	家庭服务业的门类
家政服务业	住家保姆、家庭管理、家庭保育、家庭日常保洁、家庭内部洗衣、家庭园艺、家庭秘书、家庭护理、家庭宠物饲养等家庭事务的管理活动
家外病患陪护服务业	如医院病患陪护、在其他场所的病患陪护等
家庭外派委托服务	搬家服务、庆典服务、接送服务、家庭装饰装修服务、家庭开荒保洁服务等
家庭专业（特色）服务业	具有专门知识、技能或专业化的实践经验的家庭服务人员，如月嫂、育婴师、家庭教师、家庭医生、家庭顾问、家庭管家、专业陪聊、家政咨询师等
其他家庭服务业	尚未出现的新兴家庭服务业

资料来源：姜长云：《中国服务业：发展与转型》，山西人民出版社 2012 年 1 月版。

---

① 编写组：《中国城市发展报告》，社会科学文献出版社 2011 年版。

2. 发展生产性服务业，提高城市的产业竞争力

城市经济的竞争，既包括制造业，也包括为制造业进行服务的生产性服务业。不同机构与学者对生产性服务业的外延有不同的概括。

表 10.5　　　　部分机构、学者对生产性服务业、外延的概括

分类者	范　围
香港贸发局	专业服务、信息和中介服务、金融保险服务、贸易相关服务
国务院 7 号文件	现代物流、信息服务、金融服务、科技服务、商务服务、商贸流通
上海市	总集成和总承包、金融保险、商务服务、物流服务、设计创意、科技研发、节能环保、咨询服务、职业教育培训、专业售后服务
钟韵、阎小培	金融保险业、房地产业、信息咨询服务业、计算机应用服务业、科学研究与综合技术服务业
程大中	金融服务、专业服务、信息服务
王子先	研究开发、金融服务、信息服务、专业服务、物流和供应链服务、市场营销及咨询服务

资料来源：浙江省发改委等编：《2008 浙江省服务业发展报告》，社会科学文献出版社 2009 年版。

分析不同收入国家服务业出口结构可以看出，当今世界上高收入国家的服务业内部结构中，金融保险、信息技术、贸易物流、商业服务等生产性服务业的比重都比较高。这些代表了生产性服务业的发展方向。我国服务业内部结构也大致遵循着与发达国家类似的演变规律。近 20 年来，传统商品流通业性服务业比重趋丁下降，生产性服务业已出现快速增长势头。

我国生产性服务业在近年来有了很大发展，但在结构与层次方面仍存在许多问题。以浙江为例，浙江省提出围绕产业集群构建区域生产性服务体系、加快中心城市现代服务业集聚区建设，生产业服务业发展较快。但是，生产性服务业仍是浙江产业结构中的一条短腿，与经济发展实际需求差距较大。据浙江产业集群内制造企业的问卷调查，企业对生产性服务的满意程度不高，即便是满意程度位列第一和第二的金融和物流服务业，选择满意的比例也只有 18.2%、15.2%。比较浙江生产性服

务业与服务业固定资产投资，可以看出，生产性服务业在服务业的固定资产投资中的比例仅约1/3。①

3. 发展公共服务业，能够带动城市治理水平提升

现代城市政府，通过培育社会组织，发展服务业，从多个方面带动城市治理水平的提升。这些社会组织介于政府、市场与个人之间，为政府部门提供服务、沟通、监督、协调。数量众多、质量较高的社会组织，将能发挥提供社会服务、行业自律、参与政府决策等作用。但在我国，由于存在政府包揽一切的传统惯性，政府缺乏与其他社会组织的有效沟通，社会中介组织未真正成为政府职能转移的载体，成为带动城市治理水平的主要力量。近20年来，我国卫生体育社会福利、教育文化广播电影电视、科学研究、综合技术、国家机关、社会团体生产提供的服务业产品的比重不断上升，一定程度上契合了城市治理水平提升的需要。

表 10. 6　　　　　　　部分公共服务业比重结构的变化

年　份	卫生体育社会福利	教育文化广播电影电视	科学研究、综合技术、地质勘探和水利、环保和公共设施管理	国家机关、政党机关、社会团体
1991	3	6.3	2.4	9.2
2008	3.5	8.2	4.0	10.5
1991 ~ 2008	0.5	1.9	1.6	1.3

资料来源:《中国统计年鉴》(2000、2009)。

三、城市服务业发展滞后的综合原因分析

在城镇化发展过程中，主要推动力量将从制造业转向服务业。有鉴于此，我国于1991年提出加快发展服务业；1997年我国政府提出现代服务业这一概念。近年来，服务业发展有了一定提高，但水平仍然不高。主要原因有四个方面。

一是对服务业的属性认识不够全面，对非国有的服务业主体采取限制政策。长期以来，在城镇发展中有一个根深蒂固的观念，就是认为服

---

① 浙江省发改委等编:《2008浙江省服务业发展报告》，社会科学文献出版社2009年版。

务业多属公共产品，既然是公共产品就应该由城市政府生产、政府提供。这种观念究其实质是过于看重服务产品的意识形态属性、国家安全属性。由此导致对私人资本提供公共服务感到不合适、不安全。2009 年，我国城镇服务业投资中的国有控股投资占比高达 53.6%。交通、邮政、教育、文化、卫生、社会保障等领域国有投资比重均在 80% 以上。服务业中只有住房、餐饮、居民服务等领域，私人投资比重超过 50%。由于主体受限，2009 年服务业领域的国有单位就业比重达到 80% 以上，而同期制造业城镇国有单位的就业比重仅为 12.5%。[①] 虽经过多年国有事业单位改革，但至今在部分服务业领域，国有单位就业比重仍高达 90% 以上。

二是现行对干部的考评体系不利于服务业发展。现行的考评体系注重经济总量，而推动经济总量快速上升的办法就是发展工业制造业。我国工业用地占规划用地比例一般超过 15%，少数城市甚至高达 30% 以上，远超过发达国家 5%～10% 的工业用地占比。在项目投资方面，许多城市口头上重视服务业，但各类资金主要被引向工业制造业。以上海市为例，2001～2006 年，上海重大项目投资共 375 项，其中制造业和服务业的投资额分别为 1300 亿元和 600 亿元。

三是的现行税收制度更偏向于激励制造业而非服务业发展。第一，从分行业税收来看，批发零售、金融业、房地产、商务租赁等门类的税负分别为 29.6%、38.8%、26.6%、25.1%，都超过制造业 21.0% 的税负水平。第二，我国营业税以流转全额作为税基，这使得服务业不愿意从生产制造价值链条中分离出来。因为分离出去以后，特别是转包、外包等等都将增加营业税。第三，各级政府的财政收入主要来自于从生产性环节获得增值税。这逼使地方政府重视生产制造，而忽视服务业发展。

四是规划技术与理念跟不上服务业发展的需求。制造业规划具备更强的供给导向的规划特征，规划重点在于站在供给一方，提供基本的生产条件，如土地、基础设施等。服务业规划则更靠近需求导向的规划特征，需要站在消费者一方，了解消费者的偏好类型及其数量。供给者一般数量少，目的明确。而消费者一方类型极多且数量极不稳定。我们的

---

① 任兴洲等主编：《服务业发展：制度、政策与实践》，中国发展出版社 2011 年版。

规划技术与理念水平，适应于长期计划经济的供给分析。对于复杂的市场条件下的需方分析相对欠缺。规划水平不够也是我们提不出较好的服务业发展规划，难以引领服务业发展的一个原因。

五是城镇人口的规模与人才数量等方面都不适应服务业发展。我国城镇化率名义上已超过50%，但其中有17%左右的农民工处于"半城镇化"状态，即他们生活在城市但并不享有城镇人的户籍等。这些人在城镇的长期消费受到抑制，因此导致服务业内需没有被有效激活。再有，我国城镇就业人口中从事生产制造的比例较高，而从事生产性服务业或生活性服务业的比例相对较低。例如2009年，我国注册会计师、律师和个人理财规划师分别为15.5万、16.6万和5万人，三者之和占全国非农就业人数的比重不到万分之八。而同期美国这三类人才的数目为61.5万、55.7万、14.9万，占美国总就业人数的1%。[①]

总而言之前，我国城镇服务业水平不高，从目前来看，还难以充分发挥其对城镇化的引领带动作用。

四、强调服务业并不是否定制造业的作用

从发展趋势上看，尽管中国的服务业也显弱质，但城镇化终将更多地依靠服务业引领与带动。当前，存在的另外一个倾向是，对于制造业在城镇化过程中的作用认识忽重忽轻：有的城市在区域与城市规划中，受到学术界一种观点影响，即认为城市可以告别制造业时代，直接进入服务业时代[②]，城镇化规划的路径逻辑基本是：城市化——人口集中——服务业发展——城市化。还有的城市在规划建设新城时，重起炉灶，只要新兴服务业，不要传统制造业。

---

① 资料来源：司法部、中国注册会计师协会、人力资源和社会保障部、美国劳工统计局以及《中国统计年鉴》（2010）。转引自任兴洲等主编：《服务业发展》，中国发展出版社2011年版。

② 更准确地说，学术界关于这方面的论争，主要集中在对于重化工业的主导地位的认定上。以吴敬琏为代表的一派观点认为，发达国家已经进入服务时代，中国还推进重工业化过程，不符合时代要求；第二，服务业比重工业具有更高的附加值，因此我国目前应该优先发展服务业；第三，重工业产品可以依赖进口得到满足。

　　根据我国城镇化的进展情况，强调服务业将要发挥越来越大的引领与带动作用，并不意味着简单放弃工业制造业，原因如下。

1. 制造业是部分省市城镇化转型发展的重要力量

　　2011 年，中国部城镇化化达到 60%，中部为 50%，西部地区达到 40%。从城镇化发展来看，中西部相当多的地区仍处于城镇化发展的中期前后。再从工业化阶段来看，目前，国内少数城市进入到后工业化阶段（如北京、上海），浙江、江苏、广东、山东、天津部分省市处于工业化后期。中部多数省份处于工业化中期向后期演变转型过程之中，还有一半左右的省市，尤其是西部省市还处于工业化初期①。无论从城镇化发展的现实需求来看，还是从工业化发展阶段的现实供给条件来看，当前仍然需要强调工业化的基础性支撑作用。

　　东部地区与部分地区，应该推动资本或技术相对密集型制造业的升级，并创造条件向服务经济转型，以此带动城镇化转型。以浙江为例，近三十年来，浙江电子机械及器材制造业等重化工业上升幅度较快，食品加工、纺织业等传统的劳动密集型产业下降幅度较大。产业结构的上述变动，总体上与浙江的工业化进程相吻合。这些地区应该顺应工业结构的变动趋势，不断优化工业制造业的内部结构，增加生产性服务业的比重。

　　西部地区的大中城市应该大力发展技术与资本密集型制造产业，同时适度承接传统的劳动密集型产业。技术与资本密集的电子机械及器材制造、电子及通信设备制造等产业，具有增长速度较快、前后项关联度大、产业链条长、产业发展的乘数效应大等特点，对城镇化的带动作用明显。中西部地区城市群地区应大力发展这些产业，推动城镇化进程。同时服装皮革、纺织等传统的劳动密集型产业，在吸纳劳动力就业、加快人口向城镇集聚方面能发挥较大作用，在中西部地区的县城、小城镇发展中能发挥大的作用。

2. 制造业城镇能够成为城镇化转型现实载体

　　先来看传统的制造业小城镇。改革开放以来，在浙江、广东等地，

---

　　① 2005 年，我国工业化水平指数达到 50，进入工业化中期的后半段。

以及在中西部其他地方，一批传统制造业小城镇走出一条区域经济发展的模式。这些传统制造业小城镇从农村工业化起步，发展起制造企业集群与专业市场经济，带动农村人口非农化就业、农民向城镇集中集聚。在最为典型的"浙江现象"中，这种模式就是所谓"产业集群＋小城镇＋专业市场"的区域发展模式。这类传统的制造业小城镇，经由初级阶段、发展阶段、转型阶段，能够发展成为质量较高的小规模城市化的空间载体。

表 10.7 传统制造业小城镇演进路径

演进阶段	动力机制	实现途径	城市经济特征	辨识依据
初级阶段	内力：商业文化 外力：自然条件胁迫	传统手工作坊→私营企业→专业市场→制造业。即传统的"前店后厂"	非正规城市化，城镇空间无序发展，环境恶化	新兴工商业小城镇
发展阶段	内力：集聚经济 外力：国家市场经济政策	产业集聚→专业分工→产业集群→大型专业市场	大量专业市场涌现，一乡一业、一村一品，劳动力转移加快	小城镇发展壮大，区域城镇体系形成
转型阶段	内力：产业升级 外力：国际化、全球化	产业结构优化升级、市场分化、生产性服务业带动	传统专业市场衰落，要素市场逐渐代替产品市场，区域城镇化空间优化	自主经营、价值链经营、企业现代化、国际化、大型化
高级阶段	内力：和谐发展要求 外力：环境胁迫	新农村建设、城乡一体化建设	区域城市化、现代物流业和国际贸易迅速发展	精明增长的小城镇、都市圈范围的中小城市

资料来源：顾朝林等：《中国城市化格局·过程·机理》，科学出版社 2008 年版。

再来看工业城市。新中国成立以来，我国规划布局与建设了一批工业型城市。这批工业型城市在推动我国工业化进程中发挥了巨大作用，在全球宏观经济变化的大背景下，当前也都面临着诸多挑战。但是这些工业城市具有较为良好的基础设施、聚集了高素质的产业工人、形成了一定的产业基础，可以成为城镇化发展的现实载体空间。

3. 制造业可以通过合理的空间分工发挥价值

城镇空间的转移，既指东部城镇与西部城镇之间、发达地区城镇与欠发达地区城镇之间，更多地指城市群内部不同类型、规模、功能的城市之间，存在产业、人口、功能的转移现象。

中国幅员辽阔，各地区经济发展水平不同。可以利用城市群或都市圈的空间区位差异，推动制造业的转移，进行产业功能的定位。在此过程中，推动制造企业与现有小城镇、中小城市的有机结合，从而实现制造业对于城镇化发展的带动作用。

例如，在京津冀区域的城市之间，传统上存在着激烈的产业竞争。但是随着京津冀共同建设世界城市与城市群，京津冀内部城市之间在功能上的互补性越来越强，在产业上的转移越来越多。这样的制造业转移，对于北京大城市核心区，以及对于河北省张家口、保定等中小城市的发展都能起到促进作用。

表 10.8   北京企业迁移情况

企业名称	迁入地	迁入时间
北京第一机床厂	河北保定高碑店	2002 年 11 月
北京内燃总厂铸造分厂	河北省沧州市泊头	2001 年 7 月
首都钢铁公司炼钢厂	河北省唐山市迁安	2003 年 4 月
北京白菊公司洗衣机生产基地	河北廊坊霸州	2002 年 6 月
北京量具刃具厂	河北廊坊霸州	
北京新型建材集团粒状棉生产线	河北张家口市	2001 年 8 月
北京焦化厂	河北唐山乐亭县京唐港	

综上所述，城镇化过程中，制造业与服务业的关系，并不是非此即彼的关系。当前，强调从工业制造业向服务业的转型，本身也就意味着，要以工业制造业为基础，以服务业为带动，实现产业的转型，进而推动城市功能的转型，促进城镇化发展。

五、从工业制造业到服务业：天津市案例研究

天津市是中国第三大城市，是中国北方经济中心、环渤海地区经济中心、中国北方国际航运中心、中国北方国际物流中心、国际港口城市和生态城市。天津面积为 11946.88 平方公里，下辖 13 区 3 县。2011 年，全市人口为 1355 万，地区生产总值为 11307.28 亿元，名义城市化率达到 82%，人均生产总值为 83474 元。近年来，天津市服务业发展迅速，但是

与国内其他中心城市相比，仍存在着一定的差距；与其担负的国际航运中心城市、中国北方经济中心城市的地位也不相适应。天津市应采取切实的措施，加快从工业向服务业的转型发展。

1. 天津市服务业发展的现状与问题

（1）发展现状

一是经济总量显著扩大。2010 年全市服务业实现增加值 4238.65 亿元，比 2005 年增加了 1.6 倍，年均增速 15.3%，服务业增加值占全市GDP 比重由 2005 年的 42.5% 提高到 46%。

二是产业结构显著优化。2010 年生产性服务业比重达 64.5%，提高了 2.8 个百分点，其中金融业比重提高到 3.1 个百分点，科技服务业、创意服务业比重比别提高了 2 个百分点。在津企业总部达到 240 家，亿元商务楼达到 27 座。

三是辐射能力显著增强。全市股权投资基金注册企业户数和认缴资本额均居全国第一。在内陆地区已建成 18 个"无水港"，口岸通关服务功能进一步延伸。口岸进出口贸易额从 1019 亿美元增加到 1641 亿美元，年均递增了 10%；进出口总额中外省市比重提高了 4 个百分点。储宝钢材市场、北方自行车市场等一批大型交易市场辐射全国。

四是城市人气显著提升。天津机场旅客吞吐量年均递增 26.1%，接待外地游客、旅游外汇收入年均增速分别达到 16.6% 和 23.2%。

五是载体建设显著完善。服务业固定资产投资从 889 亿元提高到3365 亿元，扩大了 2.8 倍。先后组织实施三批共 60 项全市服务业重大项目，累计完成投资近 1700 亿元，75 个现代金融、物流、旅游、会展、商务商贸、科技服务等子项目建成营业并发挥效益；90 个现代服务业"短平快"项目多数建成开业。

（2）与国内外城市比较

天津市服务业取得了较快的发展，但是其服务业比重与其担负的城市功能相比，明显偏低。与国内其他中心城市相比，服务业比重也相对落后。

一是服务业比重总体上较低。2011 年天津人均 GDP 为 83474 元，折合美元超过 12000 美元。按照 2010 年世界其他城市国内生产总值与服务业变动关系的对比数值，天津市服务业增加值在国内生产总值中的比重应超过60%。实际上，2011年，天津市服务业增加值占全市GDP比重约46%，与国际一般标准相差14个百分点。2011年，天津名义城镇化率达到82%。按此城镇化率计算，天津服务业比重应达到80%左右，天津服务业的实际比重相距达35个百分点。

二是服务业生产率较低。与上海、北京两个直辖市，以及广州、深圳两个区域性中心城市相比，天津市的生产性服务业劳动生产率、生活性服务业劳动生产率都是最低的。其中，生产性服务业的劳动生产率只相当于广州的67%；生活性服务业的劳动生产率只相当于北京的55%。

表10.9　　　　五城市服务业劳动生产率对比（万元/人）

行业名称	上海	北京	广州	深圳	天津
生产性服务业	24.22	17.73	26.26	26.18	17.64
生活性服务业	12.33	14.94	11.37	9.04	8.24
其他服务业	5.12	10.57	17.79	14.03	7.83

三是服务业内部结构不尽合理。天津是北方经济中心，按此功能定位，天津的生产性服务业应该占据较高份额。根据五城市对比，生产性服务业增加值占服务业比重数值从高到低的城市分别是北京、深圳、上海、广州、天津，天津的生产性服务业在服务业增加值中的比重为五城市最低。

表10.10　　2010年五城市服务业各行业增加值占服务业增加值比重（%）

行业名称	上海	北京	广州	深圳	天津
生产性服务业	47.07	53.62	44.59	49.49	42.79
生活性服务业	48.69	41.29	50.12	45.71	51.30
其他服务业	4.24	5.09	5.29	4.80	5.92

（3）存在的问题

天津市服务业尽管增长较快，但通过对比可以发现存在的问题。一是服务业总体规模较小，比重较低，先进制造业与生产性服务业的链接互动不紧密。二是国内其他城市发展服务业的劲头也很迅猛，对发展服务业的项目、企业、资金、人才等方面的竞争日益激烈，天津市服务业发展面临着严峻的竞争。面对这些问题，天津市需要进一步明确措施，推动天津市从工业制造业向服务业的转型。

2. 天津市加快生产性服务业发展的重点

生产性服务业是天津短板中的短板。天津在发展生产性服务业方面，优势资源与优势产业是港口物流服务、金融服务、科技服务。应以这三大优势产业为基础，加快推进生产性服务业发展。

（1）港口物流服务

具体建设发展的重点包括：

以天津港为原点，沿海岸线打造沿海物流发展带，沿京津走廊打造京津物流发展带；

依托滨海新区的区位优势，以港航物流服务系统为核心，以大宗商品交易为主要平台，以金融及信息服务为保障，构建"交易＋物流＋金融及信息服务"三位一体的国际型港航物流服务体系；

打造钢铁、煤炭、汽车、生物医药、装备制造、航空航天、电子信息、农产品、建材、石化等十大专业物流体系；

推进冷链、危险品、邮政、逆向、应急五大物流重点领域发展；

建设工程机械、汽车、金属、煤炭、成品油、农产品、钢材、船舶等大型交易市场；

构建多级互通的物流信息化体系，推动"物联网"技术运用，加快行业物流专业化信息化平台建设；

完善海、陆、空多式联运高效衔接的一体化物流通道体系建设，推进环渤海京津冀区域高速铁路网建设；

培育一批竞争力强的大型物流综合企业集团。

（2）金融服务

具体建设重点包括：

建设与北方经济中心相适应的现代金融体系和全国金融改革创新基地，完善金融服务区；

开展科技、低碳、农业、消费、产业、航运等六大金融业务；

设立与引进更多的金融总部机构，推动在天津设立全国性的养老保险机构总部以及提供全新综合型保险产品和服务的保险机构；

组建天津产权交易集团有限公司；支持排放权交易所、渤海商品交易所、股权交易权等发展，发起设立航运交易所；

开展境外人民币贷款业务试点、小币种交易试点。开发保障性保险产品市场。

（3）科技服务

具体建设重点包括：

打造津西、滨海新区和北辰—武清三大科技服务业集聚区，建成国际化的科技服务与创新基地；

开拓航空航天科技研发、飞机维修、客服中心等新兴服务，使天津成为航空航天服务基地；

发展信息安全、数字安防、物联网、三网融合、具有自主知识产权的 IC 设计等软件服务，建设我国最大的信息安全企业聚集区；

依托中新生态城、泰达低碳经济促进中心、低碳型科技服务园区等载体，建设低碳园区、低碳城市；

自主研发和引进一批实验检测关键技术，重点支持航空航天、石油化工、能源环保、装备制造、生物医药、电子信息、轻工纺织、工程建设等领域的检测实验室建设。

3. 天津市加快生活性服务业发展的重点

繁荣繁华城市中心区的生活服务业。围绕中心城区商业中心区、滨海新区商业中心区，建设代表天津大都市水平的国际商贸中心。

形成多组团。蓟县、宝坻、京津、武清、宁河、汉沽、西青、津南、静海、团泊、大港等地形成新城商贸组团。

天津市的名义城镇化率较高。但是其中包含着一个重要的因素就是"宅基地换房"带来的迅速的城镇化。天津市蓟县、宝坻、京津、武清、宁河、汉沽、西青、津南、静海等县（区）通过小城镇"宅基地"换房的改革，大量的农村人口搬进了新型城市社区。新型城市社区的基础设施较好，但生活性服务急需培育。

职业教育。天津市生产性服务业就业人数占服务业就业人数的比例偏低，提高比例的办法是加强职业教育。因此，天津市要加大力度，发展中等教育和高等职业教育，扩大高等职业教育招生规模，培养培训适应天津建设的高技能人才。

表 10.11　　　　　　　示范镇社区服务与基础设施配置表

类　别	主要项目
行政管理	居委会、村委会、警务室
教育机构	高级中学、初级中学、小学、幼儿园、托儿所
文体科技	文化站、青少年及老年之家、体育场馆、科技展、图书馆、展览馆、博物馆、影剧院、游乐健身场所、广播站
商业金融	百货、食品、超市、生产资料、建材、日杂、粮油店、药店、燃料店、音像制品店、书店、综合商店、宾馆、旅店、招待所、饭店、饮食、茶社、理发、洗浴、照相、综合服务店、物业管理、银行、信用社等
集贸设施	百货市场、蔬菜、果品、副食市场、粮油、土特产、市场畜禽、水产市场、燃料、建材市场、生产资料市场、其他各类专业市场
公用工程设施	停车库、公共厕所、变电室、热交换站、通信设备间、燃气调压站、垃圾站点、消防栓
医疗保健	计生服务站、防疫站、卫生监督站、医院、卫生院、保健站

表 10.12　2010 年五城市服务业各行业就业人数占服务业就业人数比重对比（％）

行　业	上海	北京	广州	深圳	天津
生产性服务业	33.27	48.23	28.00	25.93	25.77
生活性服务业	63.65	44.08	67.10	69.38	66.20
其他服务业	5.02	7.69	4.91	4.69	8.03

旅游业。以天津近代历史文化为脉络，以重大历史事件为线索，打造"近代历史看天津"的文化旅游核心品牌。依托天津丰富的自然和人文景观，精心设计完善旅游线路。

4. 天津市加快公共服务业发展的重点

天津市作为我国北方经济中心，吸引了周边省市大量的农村户籍人口到天津打工，这部分人被计算在城镇化人口中，但相当一部分还不能完全享受天津市民的公共服务。

天津市处于快速城镇化发展的过程之中，天津本行政区范围内以及北方多个省（市）进入天津工作、生活的农民工、城市间流动人口的数量依然较大，天津市发展公共服务业的压力比较显著。根据以上情况，天津应从低水平、宽覆盖做起，首先确保天津居民享受到国家基本公共服务体系规定的各种公共服务。在此基础上，不断提升公共服务的数量标准，增加类型品种，努力使天津的公共服务水平与其直辖市的行政地位以及北方经济中心的经济地位相适应。

提升住房保障的水平与质量。天津市外来人口多，保障房压力仍然较大。当前，应按照"保困保底"的原则，将兴建公共租赁房置于经济适用房、限价房之前。要搭建融资平台，吸引社会资本参与危陋房屋改造和保障房建设。要开展保障房专项融资业务。对购买经济适用房、限价商品房的中低收入人群，给予贷款贴息和营业税补贴，减轻居民的购房负担。积极争取国家政策支持，利用住房公积金贷款建设公共租赁住房的试点工作。在公共租赁房建设中，要着重解决户型偏大的问题，将房型一般控制在 30～40 平方米之间，并力求"小户型、齐功能、高质量"。① 在公租房选址方面，应避免离市区过远，避免连片面积过大，这样会影响住户的就业，并且影响到公共租赁房未来的管理。

提升劳动就业服务的水平与质量。天津要抓紧建立全市统一的就业失业管理制度，对所有外来劳动力、农村富余劳动力进行就业失业登记。要开展就业援助，通过举办不同类型的就业招聘会，帮助更多的本地与外来人口就业。劳动部门要通过部门补贴等方式，动员社会力量参与农民工的职业技能培训，促进就业。针对天津大城市人口流动性强、劳动就业需求不断细化的特点，出台政策支持各种灵活类型的就业。

提升义务教育的水平与质量。切实解决外来人口子女"入园难"、"入学难"的问题。天津应在全市各区县将义务教育纳入政府的公共服务，规划优先安排，经费优先投入，资源优先保证。要本着扩大覆盖面并且节约成本的原则，积极推进义务教育学校现代化标准建设，重点关注城乡结合部、远郊区义务教育基础设施建设。

提升医疗卫生服务的水平与质量。在中心城区、外围城区以及人口较为集中的居住区新建、改建、扩建一批条件较好的医院。推动优化卫生资源配置，从资金、人员等方面支持更多的医疗项目进入社区，支持更多的民营企业兴办有资质的医疗卫生机构。政府部门要培训医疗卫生人才队伍，提高卫生服务水平。研究天津老龄化发展的趋势与规律，以居家养老为基础、社区服务为依托、机构养老为补充，构建起养老服务体系。

---

① 根据国家行政学者有关学者的调研，天津一地建设 1970 套公租房，由 50 平方米的独单和 60 平方米的独单组成，户型面积明显偏大。参考 http：//www. nsa. gov. cn/web/a/zixunbaogao/20120918/968. html。

第十一章　融资模式转型：
从单一主体到多元主体

　　积极稳妥地推进城镇化，已经成为未来十年中国重要的发展战略。然而，推进城镇化，需要有巨量的资金投入来承担城镇化过程中产生的成本，新形势下城镇化的融资成为城镇化路径设计的关键问题。传统的、以政府为主体的融资模式还没有根本改变，新的多元主体还没有形成，城镇化融资模式的转型创新是下一阶段城镇化的难点、焦点问题之一。

一、城镇化成本的概念

1. 城镇化成本的内涵

　　城镇化的成本，严格意义上讲，就是将农民转变为市民而产生的成本。

　　中国人民大学课题组认为，城镇化成本是由三类人员所产生。一是农村人口以农民工的形式进一步向城市转移，按照目前的测算，新增城市人口按照每年城镇化率增加 1 个百分点来测算，未来 10 年农村新增转移人口将达到 1.4 亿~1.5 亿。二是已经在城市常住、但没有户籍的农民工的市民化；三是农村留守儿童、老人以及妇女跟随前期转移的农民工向城镇转移，出现定居式城镇化中的跟随性转移。

　　中国科学院课题组将城镇化成本分为两大部分：生存成本和发展成本。所谓生存成本是指在城镇化过程中，个体从农村劳动者向城市居民转化所应付出的基础成本、生活成本、住房成本、医疗成本等；发展成本则是指城镇化过程中，为保障居民协调发展所必需的培训成本、就业成本、社保成本。

中国城市和小城镇改革发展中心认为可以从两个角度来考察城镇化的成本，一是从城市的角度，二是从个体的角度。从个体的角度来看，在城镇化演进规律下，农村人口向城市流动，农村剩余劳动将作为决策主体，在否进城问题上进行决策，而决策的主要依据就是该行为的成本与收益。据此，城镇化成本包括直接成本、机会成本、其他成本（心理成本）。

直接成本是农村进入城市就业所引起的直接花费，这部分成本一般都是货币性的直接支出，具体可分为流迁费用和城市生存费用两部分构成。流迁费用是指农村转为城市就业形成的交通费、就业信息费、办证费、培训费等经济成本。在我国二元经济条件下，政府基于非经济性因素考虑对新增城市人口强行收取的各种"入门"费用，如城市增容配置费等，也应计入城镇化的微观成本之列。生存费用则是指维持劳动力再生产所必需的费用，主要应该包括衣、食、住、行等方面的货币支出和教育成本、医疗成本等。

机会成本是指进入城市人口放弃原来农业生产和农村非农业就业损失的各种收入。机会成本的高低是由不同地区的农村和城镇经济发展水平和状况决定，取决于农村人口放弃的同等劳动力在农村能够获得的收入（农业收入和非农业收入）水平。在微观主体进行是否城镇化的决策过程中，机会成本对其最终决策结果影响较大，因为从主观上看，是否决定进城的决策，取决于城镇化过程给微观主体所带来收益和机会成本的差异大小。

综合不同机构、不同学者的对城镇化成本的理解来看，基本的共识是城镇化需要产生巨量成本。主要分歧在于应该站在什么角度看城镇化的成本。站在国家与城市的角度来看城镇化的成本，优点是有全局性与长期性，能综合考虑城镇对人口的接纳能力与承载能力，缺点是主观性强，容易将城镇化成本的概念外延泛化。比如有的学者和有的地方把建设竞技性体育赛事场馆也列入城镇化成本中去。

站在农民和农民工的角度来看城镇化的成本，优点是具体并有针对性，能深入分析城镇化顺利发生的条件与过程。缺点在于，这样计算出来的成本是微观成本，而且是农民工进入到具体城市在近期产生的成本，相应地，对中国城镇化的宏观特征与长期演进的情境缺乏考虑，对政府制定中长期融资模式战略的价值较低。

我们认为，研究城镇化成本，主要是要分清农民工进城的基本生存成本（直接成本）与适应城市规模扩大而必须进行投入的中长期成本（次生成本），近期成本（农民工的进城成本，如进城之后一年）与长期成本（市民化融入成本，如进城 1 年至 5 年），政府承担成本以及非政府承担的成本。

合理区分这些成本的意义有两个方面：一是有利于实事求是地看待城镇化成本问题的难度，准确把握城镇化成本问题的性质，在一定时期内，以政府为主导，动员各方面力量，攻克城镇化成本与融资焦点和难点问题；二是有利于科学地充分地发挥城镇化的中远期效应，在中远期内，以市场为主导，动员各类经济主体力量，化解城镇化的成本难题。

2. 人均成本估算

国内不同机构与学者对城镇化进行了不同的估算（表 11.1）。根据这些估算，一个农民工进入城市所需成本的中位数是 10 万元，平均数是 15 万元。此处取 10 万元进行估算。

表 11.1　　　　　　　不同机构、学者对城镇化的估算

预测单位	发改委城市中心	马庆斌和刘诚	傅沙沙	社科院经济所	发改委投资所	社科院《中小城市绿皮书》	社科院《中国城市发展报告》
人均投资成本	5 万元	8 万元	33 万元	10 万元	30 万元	10 万元	8~10 万元
全国年均投资总费用	1 万亿	2 万亿	6 万亿	2 万亿	6 万亿	2 万亿	2~2.5 万亿

资料来源：中国人民大学课题组：《新战略发展期我国城镇化融资面临的问题与解决方案》，2011 年 11 月。

3. 城市化率估算

按照不同的模型测算的城镇化率和城镇人口增长来看，未来 10 年城镇人口增长的规模依然庞大。中国科学院预测到 2050 年，中国城市人口将达到 10 亿~11 亿，在现有城市人口的基础上，未来 50 年期间将约增加 4 亿~6 亿城市人口。

表 11.2　　　　　　　　　　　新增城市人口预测

年　份	总人口（亿）	城市化率（%）	城市人口（亿）	新增城市人口（亿）
2006	13.2	45	5.94	
2020	14.0	55	7.70	1.76
2030	14.4	60	8.64	0.94
2040	14.7	65	9.56	0.91
2050	14.8	70	10.36	0.81
合计				433973

国内外不同机构分别依据 Keyfitz – Rogers Lotka – Volterra、Keyfitz – Rogers、Lotka – Volterra 模型都对城镇化前景进行了预测。根据我国城镇化发展的实际，我们预测 2030 年，中国城镇化率约为 70%，2011～2030 的城镇化率保持在每年 1 个百分点，每年新增城镇人口如表 11.3。

表 11.3　　　　　　　　　　　每年增加城镇人口预测

	城市化水平			增加城镇人口				平均每年增加城镇人口		
	2020年	2030年	2050年	合计	2011～2020年	2021～2030年	2031～2050年	2011～2020年	2021～2030年	2031～2050年
0.8	58.5	66.5	80	30895	15241	15654	—	1693	1565	
1	60.3	70.3	80	36609	17836	18773	—	1982	1877	
1.5	64.8	79.8	80	50891	24322	26569	—	2702	2657	

4. 城镇化成本估算

假设按 1% 的城镇化率提高计算，2011～2020 年每年新增人口约为 1982 万人。粗略按 10 万元的市民化成本计算，则每年应付出城市化成本约为 2 万亿元。

值得指出的是，以上计算，只是考虑到新增城镇人口的情况，并没有考虑到已在城市里还有 1.2 亿农民工，他们虽然被统计为城镇人口，但还不享有城市人的公共服务。如果以不产生第三代农民工为期限，则可假定在 10 年内分批逐步推动农民市民化，这样平均下来，每年则需要吸纳大约 1200 万左右的农民工。假定按 8 万元的市民化成本计算，则在 2011～2020 年期间，每年为这部分农民市民化将要支付将近 1 万亿元。

以上合并可知，2011～2020 年十年间，共需付出的城镇化成本约为

30 万元亿，每年支付的成本约为 3 万亿元。

在实际的城镇化的过程中，有些因素会增加成本，而有些则可能减少成本。增加成本的主要因素是，"十八大"后，城镇化的战略地位更加明确，关于城镇化的政策有可能会在 2013 年加紧出台，刺激更高的城镇化率，使城镇化率在 2013、2014 年达到或超过 1.5 个百分点。特别是国家关于基本公共服务均等化的"十二五"规划，使得进城农民工有了新的预期，诱使更多的年青一代农民工进入特大城市、大城市。当然，也有一些因素，可能使得城镇化的成本出现"减项"，比如说，随着城乡统筹政策的进一步落实，乡村生活的现代性提高，一部分乡村、小城镇具备更多的"城市性"，因面而导致选择就地城镇化的人口增多，这部分人将来也要计算在城镇人口中，但不会产生显性成本。另外，随着各大城市群发展，中小城市与核心大城市有了更好的交通联结。一些企业会选择在中小城市建立基地，吸引较多人口在这些地方就业与生活。这些中小城市的成本会相对较低。总体而言，新增城市人口逐年下降，先期基础设施投入将沿着时间轴分布并发挥作用，城镇化的成本将会呈现逐渐下降趋势。

表 11.4 影响城镇化成本的情境因素

可能增加成本的因素	可能减少成本的因素
受政策影响，城镇化可能在短时期内会再次高速增长：2011～2015 年期间，会超过 1% 的增长率； 城镇化的政策，特别是基本公共均等化政策，诱使更多的人进入大城市，增加成本； 城市教育医疗等基础设施初始投资较大； 城市人口骤增，导致城市由于资源的短缺而上扬成本	部分小城镇、村庄可能成为未来的中小城市，就地城镇化会不产生显性的进城成本； 大都市周边的中小城市吸纳较多的农民工，这些城市的成本较低； 新增农民工已经启动就业制度与社会保障制度改革，不会沉淀市民化的私人成本； 新增城镇人口中有一部分是农民工家属，他们属投靠性质，不会增加住房等需求

二、中国城镇化融资模式：困境与原因

根据上述测算，2011～2020 年十年间，每年城镇化的成本将达到 3 万亿元。在初始年份如 2013～2015 年，城镇化的成本还会更高。但在目前的融资模式下，城镇化的成本已难以得到有效承担或化解。

1. 中国经济增长放缓，进入"次高速增长时期"

改革开放以来，我国经济经历了 30 多年的高速增长期。但是随着我国人口结构发生变化，储蓄率和投资率逐步下降，资本和劳动力增速放缓，科技创新对经济增长的贡献短期间难以大幅提升，潜在的增长水平下降可能难以避免①。这与多数国家的发展路径是基本一致的。例如，日本以 1969 年为转折点，前 10 年 GDP 的增长率达到 10.4%，后 10 年降为 6.3%。韩国以 1988 年为转折点，前 10 年为 10.0%，后 10 年为 7.6%。有学者进行国际比较后得出，在高速增长持续二三十年之后，多数国家的增长速度从第三个 10 年开始明显下降，到第四个 10 年，大多数国家则进入了低于 4% 的增长时期②。

在悲观、乐观不同情境下预测，中国经济增长率在 2011 ~ 2015 年将会在 7% ~ 9% 区间波动。2016 ~ 2020 年将会在 6% ~ 8% 区间波动。

表 11.5　　　　　　1978 ~ 2020 年经济增长预测（%）

项　　目	1978 ~ 1994 年	1995 ~ 2009 年	2010 ~ 2015 年	2016 ~ 2020 年
潜在增长率	9.9	9.6	8.4	7.0
就业增加率	3.3	1.0	0.2	- 0.5
劳动生产率增长	6.4	8.6	8.2	7.5
来自全要素生产率增长	3.0	2.7	2.3	2.3
来自更高的人均人力资本存量	0.5	0.3	0.5	0.6
来自更高的人均物资资本存量	2.9	5.5	5.4	4.6
投资/GDP	30.0	37.3	41.1	39.1

资料来源：世界银行，中国经济季报 2010 年 6 月。

经济数据显示，经济下行期间，财政收入的增速下降幅度将比 GDP 下降幅度更大。在 2011 ~ 2015 年以及 2016 ~ 2020 年这两个五年期间，预计财政增速将从 2000 ~ 2010 年的均值 20.1% 的高点降落至 15% ~ 10% 的区间。在高速经济增长的 2000 ~ 2010 年间，财政增速也较高，但仍然没

---

① 王一鸣等：《走向 2020：中国中长期发展的挑战和对策》，中国计划出版社 2011 年版。
② 江小涓："中国经济发展进入新阶段：挑战与战略"，《经济研究》，2004 年第 10 期。

有很好地解决农民工市民化的问题，反而将多达 1.2 亿的农民工市民化问题留至经济处于下滑区间的下一个 10 年。显而易见，如果没有重大的融资渠道与融资方法创新，城镇化的成本化解问题，不仅在未来 10 年内得不到解决，而且会集结成更大的问题。

2. 政府债务量较高，地方政府风险超警戒线过高

中国的政府包括中央政府和地方政府，这两级政府在城镇化过程中，都承担着相应的责任。这两级政府的债务内容不同，风险性质也不相同。

中央政府债务口径有三种类型。第一种类型是窄口径，仅计算中央财政的国内、国外债务。第二种类型是中口径，是在窄口径基础上加上信达、华融、长城和东方这四家国有资产管理公司的债务。这四家国有资产管理公司的债务，实质上是中央政府承担偿还。第三种类型是宽口径，这种口径还应把铁道部债务计算在中央政府债务中。中国铁道部既是行政管理机构，也是铁路建设与运营公司。中国铁道投资近年来增长迅速，特别是 2008 年中国出台"四万亿"投资计划，有 15000 亿投向了铁路、公路、机场、水利等重大基础设施和城市电网改造，铁道部负债规模也从 2008 年末的 8684 亿元快速增至 2011 年第三季度末的 22289 亿元。

按照宽口径计算，2010 年中央政府债务余额达到 100466.11 亿元，占当年财政收入的 236.45%。中央政府债务规模较大，特别是其占财政收入的比重过高，这一方面显示中央政府所需承担的债务责任已经远远超过了自身的财政收入水平，另一方面中央政府的负债率大大超过了国际上公认的负债率 100% 的警戒线。

表 11.6　　　　　　　　　　　　中央政府债务

	债务余额（亿元）	占 2010 年 GDP 比重（%）	占 2010 年全国财政收入比重（%）	占 2010 年中央财政收入比重（%）
国债余额	67548.11	16.84	81.28	158.98
AMC 债务 *	14000.00	3.49	16.85	32.95
铁道部债务	18918.00	4.72	22.76	44.53
合计	100466.11	25.04	120.90	236.45

＊AMC 债务为信达、华融、长城和东方这四家资产管理公司的债务

资料来源：余斌、魏家宁：《中国财政金融风险问题研究》，中国发展出版社 2012 年版。

地方政府的负债按较宽口径计算，包括四项内容，即省市县债务、乡镇债务、养老保险隐性债务、公路债务。这其中，乡镇债务原先不在审计署的审计范围之内，但乡镇是一级政府，其负债理应列为地方政府负债。养老保险隐性债务属于典型的并不由法律或政府合同加以规定，但由于公众期望或政治压力，政府必须担当道义责任或预期责任。近年来，作为城市连接线的高速公路成为各个城市竞相建设的基础设施，地方承担着其中部分债务。上述四项累计，2010 年地方政府债务余额 137106.80 亿元。

表 11.7 地方政府债务

	债务余额（亿元）	占 2010 年 GDP 比重（%）	占 2010 年全国财政收入比重（%）	占 2010 年中央财政收入比重（%）
省市县地方政府债务	107174.91	26.71	128.97	263.89
乡镇地方政府债务	8100.00	2.02	9.75	19.94
养老保险隐性债务	10000.00	2.49	12.03	24.62
地方公路债务	11831.89	2.95	14.24	29.13
合计	137106.80	34.17	164.99	337.59

资料来源：余斌、魏家宁：《中国财政金融风险问题研究》，中国发展出版社 2012 年版。

地方政府债务的特点有三个。一是负债率和债务率都高于中央政府。以债务率为例，地方政府的债务率为 337.59%，中央政府为 236.45%。二是地方债务规模巨大，债务率超过国际警戒线 3 倍以上。三是与国际上其他国家的地方政府相比，地方政府债务占政府债务比重较高。日本、英国、法国、美国、德国等国家地方政府债务在政府债务中的比重都在 50% 以上，中国最高，达到 57.71%。

地方债务率高，处于较强的风险区间；并且地方政府债务在政府债务中的比重过高，这些都意味着在未来承担城镇化成本的过程中，一方面要着手改变地方政府的融资模式，另一方面也要相应改变中央政府与地方政府在事权、财权上关系，建立均衡的城镇化成本分担机制。

3. 土地扩张难以为继，土地财政的空间有限

地方政府在城镇化过程中所需的资金来源，一般来源于三个渠道：各类财政预算内收入、预算外收入、转移支付及税收返还等。2010 年地方政府财政收入达到 93900 亿元，其中地方财政预算收入占 38%，中央政府对地方的转移支付和税收返还占 31%，土地出让金占 28%。在以上三项收入中，未来变动最大的，对于城镇化成本承担影响最大的是土地出让金一项。因为转移支付与税收返还，深层次上涉及的中央与地方在城镇化中的事权与财权的调整，本质上是算账方式改革的问题。而土地出让金受到土地资源刚性约束，具有强烈的不可持续性，是涉及地方政府能否有能力提供公共服务，承担城镇化成本的核心问题。

根据我国《土地管理法》之规定，国家为了公共利益，可以依法对土地进行征收或者征用并给予补偿。有两个关键年份，对于形成土地财政具有突出的影响。

一是 1994 年，当年实行了分税制改革。改革后，作为中央与地方政府博弈的一个结果，地方政府开始运用这一权力，通过征地获得土地出让收入，弥补地方财政收入的亏空。众多学者提出，分税制改革刺激了地方政府从土地中获利。吴群和李永乐（2010）利用 1999～2009 年 31 个数据，得到以下结论：分税制带来了地方政府追求财源行为变化，中国式分权激励了地方政府攫取土地财政收益，政府间的政治晋升竞争者又进一步驱动了地方政府采取积极的土地财政策略[①]。

另一个年份是 2003 年。此前的 2002 年 5 月，全国大力推行"招拍挂"制度，规定"商业、旅游、娱乐和商品住宅等各类经营性用地，必须以招标、拍卖或者挂牌方式出让，严禁这类土地协议出让"。这项改革，被称为一项重大的"土地革命"，它的最显著的作用是极大地凸显出土地的价值。1999 年，土地成交价款为 514.3 亿元，2003 年达到 5421.3 亿元。1999 年出让收入与地方财政收入之比为 9.2%，1999～2002 年，始终徘徊在 10%～20% 之间，但到 2003 年突然跃增到 55%。

1999～2009 年，国有土地出让收入价款不断攀高，土地出让收入与地方财政收入之比不断上升，形成了明显的"土地财政"，反映出政府对土地的高度依赖性不断加深。

---

① 吴群，李永乐："财政分权：地方政府竞争与土地财政"，《财贸经济》，2010 年第 7 期。

表 11.8　　　　　　　　　　土地出让收入与地方财政收入变化

年　份	成交价款（亿元）	地方财政收入（亿元）	地方预算外收入（亿元）	土地出让收入与地方财政收入之比	土地出让收入与地方预算外收入之比
1999	514.3	5594.87	3154.72	0.092	0.163
2000	595.6	6406.06	3578.79	0.093	0.166
2001	1295.9	7803.3	3953	0.166	0.328
2002	2416.8	8515	4039	0.284	0.598
2003	5421.3	9849.98	4187.43	0.55	1.295
2004	6412.2	11893.37	4348.49	0.539	1.475
2005	5883.8	15100.76	5141.58	0.39	1.144
2006	8077.6	18303.58	5940.77	0.441	1.36
2007	12216.7	23572.62	6289.95	0.518	1.942
2008	9943.9	27703.42		0.359	
2009	14239.7	32580.74		0.437	

资料来源：刘守英、周飞舟、邵挺：《土地制度改革与转变发展方式》，中国发展出版社2012 年版。

土地财政面临的主要的瓶颈约束，一是土地资源限制，二是直接财务上升，三是征地引发的社会矛盾。

土地财政的发展模式下，城市发展主要是以面积扩张为特征的外延式扩展。据统计，1981～1991 年的 11 年间，共增加了 6573 平方公里，年均净增了 597.6 平方公里。1992～1999 年的 8 年间，共增加了 6565.8 平方公里，年均净增 820.7 平方公里；2000～2007 年的 8 年间，共增加了 13030 平方公里，年均净增 1629 平方公里。显而易见的是，我国城市扩张呈加速度形势进行。有学者测算，在当前农村土地没有大面积规整和释放的前提下，按照 2000～2010 年期间房地产土地购置费平均每年增长 32.4%的速度，按照购置面积年均增长 13.2%测算，未来 11.4 年就会必将触及 18 亿亩耕地红线指标[1]。

征收土地，特别是农用地的成本近年来不断提高。财政部提供数据显示，2009 年土地出让金总收益将近 14000 亿，用于征地补偿 5000 多

[1]　中国人民大学课题组：《新战略发展期我国城镇化融资面临的问题与解决方案》，2011年 11 月。

万，补偿成本达到 35.7%。2011 年土地出让总收益是 33100 多亿，征地补偿的费用超过 23000 亿，直接财务成本达到了 69.4%。

表 11.9　　　　　　2008～2010 年土地使用权出让收入和支出　　　　单位：亿元

	2008 年	2009 年	2010 年	2011 年
国有土地使有权出让收入	10375.28	13964.8	29109.9	33100
国有土地使用权出让收入安排的支出	10172.5	12327.1	26975.8	
其中：征地拆迁补偿等成本成本	3778.15	5180.58	13395.6	23000
城市建设支出	3035.32	3340.99	7531.67	
其他支出	3359.03	3805.53	6048.53	

资料来源：财政部。

土地财政激发了政府与农民的矛盾。征地引发的群体性事件呈加重、易发、多发态势。在土地财政的诱发下，地方政府往往超越程序规则，强行征地。对 2003 年国内媒体公开报道的 116 个征地上访和群体性事件的分析显示，有 50 起是政府未批先用，有 61 起没有依法补偿，分别占总数的 44%、53%，这里还没有考虑到有超过总事件 1/3 的案例数目情况不明，即既可能是政府违法也可能是没有违法。近年来，一些地方出现了农民自焚自杀、围堵道路、静坐示威、围攻政府等事件，表明地方政府对于土地的攫取已经构成了新时期社会不和谐的导火索。①

4. 融资方式单一，地方平台公司现有操作方式难以持续

在以地方政府为主导者，以土地为核心，以"土地收入—银行贷款—城市建设—征地开发"为城镇化融资模式中，地方平台公司发挥了操盘手的作用。融资平台未创立之前，全国所有省级政府、90% 以上的市级政府、85% 的县级政府通过渠道和方式举借债务。1988 年投资改革，就相应成立投资公司，即平台的前身。1988 年融资平台成立后，以平台为依托筹措资金，其他变通、隐性甚至非法的融资方式得到抑制。但是，地方平台公司在发展中也开始暴露出许多问题。

一是地方平台公司不断积累银行风险。2010 年底地方政府 10.7 万亿债务余额中银行贷款达到 84679.99 亿元，约占全部债务的 79%（表

① 刘守英、周飞舟、邵挺：《土地制度改革与转变发展方式》，中国发展出版社 2012 年版。

11. 10）。这也与地方案例相验证。例如绍兴县和金华市基础设施投资资金来源中，60%～70%是银行融资。由于地方平台公司募集的资金主要用于交通运输、市政建设等周期较长的项目，其需要的资金需要长期化的特点，存在严重的短借长用的风险，同时贷款的集中性也比较高。

表 11. 10 　　　　地方政府债务余额构成　　　　单位：亿元

债权人类别	三类债务合计		政府负有偿还责任的债务		政府负有担保责任的债务		其他相关债务	
	债务额	比重（%）	债务额	比重（%）	债务额	比重（%）	债务额	比重（%）
银行贷款	84679. 99	79. 01	50225	74. 84	19134. 14	81. 88	15320. 85	91. 77
上级财政	4477. 93	4. 18	2130. 83	3. 18	2347. 1	10. 04	0	0. 00
发行债券	7567. 31	7. 06	5511. 38	8. 21	1066. 77	4. 56	989. 16	5. 92
其他单位和个人借款	10449. 68	9. 75	9242. 3	13. 775	821. 73	3. 52	385. 65	2. 31
小计	107174. 9	100	67109. 51	100	23369. 74	100	16695. 66	100

资料来源：中国人民大学课题组：《新战略发展期我国城镇化融资面临的问题与解决方案》，2012 年 11 月。

表 11. 11 　　　　绍兴县和金华市基础设施投资资金来源　　　　单位：亿元

	项目类别	财政投入	土地出让金	融资	总计
绍兴县 2003 年	资金投入	2. 48	19. 2	38. 32	60
	比例（%）	4. 31	32	63. 69	100
金华市 1999～2003 年	资金投入	30	33. 27	170	233. 27
	比例（%）	12. 87	14. 26	72. 87	100

资料来源：刘守英、周飞舟、邵挺：《土地制度改革与转变发展方式》，中国发展出版社2012 年版。

二是地方平台公司的管理混乱。审计署的数据显示，至 2010 年底，全国省、市、县三级政府共设立融资平台公司 6576 家，其中有 358 家通过借新还旧来偿还债务，有 148 家缺乏偿债能力，存在逾期债务，有 1033 家存在虚假出资、注册资本未到位、地方政府和部门违规注资、抽走资本等问题，涉及金额 2441. 5 亿元，有 1734 家出现亏损。

此外，平台公司还存在着举债主体庞杂的问题。除政府部门和机构外，经费补助事业单位、公用单位、其他单位都可以利用平台公司举债。

平台公司出现以上问题，根源之一是地方政府既是行政主体，又是直接控制投资主体的主体，它通过政府之手，扭曲了市场经济所要求的规则。比如银行应该对不符合贷款要求的申请给予否决，但是在地方政府的要求下，银行往往屈从于为地方政府服务的意志。这种土地收入—银行贷款—城市建设—征地之间不断滚动增长的加强式循环，看似逻辑上完整，但是在每个环节上都在累积着巨大风险，酿成最终的不可持续性。

概括以上分析，在宏观经济趋紧的背景下，在土地资源约束的前提下，仍然以政府作为城镇化的单一的投资主体，采取"征地—土地收入—银行贷款—城市建设—征地"的单一的融资模式，已经承担与消化不了城镇化所要产生的巨额成本。

三、国内外城镇化融资模式的经验借鉴

1. 温州龙港的集资建城

龙港镇地处温州南部，位于浙江八大水系之一鳌江入海口南岸，东濒东海，西接 104 国道、沈海高速公路和温福铁路，南依江南平原，北为鳌江。

2011 年，温州市进行了新一轮行政区划设整，原舥艚镇、芦浦镇、云岩乡建制被撤销，其行政区域并入龙港镇。调整后的龙港镇，辖 3 个社区、25 个居民区、171 个行政村。调整后的龙港版图达到 144 平方公里，总人口达到 50 万。

龙港建镇于 1984 年。从当年龙港镇建设的资金来看，到 1990 年底，投入建镇资金 9.015943 亿元，其中国家仅投入 0.44387 亿元，仅占 5%。

龙港建镇之初，首要的是解决资金问题。龙港的"战略"就是集资建城。当时，龙港镇的书记、镇长亲自带队，成立了 12 个宣传队，到全县区镇进行集资建城的宣传。1984 年 7 月 14 日的《浙南日报》头版上公布了龙港镇集资建城的优惠政策和措施。龙港集资建镇的措施主要有：①依靠地皮优势，以收取公共设施费的形式，变土地无偿使用为有偿使用，提出"谁投资谁受益，谁出钱谁建房"。到 1985 年底，征收了 1000 多万元的公共设施费，基本上解决了龙港当时建设"三通一平"基础设

施工工程投资。②个人建房投资。1984～1990年，龙港个人建房投资累计1.5亿元，个人建房8733间，总面积144万平方米；1991～2001年，龙港个人建设投资12.79亿元，建筑面积222.66万平方米。③合股投资。到2001年底，镇内有20多个专业市场、126个幼儿园、5家上档次宾馆、7所中小学、1所中医院均由社会力量承办。④无偿捐资。政府以立碑、发匾纪念、发光荣证等予以表彰。到1994年，仅教育基建投入就达5000多万元，其中地方无偿集资占95%。

2. 郑各庄村在集体土地上建设城市

郑各庄地处北京天安门正北22公里处，西北距昌平区政府驻地16.66公里，东距北七家镇政府驻地3.5公里，现有568户，1500口人，行政上隶属北京市昌平区北七家镇。村北至温榆河，南至七北路，东与西沙各庄、白庙接壤，西连二排干。郑各庄略呈方形，村域面积4432亩。

1998年3月，郑各庄提出"面向城市化、建设新农村"的口号，同时，旧村改造工程也正式启动。这也是郑各庄历史上第一次将"城市化"的目标置于"农村"之前。当然，他们提出的"城市化"，并不是传统意义上的农民从乡村来到城市，而是有着特定的含义，即通过旧村改造，使村民的居住方式、生活方式更像城市人。但是也要看到，旧村改造实际上引起了建设用地数量的变化，并通过一系列转换引起了郑各庄村生产方式的根本变化。

旧村改造带来的表层变化是，土地数量增加了。1998年，郑各庄村村民住所分布散落，人均住房面积仅为23平方米，住宅用地1050亩。旧村改造后，人均住房面积近70平方米，比旧村改造前增加了2/3，但住宅用地仅为250亩，节约了大量的土地。

旧村改造带来的益处：一是不仅满足了郑各庄村民三代、四代人的住房，而且每家拿出1～2套住房对外出租，平均每户增收2万元。二是郑各庄全村土地总量4332亩，通过"村民上楼"腾挪出800亩宅基地和2200亩耕地。经由"土地集中——使用权流转——委托企业经营"的道路，郑各庄人在当时较为宽松的土地管理政策环境下，依法将耕地转变性质，在此基础上实现了集体建设用地的留存，使之资本化，并通过集资等方式解决了资金困难等问题。

表 11. 2　　　　　　　　郑各庄用地结构分布

用　途	占地面积（亩）	占比（%）
建筑用地	63. 20	2. 4
工业	291. 62	11. 1
教育科研用地	652. 10	24. 7
旅游休闲产业	465. 00	17. 6
商业	20. 38	0. 8
居民住宅	640. 00	24. 3
房地产开发	494. 00	18. 7
行政办公	2. 00	0. 08
公用及公共设施	6. 50	0. 3
总计	2634. 80	100. 0

资料来源：见张强、刘守英等："集体土地上长出来的城市"，北京村庄制度变迁研究组编，2008 年 9 月。

郑各庄的土地资本化有如下特点。第一，村自己成立的股份制公司将自己村庄的土地租来经营，而不是由村委会从事土地的出租与经营，公司为了土地资本化收益最大化，比村委会更加注重土地的集约利用与经营。第二，房地产的开发和创办第三产业由本村企业进行，而不是只收取地租以后，由社会企业开发和经营，这样，房地产开发的利润被留在了村内，成为壮大村庄企业、扩张企业资本的主要来源；通过发展第三产业，不仅使企业获得了土地级差收益，而且同时也使村庄的产业得到可持续发展。从 1998 年到 2011 年的 13 年间，郑各庄全资子公司由 1 个发展到 35 个；引进合作企业由 3 个增加到 60 个，就业人数由 300 多人增加到 13000 多人；村级总资产从 3600 万元壮大到 55 亿元；经济总收入从 3500 万元提高到 35 亿元；上缴税金从 33 万元提高到 2.4 亿元；农民人均纯收入从 3100 元提高到 45500 元；人均居住面积近 70 平方米，相当于过去的 3 倍；2011 年人均股东收益 10500 元。

3. 国开行贵州分行开发性金融支持城镇化①

所谓开发性金融，就是运用政府组织增信原理，把政府的组织协调优势和开行的融资优势有机结合，通过促进信用建设、制度建设和市场建设，最大限度整合放大政府、金融、市场的力量。开发性金融助推城镇化建设，不是简单的"差一点、贷一点"，而是以融资为杠杆，充分发挥好、运用好政府的优势，搭建规划的投融资公司，建立和不断完善支持城镇化建设的良性运转模式，最终以市场的方法和手段帮助政府实现城镇化发展目标。

国家开发银行贵州分行成立于2002年5月。分行成立后，坚持把融资优势与政府的组织优势相结合，用建设市场的方法实现政府的发展目标。截至2010年6月，在累计向贵州投放的1300多亿元贷款中，涉及城镇化领域的比例达40%以上。国家开发银行贵州分行开发性金融的做法是：①与全省9个地州市相继签订了开发性金融合作协议。②发挥融资优势，引入百亿元省外资金，用于贵州重大基础设施项目的建设。如开发出结构化银团产品，牵头多家银行组建银团，解决贵州二级公路融资难。③按照政府入口、开行孵化、市场出口的模式，支持和帮助有关市、州、县政府建立规范的投融资公司，并在发展中逐步提高其市场融资能力和抗风险能力。④在推进银企合作的过程中，坚持规划先行，有效地把"融资"和"融智"有机结合，通过积极支持和参与各级地方政府的"十二五"规划编制工作，把开发性金融服务理念植入地方发展规划和融资策划中去。

4. 日本多渠道融资解决住宅问题

战后日本进入城市化快速发展期，大量农村人口进入城市，使得日本出现了严重的住房问题。日本为此大力兴建两类住宅，一是"公团住宅"。早在1955年，日本在刚刚进行大规模住宅建设的时候，就成立了"住宅公团"这样一种建设省住宅建设机构，在各个城市、区县设有分部，负责管理、协调住宅的建设与发展。"住宅公团"建设的小面积、标准化、实用舒适的房屋，称为"公团住宅"，当时是专门为中心城市中等

---

① 根据 http://gzrb.gog.com.cn/system/2010/08/23/010883300/shtml 改写。

及偏下收入家庭提供的住宅。二是"公营住宅",是指都道府县和市町村等地方公共团体、公共企业等对住宅有困难者提供的低租金住宅,包括都道府县营住宅、区营住宅、市营住宅、町营住宅、UR 租赁住宅等。无论是"公团住宅",还是"公营住宅",原则上都以优惠的租金和成本价向低收入家庭出租、出售。这两类住宅都采取了多元化融资模式,其中由政府财政提供的信贷资金最多,占 62.1%,从民间融资的占 15.3%,政府拨款的占 0.9%,各种以政府担保发放的住宅债券占 21.7%。日本住宅提供采用多渠道融资政策,政府不直接介入开发,使得政府财政负担变小。[①]

5. 美国市政债券支持城市发展

美国市政债券起源于 19 世纪 20 年代。1817 年,美国纽约州利用发行债券的办法,筹集资金开凿伊利运河,仅用 5 年时间运河即告完工。后来,市政债券被广泛运用到各州、市。目前,据不完全统计,美国市政债券发行单位有 4 万多个,已发行的市政债券有 150 万多种。市政债券的余额占 GDP 的比重基本上保持在 15% ~ 20% 之间,约占美国全部债务的 6%。主要包括以下类型。[②]

一般义务债券:这种债券的还本付息是由州和地方政府的税收作为保证的。大部分市政债券都属于这种类型。面值多为 5000 美元,近年来,也发行了面值 1000 美元、500 美元、100 美元的债券。

特殊税收债券:其还本付息是由某些方面的特殊税收,而不是由政府税收来做保证的。因此,这种债券的资信等级低于一般义务债券。

收入债券:是地方政府为了兴建道路、桥梁、动力设备、医院和其他公用设施而发行的债券。通常比一般义务债券的利率高约 20%。

工业发展债券:有些地方政府通过发行这种债券集资建工厂,然后把这些工厂租给私人企业。

住宅债券:政府发行这种债券是为了筹集资金建造廉租住房。

---

① 吕萍等:《农民工住房:理论、实践与政策》,中国建筑工业出版社 2012 年版。
② 唐华:《美国城市管理:以凤凰城为例》,中国人民大学出版社 2008 年版。

表 11.13　　　　　　美国市政债券发行资金使用比例

用　途	2011 年		2010 年		2009 年	
	本金 （百万美元）	占比 （%）	本金 （百万美元）	占比 （%）	本金 （百万美元）	占比 （%）
经济发展	14593.7	4.93	9601	2.22	7316.7	1.79
教育系统	75482.6	25.48	100882.2	23.29	92878.8	22.66
公用电力	11280.5	3.81	29400	6.79	16081.7	3.92
环境管理	2743.4	0.93	7637.8	1.76	7933.5	1.94
一般责任	85226.1	28.76	120818.8	27.90	127582.5	31.13
医疗系统	6314.3	8.88	31485.1	7.27	46006.9	11.23
住房	9034.1	3.05	9752.2	2.25	10241.4	2.50
公用设施	7779.1	2.63	11124.7	2.57	12753.1	3.11
交通	2838.6	11.08	67249.9	15.53	48974.2	11.95
公用工程	30998.1	10.46	45134.6	10.42	40048.9	9.77
合计	296290.5	100	433086.3	100	409811.5	100

资料来源：www.sifma.org。

四、推动形成多元主体与多样化融资模式

1. 创造让农民工承担城镇化成本的条件

农民工承担城镇化成本，具有必要性。这是因为，农民工是城镇化的主体。任何制度设计，不能没有农民工。在承担与化解城镇化成本方面，农民工仍然可以发挥巨大的作用。农民工数量巨大，如按前面所述，2011～2020 年期间，每年将新增 1982 万农民工进城，同时每年要转化已经在城市的 1200 万农民工，合计有 3182 万农民工。假使按每人承担 10000 元的城镇化成本，则每年可分担 3000 多亿城镇化成本，占每年 3 万亿总成本的 10%。

农民工承担城镇化成本，有可能性。一是随着经济学上所讲的"刘易斯拐点"的到来，出现了"民工荒"，农民工工资有较快增长。农民工工资已从本世纪初的月均 600 元上涨到月均 1800 元。二是农村土地制度改革，使得农民能够以较为合理的价格将土地转让。目前，农地永久性

转让的价格估计亩均达到10000元以上，按每位农民拥有土地2亩计算，农民人均可获得2万元。

农民工承担城镇化成本，有必要性与可能性，但是对于农民工愿不愿意市民化，则需要一系列的制度设计与条件保证。首先，农村土地制度改革是个重要制度前提。其次，要让农民工进城有良好稳定的预期。"中国农民工战略性问题前瞻性研究课题组"研究认为，现实中的绝大多数农民工看到的是农民工中年失业、城市物价飞涨，因而他们不敢下决心定居城市。为了解决这个问题，就应该稳定农民工的城镇化预期，包括就业预期与生活方面的预期。具体来说，政府应该做的是规定并公开宣布，凡是在一地缴纳养老保险15年的农民工，可以获得与市民同等的待遇。所谓同等待遇是指：①失业保险、转岗培训等与就业有关的待遇；②购买经济适用房的资格；③享受最低生活保障（韩俊，2009）。

2. 让农民自主城镇化以减轻城镇化的成本压力

在大城市郊区，以及在长三角、珠三角等主要的城市化地区，有一些村庄。这些村庄的村民多数已从事非农产业，乡村基础设施、经济水平等与城市较为接近。根据这些村庄的发展实际，应该允许村民坚持自主城市化发展的道路。所谓自主城市化，是与被动城市化相对应的。过去十多年来，城镇化的主导模式是政府征地→农民失去土地→变成市民或流动人口，对这些村庄，没有必要再通过征地手段，让农民失去土地后，迁入异地城镇谋求新的生活。而是让农民在集体土地上，兴建具有城市功能的基础设施，从事二三产业，实现农村生活方式向城市生活方式的转变。

主动城市化与被动城市化在主导因素、资金来源、供给主体、动力机制、土地归属、利益分配等诸多方面都有所不同，对比如下（表11.14）。

从城镇化融资角度来看，允许农民在集体土地上建设自己的城市，将会减少对城镇化的支出，降低成本压力。北京郑各庄的案例表明，农民集体土地上生长出来的城市，不但将当地农民就地转为市民，还能吸引外地农民。郑各庄户籍人口1500人，但郑各庄开发的居住区现在居民4万人，郑各庄的经济支柱公司——宏福集团有6000多员工，其中4000是外地来京人员。

表 11. 14 主动城市化与被动城市化比较

	主动城市化	被动城市化
主导因素	市场要素的合理配置，农民改善自身生活的水平的刚性需求	地方政府主导的带有强烈的计划经济体制的行为，农民是弱势群体
资金来源	农民自筹资金和部分地方财政的支持	地方政府财政支出补偿农民、公共基础设施建设、提供农民教育
供给主体	农村社区政府、乡镇企业、农民集体等民间力量	地方政府权力中心进行制度安排
动力机制	农村富余劳动力压力、改变农民生活水平的意愿	政府行政指向、经济考量因素少
土地归属	农民依旧享有土地使用权	农民依旧享有土地使用权
利益分配	农民集体分享土地级差收益	地方政府、城市工商企业、农民共享土地级收益，政府寻租的空间巨大

资料来源：卞华舵著：《主动城市化》，中国经济出版社 2011 年 4 月版。

3. 鼓励企业全方位参与城镇化过程

按照世界银行经济专家的项目分区理论，城镇化的项目可分为完全公益性项目、部分经营性项目、经营性项目。完全公益性项目应主要由政府投资，资金来源主要是财政资金或以财政资金为基础的城市债券。完全经营性项目，应该走市场化的道路，引入民间资本和外资来进行建设。中间状态的部分经营性项目，则需要根据项目周期、收费方式、风险结构构成等情况，选择不同的项目融资模式，如 BOT、TOT、ABS、PPP、PFI 等。近年来我国一些城市在城镇建设中，也注意运用多种融资手段与途径。例如：东莞市在滨海新城开发中，建立由滨海新城管委会领导下的滨海新城开发公司。滨海新城开发公司借助融资平台获得融资支持，融资渠道则包括股权融资、银行贷款、项目融资、发行城市债券、ABS 融资等。

①BOT（Build - Operate - Transfer）。成都市自来水六厂、广西来宾 B 电厂是采用这种融资模式的案例。BOT 即建设 - 经营 - 转让。一般是指政府通过契约授予企业（本国企业或外国企业）一定期限的特许经营权，许可其融资建设和经营特定的公用基础设施，并准许其通过向用户收取费用或出售产品以清偿贷款，回收投资并赚取利润；特许权期限届满时，该基础设施无偿移交给政府。BOT 的变换形式就是 BT，是指一个

项目的运作通过项目公司总承包，融资、建设检验合格后移交给业主，业主向投资方支付项目投资加上合理回报的过程。

②ABS（Asset Backed Securitization）。1992 年三亚市丹洲小区以地产销售和存款利息为基础的 0.3 亿美元证券发行、1996 年广东珠海高速公司以高速公路收费为基础的 2 亿美元证券发行等等，都是 ABS 的案例。ABS 是以项目所属的资产为支撑的证券化融资方式，即以项目所拥有的资产为基础，以项目资产可以带来的预期收益为保证，通过在资本市场发行债券来募集资金的一种项目融资方式。采用 ABS 的几个优势：第一，融资风险较低，ABS 证券的发行依据不是项目公司全部的法定资产，而是以被证券化的资产为限；第二，融资成本较低。ABS 只涉及原始投资人、SPC、投资者、证券承销商等几个主体，不需政府的许可权及外汇担保，可以最大限度地减少酬金、价差等中间费用，降低融资成本；第三，"有限追索权"决定了使用 ABS 方式融资的前提条件是必须有可靠的可预期的未来现金流收入。

③TOT 融资模式是指需要融入资金的公营机构，把已经投产运行的基础设施项目（公路、桥梁、电站等）的特许权移交给私营机构经营，私营机构凭借项目在未来若干年内的现金流量，一次性地付给公营机构一笔资金，用于建设新的项目。项目经营期满，私营机构再把设施移交回原公营机构。

④PPP（Public – Private – Partnership）。北京等地尝试建立保障性住房建设投资公司，以此为平台，开展政府、公司之间的合作，就是 PPP 的一种模式尝试。PPP 是指政府与私人组织之间，为了合作建设城市基础设施项目，或是为了提供某种公共物品和服务，以特许权协议为基础，彼此之间形成一种伙伴式的合作关系，并通过签署合同来明确双方的权利和义为，以确保合作的顺利完成，最终使合作达到比预期单独行动更为有利的结果。

⑤PFI（Private Finance Initiative）。贵州金石产业园区就是采用了 PFI 的融资模式。PFI 英文原意为"私人融资活动"，是英国政府 1992 年提出的。社会对基础设施存在需求，政府部门据此提出需要建设的项目。通过招投标，胜出的私营部门获得特许权资格，进行公共基础设施项目的

建设与运营。在特许期（一般 30 年左右）结束时，私营企业将所经营的项目完好地、无债务地归还政府，该企业则从政府部门或接受服务方收取费用，以回收成本。这种融资方式与 BOT 最大的不同在于，PFI 的主体一般是本国民营企业，而 BOT 的主体是各类非政府机构，既可能是本国企业，也可能是外国公司。

4. 发挥开发型金融作用

从世界银行在有关国家的成功案例，以及从国家开发银行与贵州、河南等省的合作来看，开发型金融对于解决城镇化成本问题，推进新型城镇化能够起到独特作用。开发性金融对于我国城镇化的意义主要在于，开发性金融通过政府组织增信用，发挥建设市场、建立机制、建设信用的作用，搭建国家、社会、公众目标和市场之间的桥梁，把这些社会、公众的热点转变为政府的热点，最终变成金融的热点，使各方受益。把市场的空白变成商业可持续的业务领域，使民生领域从经济社会发展的薄弱环节变成经济社会发展的推动力和增长极，成为开发性金融发展的重要基点，这是开发性金融市场建设的重要内容和核心价值所在。[1]

5. 针对城镇化转移人口创新小微金融服务

中国城镇化转移过程中，有大量的农民工需要在城镇工作与就业。针对这些农民工，金融产品需要创新。创新的方面是，开发出各种小微金融服务产品。这些小微金融产品包括向转移人口提供小额信贷、微型保险、技能培训、健康教育等各项可持续的金融产品和服务[2]。针对这些农民工，尤其是针对 3000 万举家迁徙的农民工家庭以及具有现代消费意向的第二代农民工，提供不需要或程序简捷的抵押担保，目的是为这些城镇化人口提供基本的居住、就业条件，增强这些城镇化人口融入城市的迁移、转换能力。

目前，中国这类小微金融组织尚在发展初级阶段。在未来 30 年中，中国城镇化率将从 50% 上升到 70% 左右，城镇化人口对各种小微金融服

---

[1] 贺卫华："开发性金融与新型城镇化互动发展的路径分析"，河南科技报 2012 年第 7 期。
[2] 赵峥：《中国城市化与金融支持》，商务印书馆 2011 年版。

务需求旺盛。各类商业银行、政策性银行在培育小微金融服务方面将大有可为。

6. 创新住房和教育成本的多渠道支付模式

在城镇化过程中，农民或农民工的生活消费品已基本市场化。他们的社会保险主要由用人单位与劳动者个人共同分担。城镇化主要成本还有重要的三块内容，即以城市最低生活保障为主的社会救助、保障性住房、子女义务教育。这其中，城市低保的成本较低，而保障性住房与子女义务教育的成本较高。

对于农民工住房来说，关键是要有多途径的住房政策。首先，要对非正规的住房市场进行合规处理。通过整治、改造等办法，将"出租屋"、"城中村"等改造成为规范的住房市场；其次，要扩大正规的供房渠道；政府部门要利用住房公积金等融资渠道，建设更多的农民工住房；第三，要利用市场力量，比如通过商业配套建设、贴息贷款政策，鼓励各类企业参与到农民工住房中去；最后，鼓励各类用工企业利用闲置厂房等解决本企业职工的住房问题。

对于农民工子女教育问题来说，首先，国家要从基本公共服务均等化角度，提供更多的支出；其次，教育行政总部在严把各项标准的基础上，要允许并动员社会力量参与办学，包括兴建民办学校、股份制学校等；第三，要鼓励各类社会资金捐助义务教育；第四，在农民工出租屋集中地区，探索征用出租屋所得税，用以弥补当地城市公立学校扩建、改建所需的经费不足问题。

7. 合理调整中央与地方的支付比例与数量

中国中央政府与地方政府的事权与财权，是20世纪90年代中期形成的，形成的标志是1994年"分税制"改革。分税制改革使得中央政府在全部财政收入中所占的份额从22%提高到接近60%，却没有改变支出的责任。教育、医疗、社会保障和失业等支出的主要部分由地方政府承担。

表 11.15　　部分东西方国家和对比国家的政府支出责任安排

	国防	外交	环境和自然资源	失业保险	工业和农业	教育	医疗	社会福利	警察	高速公路
东亚各国										
中国	F	F	F/S/L	L	F/S/L	L	L	L	L	F/S/L
印尼（2001）	F	F		L		L	L	L	F	F/S/L
菲律宾（1）	F	F				F		F		
菲律宾（2）	F	F				S/L		S/L	S/L	
泰国（1）	F	F				L	L		L	L
泰国（2）	F	F				L	L		L	L
越南（2004）	F	F	F/S/L		F/S/L	S/L	S/L	F/S/L	F	F/S/L
对比国家										
印度（1）	F	F	F/S	F/S	F/S	F/S	S	F/S	S	F
印度（2）	F	F	F/S	F/S	F/S	F/S/L	S/L	F/S	S	F
日本（1）	F	F			L	F/L	F/L	F/L	L	
日本（2）	F	F				L	F/L	F/L	F/L	L
马来西亚（1）	F	F	L		F/S	F	F/S	F/S	F	F
马来西亚（2）	F	F	L		F/S	F	F/S		F	F
宪法对政府权力的分配										
加拿大	F	F	F/S	F/S	C	S	S(F)	F/S	F/S	S
美国	F/S	F	F/S	F/S	S	S/F	S(F)		F/S	F/S
瑞士	F	F	C	C	F/S	C/F/S	S/C	F/C	S	F/S
澳大利亚	F/S	F	F/S	C	S/C	F/S	F/S	C	S/F	
德国	F	F/S	C	C	C	C/S	C/F/S	C	C/S	C
奥地利	F	F	F/S	F	F	F/S	C/F/S	C	F/S	F/S

注释：（1）=责任；（2）=提供；F＝联邦/中央政府；S＝州/省级政府；L＝本地；C＝共同提供。

资料来源：《比较》研究室编：发展与转型中的制度，中信出版社 2012 年版。

1994 年设计这项制度时，我国城镇化率刚刚达到 30%，其迅猛发展的势头及由此带来的问题并没有被广为关注。20 年来的情况有了很大不同，快速城镇化背景下有三个原因，要求中央与政府必须重新调整事权与财权的关系，调整的方向是将城镇化过程中部分事权上移到中央政府层面。

第一个原因，从世界上多数国家的制度安排来看，教育、医疗、社会保障等，属于公民的基本公共服务范畴，同时具有较强的溢出效应，主要应由中央政府承担，或者由中央政府与地方政府共同承担。例如社会福利一项，在表11.15所列国家中，只有印尼与中国是由地方政府承担，其他的亚洲国家以及绝大多数发达国家，都由中央政府或由中央政府与地方政府共同承担。我国的教育、医疗、社会保障等，皆由地方政府承担，并不完全符合制度设计的一般规律。由于违背了基本规律，教育、医疗等社会部门在全部固定资产投资中的绝对占比少，增加缓慢。根据有关数据，2008年，全部固定资产投资在GDP中的占比是1982年的2.43倍，基础设施部门（城市供水、电力、交通、通讯等）是1982年的近3倍，社会部门（教育、医疗）是1982年1.3倍。

第二个原因，从中央政府与地方政府的债务率来看，地方政府的债务率明显高于中央政府。相比较中央政府来说，地方政府在承担城镇化的多项成本时，比中央政府的能力要弱。造成这个问题的一个原因在于，当初中央政府在分税制改革中，收入占比提高，但支出责任并没有相应提高。当初城镇人口基数较小，城镇化方兴未艾，列在城镇化成本项下的支出并不显眼，今天这方面的调整将会理顺央地关系，也有利于形成更加平衡的城镇化分担机制。

第三个原因，快速城镇化背景下大量的省际、城市间流动人口，涉及城镇化成本的分担，需要上一级政府，特别是中央政府予以协调解决，最好的办法就是将一些事权上交给中央解决。这方面以社会保障最为典型。

第十二章 城镇化中政府角色转型：
从全面主导到有限主导

一、城市化先行国家政府有限主导的角色特征

从 19 世纪中期英国第一个成为城市化国家之后，一直持续到 20 世纪 70 年代，英、美、德、法、意、日、韩等主要资本主义国家都完成了城市化历程。这其中，以英、美、日为代表的发达国家的城市化，都表现为不同类型的市场经济与政府这二者相互作用的结果。政府的角色表现为范围不同、力量不等的有限主导的特征。

1. 美国城市化过程中的政府角色

美国于 1920 年前后，城市化率达到 50%，进入城市化国家。在推进城市化的过程中，美国等资本主义国家都没有所谓的城市化政策，没有制定任何城市化率指标。综观美国城市化过程中的政府角色，有以下特征。

（1）在自由市场经济的背景下，政府的角色是辅助性的

美国工业革命之前，城市虽有所发展，但进步缓慢。在工业革命引发的城市化浪潮掀起之前，美国只有不到 10% 的人口居住在城市。当时，自由主义盛行，人们相信自由市场具有万能的力量。城市政府力量薄弱、组织涣散。美国在 18 世纪、19 世纪早期，地方城市政府的角色仅限于提供最低限度的保障与法制环境。地方事务主要是由家族进行统治管理。

美国从 19 世纪中期开始城市化，至 20 世纪 20 年代，城市化率达到 50%。在早期城市化阶段，美国制造业的发展带来人口向城市集聚，但同时也带来了尖锐的城市问题。这些城市问题促使人们思考城市政府对

市场进行干预的必要性。当时，工厂主、企业家抢夺政治控制权，试图影响公共政策，政府的力量受到重视，并有所成长，但相对于城市中各帮各派（即"组织"）来说，他们的力量仍然有限。

（2）经济危机等重大事件发生时，政府的力量有所增强

1920～1945 年是美国城市化的中期靠后阶段。这期间，对美国影响最大的是 1929～1933 年的经济危机。大萧条时期，美国城市遇到经济上前所未有的困难，尤其是一批工业城市遭到重创。大萧条时期，美国出现了要求政府更多干预城市发展的社会思潮。相比较市场的力量来说，这时期政府的力量有了实质性的增长。罗斯福新政带来的影响，一是政府直接干预城市的基础设施建设、公共服务，这与以往放任自由的主流思潮截然不同；二是联邦政府直接与地方的城市展开联系，而以前地方城市被认为是州政府的产物；三是地方政府为了应对困难，开始相互联系，诸如美国城市联盟（American Municipal League）、国际城市 - 郡县管理协会（International City - county Management）等机构，在这一时期开始建立。

（3）政府通过持续改进城市管理方法获得生命力

1875～1920 年是美国城市化的中期靠前阶段。在这个阶段，美国城市人口进入快速增加的区间，并于 1920 年实现城市化率 50%。城市人口日益增多，城市的公众利益受到人们越来越多的关注；如何通过管理方法的改进，保障公众利益，成为城市政府领导关注的问题。1894 年，费城第一届优秀城市政府年会组建了国家地方联合会，有 200 个会员团体加入，他们共同发展了政府理论，这一理论基于四个元素：

①把公共利益客观地定义为所有公民利益。

②把日常的公共服务管理与政治、选举和代表严格分开。

③提供持久的市政服务，由经过特别训练的专家管理城市事务。

④运用科学管理的原则泰勒主义，像管理企业一样管理城市。

在美国城市化中前期阶段，政府不断进行市政服务模式的探索。到 1920 年，几乎所有规模较大的城市，都有某种形式的市政服务在起作用。

（4）构建各类其他组织的关系以提高公共服务供给能力

1945 年以后，是美国城市化的后期阶段。美国经历了战后高增长的

时期。经济的快速增长，为城市政府提供公共服务提供了较好的物质保障，美国50年代以后，教育、卫生、文化、公共福利的支出明显加快，1960~1978年，美国公共福利支出增长将近450%。同时，公共福利的支出也挑战美国政府提供公共服务的能力。在此压力之下，美国地方政府开始不断构建广泛的网络关系，与各类盈利性与非盈利性组织发展联盟关系，以增强公共服务的供给能力。

2. 日本城市化过程中的政府角色

相比较英、美等国，日本在发达国家阵营里又属于城市化后发国家。"二战"后，日本采取了赶超战略，在城市化过程中政府的角色有如下特征。

（1）在城市化赶超中发挥政府作用

20世纪初，日本的城市化率大约只有12%。从20世纪初开始，日本开始城市化。二次世界大战以后，日本的城市化进入快速发展阶段。1950~1970年，居住在5万以上人口城市中的居民比例从33%上升到64%，所有的城市人口比例达到72%，1975年左右达到76%。此后20年之中，这一数据小幅稳定上升，城市化率在20世纪末达到80%。在此过程中，日本政府通过立法引导、新城建设等发展其主导作用。有的立法与项目建设被认为是有效的，但也有例如。例如，日本曾依据《新工业城市发展促进法》（The New Industrial City Development Promotion Law），在北海道、四国、九州等地规划了16个新城，但这与地方政府的出于经济发展的竞争态度并不一致，尽管在国家层面上对协调行动有明确的要求，却收效甚微。[①]

（2）政府顺应人口与资源流动的趋势

日本城市景观的一个独特之处是人口与经济在相当小的土地范围内高度集中。著名的东京都市圈，以东京市区为中心，半径80km，由东京及其临近的茨城、栃木、群马、崎玉、千叶、神奈川、山梨等7个县组成，总面积为36287km²，约占日本国土面积的10%，人口占日本的1/3，GDP占日本的约40%，城市化水平达到80%以上。全日本30%以上的银

---

① 顾朝林、赵民、张京祥：《省域城镇化战略规划研究》，东南大学出版社2012年版。

行总部、50%销售额超过100亿元的大公司总部都设在东京。日本政府曾在20世纪50年代末，试图对人口与资源要素向大城市集中这种现象进行行政干预，没有达到效果。后来，日本政府总结经验教训，不再通过行政手段硬性"拦截"流向东京的人口与资金等各类要素资源。

（3）注重用规划对市场失灵现象进行修正

日本政府善于运用规划，对城市化过程中的人口流动、空间形态等进行一定的调节，推动城市化的健康发展。

1958年，日本"第一次首都圈基本规划"得以制定并正式颁布。这次规划的期限是1958～1975年，规划的背景是解决当时建成区内人口过于集中的问题。为了控制人口、产业过于向城市建成区集中，这次规划提出了建设卫星城的方案。

1968年，日本正式公布了"第二次首都圈规划"，这次规划期限为1968～1975年，规划的背景是日本60年代经济高速增长，经济社会发生了新的变化，日本希望通过扩大城市设施容量、积极发展特大城市，以提高在国际上的竞争力。"第二次首都圈规划"与第一次规划相比，范围有了进一步扩大，包括茨城、栃木、群马、山梨四县全境在内，东京都周围"一都七县"全部都划入了首都圈范围之内。

1976年，日本正式公布了"第三次首都圈规划"，规划期限为1976～1985年，规划的背景是由于东京周边地区的大学与工业持续地向东京迁移，东京都中心区集聚得到进一步加强，随之带来的是，以东京为单一中心聚集的结构性弊病日益明显。这次规划提出"多核型区域城市复合体"的新的规划理念，用于选择性分散东京的高级中枢管理功能。

1986年，日本正式公布了"第四次首都圈规划"，规划期限为1986～2000年。在这一时期，日本的老龄化问题已经出现，以自然增长为主的稳定型人口增长成为主要趋势。在广泛征求民意的基础上，这次规划提出要引导国土的均衡发展，创造丰富多彩的城市文化，形成以商务核心城市为中心、居住和就业相近、生活工作服务充足的具有综合性城市功能的自立型的"商务核心城市"。

由上述可见，日本历次首都圈规划，基本顺应了当时的经济社会发展现实。政府制定的首都圈基本规划有几个特点：首先，承认经济与人口向首都圈集中集聚的基本规律；其次，政府认识到，规划能够对首都圈经济与人口的集中、集聚起到促进与抑制的作用；第三，政府通过创新规划理念，引导经济与人口在首都圈范围内不同类型的城市集中、集聚，形成了中心城市与周边中小城市共同发展的局面。

3. 有限主导的政府角色的基本特征

美国、日本等代表的城市化先行国家、发达国家，其政府角色具有有限主导的特征。归结起来，一是政府的主导性发挥在某些特定的领域，例如在美、日等发达国家，当公共服务提供出现具体问题时，一般来说政府起主导作用。二是在某些特定时间段政府善于发挥其主导性，例如美国在应对经济危机时，日本在城市化起飞阶段，两国都放大了政府的作用与功能。第三，这些国家都将发挥政府的作用与调动企业、非政府组织的积极性结合起来。美国在城市化过程中，开发出多种多样的"政府＋企业＋非政府组织"的投融资模式。日本在解决保障房等问题中，始终发挥企业的作用。例如，日本 1945～1964 年建立的 150 万套住房，其中的 3/4 由私人企业建设。第四，这些国家都善于将政府主导的方式方法通过法定规划等形式表现出来。换言之，弱化行政色彩而强化法律色彩。

二、中国城镇化过程中政府的全面主导特征

与美国、日本、巴西等国家显著不同的是，在中国城镇化过程中，中国政府强力干预人口向城市集聚，以行政手段影响城市增长，这种干预主要通过制定户籍政策、土地政策、行政区划调整政策、投融资政策体现出来。

1. 人口户籍政策

城镇化的实质性内容就是人口由农村向城市的流动。中国的户籍制度通过对人口流动实施限制，从而成为中国政府对城镇化进行干预最有力的手段。

1958 年 1 月，第一届全国人大常委会第 91 次会议通过了《中华人民共和国户口登记条例》，第 10 条第 2 款规定：公民由农村迁往城市，必

须持有城市劳动部门的录用证明、学校的录取证明或者城市户口登记机关的准予迁入的证明，向常住地户口登记机关申请办理迁出手续。

自1958年至20世纪80年代初，政府通过户籍政策全面控制人口迁移。从1980年代初至2000年，户籍政策不断放松，但对迁移仍设置许多前提条件。

表12.1　　　　　　　　我国户籍政策的变化

时　间	条例、通知、办法、规定等	主要内容
1958年1月	中华人民共和国户口登记条例	公民由农村迁往城市，必须持有各类证明，办理手续
1958年9月	关于精简职工和减少城镇人口工作中几个问题的通知	对农村县镇迁往大中城市的，目前要严格控制
1961年6月	中央工作会议《关于减少城镇人口和压缩城镇粮食销量的九条办法》	要求三年之内城镇人口减少2000万以上
1961年12月	公安部统计指标修订	明确农业人口指"从事农、林、牧、副、渔的劳动者及其所在的家庭"
1962年4月	公安部《关于户口迁移问题的通知》	对农村迁往城市的，必须严格控制
1964年8月	公安部《关于户口迁移政策规定》	对农村迁入城市的人口进一步实行严格控制
1975年1月	《宪法》（修正案）	取消了第一部宪法"中华人民共和国公民有居住和迁徙的自由"条款
1977年11月	公安部《关于处理户口迁移的规定》	严格控制或适当控制人口迁移
1981年10月	中共中央、国务院《关于广开门路、搞活经济，解决城镇就业问题的若干决定》	对于农村人口、劳动力迁进城镇，应当按照政策从严掌握
1981年12月	国务院《关于严格控制农村劳动力进城务工和农业人口转为非农业人口的通知》	严格控制从农村招工
1982年5月	国务院《城市流浪乞讨人员收容遣送办法》	对于家居农村流入城市乞讨的人实施收容和遣送

中国的户籍管理政策是从小城镇开始改革的。1984年1月1日，中共中央发布《关于一九八四年农村工作的通知》，要求各省、自治区、直

辖市可选若干集镇进行试点，允许务工、经商、办服务业的农民自理口粮到集镇落户。同年 10 月，国务院《关于农民进入集镇落户问题的通知》规定，凡申请到集镇（指县以下集镇、不含城关镇）务工、经商、办服务的农民和家属，在城镇有固定住所、有经营能力或在乡镇企事业单位长期务工、经商、办服务业的农民和家属可以在城镇落户，公安部门应准予落常住户口，发给《自理粮户口簿》，统计为"非农业人口"，并把他们纳入街道居民小组进行管理，使其同集镇居民一样享有同等权利，履行同等义务。

在这 20 年间，户籍制度虽呈不断放松的态势，但也有一些阶段，户籍制度反而趋紧。例如，1989 年 3 月，国务院办公厅发布《关于严格控制民工外出的紧急通知》，开始对流动人口实施管治政策。又如，1995 年 9 月，中共中央办公厅、国务院办公厅转发《中央社会综合治理委员会关于加强流动人口管理工作的意见》提出，"当前，作为流动人口主体的农村剩余劳动力的流动，在很大程度上仍然处于盲目无序状态。为了维护社会的稳定，保障改革开放和社会主义现代化建设的顺利进行，必须在全国范围内大力加强对流动人口的管理工作"。

从 2000 年至今，县以下户籍已基本放开，但是各地过高的"门槛"仍然排斥农民工进城。一些地方规定"主城市落户需要在主城区务工经商 5 年以上，投资兴办实业 3 年累计税收 10 万，或者 1 年纳税 5 万以上"；还有一些地方规定劳动人口的落户条件是，居住证持证人在同一居住地连续居住并依法缴纳社会保险费满 7 年、有固定住所、稳定就业、符合计划生育政策、依法纳税等。

2. 土地政策

中国一系列土地制度保障了国家可以主导城镇化过程中的土地利用。首先，从土地所有制规定来看，《土地管理法》规定，"城市市区的土地属于国家所有"，即规定国家对城市土地的所有权，而任何个人、组织或企业都不能拥有其所有权。其次，土地规划制度特别是土地利用总体规划的规定要求，土地使用者在利用土地时，要严格按照土地规划，不能违背。第三，土地用途管制的规定强调，严格限制农用地转为建设用地，控制建设用地总量，对耕地实行特殊保护。第四，土地储备制度规定，城市土地依法进行土地使用权的出让必须经过政府储备。第五，土地供应制度，包括土地利用总体规划和年度计划等，以指标的形式保证土地用于政府指定的地区或部门。

建立在上述一系列制度的基础上，各相关部门出台了多项政策文件，对土地市场进行宏观管理与调控。这些宏观管理与调控手段涉及城镇化过程中各类相关用地，比如住房用地、工业用地、商业用地等。通过这种办法，国家实施了对城镇化的主导。

表 12.2　　　土地宏观管理与调控相关文件（2003～2006 年）

时 间	颁发单位	政策性文件及要点评价
2003 年 2 月 18 日	国土资源部	关于清理各类园区加强土地供应调控的紧急通知
2003 年 2 月 21 日	国土资源部	进一步整顿土地市场秩序工作方案
2003 年 7 月 18 日	国务院办公厅	关于暂停审批各类开发区的紧急通知
2003 年 7 月 30 日	国务院办公厅	关于清理整顿各类开发区加强建设用地管理的通知
2003 年 8 月 12 日	国务院	关于促进房地产市场持续健康发展的通知
2003 年 9 月 24 日	国土资源部	关于加强土地供应管理促进房地产市场持续健康发展的通知
2003 年 11 月 17 日	国土资源部	关于进一步采取措施落实严格保护耕地制度的通知
2003 年 12 月 23 日	国务院办公厅	关于制止钢铁电解铝水泥行业盲目投资若干意见的通知
2004 年 3 月 30 日	国土资源部、监察部	关于继续开展经营性土地使用权招标拍卖挂牌出让情况执法监察工作的通知
2004 年 4 月 21 日	国务院	国务院关于做好省级以下国土资源管理体制改革有关问题的通知
2004 年月 4 月 29 日	国务院办公厅	关于深入开展土地市场治理整顿严格土地管理的紧急通知
2004 年 5 月 1 日	国务院办公厅	关于对电石和铁合金行业进行清理整顿若干意见的通知
2004 年 5 月 21 日	国土资源部	关于贯彻落实国务院紧急通知精神进一步严格土地管理的通知
2004 年 10 月 21 日	国务院	国务院关于深化改革严格土地管理的决定

续表

时　间	颁发单位	政策性文件及要点评价
2004 年 11 月	国土资源部	土地利用年度计划管理办法 建设项目用地预审管理办法 工业项目建设用地控制指标（试行） 关于加强农村宅基地管理的意见 关于完善农用地转用和土地征收审查报批工作的意见 关于完善征地补偿安置制度的指导意见
2004 年 12 月 2 日	国土资源部	关于开展全国城镇建设存量地用地情况专项调查工作的紧急通知
2004 年 12 月 6 日	财政部、国土资源部、中国人民银行	关于进一步加强新增建设用地土地有偿使用费征收使用管理的通知
2005 年 3 月 21 日	国务院办公厅	国务院办公厅转发商务部等部门关于促进国家级经济技术开发区进一步提高发展水平若干意见的通知
2005 年 3 月 26 日	国务院办公厅	国务院办公厅关于切实稳定住房价格的通知
2005 年 5 月 9 日	国务院办公厅	国务院办公厅关转发建设部等部门关于做好稳定住房价格工作意见的通知
2005 年 7 月 23 日	国土资源部	关于开展制订征地统一年产值标准和征地区片综合地价工作的通知
2005 年 8 月 22 日	国土资源部	国土资源部关于坚决制止"以租代征"违法违规用地行为的紧急通知
2005 年 11 月 9 日	国务院	国务院关于发布《实施促进产业结构调整暂行规定》的规定
2006 年 4 月 19 日	国土资源部、国家工商行政管理总局	国有土地使用权出让合同补充协议示范文本（试行）
2006 年 5 月 24 日	国务院办公厅	转发建设部等九部门《关于调整住房供应结构稳定住房价格的意见》
2006 年 5 月 30 日	国土资源部	关于当前进一步从严土地管理紧急通知
2006 年 8 月 31 日	国务院	关于加强土地宏观调控有关问题的通知

资料来源：范恒山主编：《土地政策与宏观调控》，经济科学出版社 2010 年版。

3. 行政区划政策

中国城市和小城镇的设置需要按照一定标准、程序报批，经过严格审定后才可被认定为是城市或小城镇。

1984 年的小城镇设立政策与 1986 年的县级市设立政策，是迄今为止影响小城镇与中小城市发展格局最重要的政策。

1984 年，国家调整了镇的建制标准。根据这个标准，一是将区县级地方国家机关，均设置镇的建制；二是将 1963 年的设镇标准修改为总人口在 2 万人以下的乡，乡政府驻地非农业人口超过 2000 人的，可以建镇；三是总人口在 2 万人以上的乡，乡政府驻地非农业人口占全乡人口 10% 以上的，也可以建镇。这次调整，由于降低了建镇的标准，导致一段时间内小城镇大量增加。1984 年一年，新增小城镇数量达 4218 个。自 1984 年往后，小城镇数目一直递增较快，到 2002 年达到 20601 个，增长了 5.9 倍。

表 12.3　　　　　　　　　1984 年前后小城镇的数量增长

年份	1978 年	1979 年	1981 年	1983 年	1984 年	1986 年	1987 年	1988 年	2002 年
数量	2176	2361	2678	2968	7186	10718	11103	11481	20601

资料来源：国家民政部 2008 年数据；国家统计局 2009 年数据。

1986 年，国务院批转了民政部《关于调整设市标准和市领导县条件的报告》。新的设市标准与 1963 年相比，作了一定放宽。由于放宽了标准，导致 1986 年后城市设立数目增长较快。1986 ~ 1994 这 8 年间，新增城市 269 个，年均增加 34 个。1986 年的设市标准沿用到 1993 年新的标准出台。由于新的标准比以前略有提高，特别是国家开始从严控制城市数量增长，1993 年以后，城市数量的增长势头有所减缓。1997 年设市城市达到 668 个以后，城市数量有所下降，一直没有超出过 668 个。

表 12.4　　　　　　　　　1986 年前后城市的数量增长

年份	1978 年	1980 年	1984 年	1986 年	1987 年	1988 年	1992 年	1993 年	1994 年	1997 年	2008 年
数量	193	223	300	353	381	434	517	570	622	668	655

资料来源：国家民政部 2008 年数据；国家统计局 2009 年数据。

4. 规划政策

规划政策作为政府管理经济的一项政策工具，种类繁多。据有关部门统计，经国家法律授权编制的规划至少有 83 种。[①] 这些规划工具强调

[①] 李铁：“促进城镇健康发展的规划研究”，中国城市和小城镇改革发展中心内部报告，2011：76。

上下口径一致，也就是上级部门的规划制定的指标会层层分解到下级部门，因而导致在整个城镇化过程中，各种规划体现出一种政府主导的、计划经济较浓的色彩。

国家层面制定全国国民经济与社会发展规划，省、市、县层面将上级部门的经济与社会发展规划的主要指标进行分解落实。

国土资源部门和发改委部门负责编制国土规划。国家层面制定全国性的国土利用规划，省、市、县、乡分别制定各自的国土规划。国土利用的主要目标通过这个规划进行层层分解。

建设部门牵头编制城镇体系规划。省域城镇体系规划、市域体系规划、县域城镇体系规划也基本上上行下效。

建设部门负责编制法定的首都或省会城市总体规划、分区规划、控制性详规、修建性详规。在省会以下，地级城市、县城、镇区也分别制定总体规划、分区规划、控规、详规。在规划编制过程中，上级行政部门的规划对下级行政部门的规划进行指导与监督。

上述各类规划中，发展规划不是法定规划，但由于它是发改系统主导，总体协调性较强。建设部门的城市规划虽然是法定规划，但在中国的国情条件下，受到城市政府行政命令的影响较大，出现所谓"行政权威大于知识权威"的现象。各类规划在城市这一层面，多被政府利益引导着前进。

5. 投融资政策

1994 年 1 月 1 日起，国家实行了分税制，规定土地出让金收入的30% 归中央，70% 归地方。由于中国城镇化过程中面临着大量的基础设施建设以及人口城镇化发展，资金缺口较大，而地方又没有培育起财产税等长期收入来源，这使得地方城市政府开始不断依赖土地财政收入。1998 年土地出让金收入占地方财政收入只有 8%，到 2010 年，土地出让金已占地主财政收入 70%。政府对土地出让金的依赖是一个循环，即政府越依赖于土地出让金，它就必须通过依赖高度垄断的一级土地市场，而这又会导致政府有着强劲动力从农民手中征地，并阻止农民在集体土地上进行城市化的探索。

与此同时，中国城镇化过程中基础设施、农民市民化所需资金的多元投入机制并没有形成。长期以来，我国对中小企业、民营企业的投资采取的是法有规定方可进行投资的政策，而不是法无明文禁止都可进行投资的政策。2010 年 5 月，国务院颁布"新 36 条"，鼓励民间资本参与电力建设、兴建各类学校、医院等设施。"新 36 条"在很多方面具有创新性，但也存在许多问题。一是鼓励民间资本参与的大量投资项目，其细则出台依然需要有关部委研究后推出。由于民间资本参与投资建设的领域与部委原先管辖的领域存在一定冲突，部委或其直属、下属单位对民间资本参与投资建设有抵触情绪，因此细则内容上有一定折扣。二是"新 36 条"出台后，进一步明确了部委牵头单位。许多对民间资本的鼓励性措施，往往要由多个部委协调解决。如允许民间资本兴办金融机构需要银监会、央行、发改委、财政部、税务总局、工信部、证监会、保监会协调办理。这导致协调成本较高，本来是简化的投资鼓励政策可能又演变成为投资审批政策。

表 12.5　　　　　　　新 36 条的具体内容及牵头落实机构

任　务	部　委
抓紧研究制定铁路体制改革方案	先由铁道部提出改革方案，发改委同中央编办、铁道部、交通运输部、财政部提出意见报国务院
积极支持铁路企业加快股改上市，拓宽民间资本进入铁路建设领域的渠道和途径	铁道部、证监会、发改委
鼓励民间资本参与电力建设	能源局、发改委、财政部、水利部、国土部、电监会、国资委
鼓励民间资本参与石油天然气建设	能源局、发改委、国资委、商务部
进一步深化市政公用事业体制改革	住建部、发改委、财政部
鼓励民间资本参与政策性住房建设	住建部、发改委
允许民间资本兴办金融机构	银监会、央行、发改委、财政部、税务总局、工信部、证监会、保监会
鼓励和引导民营企业参与国有企业的改制重组	国资委、人保部、银监会

三、政府全面主导必须向有限主导转型

1. 政府全面主导的政策部分失效

政府全面主导的城镇化集中体现在人口户籍政策、土地政策、行政区划政策、规划政策、投融资政策上面。在快速城镇化的大背景下，以上政策已部分失效。

首先来看人口户籍政策。人口流动主要遵循市场经济的规律。前苏联希望将人口在全部国土上均衡分布，结果以失败告终。日本 20 世纪 60 年代也曾试图通过行政办法阻止人口向东京集中，最后也不得不收回行政命令。户籍管理的政策必将转变为以户口登记为基础享受基本的公共服务。我们国家户籍政策一直是中央事权，而对户籍人口提供基本公共服务的任务则基本上落在地方。中国城镇化过程中产生了数量达 2 亿之多的农民工，其中的 80% 并不享受城镇完全的公共服务。中国城镇化从"伪城镇化"到高质量的城镇化，要改革以户籍制度为核心的一系列身份与福利制度。中国以户籍来限制人口流动迁徙的政策已经松动，发展的方向将会是人员的自由流动。户籍管控作为城镇化调控形式必将消亡，而公民在生活、就业所在地依法享受公共服务将成为趋势。这也就意味着政府不可能拿是否给予户籍来调控城镇化过程中的人口流向与分布。

其次来看土地政策。在快速城镇化过程中，有的地方发展得快，有的地方发展得慢。经济效益较高的地方应该吸纳更多的就业人口，同时获得更多的土地支持。比如东部沿海地区土地利用效率高，事实上形成了土地事实占用的情况，[①] 而且这种情况将来会越来越多。现在我们国家的土地管理政策是地方经济发展适应于土地指标的约束条件，将来应该是土地指标尽最大可能支持地方经济发展。如何解决这些问题，一是要让符合条件的集体土地以平等主体地位进入市场；二是要创造机制体制，让土地指标在不同地区、不同人口规模与发展水平的城市之间进行弹性

---

① 例如番禺区 2020 年的规划建设面积总量为 284km²，实际上目前建设用地规模已达 319km²。

的转换。

第三来看行政区划政策。现行的行政区划政策是中央行政主管部门派发"帽子",让地方把脑袋削尖以适应这顶帽子。这在现实中已经遇到很大的问题。我国的县改市一度暂停,当前一批大城市郊区、城市密集地带的县,产业结构以二三产业为主,但仍然挂着一顶县的帽子,设置了许多对应"农口"的部门。东部地区一批"特大镇",人口与经济发展水平甚至超过部分西部地区的地级市,但仍然是镇的建制。中国城镇化过程中,行政体制已经对城镇化的发展构成了严重的束缚。中国现行的市制标准还是1993年颁布并实行的,过去20年来,中国城镇化发展如此迅猛,但市制制度却按兵不动。因此,有必要进行市制制度的创新,以确保城市供给的数量增加与质量提高,推动城镇化发展。行政区划政策必须有大的调整,才能适应快速城镇化的需要。这种调整的根据,是以市场经济为基础,让行政区划来适应区域的经济与社会发展,而不是反过来。其中的含义也就是,政府必须改变以往通过行政区划政策来主导与调控城镇化进程的传统做法。

第四来看规划政策。政府部门习惯于将政府的意志通过各类规划体现出来。在中国当前的条件下,这些规划由政府部门或政府指定部门制定完成,而评审通过又由该政府部门或该指定部门完成,这就导致了各类规划的科学性得不到有效检验。

以发展规划为例。该规划一般由城市的发展改革部门(发展改革委或发展改革局)牵头制定,但评审通过也是由发改部门组织进行。发改部门在实际制订规划的过程中,首先参考上级发展规划的原则、精神、内容,再集中体现本地政府主要领导的原则、精神、内容与主要要求。一些城市领导唯上是从,这就导致本地的发展规划不切当地实际。还有一些领导好大喜功,这就导致本地的发展规划构思宏大、无法落实。

由政府部门主导的这种上行下效的规划,使得规划体系囿于一个封闭的圈子。城镇化发展的相关规划得不到独立机构的意见修正、得不到利益者相关的充分反馈。1984年中央部门倡导"小城镇、大战略",结果导致全国小城镇建设蜂拥而上。20世纪90年代末以来,国家重视都市圈、城市群,结果又形成各地争相规划建设都市圈、城市群。

第五是投融资政策。由政府所主导，依靠政府单一投资推动的城镇化，面临着重大的资金缺口，其行不远。未来城镇化过程中，将要发挥进城农民、企业家、政府部门、非政府组织、国际机构等方面的力量。投融资政策方展的方向就是在中国法律法规许可的范围内，调动一切经济与社会资源参与城镇化。政府的作用在于利用其有限的财政资金，提供公共产品。而市场化的产品提供应交由企业或其他组织提供。

2. 政府全面主导的政策带来许多负面问题。

城镇化发展的基础平台是地方各类城市、小城镇。政府全面主导的城镇化，就是由政府部门进行决策并且推进的城镇化。这种城镇化的规划、执行方式是，上级对下级进行指挥，下级贯彻落实上级要求，政府部门对相关部门进行行政命令。这种政府主导型的城镇化有一定的合理性，但本质上仍然是计划经济的思维模式，存在许多问题。

唯上是从，不讲科学。政府体系是一个典型的金字塔式的组织结构，且政府与企业或非政府组织的关系又有较强的支配关系，这就导致以政府主导的城镇化发展蜕变成为上级说了算、市长算了算、谁官大谁说了算。许多地方的城市规划因此严重违反科学规律，带来了重大损失。

造城运动，盲目扩张。政府一家为大，主导城镇化发展，它为了自身的政绩需要、面子形象需要，容易摊大饼、搞扩张。中国城镇化走的是粗放式外延式增长的路子，突出的反映就是城市建设用地增长过快。据遥感影像对比分析，仅2006~2009年，全国84个重点城市主城区建设用地规模就从1.7万平方公里扩大到1.9万平方公里。在全国652个城市中，市区面积增加1倍以上的城市有147个。城镇新增建设用地的大部分为周边的优质耕地。①

不计成本，粗放发展。国际上，土地城镇化一般是人口城镇化的1.2倍，我国2000~2010年达到1.8倍。这表明，相比较一定数量人口城镇化，土地利用十分粗放。造成这种情况的原因复杂，其中主要原因是政府并不是一个经济组织，它不受经济规律的约束，不会在成本与收益二者之间反复权衡并采取最节约、集约的路径。在用行政力量推动城镇化

---

① 中国城市和小城镇改革发展中心：中国城镇化战略选择研究，2011：198~199。

发展时，可以少计、不计城镇化的成本，包括土地成本。

低价征地，与民争利。由于土地收益分配以地方为主，且地方政府对土地收益有较大的支配自主权，这就导致地方政府具有强烈的动机低价从农民手中征地，然后高价出让。数据显示，2008 年全国土地收入1.0375 万亿元，拆迁、补助费用为 3778 亿元；2009 年全国土地收入为1.42 万亿元，拆迁、补助费用为 5180 亿元。也就是说，政府花 1 块钱，可以获得 3 块钱。[①]

资源过度集中，中小城市增长乏力等。人口已经达到中等城市的规模，但得不到相应的政策支持。在土地指标利用方面，低等级城镇获取土地指标非常困难。2000～2010 年，中国城级以上城市市辖区的建成区面积增长了 95.8%，而同期中国县级以上城镇建成区面积仅增长了 50.9%。

四、政府在城镇化过程中有限主导的具体体现

1. 政府有限主导作用所针对的问题领域

在户籍、农民工基本公共服务、保障性住房建设、土地利用、等级化的行政管理体制等方面，仍然存在许多问题，不利于新型城镇化向前推进。政府宜在这些方面集中力量发挥作用，而把市场能够解决的问题主要交给市场与企业家去完成。

一是户籍方面。过高落户"门槛"排斥农民工。一些地方规定，"主城市落户需要在主城区务工经商 5 年以上，投资兴办实业 3 年累计税收10 万，或者 1 年纳税 5 万以上"；还有一些地方规定劳动人口的落户条件是，居住证持证人在同一居住地连续居住并依法缴纳社会保险费满 7 年、有固定住所、稳定就业、符合计划生育政策、依法纳税等。

农民工落户成本负担机制尚未明确。东南沿海一些省份的积分落户政策对本省户籍农民工有特殊照顾，但对外省籍的农民工则没有照顾。主要原因是，他们在流入地的落户成本较高，到目前这笔成本的分担机

---

① 陈涛："解密'土地财政'"，《财经》，2010 年第 8 期。

制并没有建立起来。

居住登记制度配套措施跟进不足。全国已有近2/3的省份取消了农业户口和非农业户口的划分，建立了城乡统一的户口登记制度。但是，户口登记制度统一的背后，配套政策大多没有跟进，养老、医疗、低保等方面的福利待遇基本没有落实。

二是农民工基本公共服务方面。农民工子女平等接受义务教育服务还有障碍。这方面问题一是入读公办学校难。在现行财政体制下，义务教育经费拨付的依据是本地户籍，大多数城镇政府预算没有针对外来农民工子女的教育经费。二是择校借读费用高。广东省一些城市规定，达不到积分的农民工子女在就读公办学校时，要交借读费2～3万元。三是民办打工子弟学校教学质量较差。

城市对农民工公共卫生服务存在盲点和漏洞。农民工计划免疫和妇幼保健可及性低于城市户籍人口。农民工疾病防控服务与农民工高流动性构成一对矛盾。农民工缺少职业病防护服务，他们在"城中村"的环境卫生条件较差。

·外出农民工参加社会保险的比例总体较低。根据发展改革委城市和小城镇改革发展中心的研究报告，2009年，参加基本养老保险、医疗保险、工伤保险和失业保险的农民工分别只占农民工总数的11.5%、18.9%、24.3%、7.15%。由于社会保险设计和服务上存在的一些问题，一些地方的农民工出现退保。

三是保障性住房建设方面。大规模建设保障性住房可能引发地方政府的金融风险，保障性住房建设的可持续性差。当前，很多城市的保障性住房设计一般只针对本地户籍人口，外地务工人员只能慢慢排队。从世界各国经验来看，早期公租房供给少的时候，政府发挥主导作用，后期则要逐渐退出。但目前中国大规模保障性住房建设政府的角色尚未完全明晰。

四是土地管理方面。城镇化过程中人的自由流动与土地要素的不可自由流动（流转）二者之间产生了严重的冲突。农村集体土地与城市建设用地的关系至今未能理顺。土地管理制度上存在的种种问题，缘于宪法、土地管理法以及中央有关文件关于土地管理的表述，存在着一定的矛盾，缘于不同历史时期对土地的作用形成了不同的认识，缘于不同利益主体的利益在土地上的反映并不充分。土地管理制度改革已经成为未来城镇化的一个核心问题。

五是不合理的城市管理体制方面。等级化的行政管理体制，制约了较低等级的城镇的发展。比如一些小城镇，人口已经达到中等城市的规模，但得不到相应的土地利用指标的政策支持，低等级城镇获取土地指标非常困难。

2. 政府有限指导作用的路径形式

中国城镇化不同于西方发达国家的城镇化，突出的一点就是中国城镇化发展过程中，制度发挥了极其重要的作用。一定意义上说，对制度的改革，叙写了中国城镇化的历史；对制度的再改革，将揭开中国城镇化发展的新篇章。政府要增强责任意识、主体意识，通过机构调整、职能转换等方式，推动各方面体制机制改革。

体制机制创新的重点之一是推进户籍制度改革。十八大后，要继续落实中央已经制定的相关政策，放宽落户条件。有关部门要尽快研究落实跨省农民工落户的成本分摊机制，推动重点人群的落户。这些重点人群包括3000多万举家迁徙的农民工家庭，也包括所谓的"新生代农民工"。要逐步取消城乡农业户口和非农户口的划分方式，建立城乡统一的户口登记管理制度。

体制机制创新的重点之二是完善农民工的基本公共服务。要着重围绕农民工生活中迫切需要解决的问题，出台相关方案。要扩大农民社保覆盖率、解决好农民工子女就学问题，着力争取改善农民工的居住条件，建立和完善覆盖城乡的公共就业服务体系。

体制机制创新的重点之三是推进保障房建设。政府主导建设的保障性住房应该只针对社会中最低收入的城市弱势群体，这些群体应包括农民工。在城市密集区以及大城市郊区，可以逐步改造，探索试点将出租屋纳入保障性租赁住房体系。欧美日等发达国家、中国香港、新加坡等高度城市化地区政府在建设、管理保障性住房方面，形成了较为完备的融资模式、供地模式，形成了较为合理的共建共管的管理模式，值得借鉴并融入我们的政策设计中去。

体制机制创新的重点之四是改革土地管理政策。要强化规划管控，严格控制城镇扩张的规模和速度，统筹各类土地的功能，促进土地利用综合效率提高。通过挖掘存量土地潜力，大力拓展城镇化发展用地新空间，包括积极盘活城镇存量建设用地，有序推进未利用土地的开发空间，积极调整城乡建设用地布局。要完善土地市场体系，改革城乡二元的土地管理制度，逐步建立城乡统一的土地市场，扩大市场机制在土地资源配置上的作用范围。土地征用制度、土地税收制度、土地收益分配制度等等，事关城镇化的推进，要尽早加以改革完善。

体制机制创新的重点之五是改革城镇行政管理体制。要研究和制定符合新型城镇化要求的"城市"标准，借鉴国际经验，针对中国国情，设计出中国的市制制度，通过行政体制改革为城镇化建设松绑。要理顺财政体制，增强低等级特别是一批特大型的小城镇的活力，将它们培育成中小城市。

3. 政府有限指导作用的手段运用

一是改进和加强行政手段的运用。中国城镇化率刚过50%，仍处于快速发展的区间。中国城镇化面临着难得的机遇，如果利用好这轮城镇化机遇，中国就完全有可能步入发达国家行列。中国推动城镇化的特征之一就是政府的行政力量较强。当前，要客观看待政府的行政作用，将其作用发挥在最佳的区间范围与程度之内。根据中国城镇化发展的实际情况，改进和加强政府的行政手段运用，主要体现在三个方面：首先，动员各级政府部门学习城市化先行国家的经验与教训，合理吸收借鉴，运用到我国城镇化过程中去；其次，通过组织培训等手段，帮助地方城市克服一些普遍存在的倾向性问题；再次，运用行政协调力量，集中资源解决一些跨区域的重大经济社会问题。在区域治理的问题上，中国比西方一些国家更有优势。

二是将行政手段与法律法规手段相结合。城镇化发展中的方针、政策、精神等，宜只作原则性规定。将充分的试点、探索权力交给地方。对于向农民工提供公共服务、进行保障性住房建设、增扩投融资渠道与办法、区划调整的实施细节、土地制度的变革等具体的城镇化问题的解决，应在充分的公众参与的基础上，以立法的形式加以体现，以确保上述问题及其解决路径、实施细则有法可依、有法必依。例如对解决农民工问题，如果只有一般性的规定，则这个问题的重要性尽管人人皆知，但解决起来就有可能拖延日久。再如对民间资本参与城镇化建设的问题，如果没有立法作为保证，行政部门就会不断翻新花样，出台后续的审批规定，出现以"36计"对付"新36条"、"旧36条"的现象发生。

三是将行政手段的作用时间加以限定。政府的通知、办法、原则等在出台时，一般应清楚标明该项通知、办法、原则等的适用时间。一般情况下，只在出现重大经济危机、面对与解决专项问题时，才出台通知、办法等。要推动城市管理的程序化，尽可能少用行动手段干预城镇化的演进与发展。

第十三章　城镇行政体制转型：
从不适应到适应城市型社会

一、城镇行政体制不适应城镇化的表现

1. 城市建制标准已有 20 年未进行修订

1986 年经国务院批准颁布了设市标准。试行 6 年后，国务院于 1993 年 5 月颁布新的设市标准。当时提出重颁标准的理由主要是，1986 年的标准中有的指标统计难度较大，且难以核实；一些设市时需要考察的重要条件在标准中尚未体现；有些指标还不尽科学合理；分类指导的原则在标准中反映不充分；没有规定设置地级市的标准等。这次调整和修改城市设置标准，从 1989 年开始，历时 3 年，终于在 1993 年形成新版的设市标准并由国务院转发各地试行。

1993 年通知下发后，全国掀起了整县设市的热潮。中央、国务院担心这会冲击我国地方以县制为主要特色的传统行政管理，同时也担心整县改市带来虚假城镇化问题，于 1997 年作出了暂停审批县改市的决定。之后，撤县设市一度遇冷，如 2007～2009 年撤县设市为零，2010 年有 3 个获批。

1993 至今，恰是我国城镇化发展最快的阶段，新的城市现象、城市问题不断出现。1997 年暂停审批县改市的决定已近 20 年，各方面反映强烈。如果说 1993 年进行设市标准重颁，是因为 1986 年的部分标准需要进行修订，尚属较小修补，那么 20 年后设市标准则需要在 1993 年的标准上进行根本的重修。

表 13.1   **1993 年新版设市标准**

		人口密度（人／平方公里）	< 100	100 ~ 400	> 400
县级市标准	县政府所在地	从事非农产业的人口（万人）	8	10	12
		具有非农业户口的人口（万人）	6	7	8
		自来水普及率（%）	55	60	65
		道路铺装率（%）	50	55	60
	县域指标	从事非农产业的人口（万人）	8	12	15
		非农产业人口比重（%）	20	25	30
		国内生产总值（亿元）	6	8	10
		第三产业占国内生产总值的比重（%）	20	20	20
		乡镇以上工业产值（亿元）	8	12	15
		乡镇以上工业产值占工农业产值的比重（%）	60	70	80
		县级财政预算内收入（万元）	4000	5000	6000
		人均县级财政预算内收入（元／人）	60	80	100
地级市标准	市区非农产业人口 25 万人以上 工农业总产值 30 亿元以上 国内生产总值 25 亿元以上 第三产业在国内生产总值中的比例达 35% 以上 地方本级预算内财政收入 2 亿元以上				

资料来源：国务院批转民政部关于调整设市标准报告的通知，国发〔1993〕38 号，1993 年 5 月 17 日。

2. 城市数量变化不能反映城镇化率提升的现状

2000 年我国城镇化率 36.2%，城镇人口 4.6 亿人；2010 年城镇化率达到 47.5%，城镇人口约 6.3 亿人。这 10 年间，城镇化率提高 11.3 个百分点，平均每年提高约 1.13 个百分点，城镇人口增加 1.7 亿人。

但与此同时，城市数量不增反降。其中一个原因是在这 10 年间，一部分县级市变成市辖区。如果把市辖区也算作一个"城市"，整个城市数量则从 1450 个上升为 1506 个。

表 13.2   **城市数量变化情况**

年　份	地级及以上城市	县级市	市辖区	总计
1990	188	279	651	1118
2000	263	400	787	1450
2010	283	370	853	1506

3. 城镇设置中出现的突出问题没有得到解决

城镇设置中的突出问题，主要表现在以下两个层面。

（1）地级市的存续问题

地级市源于 20 世纪 80 年代初。1982 年，中共中央 51 号文件作出"改革地区体制，实行市领导县"的决策。1983 年，辽宁、江苏首先改革，推行地级市建制。到目前为止，中国除西藏、青海、海南外，其他省市都推行了市管县体制。截至 2010 年末，中国有 283 个地级市。其中有 269 个市实行市管县、代管县的体制，占地级市总数的 95%。

设立地级市存在几个问题。第一，地级市设立初衷是希望发挥城市带动作用，促进城乡一体化发展。但在实践中，由于"城市偏向"，地级市的存在反而扩大了城乡差距。这因为，地级市利用行政权力，从农村吸取资源来支持城市发展。1984 年，城乡收入比 1.71：1，1997 年上升到 2.79：1。从绝对额来看，1978 年农村年人均收入为 134 元，城镇年人均收入为 316 元。1997 年前者为 2090 元，后者为 5160 元，两者差距达到 3070 元。

第二，增加了行政成本。按一个地级政区 2000 个编制计算，我国近300 个地级市就有 60 万人。一个地级市的财政支出一年 10 亿元，全国地级市的财政支出就达 3000 亿元。

第三，降低了效率。从世界各国的经验来看，扁平化的行政层级是发展趋势。世界上目前只有 8 个国家行政层级在 4 级以上，而且全部集中在亚洲与非洲。欧、美、日、韩等发达国家普遍只有 2 级或 3 级行政层级。

表 13.3　　　　　　　世界各国地方行政层级统计表

地区	无		一级制		二级制		三级制		四级以上		缺	小计
	个	%	个	%	个	%	个	%	个	%	个	个
亚洲	1	2.1	8	16.7	16	33.3	18	37.5	5	10.4	1	49
欧洲	1	2.6	5	12.8	22	56.4	11	28.2	0	0.0	5	44
非洲	3	5.4	6	10.7	26	46.4	18	32.1	3	5.4	0	56
大洋洲	4	16.7	14	58.3	6	25.0	0	0.0	0	0.0	0	24
北美洲	4	10.8	19	51.4	13	35.1	1	2.7	0	0.0	0	37
南美洲	0	0.0	1	7.7	9	69.2	3	23.1	0	0.0	0	13
全球	13	6.0	53	24.4	92	42.4	51	23.5	8	3.7	6	223

说明：表中数据大多为 20 世纪 90 年代的，个别是 20 世纪 80 年代或 21 世纪的。层级按最多的统计，如二、三级并存的统计为三级制；百分比按现有资料数据计算；"无"表示不划分政区，"缺"表示缺少资料。

数据来源：浦善新：《中国行政区划改革研究》，商务印书馆 2006 年版，第 265 页。

（2）镇级市问题

早在 1993 年，国务院批转的民政部的《关于调整设市标准报告》第
（五）部分对特大镇设市已经有了明确的规定："少数经济发达，已成为
该地区经济中心的镇，如确有必要，可撤镇设市。设市时，非农业人口
不低于十万，其中具有非农业户口的从事非农产业的人口不低于八万。
地方本级预算内财政收入不低于人均五百元，上解支出不低于财政收入
60%，工农业总产值中工业产值高于 90%。"

2000 年《中共中央国务院关于促进小城镇健康发展的若干意见》曾
明确提出，"力争经过 10 年左右的努力，将一部分基础较好的小城镇建
设成为……农村区域性经济文化中心，其中少数具备条件的小城镇要发
展成为带动能力更强的小城市，使全国的城镇化水平有一个明显的提
高"。从 2000 年后改革发展的实践来看，中央当初的判断是完全正确的，
可以认为少数小城镇变成城市的时机已经成熟。据国家统计局统计数据，
2008 年我国有小城镇 19234 个，以镇区人口规模排序的千强镇，镇区平
均人口规模达到 7.1 万，已接近我国城市设市规模标准，许多特大镇已经
达到中等城市甚至大城市的人口规模水平。2008 年，我国小城镇镇区人
口超过 10 万人的有 152 个，其中人口在 10～20 万人达到小城市规模的有
142 个，人口在 20～50 万人达到中等城市规模的有 9 个，镇区人口规模
最大的东莞市虎门镇已达 57 万人，完全是大城市的人口规模。

但现有的规划文件却未能反映这种变化的需求。在 1989 年颁布的
《城市规划法》中，城市概念是包括镇的，"本法所称城市，是指国家按
行政建制设立的直辖市、市、镇"。2008 年城市规划法被城乡规划法取
代，而城乡规划法只界定了城市的规模标准，未对建制镇的规模进行界
定。在统计上，《中国城市统计年鉴》也不包括建制镇。

4. 城市和小城镇内部职能设置跟不上发展需要

一是地级城市集中了过多的职能。地级市原先仅作为省的派出机构，
后来建市后，职能不断增多，占用了过多的行政资源。这些地级城市的
机构设置一般包括市政府办、市发改委、市经委、市教育局、市科技局、
市民政局、市司法局、市财政局、市人事局、市劳动保障局、市国土资
源局、市城建局、市交通局、市水利局、市发展研究中心、市农业局、

市林业局、市商务局、市文化文物局、市卫生局、市计生局、市审计局、市环保局、市广电局、市体育局、市统计局、市粮食局、市旅游局、市招商局、市信访局、市安监局、市扶贫办、市公安局、市盐务局、市移民局、市供销社、工业园区管委会、市工商局、市国税局、市地税局、市烟草专卖局、市质监局、市药监局、市物价局、市方志办、市外事办（侨务办）、市养老经办处、市住房公积金管理中心等等。目前，东部一些地级城市已经实行了大部制改革，一定程度上精减了地级城市的行政规模，并向县（市）和小城转移了部分职能。但绝大部分地级城市没有实行大部制机构改革，人员规模大、机构庞杂的特征十分明显。

二是经济管理的职能较强，社会管理的职能较弱。目前在相当多的城市政府中，政企、政事、政资、政府与市场的关系仍然没有理顺。政府越位、缺位的现象同时并存。比如一些城市设置一些机构，对经济发展管得过多、过细，或者直接参与许多市场竞争性行业与领域。而与此同时，社会公共服务缺乏质量标准、数量有待增加。政府在行使社会管理职有的方式方法上也存在着问题，主要表现为政府承担了过多的社会公共服务产品"生产者"的任务，对于培育、组织、协调社会组织共同提供社会公共服务产品的作用发挥不够。

三是行政机构人员与管理服务的城镇规模不对等。如浙江东阳市横店镇，有10万常住人口，财政收入5.4个亿，2001年由编制部门核准的行政机构仅10个，人员编制数仅为182人。又如浙江温州市苍南县龙港镇，有近30万常住人口，汽车3万辆，但在编交警仅22人，真正能上路执法的只有7个交警，镇区交通混乱不堪，镇里自己筹资组建了一支200人的没有执法权的巡防大队，负责治安。再如江苏吴江市盛泽镇，有30万人口，其中外来人口17万，全镇公安民警仅有65人，严重不足，真正在日常担当维护治安角色的是自聘的联防队员，2008年人数达到900多人。

四是责任与权力不对等。温州乐清市柳市镇现有乐清市部门派出的环保、安监等机构20多个，镇里对这些机构无权管理，但镇长是环保、安监等事故的第一责任人，导致"有责任的没法管，有权管的没责任"的现象。据对浙江省的调查，特大镇政府承担的各类问责多达30项左右，但几乎都没有行政执法权。比如，温州龙港镇的城管中队除了受县规划建设局委托行使一小部分城镇管理职能外，镇里对环境污染、安全生产事故、食品卫生等都无权查处。此外，社会保障、城镇规划、基础设施投资项目、外商投资产业项目的审批等与经济同步发展的问题，镇里没有相应职能，无法统筹解决，绝大多数经济和社会管理事项需要上级部门审批。在广东，特大镇 90% 的行政事务都要上级政府有关部门审批才能执行，中山市小榄镇镇区 35 万人口，自己要建三甲医院，至今仍未获批。

5. 城市的内涵与统计标准混乱且不科学

一是将行政区与城市进行混淆。例如对于重庆市来说，既可能指重庆所管辖的行政区范围，也可能指的是重庆市区范围。重庆市在升为直辖市前，管辖 11 个区、7 个县、3 个县级市，面积 2.3 万平方公里，人口 1530 万人，其中非农业人口 415 万人，只占总人口的 27.1%。1997 年升为直辖市后，划入万县、涪陵 2 个地级市和黔江地区，面积扩大到 8.2 万平方公里，总人口达到 3002 万人，但城市化水平却不及 20%。实际工作中，城市的内涵与外延皆无明确的界定，城市的行政地域范围与城市实体的地理界线不一致，城市的行政辖区要远大于城市的实体范围，这给统计工作带来很大不便。

二是现行城市规模统计的分类标准存在问题。现行城市规模统计中，主要依照户籍人口和非农业人口来统计城市人口，并据此确定城市规模。但在快速城镇化背景下，以上两种统计口径都存在重大问题。先来看户籍人口的统计口径问题，一个城市的户籍人口只是常住人口的一部分，有时甚至是其中一小部分。例如根据东莞市人口普查办提供提供的资料，在东莞市 822 万常住人口中，至少有 630 万以上的人口为非东莞籍人口。再来看非农业人口的统计口径问题，非农业人口主要是指计划经济年代吃商品粮的那部分人口，而现在在城市密集区的村庄以及在大城市周边村庄，有一批农业户口的人，他们从事非农产业，过上了与城市人一样的生活，属于"自主城市化"类型，理应也算作城市人，但他们的户籍簿上依然是农业人口。

二、城镇设立体制转型的主要内容

1. 增加城市数量

目前我国有城市 658 个。根据城镇化发展的需要，拟设立分类标准，分批次进行审批，稳步新增设市数量。到 2020 年，将城市数量逐步增加到 2800 个左右，具体构成为：

①截至 2012 年底，已有各类建制城市 658 个；

②非建制市的地级行政区划的中心城镇可以设为城市，总数约 50 个；

③非建制市的县级行政区划的中心城镇，其中 2000 个可以设为城市；

④边境口岸城镇中有 73 个，可以考虑设为城市。

2. 推动一批特大镇成为小城市

县辖市是未来中国特色城镇化最具潜力的组成部分。在培育县辖市方面，要立足于不同地区发展实际，制定分类方案，积极稳妥地加以推进。具体路径包括以下几点。

首先要选择一批大镇、特大镇，制定小城市培育计划。在县（县级市）区域范围内，选择那些人口数量多、产业基础好、发展潜力大、区位条件优、带动能力强的镇，择优、分批将其培育成小城市。在东部沿涨的浙江、江苏、山东、福建、广东等地，部分县（县级市）可以选择 2~3 个这样的特大镇；在中西部地区可以在县（县级市）中可优先选择除县城之外的 1 个这样的大镇、特大镇。应当根据条件，分别制定 3 年行动计划、5 年发展规划、15 年远景目标规划，将小城市培育与完善省、县城镇化体系有机结合起来。

其次，要通过全面放开这些城镇户籍的办法，加快人口向小城市进一步集聚，形成未来小城市的"门槛人口规模"。东部地区小城市的户籍人口力争达到 8 万人以上，中西部地区可暂定为 5 万人，西部少数地区可暂定为 3 万人。力争建成区人口集聚率达到 40% 以上。

第三，以改善基础设施与公共服务为突破点，增强小城市的公共服务能力、提升它们的公共服务水平。要大力发展社会事业、加大教育、卫生、文化、体育、社会保障、社会福利等设施的投入和建设力度。推进城乡道路、水电气、污水垃圾处理、广播电视通讯网络等工程建设。要把小城市建设成为对本镇居民以及周边村民具有辐射力、吸引力的"磁力中心"。

第四，实施产业集群发展战略，做大做强特色产业，增强小城市的产业支撑能力。通过加快和完善农村土地承包经营权流转的办法，大力发展设施农业、规模农业和精品农业。小城市要成为各类农业企业或大型农业集团分支机构的集聚地。创造条件，发展乡村特色旅游业，提高消费者在小城市的消费水平，增加小城市相关从业人口的收入。改造与提升专业市场，加快小城市商业网点、商贸综合体、专业市场建设，提升小城市服务业发展的水平。适度发展劳动密集型的加工制造企业，吸引劳动力就业。

3. 探索撤销地级市实施省直管县的体制

地级市数目在 15 个以下，县的数目在 100 个左右的省，可以先行改革试点，推进"市县分置"。县由省直管，市只管理城区本身。处于省、县之间的地级市逐渐虚化最终撤销。这方面可资借鉴的是浙江省的经验。

对于面积在 20 万平方公里、地级市数目在 15 个以上，或者县的数目在 100 个以上的省，考虑到省直管县有难度，可以保留一些地级市，待条件成熟时逐渐撤销。如四川省有 159 个县（市），就可以采取这种办法。

对于具有特殊地形的省，仍然可以保留一段时间地级市的建制。如甘肃区域面积 43 万平方公里，其版图过于狭长，保留地级市的建制对于县的发展有一定必要性。

对于一时还不能撤销的地级市，应通过机构精简、下放权力等办法，缩小地级市的规模，而将相应的职能转移到县（市）一级。

4. 适当增加省与直辖市

内地 31 个省（市、区）平均面积 30 万平方公里，比英国大，比德国与日本略小，与意大利基本相当。也就是说，内地省（市、区）的面积基本上都相当于英国、德国、意大利这样的国家。美国与中国国土面积相当，其州的数目超过 50 个。相比较而言，中国内地省（市、区）的数目刚过 30 个。

从我国国情来看，适当增加直辖市，有利于划小省（市、区）的面积，有利于优化行政层级和行政区划设置，并有利于实行省直管县。

可以考虑适当增加 20 个左右的直辖市。来源有三：一是目前已有 15 个副省级城市，其中一部分可以成为直辖市；二是在国家战略规划中，承担着区域中心城市功能的城市；三是其他具有战略意义并且具备人口集聚可能性的区域中心城市。

5. 探讨城市群治理体制

各国用不同的概念来指称城市群。英国常用"组合城市"（conurbation）；法国主要使用"城市群"（urban agglomeration）；美国还有学者则提出了"城市区域"的概念（urban field），中国在"十一五"规划中提出了城市群的概念。大致而言，城市群是指多个不同规模的城市在空间上呈连续性分布，彼此之间具有密切的交通、通讯、人员、经济联结关系。

在全球化的时代背景下，城市群是参与全球经济竞争、城市竞争的重要单元。它们具有良好的自然条件基础和优越的区位条件（特别是门户区位），是世界、国家、区域发展的枢轴区域。这些地区不仅是人口集聚的地区，也是经济最发达、经济效益最高的地区，也因而成为最具有创新力的地区，在全球经济体系中处于中枢主导的地位，具有完整的城市体系和完善的基础设施网络①。

中国的城市群正在发育、壮大的过程之中，参照国际经验，对城市群进行治理可以分成三种类型。

一是松散的协调模式。在这种模式下，城市群的各个政府之上并没有建立统一的、权威性的政府机构。但在城市群中，存在大量的以问题解决为目的、以协调为手段的各种专门化组织。例如城市群中存在着专门解决区域污染问题的组织、进行区域规划协调的组织等等。我国长三角、珠三角等较为成熟的城市群，可以采取这种组织模式。

二是建立统一的政府。美国华盛顿大都市区就采取了这种模式，该都市区 1957 年建立了统一的"华盛顿大都市区委员会"，目前包含 18 个

① 张京祥等：《全球化世纪的城市密集地区发展与规划》，中国建筑工业出版社 2008 年版。

成员政府。这个委员会致力于解决华盛顿大都市区发展当中面临的一系列关键问题。我国中西部地区一些正在发育之中的城市群，其城市群发展对于国家战略有重要意义，但可能对生态保护、资源节约有一定冲击，可以尝试建立这种统一的政府模式。

三是双层体制。双层体制的上层即大都市委员会，统一提供两类服务：一是大都市范围内非城市地区的公民的若干公共服务；二是一些具有较高规模效应与溢出效应的公共服务，这类服务是所有大都市范围内全体公民可以共享的。双层体制的下层即城市政府，它依据城市管理的目标、任务，向公民提供基本的公共服务。

城市群治理的实质是实行区域公共治理，以此弥补单纯的行政区行政的不足。

表 13.4　　　　　　　　　　　治理模式对比表

	行政区行政	区域公共治理
经济现象	行政区经济	区域经济一体化
理论基础	传统行政管理	治理、复合行政
管理边界	以行政区为界，范围小且刚性	以若干行政区为界、范围大、有弹性
管理主体	政府	政府、企业、社会组织
权力向度	自上而下	互成网状
合作理念	非合作的竞争状态	竞争＋合作

资料来源：成婧："江苏沿海城市群建设与政府治理模式创新"，《城市发展研究》2010 年第 11 期。

6. 改革机构设置提升城市的管理职能

一是要积极推进大部制机构改革。大部制机构改革符合城市发展的需要，能够较好地解决城市发展过程中的一些综合性、交叉性、复杂性问题。大部制机构改革仍处于初步阶段，需要继续推进。

二是针对城镇化过程中新出现的问题，要增强机构设置的力量。例如对于广泛存在的社会管理问题，要增设机构、增加经费、增派人员。

三是优化行政管理资源的配置结构，要将更多的行政管理资源向人口规模较多、经济社会发展较快的中小城市、特大镇进行配置。可以采取人员派出、机构延伸等方式，将城市级别较高城市的行政资源向级别较低的城市进行引导。

四是探索建立公众参与式的机构设置方案。例如在一些机构设置中，引入社会人员。这些人员在执行公务时属于正式员工，但仅拿象征性工资。这样做既减少行政性开支，又广泛地调动起社会人员的参与度。①

五是探索建立各种柔性机构，推动城市管理。例如在规划、城建、环保等领域，探索建立各种理事会、委员会，作为政府的协作机构。

三、城镇设立体制转型与相关配套制度改革

1. 统计制度改革

我国城镇规模大小的统计是以人口为依据的。基本的统计口径有两个：一是户籍人口，以公安户籍管理机关的户口登记为依据，又分为非农业人口和农业人口。截至2012年底，这部分人口在全国总人口中的比例为35%。二是常住人口，在人口普查和抽样调查时采用，指实际经常居住在某地区一定时间（6个月以上）的人口，或者是指一年之内在某地住过6个月以上的人，这部分人口已达到我国总人口的52.57%。

由于存在两种不同口径的统计，而且这两种统计得出来的都是正确的数据。但在城镇化推进过程中，不同的统计口径恰恰为低质量的城镇化留下了空子。一些城市的市长在讲城市规模如何之大时，用的按常住人口统计的口径。但在研究公开服务支出责任等问题时，却只针对户籍人口。那些属于常住人口但不是户籍人口的城镇人口——也就是农民工，成了"夹心层"人群。

因此，建议在研究新的城市设置时，应改进统计制度。明确规定应以享受基本公共服务的人口作为城镇人口统计的标准。城镇的规模大小、层级确立，均主要参考享受基本公共服务的人口的规模。

2. 财税体制改革

财税改革的要点在于改革税收结构，培育城市的主体税种，适应城

---

① 笔者2012年6月考察的美国洛杉矶县警察局，为我们做公务讲解的警官就是"义警"，他自己拥有一家公司，经过申请、考核后成为"义警"。在执行公务时，他与正式警察一样享有权力、承担义务；只拿一元钱工资，但由于在警察局登记注册，在许多方面享受到既定福利。参考 http://www.ccpg.org.cn/Article/ShowArticle.asp? ArticleID=1629。

镇化发展的需要。

现行的城市收入主要来源于增值税、营业税以及土地使用权出让收益。这种税收结构鼓励城市招商引资。改进的方法要通过各种办法，要把物业税、消费税、个人所得税在税收结构中的位置进行提升。

中国地方城市缺乏可靠的税收来源。要依照国际惯例，在城市开征物业税。物业税作为一个综合性税种，可通过合并相关税种而来，包括城镇土地使用税、耕地占有税、房产税、土地增值税。要科学合理分配房产建设、占有、转让和收益各环节的税收负担，房屋所有人确定为纳税义务人，以不动产评估价值为计税依据按累进制征税。资源税也可列入地方的主体税种。

城市建设税与教育费附加的征税依据是实际缴纳的增值税、消费税和营业税，应适当增加城市建设税与教育费附加这两项的比例。可以进一步探讨将城市建设税与教育费附加分别改为城市建设维护税、教育税。环境保护是城镇化过程中一个重要任务，由于环境保护的主要责任是地方政府，可以新增环境税，并将其列为地方税种。

要根据城镇化发展，允许地方探索新的税收收入来源。可授权省级人大及其常委会自行立法，只要做到不影响中央财力，不恶意挤占周边地区财政收入，可以开征区域性的税种。

3. 府际关系体制的改革

府际关系体制改革的要点是解决好政府间事权划分不清、财权与事权不平衡的问题。

中央政府主要负责外交、国防、全国或跨域的基础设施、重大科学研究、中央事业支出，地方负责教育、医疗、社会治安、社会救济、社会福利、本地区行政、地方事业支出等，中央与地方共同承担的主要是跨区域的公共物品与服务，在此基础上形成新的财权与事权的平衡。

应努力校正原有的中央与地方之间财权与事权不平衡的现象。在城镇化推进过程中，财权上收、责任下移的现象十分严重。本着事权与财权相对应的原则，在中央与地方共享税的分享比例方面，应适当提高地方的比例。增值税的比例应将地方应该分享的比例由25%提高到40%或更高，企业所得税央地应五五分成，个人所得税是一种调节个人收入分配的税种，中央可略高，分享60%。

应进一步明确省与市（县）政府的责任义务。国家基本公共服务体系"十二五"规划，将省、市（县）政府统列为地方政府，只对地方政府在"十二五"时期提供公共服务的支出责任作了笼统规定。地方与中央支出责任的比例关系没有清楚规定，更重要的是，地方不同层级之间支出责任的比例关系也没有清楚规定。例如，关于义务教育，只是规定中央与地方财政按比例分担。对于农民工流入较多的城市，中央、省、城市各承担多少，则还需要进一步细化。由于这方面的支出责任将会延及较长时间段，建议应通过立法形式予以责任明确。

4. 干部任命与考核制度改革

干部任命与考核制度的要点是推动城市领导将城市发展质量摆在首要位置，而不是去过多追求城市规模扩张。

城市政府在传统上是"经济建设型"政府，这些政府以经济建设为其主要职能，较多的公共财政支出用于建设性产业投资，而对教育、医疗、卫生、文化等则投入较少。经济建设型政府容易生产制造出摊大饼式的城市，充斥着面子工程的城市。而既有的考核体系偏重于考核政府的经济业绩，常见的方式是在干部提拔、城市排名中，注重城市的面积大小、生产总值高低、常住人口的多寡。

未来考核城市政府的表现，应将提供公共服务作为一项"符合性指标"，作为城市政府"及格线"加以考核。应着重考核同一类型的城市中享受基本公共服务的市民的真实比例，考核城市内涵式发展的各项指标（如生态环境指标、地均产出的指标），考核社会和谐发展的指标（如违法犯罪律）。尽可能多地将这些非经济的但又事关城市发展的重要指标认定为基础性指标、"符合性指标"。要明确规定只有达到"符合性指标"的各项要求，才是合格的城市政府。上级政府部门、学术部门、媒体应着重监督一个城市政府在"符合性指标"方面的达标情况。

第十四章　城乡关系转型：从对立到一体化

当今世界上一些城市化国家，如欧、美、日、韩等国，普遍达到了城乡一体化、融合发展的阶段。另外一些城市化率较高的国家如拉美多国，虽然城市化率同样较高，但大城市相对繁荣、农村出现凋敝，城乡关系出现极不和谐的局面，影响了这些国家的进一步发展。城乡一体化是特定阶段社会与经济发展所追求的较为理想的状态，同时城乡一体化又为一国实现更高水平的发展创造了条件。我国已进入城镇化中后期发展阶段，这是推进城乡一体化的黄金时期、关键时期，应该进一步总结成功模式，加速推进城乡一体化发展。

一、推进城乡一体化的黄金阶段

1. 从发展阶段来看，我国进入城乡一体化发展的新阶段

弗里德曼将工业化的整个进程划分为四个阶段，即前工业化阶段、工业化前期阶段、工业化后期阶段、后工业化阶段。对照四个阶段的划分，我国 2005 年即从总体上跨过工业化中期阶段，进入工业化后期阶段。其中，13 个省（市、自治区）处于工业化初期阶段、10 个省（市、自治区）处于工业化中期阶段、5 个省（市、自治区）处于工业化后期阶段、上海与北京进入后工业化阶段。

工业化中期及后期阶段的主要特征是，城市经济（包括工业及服务业）成为国民经济的主导产业，它们依靠已有的积累就可以实现不断壮大发展，而不再需要从农业中汲取剩余。工业与农业的关系由此出现了历史性的转折与改善。

与工业化发展阶段紧密相连的是城市化发展阶段。按照城市化发展

阶段的划分，本世纪头一个十年，我国总体上进入了城镇化中后期发展阶段，城镇人口首次超过农村人口。在这个阶段，两种现象同时发生：一方面，城镇化率继续提高，农村人口继续向城镇集聚；另一方面，逆城镇化现象开始出现，城镇人口开始向周边城镇、发达乡村转移。原先单向度的乡村向城市的资源流向，日益朝着双向的互动关系演变。

2. 从城镇与农村发展现状来看，城乡一体化的发展动力增强

所谓城乡一体化的发展动力，是指城市与乡村二者之间存在的吸引力，也就是二者之间互相需要的力量。根据 19 世纪末霍华德（E. Goward）在《明天——一条引向真正改革的和平道路》里的提法，就是城市磁铁与乡村磁铁相互作用，最终产生城市—乡村磁铁。

从"城市磁铁"来说，我国城市数量不断增加、城镇人口迅速增多、城镇区域不断扩张、城镇综合实力大大增强、城市群有了明显的发展。城镇的二三产业的繁荣进一步吸引劳动力的乡—城流动，这又推动城镇进一步发展。但是城镇问题特别是大城市问题不断出现，例如交通堵塞、环境污染、失业人口增多、工作紧奏过于紧张、农业生产效率提升的空间巨大等等，又增强了人们对乡村田园生活的向往。

从"乡村磁铁"来说，中国农业的基础仍然比较薄弱，农村发展仍然滞后，农民收入增长缓慢。但乡村拥有优美的环境，持续吸引人们前去旅游观光。另外，农业产业化进程在多年积累的基础上，这几年不断加速。小麦、玉米、大豆、棉花、糖料等一些大宗农产品生产走上产业化经营的路子，借助现代管理手段与技术，订单农业覆盖面不断扩大，农村各类合作组织日益活跃，吸引了更多的城市资本下乡寻找获利机会。

从经济发展的角度上讲，农村劳动力剩余以及由此造成的农村劳动生产率低下，是城市磁铁—乡村磁铁相互吸引的内在原因。根据测算，2009 年工业是农业劳动生产率的 6.0 倍，服务业是农业劳动生产率的 4.5 倍。过多的农业劳动力必然要寻求与资本的结合，而工商业资本也必然寻求劳动力充足的投资区域与领域。

3. 体制机制改革不断深入，城乡一体化的政策条件越加有利

在农村劳动力向城镇转移方面，1979 年前后实施了一系列政策，允许知识青年和下放干部返城。1984 年开始，经济体制改革的重点转向城

市，允许农民自带口粮进入小城镇的政策，极大地促进了城镇化的步伐。1984 年以来，除了少数年份，限制农民进城的户籍制度总体上向不断放松的方向演化。近期国家的政策都强调全面放开县以下城镇的户籍限制，大中城市也要创造条件不断放开户籍。例如 2012 年 2 月 23 日，国务院办公厅对外公布了《关于积极稳妥推进户籍管理制度改革的通知》（国办发〔2011〕9 号），要求各地放宽外来人口在县城、设区的市（不含直辖市、副省级市和其他大城市）落户限制，不得强制收回落户城镇农民工宅基地，要继续探索建立城乡统一的户口登记制度。

在农业劳动力就业方面，1980 年代中期以后，一部分农业劳动力转移到城市就业。随着国有企业改革的推进，越来越多的非国有企业不再对劳动力的户口属性提出要求。2002 年中共十六大报告提出，加快城镇化进程，引导农村剩余劳动力逐步向非农产业转移和地区间的合理有序流动，并建立农村劳动力外出就业和返乡创业双向流动就业机制。2004 年的中央"一号文件"指出农民可以进入"法律法规未禁止的基础设施、公用事业及其他行业和领域"。

在农村集体建设用地改革方面，我国农村集体建设用地 5 倍于城镇建设用地，以往受二元经济体制的制约，同地而不同价不同权。2008 年 10 月召开的十七届三中全会，提出要逐步建立城乡统一的建设用地市场。依法取得的农村集体经营性建设用地，可以而且必须到这个市场里去，以公开规范的方式转让土地使用权。

总体而言，新中国成立后中国决策层已有统筹思想的萌芽。改革开放以后经过体制机制的不断探索与总结，到了 2008 年十七届三中全会，中共就正式提出了城乡一体化的政策思想，涉及"五大统筹"，即统筹土地利用和城乡规划、统筹城乡产业发展、统筹城乡基础设施建设和公共服务、统筹城乡劳动就业、统筹城乡社会管理。

4. 试点工作不断深入，城乡一体化的地方经验不断积累

西方发达国家的城乡一体化，是在自由市场的环境下，主要经历了自发的演变阶段。中国的城乡一体化，有比较强的政府引导的特点，较好地发挥了政府与市场两只手的作用。

城乡一体化试点工作较为突出的是成渝地区。成都市于 2003 年 10 月

开始在全市实施城乡统筹的发展战略，并于2004年出台了《关于统筹城乡经济社会发展推进城乡一体化的意见》。2007年发展改革委正式批准成都市为全国统筹城乡综合配套改革试验区，成都市又出实施办法，予以推进。重庆市于同年获批全国统筹城乡综合配套改革试验区，全市出台了相关意见，提出改革试验要以"一圈两翼"为平台，以解决农民工问题为突破口，推进农村富余劳动力进城镇务工经商和城镇资源下乡发展扶农双向推进。

其他地区也分别在市、县或小城镇的不同层级、规模上开展了各类试验。例如上海依据中郊、远郊区不同状况，对各区县进行分类指导。浙江对欠发达地区进行扶持，改变这些区域发展不平衡状况。江苏将全省划分为三类地区，即城乡协调共同发展区、城乡共同落后区、城市优于乡村地区，分别确定城乡一体化的目标和重点。

上述试点或试验，推动了各自地区城乡一体化发展。更为重要的是，这些试点为破解城乡一体化提供了思路、方法，寻找到了一批可供借鉴的模式。

二、近年来城乡一体化发展的主要模式

理论上说，城市与乡村有四种关系，即：强城市—弱农村、强城市—强农村、弱城市—弱农村、弱城市—强农村。在有些发达国家，有弱城市—强农村这种情况，表现为在郊区化发展过程中，中心城区出现衰败，而乡村则有一些传统手工业或者现代农业支撑，且环境优美，适宜居住、休闲、旅游，表现出一定活力。中国还处于各方面资源向大中城市集聚阶段，只有少数地区出现了逆城市化与郊区化现象。特别是在中国特殊国情下，城市、城区都是行政主管机关的集聚地，基础设施与公务服务水平都较高，在可预见的一段时间内，将仍然成为吸引投资与居住的主要地带，不会出现弱城市—强农村的情况。因此，理论上的四种情形，在中国主要表现为城乡之间高水平均衡发展、非均衡极化发展、低水平均衡发展等三种情况（表14.1）。

表 14.1   当前中国城乡关系呈现的三种形态及其特征

城乡关系形态	地域属性	发展特征
高水平均衡状态	农村经济和非公经济发达的东部沿海地区	区域经济实力较强，发展势头强劲、城乡在资金、生产要素、空间及配套设施等方面的发展水平和均衡度较高，城乡互动联系密切，互补性较强
非均衡化极化发展	城市首位度较高、中心城市发展较好的广大中部及东北地区	总体上呈现出明显的城乡二元特征，中心城市在经济总量及发展质量上明显优于乡村地区，乡村地区被动地接受城市的辐射和带动，发展效率不高
低水平均衡发展	经济实力相对落后的西部地区	城乡社会总体发育程度低，城乡居民市场意识较为淡薄，自我经济发展能力差，城乡之间的联系和互动呈现出效率不高、渠道不畅、水平较低的特征

下面就前面三种情况所反映出来的城乡一体化模式进行描述。

1. 强城市—弱农村，以重庆市为例

重庆是我国第四个直辖市，是长江上游地区的经济中心和金融中心、航运中心、科技中心，是国家重要的现代制造业基地、高新技术产业基地。2011 年国务院批复《成渝经济区区域规划》，把重庆定位于国际大都市。

重庆市其实是一个大的行政区，就其行政区范围来说，强城市—弱农村的特征明显。重庆城市人口 700 万，农村人口是城市人口的 3.5 倍。2010 年，全国城乡收入差距为 3.4∶1，重庆达到 3.4∶1，代表居民内部收入分配差异程度的基尼系数达到 0.42。重庆市在推进城乡一体化过程中，主要是从要素制度改革入手，探寻突破口。

一是通过户籍制度改革，推动农民转户进城。2010 年 8 月，重庆正式启动城乡户籍制度改革。根据重庆的方案，重庆 1000 万农民转户进城分"两步走"。第一步，2010～2011 年，重点推进有条件的农民工及新生代转为城镇居民，在两年内新增城镇居民 300 万人。第二步是 2012～2020 年，进一步放宽城镇入户条件，每年转移 70～80 万人，到 2020 年新增城镇居民 700 万。这样重庆的非农户籍人口提升到 60%，进入城市化中后期阶段。

二是通过农村土地制度改革，帮助农民从土地上退出。重庆开展了大规模的农村集体土地确权、登记、颁证工作，向农民颁发土地承包权证、林权证、宅基地使用权证、集体建设用地使用权证等。全市各区县出台《农村土地流转管理办法》，鼓励土地出租、转包。在农地入股等改革方面，重庆进行了一系列试点。这些试点的一个效果是，促进了农民从事非农产业并从土地上退出。

表 14.2　　　　　重庆市农村土地承包经营权入股设立公司情况

	注册资本（万元）	经营范围（特别许可除外）	股东构成	土地承包经营权入股比例
奉节庆能农业发展有限公司	100	谷物、薯类、蔬菜、牲畜饲养、销售	法人1个，农民49人	约50%
江津仁伟果业有限公司	150	柑橘、家禽、零售、化肥、农膜	农民48人	约50%
綦江恒众农业发展有限公司	210.51	蔬菜、水果、生态农业、农业技术推广咨询	非农3人，农民1人	约50%
长寿宗胜果品有限公司	362.03	柑橘生产、销售、农业技术服务	法人1人，非农4人，农民21人	约50%
秀山坝芒农业开发有限公司	50	金银花种植销售	非农1人，农民46人	89%
忠县高云农业发展有限公司	75.54	农副产品收购、生产、加工、销售、畜禽养殖	法人1人，农民14人	70%
荣昌岚峰生态农业综合开发公司	10	农作物种植、畜禽养殖、农副产品加工、销售	法人2个，农民19人	70%

资料来源：重庆市工商行政管理局办公室：《关于农村土地承包经营权入股设立公司注册登记有关问题的通知》（渝工商办发〔2007〕86号）。

2. 强城市—强农村，以成都市为例

行政区意义上的成都市，在统筹城乡发展上具有得天独厚的条件。成都市面积1.24万平方公里，以平原为主体，市区与周边的农村没有山体、丘陵间隔。从人口分布上来说，成都市区人口与成都农村人口各占全市总人口的一半，可谓旗鼓相当。成都市的经济力量雄厚，形成典型的都市圈经济，受到大城市的辐射作用的影响，成都农村的农业现代化发达、农民非农就业的比例较高。

表 14.3　　　　　　　　　　　成都市在四川省的位置

指　标	四川省	成都市	占全省比重
地区生产总值（亿元）	12506.3	3901.0	31.2%
地方财政一般预算收入（亿元）	1041.8	354.6	34.1%
规模以上工业增加值（亿元）	4939.3	1277.9	25.9%
社会消费品零售总额（亿元）	4800.8	1621.9	33.8%
全社会固定资产业投资（亿元）	7581.2	3021.9	39.7%
进出口总额（亿美元）	220.4	154.1	70.0%
实际利用外资（亿美元）	33.4	22.5	67.4%
第三产业增加值（亿元）	4350	1814.2	41.7%

资料来源：《关于四川省 2008 年国民经济和社会发展计划执行情况及 2009 年计划草案的报告》、《关于成都市 2008 年国民经济和社会发展计划执行情况及 2009 年国民经济和社会发展计划草案的报告》，引自发展改革委城市和小城镇改革发展中心课题组《双流城市发展战略规划》（2010 年）。

成都市推进城乡一体化发展的基本特征如下。

（1）通过"三个集中"，构建城乡一体化发展的基本形态

所谓"三个集中"，就是农民向城镇集中、土地向规模经营集中、工业向园区集中。

2006 年经国土资源部批准立项，成都市进行"拆院并院"等改革，此项改革直接推动了农民向城镇集中。"拆院并院"由"拆院"与"并院"组成，拆院的具体内涵是，拆除农房、厂房、将分散的宅基地和工、矿用地复垦为耕地。并院的具体内涵是，将被拆迁的农民进行集中安置。

农民向城镇集中，减少了农村建设用地指标。同时，农民向城镇集中，也为土地流转创造了条件。以邛崃市汤营村为例，国有独资的邛崃市兴农公司与村里共同成立了汤营农业有限责任公司。该公司集中了全村约 80% 的耕地，规模经营的土地由 1060 亩增加到 2070 亩，入股农户增至总户数的 90%，土地产出效益由平均每亩 600 元增加到 1600 元。成立公司后，农户收入比成立前增加一倍。[①]

成都市将规模小、布局分散的近 120 个工业开发区，优化调整为 20 多个工业集中发展区。在这方面最突出的双流县，由县财政设立了 1.5 亿

---

① www.cfen.com.cn/web/meyw/2009 - 03/28。

元的工业发展专项资金和 1 亿元的大企业培育专项资金，专门用于改善工业园区的软硬件条件，目的是实行严格的"工业向园区集中"，区外新建的工业项目一个不批。全县工业集中度迅速从 23% 提高到 65%，协议投资强度从每亩 80 万元提高到 200 万元以上。

（2）构建城乡一体化的管理与服务体制

按照"全域成都"的理念，成都市将全市 1.24 万平方公里都纳入统一的规划区范围，并在全国较早开展了国土规划、空间规划、发展规划的三规统一。自 2004 年成都市开始探索建立城乡一体的公共财政体制，建立了城乡统一的公共服务体系建设，推进公共服务一体化。

（3）推进城乡人口、资金与土地的要素流动

2003 年，成都提出"一元化"户籍制度，将全市户籍人口统一登记为居民户口。2006 年 10 月，成都出台了《关于深化户籍制度改革深入推进城乡一体化的意见（试行）》，规定农民在城镇拥有合法固定住所就可以入户。

成都市早在 2001 年就出台了《关于加快成都市投资体制改革的决定》的文件，之后又相继出台了若干配套文件，引导民间资本和其他资本向农业领域进行投资。成都市市、区两级也都分别成立小城镇投资公司、现代农业投资公司等专门的公司、农村产权流转担保股份有限公司，推进资本下乡。

土地要素流转方面，成都市于 2008 年出台了《关于加强耕地保护进一步改革完善农村土地和房屋产权制度的意见（试行）》，对集体土地使用权、承包经营权以及集体建设用地使用权进行确权颁证，在明晰产权的基础上，建立交易平台。当年 10 月，成都市成立了全国首家农村产权交易所，在明晰产权的基础上推动土地要素的流转。

3. 弱城市—弱农村，以河南城市为例

河南省是弱城市—弱农村的典型省份。2010 年底，河南全省城镇化率接近 40%，低于全国平均水平约 10 个百分点。河南城市经济的带动力弱，反映在产业特征上，一二产业分别高出全国 4 个和 10 个百分点，三产低于全国 14 个百分点。河南有的省辖市市域人口近千万，但市区人口不到百万。从农村发展看，河南省有 118 个县，县的数量较多，县域人

口占全省人口的 70%。全省人口密度是全国的 4.3 倍，人地矛盾十分突出。

根据这种情况，河南省在新型城镇化建设中，主要采取如下措施。

一是推进农村新型社区建设。2011 年，河南省安排 10 亿元专项资金支持新型农村社区基础设施和公共服务设施建设，2012 年又安排 16 亿元，并整合扶贫开发、以工代赈、国土整治、农村道路、农村电网改造等涉农资金进支持农村新型社区。对于兴建的农村新型社区，河南省确立的标准是"五通六有两集中"，即通四级公路、自来水、电、有线电视、宽带；有社区综合服务中心、标准卫生室、敬老院、连锁超市、科技文化活动室、幼儿园和小学、垃圾集中收理、污水集中处理。

二是鼓励农民进城。针对弱城市—弱农村的实际情况，河南省出台了一些灵活的政策。对于进入县城和部分省辖市的农民，创造条件让他们统一登记为城市居民户口，与城里人一样享受计划生育、子女入学、社会保障、经济适用房等方面的政策。同时，又给农民"留后路"。例如，洛阳市建立城乡居民自由选择居住地的制度，但又不急于收回承包地。目的就是为了使农民在失却城里的工作之后还能回去种田、进退有路。

三是推进现代农业和农业工业化发展。河南省是全国重要的产粮大省、农畜产品资源丰富。河南省积极发挥这些优势，将方便面、速冻水饺、火腿肠等产业做大做强，成为全省最为重要的富农产业。河南一些县用工业的办法抓农业，大力发展"公司 + 农户"的做法，推动农业产业化，带动农民增收。

四是在有条件的地方推动土地流转。河南省规定，省内农村户口迁入城镇的，允许其保留承包地 5 年，5 年后鼓励实行承包地有偿流转。舞钢市成立了土地流转服务站，搭建土地流转平台，帮助农民从农业中解放出来，促进土地的规模经营，提高土地的使用效率。

三、城乡一体化发展的经验与误区

城乡关系从对立走向一体化是城镇化转型的重要内容。总结各地的实践，成功的城乡一体化，必然是正确地认识与处理城市与乡村、市民与农民、工业与农业等方面的对立与统一关系；失败的城乡一体化，必然是错误地认识与处理城市与乡村、市民与农民、工业与农业的对立与统一关系。城乡一体化发展有以下几点经验。

基本公共服务的均等化是核心。城乡一体化发展的第一要义是市民与农民要享受到大致均等的公共服务。在我国现实国情条件下，城乡居民享受的基本公共服务的差异仍十分明显。

表 14.4　　　　　我国城乡居民享受基本公共服务的差异

	含义	举例
投入力度不均等	公共财政对城乡基本公共服务的投入存在较大差别	全国普通小学生均财政预算内教育经费，城市为 2564 元，农村为 2100 元，城市是农村的 1.2 倍
供给水平不均等	城乡公共服务产品在硬件设施、固定资产等的数量、类型等指标上不均等	全国普通小学生均固定资产值为 3307.7 元，城市为 5179.9 元，农村为 2978.1 元，城市是农村 1.7 倍
供给质量不均等	主要指公共服务在人员素质、服务质量上的不均等	全国普通小学教师高学历教师比例，城市为 85.30%，农村为 58.53%，城市是农村的 1.45 倍
成本负担不均等	主要指农村个人支付的比例高于城市	城镇职工基本医疗保险大约报销了参保职工 70% 的医疗费，新农合只能报销农民 40% 的医疗费
区域水平不均等	不同地区之间公共服务存在差距	小学生均预算内义务教育经费最高的地区上海比最低的河南省高出 9 倍多

注：表中各项指标为 2007 年数据。

以人为本，推动城乡居民基本公共服务均等化，是城乡一体化的核心与实质。为此，就要改革户籍限制，加快实现城镇化。同时，也要推动基本公共服务覆盖到农村人口。无论是成都等地的"一元化"户籍制度改革，还是河南等地的鼓励农民进城，都是致力于基本公共服务的一体化。

统筹制定全域规划是基础。城乡一体化的规划就是立足于城市与农村的全域范围，统筹规划中心城市、小城市、重点镇（中心镇）、农村新型社区，形成以中心城市为核心、小城市和重点镇支撑、农村新型社区为支点的区域经济与社会发展的总体格局。中心城市、小城市、重点镇

（中心镇）、农村新型社区都可以成为新型城镇化的现实载体，它们互相联系，形成功能互补的城镇群。

城乡各类产业联动是动力。城乡一体化必须有产业作为动力。要在工业化、城市化深入发展的同时，大力推进农业现代化建设。农业发展要为工业发展提供原料及劳动力，工业发展要为农业发展提供装备与技术。成都等地农民向城镇集中，加快了城镇工业与服务业发展，同时伴随着农民向城镇集中，农村规模经营不断扩大范围，机械化水平不断提升，推动了农业生产率的提高。河南等地将工业与农业现代化有机融合，联动推进区域经济发展，为城乡一体化提供了动力。

进一步提高城镇化率是路径。城乡关系从分隔到统一，要经历不同的发展阶段。世界发达国家一般经历了城乡分隔、城乡联系、城乡融合到城乡一体等阶段。在不同的城市化发展阶段，城乡关系处于不同的联系状态之中。例如，当城市化率低于30%时，农村包围城市；当城市化率超过30%时，城市文明的普及率迅速提高；当城市化率达到50%时，一般来说，城市文明的普及率会达到60%~70%；当城市化率超过70%时，城市文明基本覆盖全社会。我国的城镇化率刚刚超过50%不久，进一步提高城镇化率，推动农村人口向城镇转移，推动城市和小城镇建设，实现城乡一体化发展的主要路径。

推进城乡一体化是重大的理论问题，也是重大的实践问题。在理论与实践上，尽管已取得了不少经验，但仍存在着诸多误区，主要有以下几方面。

1. 城乡一体化就是城市建设下乡

一些地方认为要推进城乡一体化，最主要的工作就是要把农村建设得像城市一样，就是要把城市的建设发展理念、建设发展形态，照搬照抄到农村。一些地方在部分村庄修建起宽广笔直的马路、高大漂亮的楼房。一些地方的农村本来自然环境优美，但城市建设管理部门却要在农村建设布局城市公园，把市花、市树栽植到农村。在推进以上城乡一体化过程中，一些地方耗费了大量人力、物力与财力。

以上认识与实践为什么会是误区？原因有三。一是城乡一体化的核心是以人为本，围绕人，特别是农民的收入提高、基本公共服务狠下功夫。依此为核心开展的各项工作，才是正确的努力方向。硬环境建设固然重要，但是硬环境建设仍然是为人服务。如果不能从本质上树立以人为本的理念，就没有解决城乡一体化的发展目标问题。改革开放 30 年来，我国农民人均纯收入由 134 元增加到 4140 元，贫困人口从 2.5 亿减少到 1500 万。但与此同时，城乡居民收入比例却由 1984 年的 1.81 : 1，上升到 2008 年的 3.33 : 1。所以，如果不能从农民就业与收入，不从基本公共服务上着手，城乡一体化的问题永远解决不了。二是城乡一体化发展，要考虑到城市与农村不同的地理特征、建筑风貌。农村有曲折的小路、弯曲的河流，特别还有其他一些代表农村形态的历史文化如寺、庙、祠堂等等，这些构成了农村建设发展的风貌，不能一律推平重建，搞成千篇一律的大马路、大广场。三是有限的财力、物力应集中用于提升农民的收入与基本公共服务，应集中到培育现代农业，加快工业发展，集中到兴办农村急需的教育、医疗、文化等事业中去。如果在农村片面追求城市建设的视觉效果，就是在做形象工程，重面子而不是重里子，重眼前的政绩而不是重可持续发展，是一种低效、无效政府行为。

2. 城乡一体化就是新农村建设

一些地方认为，农村与城市经济弱、农民比市民收入低、农业比城市的二三产业效益低。因此所谓的推进城乡一体化，其实就是新农村建设。

应该指出的是，重视农村、农民、农业发展，是我们国家的一贯政策导向。但需要明确的是，"三农"问题、新农村建设问题、城乡一体化发展问题，有着不同的背景与政策重点。城乡一体化发展是比"三农"问题、新农村建设问题内涵更深刻、意义更深远的发展战略导向。

2006 年，中共中央、国务院发布《关于推进社会主义新农村建设的若干意见》。新农村建设的根本意义在于，它强调要推动实现农村建设的重点转移，即由农村大规模基础设施建设，转向农业结构的市场化改造和乡村资源的综合性开发，即着重发掘农村和农业的市场价值，全国推动农业转型，实现城乡统筹发展。

2008 年 10 月，中共十七届三中全会审议通过了《关于推进农村改革发展的若干重大问题的决定》。这个《决定》对我国统筹城乡经济社会发展第一次给出了具体的概括、论断和政策指导，而且就其机制的建立设立了明确的时间表。《决定》指出，我国总体上已进入以工促农、以城带乡的发展阶段，进入加快改造传统农业、走中国特色农业现代化道路的关键时刻，进入着力破除城乡二元结构、形成城乡经济社会发展一体化新格局的重要时期。

因此，城乡一体化不是新农村建设。城乡一体化最大的突破是在新农村建设的理念基础上，有推动城乡共同发展、一体化发展的明确的战略思想、实施路径。城乡一体建设发展不是就农村说农村、就农业说农业、就农民说农民，而是综合考虑城市与农村不同的发展阶段、发展水平、发展要素特征，实现以城带乡、以乡促城、城乡一体、共同发展。为此，就应该创造条件，让城乡之间人口、土地、资金等要素实现流动，就应该着力推进城乡发展规划一体化、城乡产业布局一体化、城乡劳动就业一体化、城乡基础设施一体化、城乡基本公共服务一体化、城乡社会管理一体化。

实践证明，城乡一体化发展，既是乡村现代化发展之必需，也是城市现代化发展所必需。在城乡一体化发展的总体思路上，城市与乡村才能找到持久发展的动力，中国现代化的愿景与蓝图才能统一而不是分割。有的地方在推进城乡一体化过程中，思路仍然停留在新农村建设上，这就不能更好地利用改革的思路与手段，不能更有效地利用城市与农村两种资源条件，不能设计出更加切实可行的实现路径。

3. 城乡一体化就是城乡混合化

所谓城乡混合化，就是在一定的区域范围内，城市与农村的特征混合。比如在我国一些城市密集区的大城市郊区，在农村集体土地上兴建起许多工业、服务业，农民与市民、农业与非农产业、农业用地与非农用地杂糅在一起。加拿大学者麦吉（MaKee）曾创造一个概念，就做"Desakota"，其中 Desa 原为城市，kota 原为乡村，Desakota 就是指城乡混合区。

城乡混合区的发展，有当时的背景，也曾起过进步的作用。但现在看来，城乡混合区存在许多问题。一是布局分散，形不成产业经济的集聚效应；二是存在着用地粗放与浪费的问题；三是污染源呈点状分布，难以应用有效的手段进行污染治理；四是这种"不城不村"发展，无法进行有效的社会治理。城乡混合区是社会管理最薄弱的地带，是大量流动人口集中的地方，但长期以来，这些地方既没有进行现代化的城市管理，也没有切实推进村民自治。一些地方城乡混合区成为社会治安最为混乱的区域，极有可能演变成为低质量的生活区与工业区。

有的地方认为，城乡一体化就是城乡混合化。因而对于城乡混合地区听之任之。还有的地方，城乡混合化发展掩藏着大量的上地问题、社会管理问题、企业产权归属问题。这些问题积重难返，无法短期厘清，政府部门感到无能为力。在未来的城乡一体化发展中，对于城乡混合区的发展，要从以下方面着手。一是加强对城乡混合区的统一规划。按照新型城镇化发展的要求，改革户籍制度，推动流动人口本地化、农民市民化转型。提升与优化工业制造业发展，大力发展各类服务业。改善环境，建设生态宜居的新型城镇载体空间。二是加强土地管理。理清土地属性，结合集体土地有条件地进入市场等改革措施，推动土地的规模化、集约化应用。三是加强污染治理，分清不同的污染源，采用不同的办法有针对性地限期治理。四是推动中小企业产业园区建设，通过企业向园区集中，提高规模集聚效益，提高单位面积产出。五是引进生态经济、循环经济理念，建设循环型、生态型的区域。六是加强社会管理，建设新型社区。

案例篇

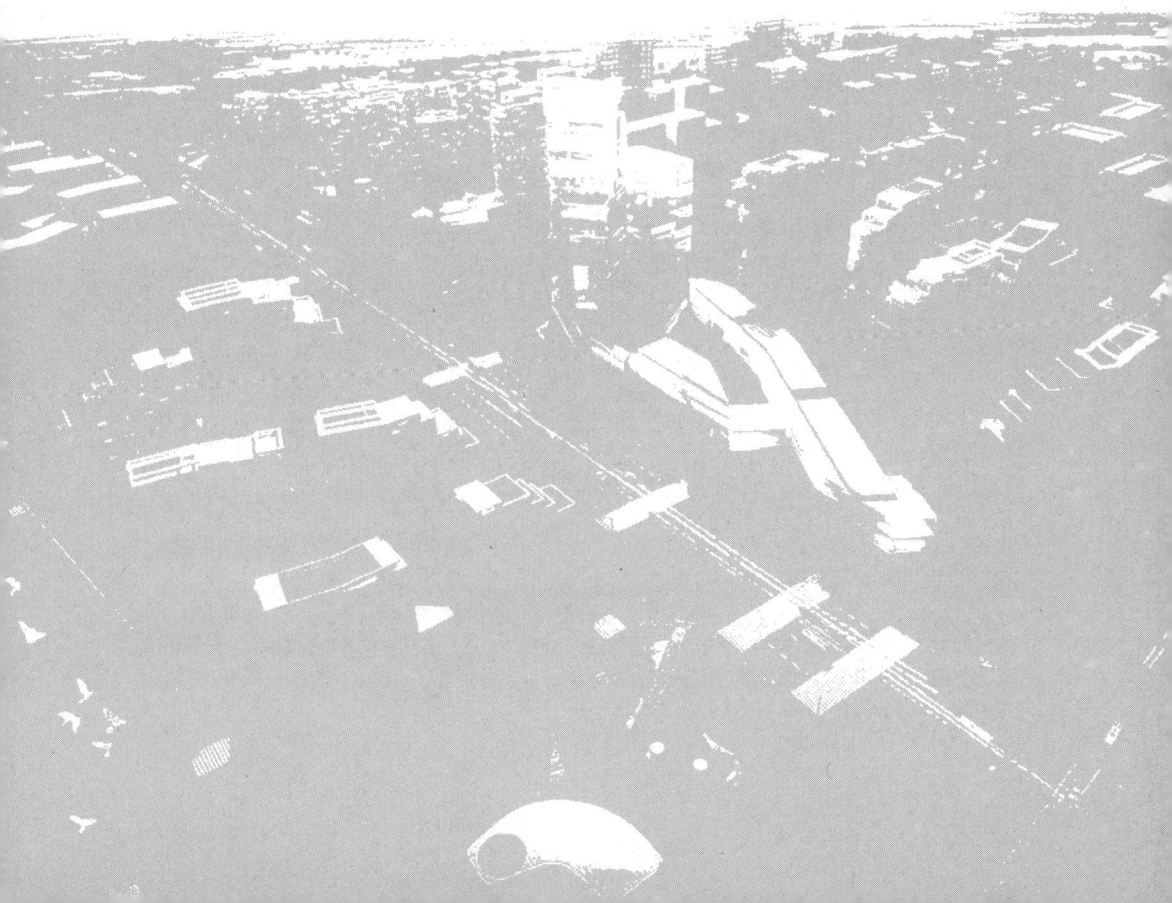

第十五章 郑各庄村城镇化战略研究[①]

一、郑各庄城镇化的现实条件

1. "四位一体"的基本特征

从行政村角度看郑各庄。郑各庄地处北京市天安门正北 22 公里处，西北距昌平区政府驻地 16.66 公里，东距北七家镇政府驻地 3.5 公里，现有 568 户，1500 口人，行政上隶属北京市昌平区北七家镇。该村北至温榆河，南至七北路，东与西沙各庄、白庙接壤，西连二排干。郑各庄略呈方形，村域面积 4432 亩。地理上处于北京湾平原北部，属于温榆河冲积平原，地势开阔平坦。

从居住区角度看郑各庄。除了郑各庄作为行政区划设置的村名以外，还有一个名字叫做宏福苑，是郑各庄在旧村宅基地上集中建设的居住小区，小区居住着本村村民、村办企业员工、合作企事业单位的员工以及周边村农民等。目前，宏福苑已经成为北京最宜居的住宅小区之一，常住人口近 4 万人。

从经营实体角度看郑各庄。宏福集团是郑各庄的经营实体，下属 30 几家公司，有近 6000 名员工，在郑各庄新农村建设中发挥着主力军作用。"温都水城"是郑各庄近年来打造休闲产业项目的品牌名称，是国家 4A 级旅游景区和中国驰名商标。

---

① 2011 年 5 月 5 日－6 日，国家发改委城市和小城镇改革发展中心与清华大学政治经济学研究中心，在郑各庄联合主办"第二届统筹城乡发展论坛"。这篇研究报告最初形成于 2010 年 11 月~2012 年 4 月，参加本次论坛的各方面专家对本报告进行了案例研讨。收入本书时，作者根据新近收集的材料，作了一定的补充与完善。

从品牌角度看郑各庄。"温都水城"这个名字已经成为郑各庄的一张名片，是更广为人知的称谓。用郑各庄的带头人村党总支书记、村委会主任、北京宏福集团董事长黄福水的话说，"温都水城这个品牌，是真正属于农民自己创造的知识产权"。

2. 经济基础较为雄厚

新中国成立前，郑各庄生产工具和生产方式落后。当时田地大多为地方富农所有，农民生活困苦。新中国成立后，郑各庄各种政治运动不断，经济发展缓慢。

十一届三中全会以后，郑各庄村成为"联产承包"试点村，全面实行"大包干"式的家庭承包责任制。1985年生产队解体，各生产队的集体资产作价由个人抓阄认购。

1990年郑各庄经济合作社成立，性质为集体所有制，经营范围为土地承包经营、工业企业经营管理、养殖、粮食、苗木、花卉种植等。1999年，郑各庄实行了"确保、确利、保收益"的土地流转机制。2003年，郑各庄村将集体土地以委托经营的方式流转到宏福集团，用于发展二三产业。宏福集团支付租金，收回的土地租金用于兑现村民各项福利和筹办公益事业外，其余全部分配给农民。

郑各庄从1998年就开始探索村民变股东，通过村办集体企业实行股份制模式的新路子，经济实力得到较快的增长。从1998年到2011年的13年间，郑各庄全资子公司由1个发展到35个；引进合作企业由3个增加到60个，就业人数由300多人增加到13000多人；村级总资产从3600万元壮大到55亿元；经济总收入从3500万元提高到35亿元；上缴税金从33万元提高到2.4亿元；农民人均纯收入从3100元提高到45500元；人均居住面积近70平方米，相当于过去的3倍；2011年人均股东收益10500元，2012年达到18000元。

3. 城市人口的特征明显

一是从就业结构来看，二三产业接近100%。1996年，郑各庄的劳动力85%以上在非农就业，种植业从业劳力仅为8.7%，到2001年减少到3.7%。到了2002年，农民已经全部脱离了农业生产转移到第二、第三产业上来，劳动力就业率接近100%。

表 15.1 郑各庄村村域经济数据对比

项 目	1998 年	2009 年	2010 年	增长倍数
村级总资产（亿元）	0.36	50	55	139
经济总收入（亿元）	0.35	30	50	86
上缴税金（万元）	33	22000	23600	667
村民人均收入（元）	3100	35000	44560	11.3
村民人均福利（元）	109	5500	7325	50.5

表 15.2 郑各庄的劳动力就业结构（1996～2010 年） 单位：人

年度	合计	工业企业			种植	渔业	服务业
		合计	镇办	村办			
1996 年	566	466	92	374	50	15	35
1997 年	570	466	85	381	50	15	39
1998 年	567	466	73	393	49	15	37
1999 年	569	469	72	397	50	15	35
2000 年	566	473	60	413	50	15	28
2001 年	566	481	30	451	21	21	43
2009 年	668	565	17	548	5	5	96

二是从收入结构来看，工资性收入超过一半。郑各庄村民的工资收入是村民的主要收入，土地收益是辅助性收益。土地收益、集体社会保障收入、房屋租金收入等构成了郑各庄村民稳定的生活收入来源。以2007 年为例，郑各庄村村民收入中，工资收入、租金收入、集体支付的社会保障收入等见表 15.3。

表 15.3 郑各庄村民的收入结构

收入内容	数额及占比
第二、第三产业就业的工资性收入	10000 元（29%）
作为土地所有者的租金收入	6300 元（18%）
社会保障收入（个人养老、大病统筹、工伤、失业）	2600 元（7%）
本村企业股东	9000 元（26%）
个人房屋租金收入	7149 元（20%）
总计	35049 元（100%）

三是从生活方式来看，村民享受较为舒适的城市生活。郑各庄从 21 世纪 90 年代中期就开始整治环境。现在，郑各庄的自然环境与城市无异。郑各庄的人居环境获得了各界的一致好评：2001 年，被北京市爱国卫生运动委员会评为"北京市卫生村"；2001 年，城市生活垃圾分类考核获得优秀，获北京市市政管委会表彰；2007 年，被昌平区旅游局定为"奥运乡村旅游接待村"；2009 年 9 月，获得"全国绿色小康村"称号；2007 年 12 月，宏福苑小区被评为"中国人居环境建设、北京居民满意住宅小区"。

自 1998 年以来，郑各庄实施旧村改造、农民上楼工程，并对基础设施进行了改造和完善，到 2011 年累计投入资金十几亿元。全村已形成从幼儿园、小学、初中、高中、大学以及成人学校等完善的教学体系；村内纵横交错的 20 公里道路，南与七北路、北清路衔接、北与定泗路贯通，设有快速公交 3 号线、607、463、996、昌 22 等公交车站；上百公里长的给水、排水、雨水、供电、供热、供暖、天然气等地下管网贯通整个区域的各个角落。自建了 110KVA 配电站、污水处理厂、垃圾分类站；配置了 3 万门电话交接箱，并与中国移动和中国网通建立了"新社区、新文化、新信息"共建关系，保证社区对外通讯和网络信息传递无障碍；引进了安贞医院、银行、邮局、超市等与百姓生活息息相关的服务设施。

四是从文化素质来看，村民的教育程度不断增强。村农民教育中心先后与中共中央党校、首都经济贸易大学等高校，联合举办了 10 期成人农民学历教学班，培养各类人才数百名。郑各庄村区域范围内从事教育、科研等方面的专家、教授及各类高级专业技术人才有 500 多名，为郑各庄村技术创新和发展提供了人才保证。

宏福社区文化中心专门负责组织村民及社区居民开展群众文化活动。宏福社区面积 70 多万平方米，社区人口 15000 人，常年参加文艺活动的居民有 700 多人。现有合唱队、腰鼓队、舞蹈队、模特队、京剧表演队等 11 支队伍。全村形成了天天有活动、喜庆佳节掀高潮的文化生活氛围，使人们的思想观念和道德情操在文化娱乐中得到了陶冶与熏陶。

宏福活动中心建筑面积 7000m²，是一座集篮球、羽毛球、乒乓球、沙弧球、台球、壁球、高尔夫练习、攀岩、瑜伽馆、健身馆、跳操馆、射箭馆、图书馆、图书吧、游戏厅等多种健身和文化项目于一身的综合性场馆。该场馆还配备有专业的舞台灯光和音响设备，可接待 2000 余人的大型会议、展览会和文艺晚会。除宏福活动中心外，另有火炬广场、水城文化广场等文体娱乐活动场所。

4. 改革发展经验较为丰富

郑各庄地处北京市郊区，具备一定的有利条件，接受大城市改革开放的辐射带动。在主要历史发展阶段，郑各庄人都抓住了当时的机遇，进行体制机制的探索。一是在改革开放之初，郑各庄充分把握"多种经营"的政策方向，跳出单纯的农业生产，从土石方施工上进行突破，形成了郑各庄村产业发展的起点；二是在 20 世纪 90 年代中期，郑各庄抓住企业改组改制的机遇，建立了企业集团；三是在新农村与城市化的历史任务提出之后，郑各庄跟着统筹城乡发展的政策走，不断探索农民自主型城市化的道路。

近十年来，郑各庄在经济发展、生态提升、村庄民主建设等方面积累了一定经验。这些经验将有力推动郑各庄继续进行城市化探索。

表 15.4　　　　　　　　　郑各庄所获国家级奖项

日　期	授奖单位	奖项名称
2002 年 6 月 26 日	全国农村"三个代表"学教活动领导小组、中央组织部	"三个代表"学教先进单位
2002 年 9 月	农业部	诚信守法乡镇企业（宏福集团）
2002 年 10 月 29 日	中央精神文明建设指导委员会	全国创建文明村镇工作先进集体
2003 年 5 月	全国妇联、国家体育总局	巾帼文明健身队
2004 年 8 月 23 日	司法部、民政部（司发通〔2004〕111 号）	全国民主法治示范村（共 299 个）
2005 年 6 月 22 日	民政部中国社会工作协会乡镇工作委员会	全国建设小康明星村标兵
2005 年 10 月 26 日	中央精神文明建设指导委员会	全国文明村
2005 年 11 月	中国乡镇企业协会	2005 中国最具生命力十大民营企业
2006 年 6 月	国务院发展研究中心、中国城乡经济发展研究会	优秀新农村
	中央组织部	先进基层党组织

续表

日　期	授奖单位	奖项名称
2006 年 10 月	农业部中国村社发展促进会、中国第六届村长论坛	中国十大特色村
	中国民族报社、中国策划协会、昌平区旅游局	全国优秀温泉企业（温都水城）
2006 年 11 月	中央电视台	2006 中国十大魅力乡村
	农业部中国乡镇企业局	新农村建设百强示范企业（宏福集团）
2006 年 12 月	中国乡镇企业协会	2006 中国最具挑战潜力十大民营企业（宏福集团）
2007 年 1 月	农业部	回馈农村反哺家园先进乡镇企业（宏福集团）
2007 年 3 月	中国民族报社、全国民族文化旅游十大品牌组委会	2006 年度全国民族文化旅游十大品牌（温都水城）
2007 年 7 月	文化部、全国妇联	全国美德在农家活动示范点
2007 年 8 月	建设部、商务部、中国国际城市建设案例研究会	全国城市建设金牌工程、城市大型生态旅游主题村庄经典案例
2007 年 11 月	中国农村影响力研究评价委员会、中国村社发展促进会特色村工作委员会、亚太农村发展促进会中国委员会等	中国名村影响力排行榜第 19 位
2007 年 12 月 15 日	人民日报、中国乡镇企业发展论坛、人民网、乡镇企业导报杂志社	中国生态文明十大楷模（温都水城）
2007 年 12 月	农民日报社、中国小康村推介活动组委会	中国十佳小康村
	中国企业联合会、中国企业家协会	中国优秀诚信企业（宏福建工集团、温都水城）
	中国城市竞争力研究会	2007 中国城乡一体化发展十佳村排行榜第 5 位
	中国建筑文化中心	中国人居环境发展建设北京居民满意住宅小区（宏福苑小区）
2008 年 1 月	体育总局	全国青少年体育户外运动基地
	人民日报社网络中心	2008 年度最受关注旅游胜地（温都水城）

日　期	授奖单位	奖项名称
2008 年 3 月 30 日	中国人居环境发展促进会、世界华人联合会协会、旅游杂志社、中国旅游品牌年度总评榜活动办公室	2008 中国旅游品牌魅力温泉度假村（温都水城）
2008 年 8 月 20 日	人民网（根据公众网上点击率）	中国 2008 年度最受关注的 50 处旅游胜地
2008 年 9 月	中国名村影响力研究评价委员会、中国村社发展促进会特色村工作委员会、亚太农村发展促进会中国委员会等	中国名村影响力排行榜第 17 位
2008 年 12 月 21 日	农业部乡镇企业局（农产品加工局）	改革开放 30 年乡镇发展十佳魅力镇村
2009 年 3 月 3 日	中宣部、司法部、全国普法办	全国"五五"普法中期先进集体
2009 年 4 月 26 日	中国饭店协会	企业信用评价 AAA 级信用企业（温都水城）

二、郑各庄城镇化发展过程与机制

1. 农村环境整治为重点的阶段

1995 年前后，郑各庄提出，郑各庄的未来发展必须坚持自主投资、自我建设、自我管理、自我服务、自我完善。"五自"可以看做是郑各庄自主城市化意识的萌芽。他们当时提出这个想法，还没有意识到城市化的问题，只是因为要解决在城市化发展的大背景下，郑各庄村庄发展面临的下列现实问题。

集体经济弱化，农民背负失落感。20 世纪 80 年代末，郑各庄村同全国绝大多数村庄一样，生产队解体，农地分包到户，房屋、种子、化肥、农机具、牲畜等所有集体资产拍卖给个人，几十年的集体积累一夜间化为乌有。由于村里没有成型的企业，除一小部分人搞个体运输或从事家庭养殖以外，绝大部分农民依赖于一亩三分地营生，生活水平处在温饱线上，农民向往发展集体经济的呼声日益迫切。

土地资源配置不合理。民宅散落无序，空心村问题十分突出，394 户人家，占用宅地多达1050亩，占全村土地总面积的25.5%，而村民人均居住面积却仅为23平方米。村里有600多亩的沟溏、低洼涝地，占村域总面积的14%，人均拥有农地不足1亩半，资源配置很不合理。

人居环境恶劣。由于村集体经济薄弱，没有力量治理环境，导致街巷不整，基础设施严重缺失，环境脏乱差。

农民弃地问题突出。由于经营农地的微薄收入，农民尽管起早贪黑在地里滚打，但一年的收成却抵不上打一个月工的报酬，于是纷纷外出务工，大部分农地撂荒。

农民承受被动开发的痛苦。20世纪90年代初，房地产开发由城市边缘向郊区迅速扩张，与郑各庄村毗邻村庄的农地被大面积征占，而失地的农民不仅无业可从，并且居住环境与一栋栋高楼、一片片高档别墅相比形成天壤之别，农民的利益和尊严受到严重伤害。

攀比盖房之风困扰着农民。村民一旦手里有了钱首先要折腾房子，导致一些家庭债台高筑甚至返贫。还诱发了侵街占道、宅基地纠纷、邻里矛盾等一系列不和谐问题。

针对以上这些问题，郑各庄村委会通过广泛征求意见，作出了决定，决定的内容是：郑各庄的发展必须坚持自主投资、自我建设、自我管理、自我服务、自我完善。当时的城市化建设与发展的重点是通过整治土地、优化生产与生活环境，先后填埋2个自然坑、2条老河沟、治理2座低洼地等等。

2. 旧村改造为重点的阶段

1998年3月，郑各庄提出"面向城市化、建设新农村"的口号，同时，旧村改造工程也正式启动。这也是郑各庄历史上第一次将"城市化"的目标置于"农村"之前。当然，他们提出的"城市化"，并不是传统意义上的农民从乡村来到城市，而是有着特定的含义，即通过旧村改造，使村民的居住方式、生活方式更像城市人。但是也要看到，旧村改造实际上引起了建设用地数量的变化，并通过一系列转换引起了郑各庄村生产方式的根本变化。

旧村改造带来的表层变化是，土地数量增加了。1998年，郑各庄村村民住所分布散落，人均住房面积仅为23平方米，住宅用地1050亩。旧村改造后，人均住房面积近 70 平方米，比旧村改造前增加了 2/3，但住宅用地仅为 250 亩，节约了大量的土地。

旧村改造不仅满足了郑各庄村民三代、四代人的住房，而且每家拿出 1~2 套住房对外出租，平均每户年增收 2 万元。郑各庄全村土地总量 4332 亩，通过"村民上楼"腾挪出 800 亩宅基地和 2200 亩耕地。经由"土地集中——使用权流转——委托企业经营"的道路，郑各庄人在当时较为宽松的土地管理政策环境下，依法将耕地转变性质，在此基础上实现了集体建设用地的留存，使之资本化，并通过集资等方式解决了资金困难等问题。

表 15.5 郑各庄用地结构分布

用 途	占地面积（亩）	占比（%）
建筑用地	63.20	2.4
工业	291.62	11.1
教育科研用地	652.10	24.7
旅游休闲产业	465.00	17.6
商业	20.38	0.8
居民住宅	640.00	24.3
房地产开发	494.00	18.7
行政办公	2.00	0.08
公用及公共设施	6.50	0.3
总计	2634.80	100.0

资料来源：张强、刘守英等：《集体土地上长出来的城市》，北京村庄制度变迁研究组，2008 年 9 月。

张强、刘守英等（2008）指出，郑各庄的土地资本化有如下特点。第一，村自己成立的股份制公司将自己村庄的土地租来经营，而不是由村委会从事土地的出租与经营，公司为了土地资本化收益最大化，比村委会更加注重土地的集约利用与经营。第二，房地产的开发和创办第三产业由本村企业进行，而不是只收取地租以后，由社会企业开发和经营，这样，房地产开发的利润被留在了村内，成为壮大村庄企业、扩张企业资本的主要来源。通过发展第三产业，不仅使企业获得了土地级差收益，而且同时也使村庄的产业得到可持续发展。通过住宅建设及配套环境的改善,郑各庄具备有利条件以吸引外来人口。目前,郑各庄的人口构成包括:一是产业人口。通过开展招商引资,先后引进数十家企业,实现了产业集聚,也形成了人口集聚。从 1999 年郑各庄开始招商引资,到 2009 年末,全村有宏福集团及所属全资企业 23 家,参控股企业 40 家,安置就业 8000 余人。二是居住人口。除村民全部搬迁上楼外,入住住宅小区的还有本村企业员工、大中小学教师、周边农民,总人数逾万人。三是学区人口。引入大学进入园区后,入驻学生 7000 多人,成为郑各庄的新生代人口。

表 15.6 　　　　　　旧村改造以来郑各庄人口变化

年　度	社区总人口（人）	引进企业（个）
1998	1500	0
1999	2000	1
2000	2500	5
2001	3000	9
2002	6500	15
2003	7000	21
2004	8500	25
2005	10000	27
2006	13000	35
2007	13700	38
2008	37000	45
2009	38500	71
2010	41000	96

3. 进入规划引领的阶段

郑各庄于 20 世纪 90 年代中期提出过规划构想,但一直未通过审批。1996 年,遵循首都经济可持续发展的战略思想,郑各庄 4331.31 亩辖域土地上规划出生活居住区、科技产业区、旅游休闲区、科研教育区、商业服务区等五大功能区域版块,其中有农民及企业配套住房用地、高档商住房用地、温榆河绿化带、工业基地、教育科研基地、行政办公用地、商业文化娱乐用地、公共设施用地、水域用地、道路用地、农用地、绿地及绿色产业用地等。1997 年下半年，经村民大会讨论通过，郑各庄决定实施旧村改造。

1998 年，郑各庄村开始实施旧村改造，新建宏福苑小区。2004 年 7 月，郑各庄村被北京市农委确定为旧村改造试点单位。2005 年 3 月 28 日，《郑各庄片区平西府组团控制性详细规划》获得北京市规划委员会（市规划发〔2005〕302 号）正式批准。

《郑各庄片区平西府组团控制性详细规划》按照北京市和昌平区总体规划以及北七家小城镇功能定位，对村域内 4331.3 亩土地作了规划，除了保留 73.5 亩农业用地外，大部分土地规划为集体建设用地即非农产业用地。具体用地功能为村民和企业配套住房用地 646.8 亩，高档住宅用地 494 亩，工业用地 355.95 亩，温榆河绿化带 763.6 亩，人工湖、护城河、温榆河等水域用地 230.8 亩，商业文化娱乐用地 161.55 亩，公共设施 25.8 亩，道路用地 680 亩，行政办公用地 34.05 亩，绿地及绿色产业用地 833.66 亩。这个规划给郑各庄的发展提供了法律保护和科学依据。

根据郑各庄发展实际，郑各庄制定了"十二五"规划，明确了近、中期发展目标，即到 2015 年，总资产达到 100 亿元，总收入达到 100 亿元，可支配财力达到 8 亿元，上缴税金超过 3 亿元。农村人均可支配纯收入突破 65000 元。力争成为京郊最有代表性的生活居住、投资创业、休闲度假、教育培训、养生养老的复合型社区和民生幸福指数最高的一流村庄。

三、郑各庄城市发展面临的基本问题

1. 多元化经营的基础较为薄弱

产业是支撑与推动城市化的主要动力。郑各庄村实行村企合一的体制，村庄城市化高度依赖宏福集团的发展。严格意义上讲，还没有形成可持续的区域产业创新体系。存在的风险主要是多元化的风险。

宏福集团初创时依靠建筑工程，现已取得房屋建筑总承包国家一级资质。宏福集团的其他产业还包括：

①机械制造业方面：1999 年 11 月，宏福集团首家股份合作公司"北

京金万众空调制冷设备有限公司"落户宏福创业园;

②生物医药业方面：相继引进北京健之素医药科技有限公司、丰德药业有限公司、欣洛医药科技有限公司、修正药业、长春银诺药业有限公司;

③房地产业方面：与北京几家房地产公司合作，组建宏福富阳地产开发公司;

④旅游产业方面：2002 年，宏福集团提出旅游产业规划，提出在巩固和壮大传统产业、大力发展高新技术产业的同时，以现代农村和多功能的产业布局为依托，借助郑各庄皇城历史文化，充分利用温榆河自然景观以及区域内特有的地热资源优势，积极发展旅游业。

表 15.7　　　　　　　　　宏福集团旅游产业发展一览表

时　间	旅游产业发展大事
2003 年 1 月 20 日	宏福集团投资兴（改）建宏福温都水城之宏福宾馆、宏福轩饭店、宏福御温池开业
2003 年 4 月 29 日	温都水城旅游开发有限公司成立；黄福水授权瑞宝国为该公司法人代表
2003 年 5 月 1 日	宏福公园水上游船项目正式对外开放
2003 年 7 月 5 日	由宏福集团投资开发的恢复护城河工程举行开工典礼，同年 10 月 1 日，恢复护城河一期工程（即东护城河）竣工，与宏福公园人工湖贯通，并接待游客
2003 年 7 月 11 日	宏福温都水城一期项目之水城国际酒店、水空间、温泉养生会馆、四合院宾馆、室外温泉区以及恢复康熙行宫等工程破土动工
2004 年 2 月 26 日	北京探路者旅游用品有限公司正式开业，这是宏福集团又一家合作企业投入运营
2004 年 9 月 28 日（农历八月十五）	温度水城鲍鱼岛商务区举行开业典礼，与其配套的宏福公园、鲍鱼岛、高尔夫练习场、文化体育休闲广场、护城河等一期项目已经竣工或即将竣工，集住宿、商务、餐饮、多功能洗浴、娱乐等为一体的二期项目正在加紧建设
2005 年 3 月 1 日	宏福集团召开 2005 年度机构改革工作会议，重点确立了以打造旅游品牌为中心的发展战略
2006 年 1 月 5 日	宏福集团召开中层以上负责人会议，把打造宏福温都水城品牌作为 2006 年集团发展主导战略
2006 年 7 月 22 日	温都水城开始试营业，29 日正式营业。同年 11 月 6 日的中韩模特大赛总决赛和 11 月 11 日的全球华裔小姐选美大赛中国区总决赛均在温都水城活动中心隆重举行，温度水城霎时名震京城内外

时　间	旅游产业发展大事
2007 年 3 月 5 日	"红楼梦中人"全国大型选秀活动复活赛暨训练营签约仪式在康熙行宫举行。北京电视台副总编张强，宏福集团董事长黄福水出席并在协议书上签字
2007 年 3 月 28 日	温都水城被《中国民族报》评为"全国民族文化旅游十大品牌推介 10 强"单位
2007 年 5 月 5 日	由温都水城总冠名、《中国潮》杂志社主办的"京港大连接"启程仪式在温都水城平西王府隆重举行。整个行程历时 98 天，途经 58 个城市
2008 年 4 月 2 日	北京卫视真人秀节目《龙的传人》在温都水城新建的"水城训练馆"举行了隆重的总决赛启动仪式
2009 年 4 月 26 日	"国家 AAAA 级旅游景区"揭牌仪式暨郑家庄皇城"康熙行宫"开城大典在温都水城举行
2009 年 5 月 27 日	温都水城商标被北京市工商局评为"北京市著名商标"

⑤教育产业：2002 年至今，宏福建工集团有限公司同北京邮电大学正式签署共建北邮软件学院协议。此后，软件学院、国际学院、民族学院、信息工程学院、中央戏剧学院等 11 个学院已陆续进驻校区。

宏福集团短时间内实现多元化经营，前提条件之一是，宏福集团受村委会委托，直接租用全村土地，经营成本大幅降低。宏福集团土地资源较为充裕、成本较低，这是它获得了对外招商引资较为有利环境。可见，宏福集团的多元化扩张并非基于技术创新、管理模式的创新，而是基于土地资源的简单扩张。这种多元化扩张在一定阶段可能就会遇到土地资源的约束以及多元化经营能力的瓶颈约束，导致公司放慢增长速度，被迫进行调整。

2. 村民就业竞争能力有待提高

郑各庄村民的就业体现三个特征。

一是村民就业属于安置型，而非竞争就业。1996 年 2 月，宏福集团成立。到本世纪初，全村绝大部分劳动力进入到宏福集团就业，由农业转到二三产业，实现村民就业不出村。2001 年，村委会专门增设村民劳动就业安置办公室，对村民劳动就业实行挂账制度，凡是自愿到村企工作的村民，在就业安置办登记后，都能得到妥善安置。

二是村民可以依赖房屋及土地生存，不必完全依赖就业。旧村改造后，郑各庄每户村民可获得的土地所有者的租金收入、社会保障收入、作为本村企业股东的股金收入、个人房屋收入等，总共约占全年收入的70%。

三是人才定向培养，培训带有福利性质。近年来，郑各庄除了输送了一大批村里年轻人进入高等院校接受高等教育之外，还与首都多个高校合办成人大专班、专升本班、研究生班和中专班。2001年9月，宏福社区教育中心成立，专门负责村企员工和村民的学历教育、岗位技能培训、法制教育、职业道德教育及培训。人才经培训合格后，成为宏福集团各个岗位的管理人员或业务人员。

现代人力资源理论认为，竞争有利于提高就业能力，提升人力资源的质量。郑各庄村安置型就业以及较高的财产性收入来源，一定程度上弱化了竞争。

3. 村庄的治理模式尚不完善

1996年宏福集团成立时，郑各庄村将本村集体所有的经济实体以及人力、土地等资源整合在一起，创立了以村为基础，以集团为经营主体"村企合一"的经济运动体系，实现了村级经济企业化。通过几年探索，又建立了以党总支为核心的党总支、村委会、集团董事会"三位一体"的决策机制，形成了"两池蓄水"，党总支、村委会、集团董事会"三马拉一车"的发展局面。

事实表明，村企合一这种治理模式，对于村庄迅速改变经济上的落后面貌能起到独特的作用。在一些地方，村企合一仍然被当成一个经验，但是村企合一也带来许多问题。陈剑波（2006）研究指出，村委会的政府代理人、集体财产法定代理人、公共事务管理者三位一体的角色存在冲突，这是近年来引发农村问题，使农民财产和利益保护陷入危局的真正问题[①]。以广东省佛山市南海区为例，南海农村经济总收入超亿元的村有219个，经联社集体经济总收入超1000万元的有66个。2009年度，南海农村居民人均纯收入12326元，南海全区股份分红达18.25亿元，人

---

① 陈剑波："农地制度：所有权问题还是委托—代理问题？"，《经济研究》，2006年第7期。

均分红 2467 元。但随着改革的深入，南海农村深层次的矛盾也日益显露。一项针对南海行政村发展的问题表明，南海的农村问题具体表现在：一是政经不分，即经济组织和行政机构常常混淆在一起，引发一系列问题；二是城乡二元分割突出，村里有村里的做法，城里居委会又有一套做法，差别明显；三是农村利益导向存在偏差，不少村民只问分红，不顾风险①。

4. 现行土地管理政策带来的约束

郑各庄在未来发展中面临着不少问题，最大的就是在土地流转过程中，由于农业用地向集体建设用地转变，农村土地的产权并不清晰，集体土地不能合法进入市场。农民在集体土地上兴建的产业配套设施以及农民的住房被冠以小产权，导致农民的资产不能资本化。由于现行的宏观政策比较复杂，并不十分明朗，这对郑各庄的发展带来了重大的困扰。

一是城乡建设用地产权的不平等。依据 1982 年《宪法》第 10 条规定，城市的土地属于国家所有。虽然宪法经过了四次修订，但城市土地国有垄断性的产权结构并没有改变。直接管理土地的《土地管理法》，1988 年的第一次修订与 1998 年的再次修订，体现出不完全相同的态度。1988 年第一次修订规定："国有土地和集体所有的土地的使用权可以依法转让。土地使用权转让的具体办法，由国务院另行规定"。1998 年的《土地管理法》再次修订规定："任何单位和个人进行建设，需要使用土地的，必须依法申请使用国有土地"。

二是城乡建设用地的功能差异。通过土地整理和宅基地整治节约出来的大量集体土地无法进入"城市"，即使进入城市，也无法进入市场。1995 年至今，各地为了盘活土地资产，进行了多种形式的集体用地流转的探索。但由于土地用益物权和担保物权上的制度缺失，集体产权的土地很难与物权完备的国有土地进行竞争。集体建设用地流转面临着价格低估、高契约风险、金融杠杆缺失等劣势。集体土地的功能缺失为当前农民自主城市化的障碍，郑各庄也在考虑不得不把集体土地转化为国有后再租用过来。

---

① http://www.xbsb.com.cn/xbsbnews/news/cnews/2010 - 11 - 08/107658.html。

土地管理政策造成了对郑各庄土地价值的低估。郑各庄曾想将一部分土地通过入市变为国有，政府给出的价格是每平方米2370元的一级开发补偿，不足以弥补前期基础设施的投入。实际上，该地区拍出的地价，至少比2370元/平方米高于3倍。宏福集团虽然已经发展成为下辖15家直属企业、30余家参控股企业、7000余名员工的大型企业，但是并没有上市，也不可能上市，这便是土地有限资本化的重要例证。

四、郑各庄城市发展的战略思想

1. 自主城市化及其模式

根据郑各庄发展实际，郑各庄应该坚持自主城市化发展的道路。所谓自主城市化，就是农民在集体土地上，兴建具有城市功能的基础设施，从事二三产业，实现农村生活方式向城市生活方式的转变。与此相对应的是被动城市化的发展道路。被动城市化，是指由于行政区划的调整、城市空间的扩张、重点项目的建设、自然灾害的影响等原因，农民失去土地后不得不迁入城镇谋求新的生活。

主动城市化与被动城市化在主导因素、资金来源、供给主体、动力机制、土地归属、利益分配等诸多方面都有所不同，对比如下。

表15.8　　　　　　　　主动城市化与被动城市化对比

	主动城市化	被动城市化
主导因素	市场要素的合理配置，农民改善自身生活的水平的刚性需求	地方政府主导的带有强烈的计划经济体制的行为，农民是弱势群体
资金来源	农民自筹资金和部分地方财政的支持	地方政府财政支出补偿农民、公共基础设施建设、提供农民教育
供给主体	农村社区政府、乡镇企业、农民集体等民间力量	地方政府权力中心进行制度安排
动力机制	农村富余劳动力压力、改变农民生活水平的意愿	政府行政指向、经济考量因素少
土地归属	农民依旧享有土地使用权	农民依旧享有土地使用权
利益分配	农民集体分享土地级差收益	地方政府、城市工商企业、农民共享土地级差收益，政府寻租的空间巨大

资料来源：卞华舵著：《主动城市化》，中国经济出版社2011年版。

2. 郑各庄的自主城市化战略

国内发达地区的经验表明，自主城市化也有一个从起步阶段、到快速发展阶段、再到成熟发展阶段的转型过程。郑各庄地处北京市郊区，区位优势优越。通过旧村整治和村庄企业发展，郑各庄已成功地将土地资本化收益留在了村庄。郑各庄经济实力较为雄厚、农民生产生活方式已接近或达到城市生活标准。郑各庄具备自主城市化的条件，未来应继续探索体制机制创新，充实城市化与城市发展的内涵，坚定地走一条自主城市化的道路，将郑各庄建设成为具有具有独特魅力的新城市地区。

表 15.9　　　　　　　　　　　　　自主城市化阶段

类型	就地城市化 起步阶段	农村就地工业化 快速发展阶段	就地城市化 成熟发展阶段
人口户籍	非农化程度低	非农化程度中	非农化程度高
村民就业	从事农业就业比重较高，外出打工较多	村民就业以工厂打工为主，以就地就业为主	村民就业非农化程度较高
村集体经济收入渠道	收入来源以租金收入和农业收入为主，居民人均收入一般	收入来源以自建物业、租金收入和农业收入为主，居民人均收入中等	收入来源以自办物业、租金收入等为主，居民人均收入较高
产业结构	农业比重较高，工业和第三产业比重较低	以工业为主，农业比重较低，农业产业化程度较高	以第三产业为主，农业比重较低，农业产业化程度较高
用地结构	农业用地比重较高，尤其是基本农田用地比重高	工业用地比重较高，土地集约化利用程度较高	城镇用地比重较高，土地集约化利用程度较高
土地利用规划	土地利用破碎化程度较高	统一规划、成片开发，土地利用混杂	统一规划、成片开发，或以城市中村形式存在，有待改造
农村景观	农村景观保留完整，少量的厂房和工业区得以发展	仍部分保留农村景观，连片的厂房和工业区得以发展	已发展成典型的城镇景观，部分区域形成城市中村景观
村集体经济组织	股份制改造和村级财政统一核算障碍较多，政企分开仍不明显	实行了股份制改造和村级财政统一核算，但部分村不够彻底或以多元化形式存在。逐步实现了政企分开	实行了股份制改造和村级财政统一核算，逐步实现了政企分开
社区管理制度	仍实行农村型社区管理模式，但向城镇型社区转型是必然趋势	逐步实行"村改居"工程，农村社区管理向城镇型社区管理转变	实行了"村改居"工程，农村社区管理向城镇型社区管理转变

资料来源：翁计传，闫小培："中山市农村就地城市化特征和动力机制研究"，《世界地理研究》2011 年第 2 期。

郑各庄自主城市化的指导思想是，以科学发展观为指导，以制度创新为手段，以郑各庄区域的城市发展水平提升为内容，以村民与外来人口共同的城市融入为核心，以各类生产和生活性服务业为支撑，以乡村景观与历史文化的继承保护为基本要求，以品牌影响力突出的乡村都市品牌形象为愿景，全面提升郑各庄的城市化水平与城市发展质量。

五、郑各庄城镇化发展的主要内容

1. 提高经营能力，壮大集体经济

郑各庄要形成主导产业，并适度收缩多元化经营。根据郑各庄实际，打造人文、休闲、观光旅游应是郑各庄当务之急。郑各庄位于北京近郊区，已经形成人文、休闲、观光旅游的品牌影响力和实力。通过发展人文、休闲、观光旅游产业，并适度对外输出"温都水城"的品牌，可以进一步扩大影响，长期吸引消费者与相关领域的投资者。与此同时，应适度收缩在高新技术产业等产业领域的投资与经营。

2. 推动村民和外来人口的城市融入

"融入"一词，在不同国家不同语境中有不同的含义，包括同化、扬弃的同化、新型的同化、文化杂交、理性的融入、多元文化主义等等。结合郑各庄的实际，村民和外来人口的城市融入至少包括以下两种含义：一是在村的层面，创造条件，让外来农民工较好地融入郑各庄村；二是大都市这个层面，村民与外来人口应较好地融入北京这个大都市圈中去。

由于郑各庄集体经济的限制因素，外来农民工要想融入郑各庄还面临着种种制度问题。而郑各庄居民（无论是外来农民工还是郑各庄村民）要融入北京都市圈，也还在一定程度上面临经济障碍、生活质量障碍、素质障碍、社会权利障碍、社会交往障碍等。郑各庄村应通过开展各种活动，消除这些障碍因素，促进城市融入。

3. 探索宏福集团与村委会政经分离

初步设想，未来郑各庄的基层治理由党支部、村委会、宏福集团、

社区政务服务中心与财务管理中心"五驾马车"并驾齐驱，"政"、"经"、"社"三种力量各显其能的格局。党支部、村委会作为"政"，宏福集团和其他经济组织作为"经"，社区服务中心、各类协会、志愿者组织作为"社"，既要相互支持，也要有明确的职能与人员分工。

许多理论研究文章认为村企合一是郑各庄的优势。但从长远来看，村企合一，并不利于形成宏福集团自我约束的机制。从改革时机来说，2001 年前，宏福集团实行村企业合一，宏福集团缴纳的税费几乎是郑各庄所有税费。但 2001 年后，入住企业不断增多，宏福集团缴纳的税费在所有税费来源中的比重逐渐降低。宏福集团村企合一的体制进行改革的时机已经成熟。如果长时间维持这种体制，将会导致不公平的竞争环境，不利于其他入驻郑各庄的中小企业的成长。

表 15.10　　　　郑各庄入住企业 1999～2008 年纳税额统计

年　度	总额（万元）	宏福集团（万元）	比例（%）
1999	31.72	31.72	100
2000	87.73	87.73	100
2001	190.00	130.00	68
2002	255.00	161.60	63
2003	1811.00	700.0	39
2004	3100.00	900.00	29
2005	3300.00	863.00	26
2006	7000.00	1338.00	19

随着郑各庄城市的发展，还应适当解决主要负责人一身两任的问题。1996 年 2 月，宏福集团成立时就由黄福水担任集团的法人代表、总经理。2003 年宏福集团组织机构改革后，宏福集团的董事长、总经理一直由黄福水担任。同时，郑各庄村村委会主任自 2001 年起也一直由黄福水担任。也就是说，宏福集团主要创始人自 2001 起年起，已是一身两任长达十年。如果在郑各庄城市发展的初期，一身两任有一定的合理性，那么，随着新城市地区经济与社会事务日益增多且利益主体日趋分散，一身两任已到了需要尽快分离之时。

4. 推动解决宏福集团若干遗留问题促进可持续发展

宏福集团 1999 年设立时，股权结构是 2000 万法人股、村里的 500 万以及新募集到 500 万。公司主要负责工业园区运营，各子公司的参、控股运作，对外投资和国际贸易等的运作。根据郑各庄村与宏福集团达成的协议，宏福集团和村民达成协议，对外转租宅基地的使用费用在 5000 元/亩以内的和村民商量，5000 元/亩以上就不用商量了。村民在企业中的自然人股份不低于 15% 的回报，村民可自由选择到宏福集团就业，但村民不再参与集团管理，集团的财务不对村民公开。由上述内容可知，宏福集团需要完善的地方在于：宏福集团当初建立时，产权界定较为粗糙，管理上不够精细，这已经不能适应未来发展需要。宏福集团是郑各庄城市发展的重要支柱，迫切需要进一步解决宏福集团产权不够明晰、权责不够明确的问题。

5. 推动形成公众参与社区管理的科学决策机制

继续贯彻落实《郑各庄村村民自治章程》，同时完善公众参与机制。目前，郑各庄在村重大事务公开上采取了一定措施，但是仍属于"公开"与"告知"层面，村民并没有太多的渠道参与到决策意见中去。随着新城市地区经济、社会活动的日益增多，郑各庄村应采取措施，在不同层次上推进公众参与。一是在村民自治上的层次上，在涉及村集体重大的经济社会活动过程中，充分征求村民意见；二是在新城市地区发展的层面上，充分征求村民、非村民住户以及非住户相关专家学者的意见。

6. 推动出台自主城镇化的相关政策

郑各庄现象体现了改革开放 30 年的成就，也反映出取得成就过程中仍然存在的阶段性制度缺陷，但是最重要的是它代表了农民继续建设自己美好家园的呼声。改革的下一步，我们是否应当更加关注郑各庄现象所蕴含的农民自主城镇化的心愿，解决他们在自主城镇过程中所遭遇到的难处，通过政策创新支持农民自主城镇化。

为此，建议如下：一是根据村庄极度分化的实际，对村庄城镇化进行研究与政策指导；二是从政策与法规层面鼓励或允许农民在集体土地上建造城市；三是将集体土地的城镇化纳入城镇化体系规划，提高规划水平；四是保护集体土地上形成的资产权利。对于宅基地上建设并形成的物业和房产，参照国有土地上的物业和房产，颁发不动产权证。允许宅基地上的物业和房产可出租、出让、可抵押；五是按照建立城乡统一的房地产市场改革思路，推动集体土地上的房地产业健康发展。

第十六章　双流县城市县转型发展案例研究[①]

一、双流城市县的基础条件与面临问题

双流县位于成都平原腹地，三面环绕成都，西南部、东部为高地，北部、西北部为平原地区，地势西北高、东南低。平原、丘陵、山地比例为 1∶1∶1。县城距成都市区 10 公里，面积 1029km²，辖 5 个街道 19 个镇，93 万人，县人民政府驻地为东升街道。县境属亚热带湿润季风气候区，年平均气温 16.2 度，降雨 921 毫米，气候温和，适宜多种动植物生长。县境河流流域属岷江水系，有金马河、府河、江安河、杨柳河、清水河、白河和鹿溪河，河流总长 186 公里，是中国西部第一个"国家生态县"。

双流县以县冠名，但它已不是传统的县。双流处于成都市的"第二圈层"，但全域双流又不能被看做是城市。双流的基本特征在于，它是一个处于县域城镇化过程之中、既有发达的城区组团又有相对落后的农村区域、县的特征与市的特征交叉并存的"城市县"。这类城市县目前广泛存在于大都市周边、城市密集区腹地、重要交通线路沿线。随着城镇化特别是县域城镇化的进一步发展，国内各地还会有更多的县成为这种"城市县"。

---

① 2008 年 9 月～2010 年 10 月，在历时两年的时间内，本人作为主持人，对绍兴县、双流县、嵩县和蔚县的城镇化进行规划研究。研究成果获 2012 年国家发改委优秀研究成果三等奖。本案例是对该研究成果中双流县案例的改写，重点突出了"城市县"的概念，集中讨论城镇化过程中类似双流这样既非传统的县、又非市的"城市县"如何进行城镇化转型发展的问题。案例中所用数据主要截止到 2009 年底，目的是为体现 2008 年 9 月～2010 年 10 月间本文作者对双流调研及资料整理情况。

成都市圈层经济结构图

图 16.1　双流在成都市的区位

1. 双流城市县发展的基本条件

（1）基础设施条件

双流紧邻我国西南中心城市成都，是成都城市向南发展的核心区域，素来享有"西部第一县"的美誉。双流拥有完善的基础设施，双流国际机场坐落县内，成昆铁路和 3 条高速公路穿境而过，10 条城市干道对接成都主城区，成都规划的 4 条地铁线直达双流，天然气供应充足，供水网络完善，电力设施齐备，邮政通讯方便。随着机场二跑道、地铁一号线、成绵乐城际铁路的建设，双流的基础设施将更加完善。

（2）经济发展条件

县域经济综合实力连续 12 年名列四川省"十强县"榜首，连续 8 年跻身全国百强县行列，这为双流由较强的县域经济向城市经济转型打下了坚实的基础。双流县接受成都市第二产业转移与第三产业辐射带动的影响，工业园区发达，服务业势头强劲，大城市郊区生态休闲观光农业的特征鲜明。

地区生产总值（亿元）

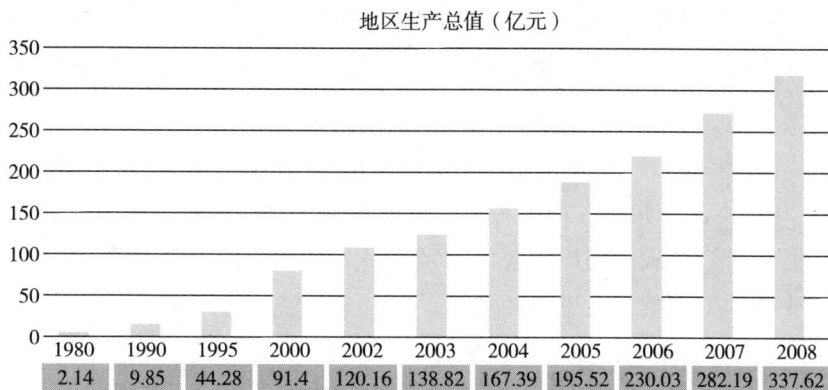

	1980	1990	1995	2000	2002	2003	2004	2005	2006	2007	2008
	2.14	9.85	44.28	91.4	120.16	138.82	167.39	195.52	230.03	282.19	337.62

图16.2 双流1980~2008年地区生产总值情况

表16.1 双流县与四川县级市的竞争力指数

地 区	排名*	2006年综合竞争力	排名	2007年综合竞争力	排名	地区生产总值指数	排名	人均地区生产值指数
双流县	10	56.105**	6	64.694	5	73.742	11	52.097
都江堰市	19	43.507	16	38.735	21	30.946	31	32.251
彭州市	37	35.054	30	27.077	27	28.686	49	24.886
邛崃市	52	29.837	47	22.666	43	20.582	62	22.260
崇州市	55	29.565	50	22.196	40	21.200	65	21.752

注：*此外排名数字为四川181个县（市、区）的综合排名。**此外为四川181个县（市、区）综合竞争力的得分情况。参考发展改革委城市和小城镇改革发展中心课题组编：《双流城市发展战略》（内部资料，2010年9月）。

（3）文化与旅游条件

双流是四川开发最早的古县邑之一，始建于公元前316年，古称广都，与古蜀国的成都、新都并称"三都"，至隋朝避炀帝杨广讳，借左思《蜀都赋》中"带二江之双流"语，改称双流。双流历史悠久，境内文物古迹众多，有着悠久浓厚的文化底蕴和历史传承。全县由西北往东南，再横穿南部农村地区，点缀着十余个古镇、旅游名胜，已经逐渐发展成为成都市旅游休闲的主要线路之一。

（4）科技与人力资源条件

双流拥有突出的人才优势。随着成都市区教育科技资源向外迁转，双流县内大量聚集了科研院所。目前，中国科学院成都光电技术研究所等30多个科研机构和四川大学等7所高等院校（含分院）落户双县。双流县户籍人口93万人，境内流动人口数量约有30万人，劳动力资源充足。

（5）政策条件

2003年，为贯彻落实中共十六大提出的"统筹城乡经济社会发展"的会议精神以及成都市委"统筹城乡经济发展，全面建设小康社会"的总体要求，双流县发展思路并制订了《关于加快推进"三个集中"的决定》，在西部首推提出工业向园区集中、土地向业主集中、农民向城镇集中的"三个集中"战略。一是加快推进工业向园区集中，打造工业新优势，强力培育、发展产业集群；二是推进农民向城镇集中，提高城市化水平，拓展城镇发展空间，加快农民向市民转化的步伐；三是推进土地向业主集中，加速农业产业化进程，大力推进土地优化重组，实现产业化、规模化经营。"三个集中"带动了工业与农业、城市与乡村发展的良性互动，加快了城乡一体化的进程，在城乡统筹中取得了新的成就（表16.2）。

表16.2　　　　　　　　双流城乡统筹的成就和创新

统筹内容	具体做法	主要成就	创新突破
统筹城乡规划	①"全域双流"统一规划 ②分类规划 ③健全会审制度	形成六大类30余项全域双流全覆盖规划	
统筹城乡基础设施	①加强城镇建设 ②强化城乡管理 ③完善基础设施		创建省环境保护示范县，在全省率先实现城乡供水一体化
统筹城乡产权	①确权颁证 ②产权流转 ③配套改革	颁发集体建设用地使用证、农村承包地经营权证、农村房屋所有权证分别占应颁证总户数的41.8%、29.3%、28.4%	集体林权制度改革通过省市验收；集体建设用地使用权挂牌流转率先在全省取得突破
统筹城乡产业	①全县只设一个工业发展区 ②统筹现代服务业发展 ③用工业理念抓农业	县域经济综合实力连续12年位居四川省榜首	

续表

统筹内容	具体做法	主要成就	创新突破
统筹城乡公共服务	推进城乡教育、卫生、文化、文电、环保等资源均衡配置	实施扶农惠民三大工程、十大惠民行动和九大民生工程	在西部地区率先实现义务教育；在全省率先实现城乡居民医疗保险一体化
统筹县乡财政	推动公共财政全民化	实施县级财政投入村社道路改造、农村通气通水、改建敬老院、学校、卫生院、开通城乡公交一元通	
统筹城乡管理体制	开展并村并组，拆村建设区，优化部门职能，实行大部门制		率先在成都市内完成行政部门的决策、执行、监督小三分改革

资料来源：国家发改委城市和小城镇改革发展中心课题组编：《双流城市发展战略》（内部资料，2010 年 9 月）。

2. 双流城市县面临的城镇化问题

双流县是典型的大城市郊区县。经过历次规划调整后，双流县的战略地位越来越重要，具备成为区域中心城市和条件。

表 16.3 双流县历次规划调整及其影响

年 份	规划调整	影响
1983 年	成都实行"市带县"的体制	双流发展受到成都市城市化、逆城市化的巨大影响，为双流未来的城乡一体化发展奠定体制基础
1997 年	东升、华阳被确定为卫星城	卫星城的集聚发展为双流形成较强城区打下基础
2003 年	确定华阳为次中心；双流、华阳双组团	双流的部分功能定位上升到成都市的层面；组团模式扩大开放了双流城市的地理空间；但双流城区出现了分割
2006 年	全域双流纳入成都都市区规划	双流加速实现区域城市化进程；双流的发展主题由县域发展改为城镇化、城市发展

资料来源：发展改革委城市和小城镇改革发展中心课题组编：《双流城市发展战略》（内部资料，2010 年 9 月）。

但从现实来看，双流的城市县发展存在着许多问题。

一是双流城镇功能没有充分发挥。双流县属于成都市二圈层，是德阳——成都——乐山发展轴上的重要城市。双流境内的东升、华阳组团位列成都市六大城市组团之内，规划定位为成都南部核心区。双流的城市建成区已超过 70 平方公里，在四川省的地级市中也名列前茅。但目前，双流仍然是县的建制，城镇功能不强，区域中心城市的作用没有充分发挥出来。

二是城镇化率水平不高。戴宾（2002）①根据《成都市 2000 年人口普查资料》的测算，双流的城镇化率为 17.82%，在成都市 20 个县（区、市）中倒数第二。近年来，双流城镇化率有了较快提升，达到 35%，但城镇化水平依然不够高。判断标志有二：一是在成都各县（区、市）中，双流的城镇化率排位较低；二是双流近年来城镇化率提高的一个原因是 2004 年以来开展并村并组、撤村建社区工作和撤镇建街道工作。目前成都市东阳、华阳虽然分常住人口分别达到 15 万人，但其中约有 5 万外来人口并不能享受到当地城镇人口的基本公共服务。

三是城乡经济有待融合，结构有待调整。双流农业基础条件好，主要布局在双流南部，与北部城区的现代工业、服务业如何结合需要进一步探讨。四川省与成都市确定双流的支柱工业（生物制药、电子电器、机械制造、绿色食品、新型材料）与周边其他地区雷同现象明显，没有体现双流的特色与竞争力。双流的服务业起步较晚，近年来交通运输业、房地产业发展迅速，房地产税收占地方财政收入达 40% 以上，比例已经偏高。临空服务业刚刚起步，缺乏主体带动。科技服务、文化创意、现代物流业、旅游休闲业等新型服务业形态需要加大培育力度。

四是行政体制不能适应城镇化发展的需要。双流县目前是行政型政区，在工作重点、配套政策、城市规划建设、机构设置等方面，"县"的体制已不能适应快速城镇化与城市发展的需要。例如，在工作重点上，县的机构设置强调农业部门的上下对口，占有了许多行政资源。尤其是随着成都规划发展的重心进一步南移，双流县境内的东升、华阳两个组

① 戴宾："成都都市圈战略规划研究"，成都市哲学社会科学规划项目，2002 年。

团即将成为成都市的核心城区。全域双流被纳入成都市统一规划，城市发展的空间巨大，紧迫性增强。

双流县在行政体制改革方面有以下几种可能性。

一是双流北部最为发达的东升（镇）组团、华阳（镇）组团切块变成成都市的一个区。由于这两个组团的 GDP 占双流县 GDP 总量将近一半，切块变区将对双流县的整体实力，特别是以城带乡造成极大的影响。

二是整县改市。自1997年起，全国范围内看，整县改市基本上停止。双流具备整县改市的经济条件，但整县改市实际上严重地扭曲市制的应有内涵，这是因为双流既有北部发达的城区，也有南部广大的农村地区。

三是撤县设区。双流县西北、东南是农业、旅游业发达的地区，也是传统农村风貌保存较好的地区。撤县设区存在的第一个问题是助长了成都市圈层过度扩张、摊大饼的发展模式；第二个问题是，撤县设区后，落后的农村地区进一步被城区边缘化，而旅游休闲发达的近郊区则可能被城市同质化，抹杀其独特的人文、自然景观。

综上，双流已经发展成为"城市县"，它非城非县。行政体制改革如何适应县域城镇化发展，尚需要不断探索。

二、充分发挥双流城市县的城市功能

1. 明确双流的城市功能

城市与县在功能上面较为显著的区别在于，城市功能强调在开放的城镇体系进行准确的性质定位，发挥独特的功能作用。

在全域成都的规划发展中，双流全境被纳入成都市都市区规划，华阳成为南部次中心。总体而言，双流县内最核心的两个组团——县城所在地的东升组团以及经济中心华阳组团，已经是成都市城区的重要部分，它们呈现出逐步向中心城市的功能片区演化的趋势。从全域双流城镇化发展的全局出发，我们认为，双流城市已经具有较大的人口规模和建成区规模，其建成区面积与四川省的地级市相比，仅次于绵阳。立足于较大城市的发展与规模，我们认为双流县应对自身功能与成都市的城区功能进行合理的"区隔"，重点考虑双流的以下城市功能：①双流城市县在全域双流中的功能；②双流城市县在成都市发展中的功能；③双流城市县在成乐线和成都经济圈的功能；④双流城市县在西南区域中的功能。

在城镇化转型中，适度发挥双流城镇功能的相对独立性，可能更加有利于带动县域经济发展，并以双流为支点带动成都南部远至乐山的发展。

表 16.4　　　　双流在绵成乐线中和成都市的城市功能

城市	城市性质	城市功能
德阳	中国重大装备制造基地，西部工业重镇	成都经济圈北部工业中心，成德绵高新技术产业带电子、食品加工和综合化工基地
绵阳	中国科技城，西部电子信息产业基地	成都经济圈北部科技和商贸中心，成德绵高新技术产业带电子、特殊钢和钛材生产基地
成都	副省级省会城市，西部综合服务业城市	四川省政治、经济、科教和文化中心，西南地区科技、金融、商贸中心和交通、通信枢纽，先进制造业基地，国际旅游枢纽
双流	成都二圈层核心城市，乐山—成都—德阳—绵阳节点城市，交通门户城市	成都市和乐山—成都—德阳—绵阳城市带上的生产性服务业基地；空港园林城市
乐山	文化旅游胜地，国家历史文化名城	国际旅游目的地，成都经济圈南部经济、文化中心，高新技术产业基地

资料来源：双流的城市性质与城市功能由本文作者总结得出，其他城市（德阳、绵阳、成都、乐山）的城市性质、城市功能等内容，参考辛文主编：《四川城市发展与功能研究》，西南财经大学出版社 2007 年版。

2. 实现双流城市功能的战略重点

首先，要突出三个转型特征：一是双流城市县的主要功能由城市居住中心向就业中心转变；二是双流城市县的消费群体由最终消费者向中间消费者转变，在这里，中间消费更多地表现为现代生产服务投入需求和现代高科技制造业；三是双流城市县的主导产业由居住型房地产业向生产性服务业以及运动地产、休闲地产、商务地产方向转变。

其次，将东升与华阳打造成为小城市。东升组团应定位于我国西部航都、成都新型工业基地、成都市南部的重要组团、双流县县域中心城。华阳组团应定位于成都市南部次中心、南部功能配套完善的新城、高新技术产业和现代服务业集中发展区。

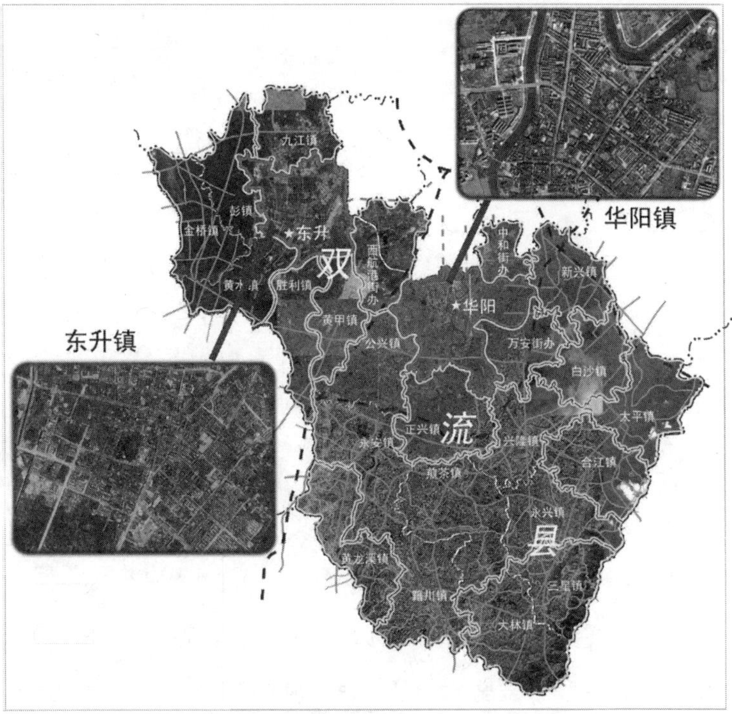

图 16.3 东升、华阳镇的区位图片（Google 图片）

东升、华阳目前功能分割，主要体现在体制、交通、规划三个方面。从功能一体化要求来看，主要措施有：一是应加强双流与成都的协调统一，按照双流整体（即城市县）的总体战略定位，充分利用"西南元素"和"门户元素"；二是建设华阳—东升两个组团的地下交通连结线；三是在规划上做好协调，使华阳与东升两个独立的组团的若干基础设施、公共服务的规划发展上"合而为一"或协调配合。

第三，发挥城市功能对城郊的带动作用。双流县农副产品较为丰富，但双流现有工业对县域资源依赖性不强。双流工业主要集中在城市经济片区；农副产品的生产在南部郊区经济片区。城市经济片区与城郊经济片区的一体化发展，要求城郊经济片区在加工制造、物流等产业的布局上充分向北部城市经济片区集中。从目前规划情况来看，在南部郊区建立了一批农副产品加工基地，应逐步向北部城市片区转移和集中。

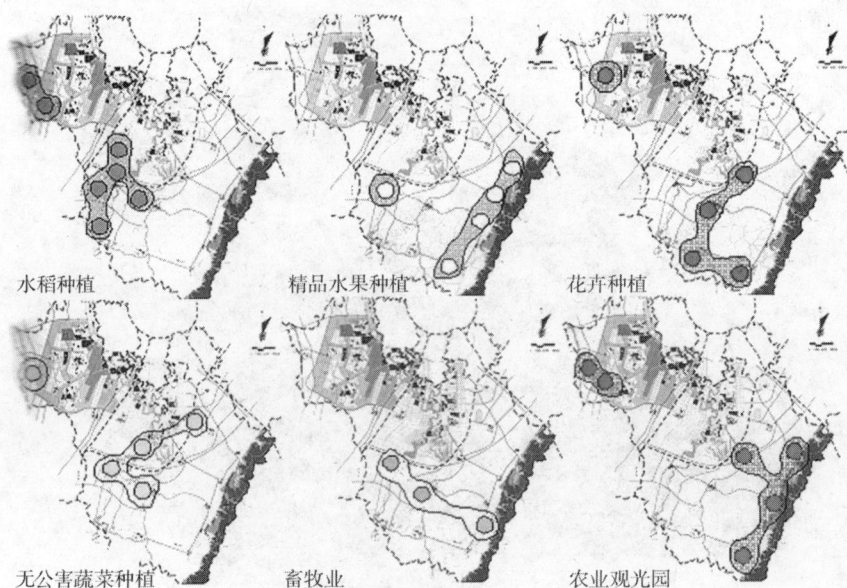

水稻种植　　　　　　　精品水果种植　　　　　　花卉种植

无公害蔬菜种植　　　　畜牧业　　　　　　　　农业观光园

图 16.4　双流城郊功能的分布与特征

表 16.5　　　　　　　　双流县布局的农产品加工基地

加工基地名称		规划地点	近期规划（亩）	远期规划（亩）
成都国家级农产品加工园区		双流县公兴镇、永安镇		3000
农产品初加工基地	三星畜产品初加工基地	三星镇南新村	100	200
	籍田农产品初加工基地	籍田镇蔡堰村	100	200
	煎茶农副产品初加工基地	煎茶镇鹿茶林村	100	200
	永安农产品初加工基地	永安镇凤凰村	100	200
	新兴特色蔬菜园区农产品初加工基地	新兴镇柏杨村、凉水村	100	200
	昆山都市农业园区农产品初加工基地	金桥镇新安村、红石社区	500	800
优势特色农产品加工园区	蛟龙农副产品加工园区	九江镇蛟龙工业港	500	

资料来源：发展改革委城市和小城镇改革发展中心课题组编：《双流城市发展战略》（内部资料，2010 年 9 月）。

　　第四，注重功能的提升。双流城市是以生产性服务业为主体的区域性中心城市，其功能提升表现在服务业内部，结构应不断得到优化，功能应不断得到提升。国际一般趋势表明，随着人均收入水平的提高，商业、旅馆、饭店业产出比重逐步下降，运输、仓储和通信业、金融保险、房地产和产业服务业的比重较大幅度上升。当人均收入上升到较高水平之后，运输、仓储业的比重也趋于下降，而通信、金融保险、房地产和产业服务性的比重继续上升。这种结构优化拉动了服务业的发展，也拉动了城市经济的发展。结合成都市产业调整的内容，双流城市功能提升应采取的措施包括：一是目前阶段，创造条件承接成都市加工制造、人居、旅游等功能的转移，双流的政府部门重点支持物流、文化、会展、装备制造等生产性服务业发展；二是中长期阶段，在巩固物流、文化、会展、装备制造等生产性服务业发展的同时，重点转向区域性科技、金融功能的建设。

第五，优化城镇的形态。双流城镇的基本形态有四个方面的特征：①两翼齐飞，融为一体，即以西航港经济开发区为主干，以东升组团、华阳组团为两翼，构成城市的重心与核心部分；②轴向南延，开拓腹地，即双流城市的发展沿着成乐线和其他南北向轴线向南部延伸，逐步扩大城市的空间腹地；③纵横交错，沿线发展，即双流城市发展过程中，应沿公路铁路两侧集聚发展；④北城南郊，特色鲜明，即双流北部是城市经济片区，南部是城郊经济片区，北部体现出现代城市的特征，南部体现出现代农村的特征。

三、推动双流城市县的人口城市化

从双流人口分布上来看，10 万人以上的城镇只有东升和华阳两个，大部分城镇的人口数都在 3 万以下，断层现象严重。随着双流整体经济的迅速发展，双流的社会经济事业发展将有一个快速增长阶段，城镇体系的发育将进一步加快，各级城镇在社会经济发展中的核心、支撑作用将越来越重要。一般说来，城市规模与经济效益成正相关关系，因此，要充分重视大中城镇的发展，同时还要加快重点小城镇和新农村社区建设步伐，提高双流的城镇化率。

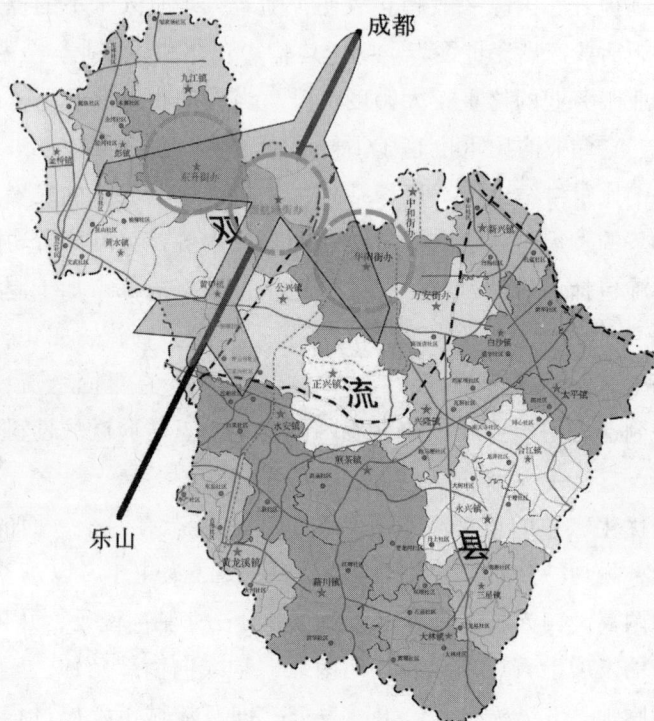

图 16.5　双流城市县的城镇空间形态

表 16.6　　　　　　　　　　双流城镇体系

规模等级（人）	城镇个数	城镇名
10 万以上	2	东升、华阳
5 万～10 万	1	西街办
3 万～5 万	9	九江、黄水、彭镇、金桥、中和、正兴、煎茶、永安、籍田
2 万～3 万	10	太平、永兴、万安、白沙、三星、新兴、兴隆、大林、公兴、黄龙溪
2 万以下	3	合江、黄甲、胜利

表 16.7　　　　　　　2006 年双流县各镇人口基本情况

单位名称	2006 年地区生产总值（万元）	总人口（人）	人均生产总值（万元）	单位名称	2006 年地区生产总值（万元）	总人口（人）	人均生产总值（万元）
东升	625463	123015	5.08	三星	9570	20722	0.46
华阳	451036	119040	3.79	新兴	20337	29780	0.68

续表

单位名称	2006年地区生产总值（万元）	总人口（人）	人均生产总值（万元）	单位名称	2006年地区生产总值（万元）	总人口（人）	人均生产总值（万元）
九江	194703	38440	5.07	兴隆	19935	26742	0.75
黄水	130064	33922	3.83	合江	14344	19652	0.73
彭镇	70841	39663	1.79	煎茶	21003	32714	0.64
金桥	52907	36914	1.43	永安	30162	31668	0.95
西街办	224069	58173	3.85	大林	13416	26700	0.50
中和	82317	34169	2.41	公兴	37572	22696	1.66
正兴	26800	33451	0.80	黄甲	20155	19564	1.03
太平	22608	24304	0.93	胜利	22087	17418	1.27
永兴	27080	24667	1.10	籍田	121072	35918	3.37
万安	14936	22855	0.65	黄龙溪	19297	27768	0.69
白沙	20577	28100	0.73				

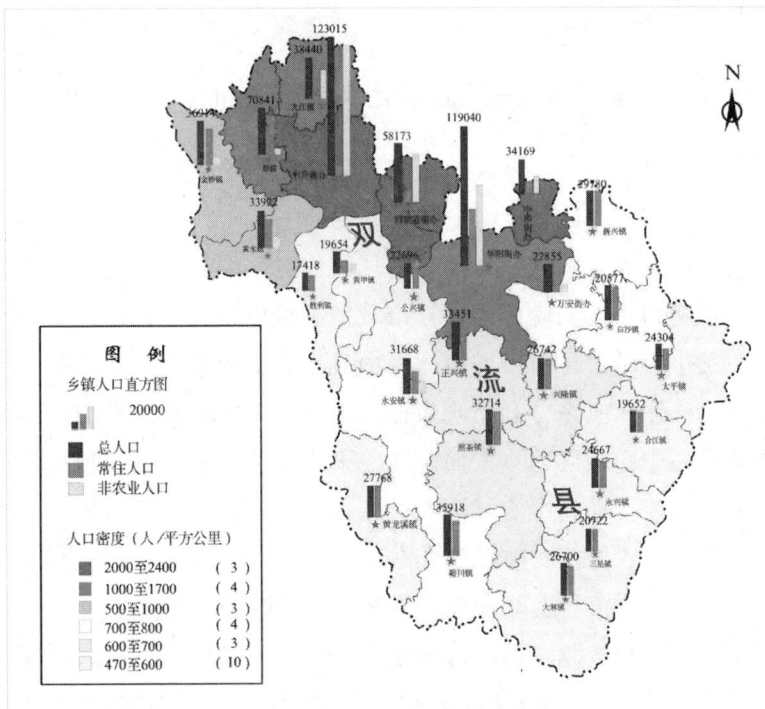

图 16.6　2006 年双流县人口分布图

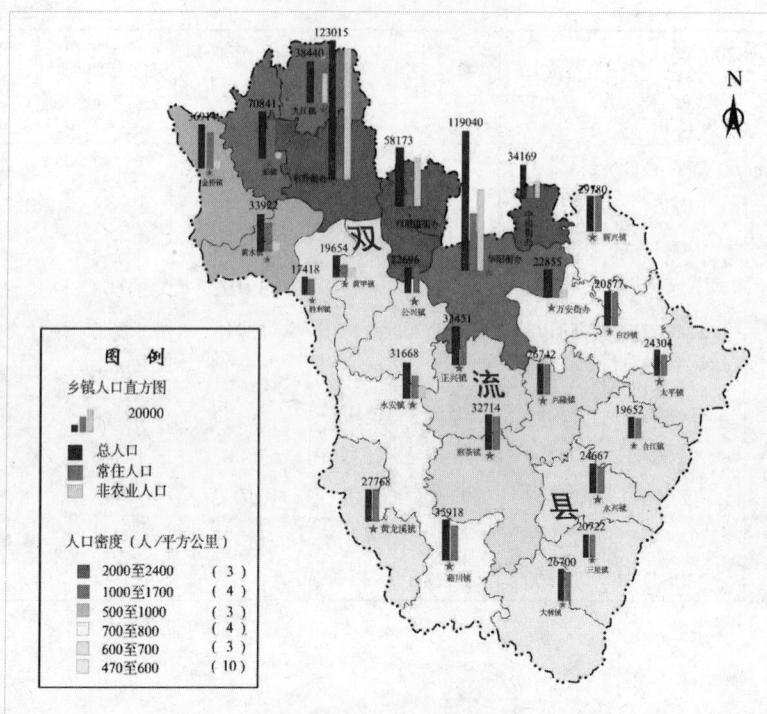

图 16.7 双流 2006 年 GDP 与人均 GDP 情况

首先，推动东升与华阳吸纳更多人口，壮大城镇规模。东升和华阳两镇 2006 年 GDP 占双流县 GDP 总量的 46.80%，人口占双流县总人口的 26%，是重点发展区域。中心城区是县域地区性中心，具有较强的综合实力和发展潜力。它们既是接受县市域中心城市辐射的载体，又是所在城镇组群的中心，在县市域城镇体系中具有承上启下的地位，起着重要的骨干节点作用。应充分利用现有的职能特色，把有限的财力、物力及人力重点放在中心城区建设上面，壮大中心城区发展规模，积极强化中心城区服务职能，提高中心城区社会、经济的聚集力和辐射力，使中心城区成为向广大农村拓展城市文明的重要载体，带动周边乡镇共同发展。

第二，以重点镇与旅游廊道，集聚各类旅游从业人口。在双流县整体规划中，正兴和黄龙溪被确定为重点镇。正兴镇获批"全国发展改革试点小城镇"，应引导和吸纳科技含量高、附加值高、环境污染少的精细化工企业集中发展。黄龙溪镇以休闲旅游产业培育、亲水人居环境打造为主导方向，打造旅游休闲人居古镇，巩固发展黄龙溪国家 AAAA 级旅游景区创建成果，加强景区核心区业态调整，进一步完善旅游配套设施和服务体系，努力构筑黄龙溪古镇大旅游格局。

双流南部的小城镇具备发展地方特色文化的条件，因此，应当按照发展乡村旅游的总体思路，全方位拉开"三走廊"旅游项目建设，打造精品，整合资源，逐步实现由旅游接待型向旅游经济产业型的转变。在"三走廊"建设中，围绕蜀风牧山文化旅游走廊的历史文化、民俗风情、自然风光，逐步将该区域建成成都民俗文化主题旅游区；围绕锦绣东山生态观光走廊的田园风光等，逐步建成农业生态观光体验旅游区；围绕麓山大道国际社区走廊的建设，逐步建成休闲、度假旅游区。要注意围绕旅游小城镇，特别是旅游廊道的开发，出台有关政策，鼓励农民向小城镇集中，并积极从事旅游等服务产业。

第三，建设一批农村新型社区，提升农民生活质量。农村新型社区是指具有一定规模，具备完善基础设施和社会化服务设施配套的现代化农民聚居区。将传统村落改造建设成为农村新型社区，是推进新农村建设的重要举措。根据双流县 2007～2020 年总体规划，农村新型社区共计50 个，总聚居人口达 16 万。在建设农村新型社区的过程中，要配套完善基础设施和公共服务设施的各项建设，建设功能齐全、环境优良、风貌协调的农村新型社区，并对社区周边环境进行风貌整治，使村容镇貌焕然一新，有效改善农村人居环境，美化农村生产、生活、居住环境。要注意建设规模、速度、标准与当地经济发展、农民生活水平相适应。在改善农村硬件环境的同时，还要高度重视农村公共服务体系建设，例如扩大农村新型合作医疗的覆盖面，提升农村教师的素质、扩大困难家庭学生资助面，建立村级信息化示范站、图书室等。

第四，转移南部山区部分人口。双流南部山区小城镇发展水平滞后。要将山区移民搬迁与城镇化有机结合起来，将扶贫与城镇非农就业结合起来，将环境保护与人口转移结合起来。

创造条件加快农民土地向规模大户集中，农民向城镇集中，提高城镇化水平。

四、优化提升双流的城市县经济

1. 三次产业互动，大力发展现代农业

双流位于沿龙泉山脉及河流形成的南北向农业经济发展带。目前双流种植业、养殖业比例相当，养殖业增长更快一些。种植业中粮、菜、果基本三分天下，果品的快速增长已成为主要的结构特征，主要集中在东南丘区一带。双流县已形成高效农业示范基地 10 个；生态农业、观光农业发展势头良好，农家乐经济不断向前发展；获得有机食品认证 23 个，绿色食品认证 28 个，无公害农产品认证 38 个，"三品"生产总量 30 万吨以上，"双流冬草莓"和"双流枇杷"荣获国家地理标志产品保护。这些为双流现代农业发展创造了条件，也促进了双流现代农业的发展。

双流是成都平原经济圈的农业重点县，无论从经济、社会还是生态角度看，以发展现代农业为重点推进双流新农村建设都是必然选择，也是促进双流经济又好又快发展的基本保障。发展现代农业能够提高农民收入，有利于缩小城乡差距，进而消除城乡二元经济结构实现城乡一体化发展。双流城乡社会一体化是打造和谐西南门户城市的重要支撑条件。双流要实现区域性中心城市的发展战略需要促进人口向城镇集中，必须将农村劳动力从农业中转移出来，农村劳动力的转移和集中要求实现农业适度规模经营。现代农业的发展，成为双流农业发展的必然选择。

双流县推进现代农业发展战略，主要应抓好以下工作。

第一，继续推进"一乡一品"模式，做大做强特色农业产业。①政府扶持，充分利用地域资源，注重开发本地特色产品。本身具有一定规模的特色产品，要加大宣传，进一步做大做强。尚未开发本地特色产品的地区，政府做专项调研，确定其特色产品，扶持该产品相关产业的发展。②注重引进外来智力，长期发展注重人才培养。为了弥补农村人力资源短缺，政府鼓励刚毕业的大学生参与项目实施。依托政府农业改良普及机构和各级农协开展了各个领域、各种类型的人才培训讲习班，培养本土人才。③发展加工工业，打造知名品牌。推广天然、朴素的农产品品牌，对已有品牌进一步提升知名度，扩大品牌影响力。

第二，发挥区位优势，发展生态、观光农业。利用成都南大门的区位优势，引入可持续发展观念，重视农业发展的经济、生态、社会效应。继续扶持"农家乐"、"农业生态观光园""农业科技展览园"等生态、观光农业的发展。突破传统的地域界限，把双流农业融入成都平原、全国乃至国际大市场；不仅要注重开发利用本地资源，更要注重开发利用外地资源。为把双流建设成为兼具生态环保功能的大城市奠定良好基础。

第三，充分利用产业关联，延伸农业产业链。抓住成都成为全国统筹城乡配套改革试验区建设的重大机遇，积极构筑农业融入全域成都的平台；突破传统农业生产功能的束缚，强化服务城市的功能，努力向效益、生态、休闲农业拓展。侧重发展附加值高的绿色安全农业、休闲观光农业、生态农业，成为具有生产、生态、观光、休闲乃至教育等多项功能的现代农业。

2. 利用现有基础，大力发展现代制造业

首先，大力发展规模以上工业企业，努力促进传统产业高端化。在工业经济方面，双流没有像浙江、广东那样形成以中小企业为主体的产业集群，同时规模以上企业的数目较少。2007 年，双流规模以上工业企业个数为 351 个，规模以上工业总产值为 2829422 万元，规模以上工业企业平均产值为 8061 万元。同期，沿海 198 个开放县（市）的规模以上工业企业个数为 88138 个，县均 445 个；规模以上工业总产值为 4272890 万元，县均为 9602 万元。

表 16.8　　　双流规模以上工业企业与沿海平均水平对比情况

对比项目	双流	沿海平均
规模以上工业企业数（个）	351	445
规模以上工业总产值（万元）	2829422	4272890
规模以上工业企业平均产值（万元）	8061	9602

双流要加快双流工业化和城市化发展，但这并不是一般性地提高工业经济在 GDP 中的比重。重点应是加快规模以上工业企业发展，在培育新兴产业的同时，也要努力促进传统产业高端化。双流规模以上工业企业的数目低于沿海 198 个县的平均数。

第二，要形成新能源产业的龙头地位。

"十五"期间，成都市将双流作为成都近郊区之一，确定其主导产业分别是：生物与现代医药、电子及器械、新材料、绿色食品等产业（表16.9）。

表16.9　　　　　　　　　成都近郊区确定的主导产业

区、县	"十五"规划中的主导产业
双流区	生物与现代医药、电子及器械、新材料、绿色食品
新津	化工、机械、建材、电子等
温江区	食品、轻纺、医药化工、机电
郫县	电子信息、现代中药、食品饮料和机械制造
新都区	电子信息、食品饮料、医药、机械、家具、建材
青白江区	化工、机械、建材、轻纺
龙泉驿区	机械及汽车（摩托）车制造、电子信息、新型建材、医药、食品

资料来源：成都市经济信息中心课题组编：《统筹区域发展，加快城市化进程》（内部资料），2004年。

在以上7个近郊区的主导产业中，产业结构趋同现象十分突出，如以机械、食品为主导产业的分别有5个区、县。依照这样的定位，双流的相关产业虽也取得了一定的发展，但未来的发展空间日益狭小的问题非常突出。与周边区、县比较，主导产业仍然不明确，产业的市场空间有限。因此，双流必须明确以新能源为龙头，新材料和机电一体化产业为支柱的二产发展战略，努力促进传统产业升级换代，走传统产业高端化发展之路，加快发展现代制造业，努力打造"西南新能源之都"。

第三，大力发展新材料和机电一体化。与传统材料相比，新材料产业具有技术高度密集，研究与开发投入高，产品的附加值高，生产与市场的国际性强，以及应用范围广、发展前景好等特点，其研发水平及产业化规模已成为衡量一个国家经济与社会发展，科技进步和国防实力的重要标志，世界各国特别是发达国家都十分重视新材料产业的发展。

双流目前已经形成了生物医药、光电信息、机械加工、绿色食品、新材料五大支柱产业，新材料产业是双流的重要支柱产业，新材料集群化发展已具雏形。要进一步推进新材料产业的发展，形成以工程塑料等新型建筑材料以及上下游关联产品为重点的新材料产业集群，提高双流新材料产业在整个西南地区乃至全国的竞争力。

机电一体化技术，是机械和微电子技术紧密集合的一门技术。双流目前拥有机械电器产业规模以上企业一百多家，整体规划建设了 2 平方公里汽车摩托车整车及零配件产业园，积极引进培育汽车整车及零配件、电子电器及线缆、航空零部件生产及航空维修等产业集群。双流应当依托现有产业优势，集中力量培育一批国内领先、在机电一体化产业中具有较大影响的产业集群，使之在规模上居国内同行业前列，在国内市场上占有相当市场份额。

3. 围绕成都都市，提升服务业水平

2008 年，双流县第三产业增加值约为 130.7 亿元。同期，成都的 5 城区即锦江区为 233.1 亿元，青羊区为 255.1 亿元，金牛区为 269.8 亿元，武侯区为 222.9 亿元，成华区为 149.6 亿元。锦江等 5 区的服务业在三次产业总量中的比重均超过 50%，大部分还超过 60%，而双流城市的第三产业比重约为 38.8%。

双流的服务业与这些区相比都有较大的差距。差距也是发展空间之所在，经测算：年均增速如达到 18%，2012 年可实现服务业增加值 230 亿元，占 GDP 比重近 50%；年均增速保持 15%，到 2020 年实现服务业增加值 800 亿元，占 GDP 比重可达到 60% 以上。

首先，应加快发展生产性服务业。生产性服务业在服务业中最具增长动力的性质，同时与消费性服务业和公共服务业相比，也是双流县政府部门当前最有作为的一个部类。从双流实际来看，生产性服务业的发展有利于扩大双流的投资，促进双流的就业，带动双流的消费。

要从城市经济发展的战略高度认识到服务业的重要地位，出台相关政策支持服务业发展，尤其是生产性服务业的发展，提升双流服务业的总体水平与质量。整合"双流物流中心"、"航空物流中心"，形成功能完备、立足成都、服务西南的统一的"西南物流中心"。抓住成都市重心南移和华阳次中心建设的机遇，加快会议、博览业的发育。发展多层次生产服务业，第一层次是服务于双流的相关产业，第二层次是面向成都南部城市和周边其他中小城市，第三层次是开发面向西南城市规划发展各类生产服务业。发挥空港门户的独特优势，引领生产性服务业的国际化

程度，发展高效、高端生产性服务业。

表 16.10　　　航空物流园区与双流物流中心定位比较

三大国际性物流园区	地理位置	规划面积（亩）	发展重点	服务目标	定位
航空物流园区	依托成都双流国际机场，在机场国际国内货运站附近建设	3500	重点发展航空运输、航空物流、仓储配送	服务四川以及西南地区，辐射整个西部	航空物流枢纽平台、货物分拨中心和仓储配送中心
双流物流中心	绕城高速公路外侧的新老川藏公路之间	1800	重点发展公路货运、汽配物流、建材家具物流、服装鞋帽物流、进藏物资集散、仓储配送	辐射乐山、雅安、攀西经济区域和西藏、云南	南部市域物流配送的区域性综合型物流中心

资料来源：成都市交通委员会、成都市投资促进委员会。参考发展改革委城市和小城镇改革发展中心课题组编：《双流城市发展战略》（内部资料，2010 年 9 月）。

第二，大力发展消费性服务业。消费性服务业是劳动力密集性行业，在促进消费、吸纳就业、构建和谐社会等方面发挥着重要作用。从当前的情况来看，消费性服务业在双流的服务业中所占比重还比较小，还有很大的发展空间。相对于生产性服务业来说，消费性服务业对劳动力的吸纳能力更强，对劳动力的素质以及对资本的要求更低，针对双流城市化水平比较低的特点，大力发展消费性服务业很有必要。

第三，以临空经济发展为契机，将双流建设成为大型航空城。临空经济是一种新兴经济形态，它以机场为依托，以航空运输产业为指向，利用国际性、枢纽性大型机场在经济发展中的增强效应，引导周边产业的集聚。建设临空经济区应具备 3 个条件，即拥有枢纽机场、完善的交通网络以及较强的产业基础和经济基础。就成都双流而言，这 3 个条件都已基本具备，尤其西南航空港开发区已显示出临空经济区的雏形。

双流县区位及交通优势。既有全国第五、西部最大的航空枢纽，又拥有水、陆、空立体交通体系，区位条件优越，加上良好的投资环境、丰富的劳动力资源和适宜的气候条件，具备了发展总部经济和临空经济的基本条件。

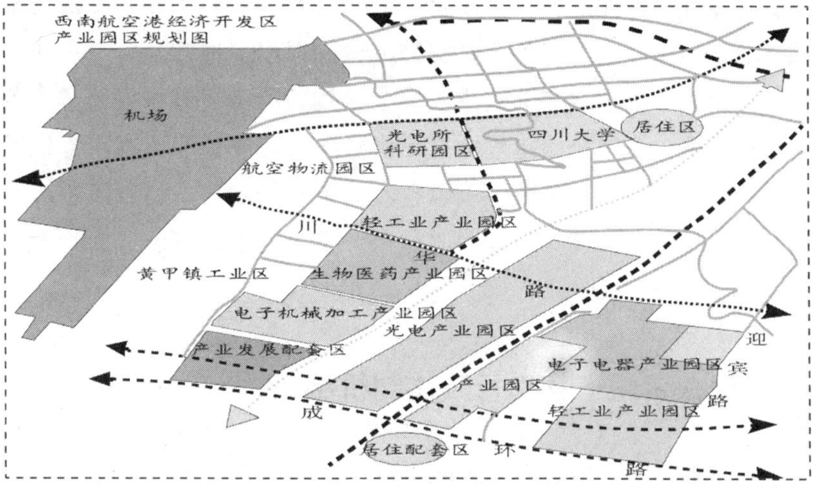

图 16.8　双流临空经济雏形

资料来源：发展改革委城市和小城镇改革发展中心课题组编：《双流城市发展战略》（内部资料，2010 年 9 月）。

经济优势。充分依托国际空港独特优势，加强国际国内经贸合作，大力发展外向型产业、都市会展业、现代物流业等，逐步建成"临空经济区"；不断壮大高新技术产业，建设完善各类高科技产业园区，加快建成"高科技经济区"。这些经济优势，为成都市临空经济区的发展打下了一定的基础。机场客货源市场存量及增量潜力巨大。成都双流国际机场是中西部最大的国际机场，中国第五大国际机场；双流机场服务成都、四川以及成渝经济圈，作为西南的门户，市场腹地广阔。

政府要树立起"现代机场是一个综合经济开发区，是一个经济实体"的观念。制定一个机场及其周围地区的长期发展规划，杜绝混乱开发、盲目建设。该规划不应只是一个简单的土地利用规定，也不只是一个远景描述，它应是一个发展过程的详细计划和实施方针。

根据临空经济产业发展的阶段性，以机场为中心的三大圈层有计划、有步骤地建设发展。吸引直接为航空运输服务的产业、航空保税产业、高新技术产业及其配套零部件产业、出口加工业、现代园艺农业、商务、旅游和生活服务业在临空开发区的聚集。依托成都国际航空物流园区和成都双流物流中心大力发展现代物流业。其中成都国际航空物流园区以航空物流服务、管理办公、商务服务、产品展示交易为主要功能，采用公路、航空运输方式，服务于航空物流、成都南部地区及针对川西及西藏地区的物流；成都双流物流中心以公路物流服务、管理办公、商务服务为主要功能，采用公路运输方式，服务于公路物流、成都南部地区及针对川西及西藏地区的物流。以临空经济发展为契机，将双流逐步建设成为具有航空城功能的区域性中心城市，作为成都市发展成为特大型城市的支点。

五、积极探索城市县的行政体制机制

在快速城镇化过程中，双流县成为"城市县"，它所遇到的问题，并非以往的"县改区"、"县改市"就能解决的。即便将双流变为"省管县"，或将双流提升为地级行政级别的县，双流的城市县发展所面临的问题也不能立竿见影得到解决。原因在于，城市县是一种特殊的由县到城市的过渡现象、县与城市并存的混合现象，以往的行政设置办法、体制机制运行已无法对应双流的城市县发展实际。适应于双流城市县发展的体制机制建设可以从以下方面考虑。

首先，增加城市经济、社会管理部门的机构与人员，扩充城市管理部门的权限。根据双流实际，要重点增设空港工业园区招商、建设、管理、运营的部门；增设对中小企业发展进行服务与管理的机构；随着城市县建设发展的加快，增设与投资、金融管理、物流等相关的第三产业发展促进机构。双流县户籍人口目前为93万人，随着城镇化率水平的提高，城镇人口增多，就业、社保、教育、医疗方面的机构职能要随之充实加强，这些方面的专业管理与服务人才的数量要增加、质量要提升。

其次，合理调整针对农村经济进行管理的机构与人员，增设针对农村社区管理的若干部门。可以进一步实施镇村区划调整和管理体制改革，撤并部分乡镇、行政村和村民小组。在农村地区加快规范化的服务型政府建设，着重构建县、镇、村三级便民服务体系，全面推行并联审批和集中服务，既优化提升行政效能的效果，又降低各项行政资源支出。

第三，建立统筹城乡发展的机构与部门。根据城乡规划一体化、产业发展一体化、市场机制一体化、基础设施一体化、公共服务一体化、城乡管理一体化的已有实践与经验，合理整合归并形成统一贯通的规划、产业、基础设施建设、教育、医疗、卫生等部门。探索行政管理职能向乡镇延伸、促进政府服务向基层和农村覆盖。

第四，争取建立四川省或成都市有关经济、社会管理部门的协调机构与分支机构，分享上级行政部门的管理权。双流县要大胆主动，围绕成都都市圈县（市、区）发展协作、乐山—成都—德阳—绵阳交通物流服务业发展协作、国内尤其是中西部空港经济发展协作、东西部产业交流对接等等，推动建立一批以市场机制为基础的议事平台，通过开展课题研究、组织召开论坛活动、进行区域招商营销等，为区域发展作出贡献，也为双流城市县发展拓宽空间。积极争取成都市或四川省将部分管理权限下放到双流，以推动双流城市县的发展。争取将成都市部分行政机构设立在双流，选择双流县已具有优势、能够发挥较大作用的领域，成立若干个市级的管理服务中心。

第五，借鉴城市管理经验，创新城市管理方法，提高行政效率。以推进城乡一体化、建设现代化的城市县的目标统揽经济社会发展大局，不断借鉴发达国家城市管理的成熟经验，借鉴东部地区类似城市县的成功经验，创新城市县的管理方法。随着城市县功能的不断增强，双流必然面临着政府行政能力不够、提供公共服务产品不足的问题。建议双流县对公共项目进行优先排序，分清主次。要培育更多的市场主体，鼓励这些主体积极参加基础设施与公共服务产品的生产、提供。推动城市和农村公共服务社区化，鼓励各社区建立公益事业如养老院、残疾人福利中心等。倡导开展双流城市县政府再造活动，注重政府部门内部的人力资源开发，加强公务员培训，提高公务员的激励水平。

第十七章　浙江省城镇化转型战略研究[①]

一、浙江城镇化发展的阶段与现状

1. 浙江城镇化发展的主要阶段

根据人口流向变化、城镇载体发展等因素分析，浙江的城镇化发展总体上可分为改革开放前与改革开放后两大阶段。其中，改革开放以来，浙江省城镇化发展又经历了三个主要阶段，分别是 20 世纪 80 年代阶段、90 年代阶段、本世纪初以来的新阶段。

20 世纪 80 年代，浙江省与全国一样开始改革开放。农村劳动生产率得到较快提高，农村剩余劳动力开始外出寻找出路。整个 80 年代，浙江外出人口多出于流入人口 70 多万。整个 80 年代，浙江省内的农民流向主要是向小城镇转移为主，浙江小城镇得到较快发展，以年均 50 个左右的速度增长，从 1978 年的 200 多个，上升到 90 年代末的 700 多个。

20 世纪 90 年代开始，浙江经济的特色进一步体现。浙江省地方集群、专业市场与小城镇发展相互作用、共同推动形成了富有活力的"浙江现象"。本省和周边省份的农村人口纷纷涌向浙江的城镇。2000 年浙江流入人口与流出人口比为 1.78∶1。这一段时间，浙江省通过撤县建市、新增地级市等一系列制度改革，省内中小城市得到较快发展。到 1998 年底，全省县级建制市由 1995 年的 18 个增加到 28 个，一大批县级中心城市成为民营企业集聚的中心，杭州、宁波、温州等大中型城市也得到全

① 本章是本书作者针对浙江省"十二五"城镇化规划向浙江省政府提供咨询意见的部分内容。本书出版时部分数据有更新。

面发展。例如,杭州市 1992 年市辖区面积仅为 430 平方公里,2002 年扩大到 3607 平方公里,增加 7 倍。城市人口由 109 万增加到 222 万,增加1 倍。

表 17.1　　　　　　　　　浙江省城镇化发展情况

城市	市辖区数量（个）		市辖区面积（km²）		建成面积（km²）		城市人口（万人）		行政区划调整（次）
年份	1992 年	2002 年	1992 年	2002 年	1992 年	2002 年	1992 年	2002 年	
杭州	6	8	430	3607	68	227	109	222	2
宁波	5	6	1050	2430	58	127	54.4	124	1
温州	2	3	187	1187	25	115	39.7	105	2
嘉兴	2	2	958	968	20	35	21.7	37	1
湖州	0	2	1522	1522	15	28	21.2	35	1
绍兴	1	1	101	339	15	34	7.8	40	1
舟山	2	2	1028	1028	19	30	15.3	35.2	0
金华	1	2	301	2045	12	49	14.2	44.4	1
衢州	1	2	240	2357	16	27	11	27.3	1
台州	0	3		1536	20	70	16.9	60	1
丽水	0	2		1502	5	16	6.8	16	1
全省合计	20	33	5817	18251	273	758	318	745.9	12

资料来源:史晋川、钱陈等著:《空间转型——浙江的城市化进程》,浙江大学出版社 2008 年版。

20 世纪初以来,浙江省城市经济进一步发展,各项指标在全国名列前茅。全省 11 个地级市流动人口数量超过户籍人口 1/3 的就有 8 个,其中杭州、宁波、温州是吸引农民工最多的三个市,吸纳了近 60% 的外籍农民工。萧山、义乌、绍兴、瑞安等经济发达的县(市),外省农民工数量均在 20 万以上。根据浙江省人力资源社保厅统计,2011 年全省农民工总数约 2100 万,其中本省籍 1300 万,外省籍 800 万。从城市空间变化来看,2000 年以来,浙江大中城市对资源的集聚更加明显,以杭州、宁波、温州为核心的都市圈初步形成,以金华为主的浙江城市群也初现雏形。

表 17.2   浙江省城镇化主要阶段特征

时间	城镇化主要特征
1978 年以前	①20 世纪 50 年代全省城市化建设有较快发展，60、70 年代，由于"左"的思想影响，城市化进程遭受严重挫折；②从 1949 年到 1985 年的 35 年中，城镇人口平均每年增加 1.85%，低于同期全国平均递增 3.01% 的速度；③城市人口和经济偏向于杭州、宁波等大中城市，小城镇比重较低；④城乡二元结构明显，但城乡差距低于全国平均水平
1980 年代	①城镇数量有较大幅度增长，城镇人口和用地规模也不断扩大，城市化进程明显加快；②小城镇数量发生显著变化，80 年代，城镇规模小且分布密度较大，平均高达 38.7 个/千平方千米；③中等城市偏少，大中城市之间距离相对较远（一般在 150~300 千米），产业结构雷同现象较为明显；④地区间城镇发展不均衡；⑤大部分城市工业基础较为薄弱，许多小城镇仍以"五小工业"为主，难以发挥中心城市的经济辐射和带动作用；⑥城乡差距逐渐缩小
1990 年代	①乡镇撤并、撤县建市及撤市设区加快推进，城镇规模迅速扩大，其中，大中城市规模扩张开始加速；②沿海地区的基础设施和旧城改造力度不断加大，城市集聚经济功能逐渐增大，城市功能从单一的工业型或商贸型向综合型方向发展；③城市间的经济联系不断增加，产业分工和经济互动进一步深化；④城乡差距开始出现新的扩大趋势，城镇发展的地区差异也更加明显
2000 年以来	①沿杭州湾和温台沿海地区的城镇密集带趋于成熟，该地区的人口和经济比重进一步上升；②大城市的集聚和辐射功能进一步增强、杭、甬、温三大都市圈初步形成，以金华为主的浙中城市群也初现雏形；③地区间的竞争与合作效应不断增强，衢州、丽水、湖州、舟山等省域边界城市逐步呈现出迅速发展的势头；④城乡差距有进一步扩大的趋势

资料来源：史晋川、钱陈等著：《空间转型——浙江的城市化进程》，浙江大学出版社 2008 年版，有改动。

2. 浙江城镇化发展的现状

一是城镇化率相对较高。根据 2010 年第六次人口普查资料，浙江常住人口达到 5442.69 万人，城镇化率达到 61.6%，高于全国平均 12 个百分点。城镇化水平最高的是杭州市，城镇化率已达 73.2%，宁波、温州、舟山市的城镇化率高于全省 61.6% 的水平，而嘉兴、湖州、绍兴、金华和台州市的城镇化率在 50%~60% 之间。

表 17.3　　　　　　　　　浙江城镇化率（%）

全省	杭州市	宁波市	温州市	嘉兴市	湖州市	绍兴市	金华市	衢州市	舟山市	台州市	丽水市
61.6	73.2	68.3	66.0	53.3	52.9	58.65	59.0	44.1	63.6	55.5	48.4

二是城镇体系相对健全。根据我国目前关于城市规模分类的统计，浙江省现有 736 个城镇中，有特大城市 4 个，大城市 5 个，小城市 20 个，小城镇 681 个（其中镇区常住人口 5 ~ 10 万人的小城镇 40 个）。在全省城镇人口中，4 个特大城市占 30.3%，5 个大城市占 9.9%，26 个中等城市占 23.7%，小城市占 8.2%，小城镇占 20.2%。

表 17.4　　　　　　浙江省城镇化主要指标（2010 年）

一级指标		二级指标	2010 年
经济发展	1	人均 GDP（元）	51711
	2	研究与试验发展经费支出占 GDP 比重（%）	1.82
	3	非农产业全员劳动生产率（元/人）	86390
	4	第三产业增加值占 GDP 比重（%）	43.5
社会发展	5	城镇居民可支配收入（元）	27359
	6	农村居民人均纯收入（元）	11303
	7	职工及城乡居民养老保险参保人数（万人）	2750
	8	城镇职工及城镇居民医疗保险参保人数（万人）	1810
	9	城镇登记失业率（%）	3.2
资源节约	10	单位建设地二三产业增加值（亿元/平方公里）	9.78
	11	单位生产总值能耗能（吨标准煤/万元）	0.72
	12	单位工业增加值用水量（立方米/万元）	68
	13	单位生产总值 CO_2 排放降低（%）	/
	14	城市人均公园绿地面积（平方米）	11
	15	城市污水处理率（%）	76.1
	16	城市生活垃圾无害化处理率（%）	96.3
城乡统筹	17	城市化水平（%）	61.6
	18	城乡居民收入差距倍数	2.42
	19	城乡客运一体化率（%）	48.5
	20	累计村庄整治率（%）	60

　　三是城市经济社会发展水平相对较好。在经济、社会、城乡统筹、资约节约等方面，浙江省的多项指标较好，有的指标位居最高前列。例如，城镇居民人均可支配收入，全国平均为 19109 元，浙江省为 27359元；农村居民人均纯收入，全国为 5919 元；浙江省为 11303 元；城镇登记失业率全国为 4.1%，浙江省为 3.2%；研究与试验发展经费占国内生产总值比值，全国为 1.75%，浙江省为 1.82%。

　　四是城镇化改革经验相对丰富。浙江省注重制度创新，推进城镇化发展。在具体实践中，浙江各城市政府采用"渐进实验式"、"行政放权式"、"用活政策式"、"公共服务式"等办法，推进城镇发展。温州的"效能政府"模式，绍兴将 ISO9000 引入政府程序，宁波推进"服务型、透明型、法制型"政府，台州建设"推进型"政府、杭州打造"和谐创业型"政府等等，在全国都有较大的影响。在由有关部门评选的"中国地方政府创新奖"评比中，浙江获奖数目为全国之最。①

　　浙江省城镇化发展取得了显著成绩。在全国城镇体系规划中，浙江省的城镇化发展被赋予独特而重要的地位。

表 17.5　　　　　　　　　　　　浙江规划指引

城镇化水平	2010 年规划		2020 年规划	
	城镇化水平（%）	城镇人口（万人）	城镇化水平（%）	城镇人口（万人）
	60	3000	70～73	3330～3950
重点发展与管理的地区和城市	长江三角洲重点城镇群内的杭州、绍兴、宁波、嘉兴、湖州、台州、牡舟山、温州、金华—义乌等城市			
	历史文化名城	杭州、宁波、绍兴、衢州、临海		
	风景旅游城市	杭州、绍兴、嘉兴、淳安（千岛湖）		
	重点生态保护地区及环境治理地区	千岛湖、富春江周边地区、雁荡山地区的水源涵养区，近海岛屿，滩涂		
跨省域协调地区及需要协调的内容	加强环太湖周边地区的生态环境治理和城镇协调发展；保护富春江上游地区（浙皖交界地区）的水源涵养区；加强宁波—舟山港与上海国际航运中心洋山深水港区的分工协作			

---

　　①　"中国政府创新奖"是 2000 年由中共中央编译局、中央党校等机构发起。相关领域的专家学者根据地方政府创新程度、参与程度、效益程度、重要程度、节约程度和推广程度等六项标准对政治改革、行政改革和公共服务三大类别的政府创新进行科学评估、奖励、研究和推广。浙江省获该奖的项目为全国最多。参考 http://www.chinaccer.com/deart.asp？artid=36229。

续表

城镇化水平	2010 年规划		2020 年规划	
	城镇化水平（%）	城镇人口（万人）	城镇化水平（%）	城镇人口（万人）
	60	3000	70～73	3330～3950
重大区域基础设施	交通设施：建设沿海铁路浙江段、上海—杭州—长沙铁路客运专线；打通赣湘黔桂等省区至宁波—舟山港的交通通道，建设宁波铁路集装箱物流中心；建设长三角城际轨道交通，近期建设沪杭城际磁浮交通；按《中长期铁路网规划》和《国家高速公路网规划》建设相关路段或预留必要线位；国家公路主枢纽城市应按照规划要求建设运输站场或预留规划用地；加强港口码头、航道等设施建设			
	其他设施：建设宁波—舟山港能源储备基地			

资料来源：住房和城乡建设部城乡规划司、中国城市规划设计研究院编：《全国城镇体系规划 2006～2020)》，商务印书馆 2010 年版，第 84 页。

二、浙江城镇化发展面临的主要问题

浙江城镇化走在全国前列。不可否认的是，浙江城镇化也存在许多问题。比较突出的有以下方面。

1. 城镇化的水平仍然偏低

浙江城镇化水平不高反映在城镇化率上。对照一些可比的国家或地区的同等发展阶段，日、韩与我国台湾地区分别在 20 世纪 70 年代末、80 年代末、90 年代实现人均生产总值 6000 美元，浙江省大约在 2008 年实现人均生产总值 6000 美元。在人均生产总值的 6000 美元阶段，日、韩与我国台湾地区的城镇化率都超过 75%，相比较来说，浙江省要落后 15 个百分点以上。

城镇化水平不高也反映在"半城镇化"等问题上。浙江省在解决农民工市民化方面采取了很多办法，但客观而言，浙江的杭州、宁波、温州等各类城市仍然广泛存在着"半城镇化"现象，也就是农民、农民工在基本公共服务方面与城市户籍人口相比还有较大的差距，农民工与市民还没有融为一体。截至 2011 年底，浙江省有农民工约 2100 万，其中，本省籍 1300 万人，外省籍 800 万人。由"半城镇化"引发的农民工就业不稳定现象也普遍存在，据调查，全省 1/3 的农民工在同一企业工作的时间不超过 1 年, 就业的稳定性低影响了就业质量与产业发展质量。农民工融入当地社会难, 62.2% 的农民工从没参与社区活动。

表 17.6

	最低生活保障	基本医疗保险	义务教育	保障性住房
市民	为当地最低工资标准的 40%	实行基本医疗保险制度。筹资金额、报销比例、最高支付限额;数量标准较高	优质公共教育资源集中于城镇,保障市民子女义务教育	对低保标准 2 倍以上城市住房困难家庭提供廉租住房,对家庭收入在当地城镇居民人均可支配收入 60% 以下的家庭提供经济千家万户用房
农民工	为城市最低生活保障标准的 60%	享受农村新型合作医疗制度;数量标准较低	农民工子弟学校的条件尚需改进	住房保障体系尚处于探索阶段,范围和水平都较低

2. 都市圈与中小城市发展质量不高

发达国家或地区在城镇化率超过 50% 之后, 一般进入以城市群、都市圈发展为主体形态的阶段。一定程度上, 城镇化率从 50% 向 70% 以上迈进的过程, 就是都市圈壮大、完善, 并且形成全球影响力的过程。目前有全球影响力的都市圈包括纽约都市圈、巴黎都市圈、伦敦都市圈、东京都市圈等等。这些都市圈范围内的大都市都具有世界城市的影响力, 而中小城市通过全球城市体系, 也逐步发展出国际影响力。

浙江城镇群是世界第六大城镇群——长三角城镇群的主体部分。而浙江城镇群的主体部分又是由环杭州湾都圈、浙江金华—义乌等都市圈及其中小城市组成。这一地区的发展模式, 在空间上以发达的县域经济、小城镇经济为主体。在都市圈与中小城市发展方面存在的问题主要有: 对外开放尤其是引进外资相对滞后, 科技创新能力相对薄弱, 行政区划分割仍然比较严重。①。

3. 城镇的宜居功能有待加强

国内而言, 浙江城市和小城镇的生态环境质量较高, 与周边城市和

---

① 黄勇等:《全球化和长三角一体化背景下环杭州湾地区战略抉择》, 中国社会科学出版社 2008 年版。

小城镇相比，有一定优势。但也存在一些问题。

①水环境问题。根据浙江省发布的海洋环境公报，杭州湾生态系统连续多年处于"不健康"状态。杭湖平原、萧绍平原地带，由于受到化工印染行业的污染的影响，出现河网水质不佳，部分地区处于"江南水乡无水喝"的地步。

②酸雨问题。浙江城镇群的部分地区，如杭州、温州都是酸雨重灾区。酸雨主要是凡煤、石油、天然气等燃料燃烧产生的二氧化硫、氮氧化物等酸性气体，经过复杂的大气化学反应，被雨水吸收溶解而成。浙江城镇工业发达，汽车拥有量较多，各类污染气体排放密集，这是浙江一些城市酸雨率近乎100%的重要原因。

③交通、道路等状况不好。杭州等城市的拥堵全国知名。

④小城镇生活性服务业不发达，教育、医疗条件与大城市相差较远，对人口的吸引力不强。

4. 三次产业发展水平滞后，二次产业结构层次低

2011 年浙江省服务业占 GDP 比重为 43.9%，位居全国第八。服务业总值为 3.23 万亿元，比广东省少 9917.47 亿元，比江苏少 6661.98 亿元，比山东少 3190.66 亿元，服务业增加值分别只有广东、江苏、山东三省的 58.8%、68%、81.6%。浙江省的服务业比重与城市化率相比，也显示出浙江省服务业较为落后。2011 年，浙江省的服务业比重还未达到 1960 年中等收入国家服务业比重。

表 17.7　　浙江省与发达国家三次产业所占比重比较（%）

1960 年	美国	英国	法国	德国	日本	浙江	高收入国家	中等收入国家	低收入国家
第一产业	4	4	10	6	13	4.9	6	22	51
第二产业	38	43	38	53	45	51.2	40	30	17
第三产业	58	53	52	41	42	43.9	54	47	32

资料来源：世界银行 1981~2003 年的"世界发展报告"，浙江省统计学会"浙江省城市化与服务业发展实证分析"，参考 lib. zjsru. edu. cn/news/Article/Print. asp? ArticleID=4966。

从浙江二次产业的内部来看，浙江省纺织服装、皮革等劳动密集型产业比重较高，而技术密集型产业的比重偏低。2008 年金融危机爆发的当年，纺织服装业占工业总产值的 14.5%，由于受到外需收缩的影响，

全行业出现亏损。浙江的高技术产业占工业总产值的比重不到 10%，这与同等收入水平的国家与地区相比还有较大的差距。

5. 城镇化资金瓶颈约束较为严重

浙江省经济发展水平较高，民间资本也较为活跃，但即便如此，浙江城镇化的资金瓶颈约束也依然存在。

浙江省属于东部沿海地区，城镇化涉及的多项成本不但比内陆地区高，也比沿海其他许多城市要高。以农民工积聚地的人均基础设施成本来看，东部沿海地区农民工市民化所涉及的基础设施成本约为 20652 元，杭州、宁波、温州、绍兴四市的该项成本分别为 23993 元、34300 元、23998 元、23950 元。浙江省又是农民工流入大省，2011 年 6 月 30 日全省登记的流动人口有 2215.1 万人，省外流入约占 84.7%，人数约占全国农民工总数的 1/10。考虑到农民工市民化平均成本高而农民工基数又大，浙江省城镇化的资金压力并不比其他省小。

如果仅仅依靠财政投入，浙江省无法解决农民工市民化的资金缺口问题。以杭州市解决农民工住房为例。根据现行政策，杭州市绝大多数农民工可成为经济适用住房的申购对象，相当一部分农民工家庭可申请廉租住房。一套 60 平方米的经济适用住房，按目前杭州市经济适用住房与商品房的差价计算，政府需补贴 30 万元；一套 50 平方米的廉租房，以每平方米每月补贴租金 20 元计算，市财政每年需补贴租金 14400 元。如果每年增加 1 万户农民工家庭，按经济适用住房 8000 套、廉租房 2000 套计算，财政每年将增加支出 24.24 亿元。这还不包括居住公共配套设施和廉租房建设投入。经过以上测算，杭州市原市领导的基本结论是：如果没有政策制度上的突破，一旦户口全面放开，地方财政将难以承受。① 义乌等地的财政状况总体良好，但也反映，近年来在农民工教育、公共卫生、公共治安、就业培训、公交补贴等方面的财政投入超过 20 亿元，面临不小压力。在"城市公共服务设施建设和社会事业发展方面的压力就非常大"。②

---

① 城市学研究编委会编：《城市学研究》，中国社会科学出版社 2011 年版。

② 以上内容，来源于中国城市和小城镇改革发展中心 2012 年 4 月编选《国家城镇化规划专题调研座谈会（长三角片区）会议材料》。

6. 政府在推进城镇化中的方式方法需要改进

浙江省各级城市政府在推进城镇化发展方面，多项工作走在全国前列。但是城镇化迅速发展中出现的新形势、新问题，仍然让一些城市政府难以应对。浙江省一些城市领导人对于传统的城镇发展模式比较熟悉，但对新型城镇化发展的路径、推进方式等明显没有成熟的思考。在征地过程中，浙江出现了一些恶性事件。在如何处理产业发展与环境保护方面，浙江一些城市陷入矛盾与纠纷的漩涡。

例如，2012 年宁波镇海湾塘等村数百名村民，以该市一化工企业（PX）项目距离村庄太近为由，到区政府上访，并围堵了城区一交通路口，造成群体性事件。最终该项目被宣布为"停止上马"。国内外媒体对此事作了充分报道，比较集中的观点认为这反映了宁波城镇区领导在推动公众参与的规划、发展方面，缺乏必要的方式方法。

7. 城镇体制面临重大突破

这方面浙江省面临着四个方面的问题①。

首先，小城镇的管理体制与其经济社会发展要求不相适应的问题。浙江省的小城镇经过长期发展，分化状态严重。部分小城镇发展权丧失。而另外有一些特大镇，虽然采取了一定措施，但仍然是在县镇的行政框架内的放权让利。在镇的名称、镇的行政框架范围内，镇政府获得的实际权力并不多。在我国现行行政体制框架下，一个独立的小城市所需要的独立的财权、规划权、土地指标和开发等权限还没有涉及。一些地方对特大镇权利的放放收收，还造成了特大镇改革发展的不稳定。

---

① 在实际的发展过程中，行政体制不适应特大镇发展的原因是多种多样的。以浙江省苍南县龙港镇为例，作为全县的经济中心，龙港镇与县政府之间的矛盾主要是龙港经济发展过于迅速，在行政资源上得不到充分支持，反而受到约束。龙港镇与县城——灵溪镇之间的矛盾主要是全县经济中心与行政中心在争抢发展权方面的矛盾。龙港与邻县平阳县的鳌江镇之间的矛盾主要是行政体制分割与经济的融合发展之间的矛盾。关于特大镇的前途，学者们提出了多种思路与方案。如关于龙港镇有两种思路，一是设立地级龙港市，二是设立县级龙港市。关于设市后的具体途径则有 8 种之多的备选方案。参考贺曲夫、孙继英："浙江省苍南县龙港镇发展与行政区划管理体制创新研究"，《经济师》2008 年第 6 期。

表 17.8 浙江省小城镇发展变化

时期	改革实践	主要变化	进一步发展的主要矛盾
"九五"时期	小城镇综合改革试点；局部地区的乡镇区划调整	建制镇数量增长势头得到控制；产业结构调整初见成效	产业"低、散、小"；城镇基础设施建设落后
"十五"时期	从综合改革试点到中心镇培育；大范围全覆盖的乡镇区划调整；农村设施建设的全面推进	建制镇的数量急剧下降；产业结构调整成效显著，"一镇一品"的区域划格局基本形成	城镇化远落后于工业化；城镇品质欠佳，缺乏吸引力
"十一五"时期	推行"强镇扩权"，中心镇培育；农业现代化建设初步推进	强镇的优势地位得以全面巩固；现代农业的发展初见成效	两极分化加剧；弱镇发展权丧失；农业现代化缺乏空间主体

资料来源：陈前虎等："改革开放以来浙江小城镇发展转型研究"，载于《"转型期的小城镇特色与风貌"专题研讨会会议资料》，中国城市规划学会主编，2011 年 11 月。

王景新：温州"强镇扩权"：探索现代小城市发展的新途径，现代经济探讨，2010 年第 12 期。

表 17.9 浙江典型特大镇概况

	面积	人口	经济发展	位次	总体情况
乐清市柳市镇	镇域面积 49.88 平方公里	总人口 30 万人	地区生产总值 376 亿元	千强镇第 21 名	5 镇人口都在 20～30 万以上，城区建成区面积都在约 10～30 平方公里之间，地区总产值都在约 80～400 亿元之间，财政收入都在 10～20 亿元，占所在县（市）比例都在 30% 以上。第二、三产业比重超过了 80%
永嘉县瓯北镇	镇域面积 128 平方公里	户籍人口 13 万人；流动人口 22 万人	地区生产总值 113.5 亿元，财政收入 17.5 亿元	千强镇第 101 名	
苍南县龙港镇	镇域面积 83 平方公里，建成区 16 平方公里	总人口 30 万人，其中户籍人口 25.4 万人	财政收入 9.47 亿元	千强镇第 132 名	
平阳县鳌江镇	镇域面积 102 平方公里，建成区 10.8 平方公里	常住人口 15 万人	地区生产总值 110 亿元，财政收入 8.87 亿元，农民人均纯收入 10852 元	千强镇 252 名	
瑞安市塘下镇	镇域面积 83 平方公里，建成区 9.25 平方公里	常住人口 17.47 万人，外来人口 17 万人	地区生产总值 76.59 亿元，财政收入 12.95 亿元	千强镇第 167 名	

数据来源："温州'强镇扩权'：探索现代小城市发展的新途径"，2010 年第 12 期；"温州将试点镇级市惹争议专家可在体制上突破"，《南方日报》，转自人民网 2010 年 3 月 17 日；"温州五强镇扩权试点引热议，'镇级市'效果尚待检验"，《浙江日报》2010 年 4 月 1 日；"温州破冰'镇级市'改革，目标奔向现代小城市"，新华社温州 2010 年 5 月 19 日电，新华网浙江频道。

其次，地级市的管理体制与浙江城镇化发展的实际需要不相适应。研究表明，尽管 20 世纪 90 年代以来，我国在多个省份推行过"市管县"的体制，但浙江省实际上一直是"省管县"，并未真正实行过市管县。浙江省域面积较小，县域经济发达，中小城市众多，具备较好的"省管县"的条件。目前仍在采用的地级市的行政架构增加了行政协调的成本，也并没有对提高决策的灵活性、科学性起到真正的作用。

第三，城乡结合部的现行治理体制与城镇化发展不相适应。浙江省处于长三角城市密集区的主要地带，农村经济发达。在城乡结合部、交通沿线地带、相邻城市的中间过渡阶段，有一些村庄实际上的基础设施、产业特征都与城市无异。在目前的体制下，这些村庄存在着大量突出的城乡混合的特征，由此带来了环境污染、粗放用地、社会管理混乱等问题。下一步这些地方究竟是按城市管理，还是按现有体制算作村庄管理，是一个需要研究的问题。

第四，城市之间的协调体制、机制与都市圈发展不相适应。浙江城镇群范围内，都市圈已有初步发展。目前以杭州为中心的都市圈、以宁波为中心的都市圈、以温州为中心的都市圈、以金华—义乌为中心的都市圈都体现出较强的活力。但也要看到，杭州、宁波、温州等大中城市之间的竞争多于合作，城市的多项管理制度限制而不是促进了要素流动，区域交界处的河流污染、交通线路规划等问题尤为突出。

三、浙江城镇化转型的战略思考

就全国的比较而言，浙江省的城市化水平较高。浙江省也是较早提出新型城市化概念的省[①]。研究和推动浙江省城镇化转型，将进一步促进

---

① 关于新型城市化，浙江较早提出"新型城市化"的命题。2006 年 8 月，在浙江省委、省政府的一次研究城市化发展的专题会议上，提出了"新型城市化"的命题，那就是"资源节约、环境友好、经济高效、社会和谐，大中小城市和小城镇协调发展、城乡互促共进"的城市化。关于转型，浙江省内外的认识也非常深刻，如浙江省发展改革委刘亭 2005 年就提出"没有转型，就没有浙江的发展；没有转型，就没有浙江的未来；没有转型，很有可能'十一五'将会成为浙江近 30 年来辉煌发展的拐点。"参见刘亭："顺势大转型，引领新发展"，载于任真等主编《长三角的未来，机遇与挑战》，人民出版社 2011 年版，83 ~ 86 页。

浙江省城镇化改革发展大局，对于其他省（市、自治区）推动城镇化转型发展也有着重要意义。

1. 将农民工市民化作为城镇化的核心战略，制定农民工市民化路线图

农民工是生产力的重要组成部分。当前中国已进入未富先老的发展阶段，部分地区缺乏充沛的劳动力。浙江省的农民工总数超过 2000 万人，其中 8 个地级市的农民工与户籍人口比超过 1/3，杭州、宁波、温州、嘉兴、台州、金华、绍兴等经济发达地区农民工数量超过百万。传统的城市发展战略不重视人力资源特征，尤其是不重视甚至轻视农民工。在新型城镇化发展时期，应将农民工作为重要的人力资源来看待。在城市发展战略中将农民工市民化的价值体现出来。杭州、宁波、温州、台州、金华、绍兴等地在修编新一轮城市发展战略、城市发展规划时，均应充分考虑农民工的价值。立足于持续吸引劳动力与提升人力资源素质，寻找并扩大浙江省的竞争力的角度，进行相关的战略设计与制度安排，并落实到计划中去。

表 17.10　　　　　　　　　　浙江省各市人口变化

分布地	2005 年		2010 年		2011 年	
	人数（万人）	比例（%）	人数（万人）	比例（%）	人数（万人）	比例（%）
全省	1291.01	100.00	1950.29	100.00	2215.08	100.00
杭州	218.88	16.95	337.68	17.31	374.44	16.90
宁波	245.04	18.98	404.38	20.73	429.84	19.41
温州	276.28	21.40	335.41	17.20	370.09	16.71
嘉兴	137.39	10.64	190.66	9.78	216.0	9.75
湖州	44.18	3.42	59.59	3.06	71.53	3.23
绍兴	85.93	6.66	142.41	7.30	182.28	8.23
金华	135.67	10.51	229.06	11.74	279.64	12.62
衢州	6.70	0.52	17.82	0.91	16.90	0.76
舟山	13.95	1.08	31.63	1.62	33.06	1.49
台州	114.73	8.89	158.45	8.12	194.14	8.76
丽水	12.24	0.95	43.20	2.22	47.16	2.13

资料来源：2005、2010、2011 年《浙江省人口统计资料》，浙江省公安厅。

2. 将都市圈与中小城市作为浙江省城镇化的基本空间载体，完善城镇体系

浙江省已经形成了以杭州、宁波、温州、金华—义乌为核心的四大

都市圈，同时大量发达的小城镇有条件发展成为具有活力的中小城市。都市圈与中小城市应该作为浙江省城镇化的基本空间载体。

要进一步明确杭州、宁波、温州、金华—义乌的核心城市定位，形成优势互补的城市发展战略格局。杭州都市圈定位于长三角区域重要的高新技术产业基地和国际旅游休闲中心。宁波要充分发挥产业和沿海港口资源优势，建设国家海洋经济示范区。温州要进一步发挥体制机制创新的优势，建设以装备制造为主的先进制造业基地、商贸物流为主的现代服务业基地。金华—义乌要建设成为具有国际影响力的商贸物流中心和高新技术产业基地。

进一步发挥杭州、宁波、温州、金华—义乌都市圈的内部联结以及对周边城市的核心带动作用。杭州、宁波、温州等要通过城际铁路和轨道交通加强一体化联结与发展，宁波与舟山市要围绕建设港航体系、金华与义乌市要围绕建设国际商贸物流中心全面加强合作。上述四大都市区既有特色分工，更强调优势整合，力争实现区域生产总值占浙江省的70%以上，成为长三角城市群的核心地带。

要推动杭州、宁波、温州、金华—义乌都市圈范围内的中心城市与中小城市的互动协调发展，要进一步研究都市圈视角下县域经济的类型，因市制宜、因县制宜，确定中小城市发展战略。根据浙江情况，这些中小城市包括现有 57 个县（市）域的中心城市①，也包括 200 个左右的省级中心镇，其中 27 个"特大镇"正在培育成为中小城市。总体而言，浙江城镇体系由 4 大都市圈、300 个左右大小不等的城镇组成。

表 17.11　　　　　都市圈视角下的浙江县域经济类型

类别		自身实力（包括土地、人口和经济规模等）	
		强	弱
与中心城市联系强度（包括空间距离、产业关联等）	强	Ⅰ-1，德清，海宁	Ⅰ-2，安吉
	弱	Ⅱ-1，慈溪	Ⅱ-2，嵊州、新昌
		Ⅱ-3，温岭	Ⅲ，庆元、泰顺

资料来源：徐明华、陈文举："浙江县域经济融入都市圈发展研究"，《浙江社会科学》，2011 年第 8 期。

———————————

① 浙江省的县级行政单位包括 30 个市辖区、35 个县、1 个自治县、22 个县级市。

3. 调整城市的目标定位，推动城市在社会、经济、生态方面协调发展

要从城市功能目标上，树立生态立市的理念。如果不从城市功能目标上，彻底改变城市的定位与方向，仅将节能环保、绿色发展作为环保部门、卫生部门的职能，就难以改变浙江省一部分城市以经济建设为中心而损害生态环境的冲动与行为。为此，就需要转变观念，破除单纯追求 GDP 的施政理念，代之以更加全面、综合的指标对城市改革发展予以考核。尤其是要加大生态环境方面的指标权重。为此，在浙江省各类城市中，要一如既往地贯彻生态优先原则、可持续发展原则。

在浙江的城市发展中，要大力推广创建生态城市、绿色城市、低碳城市的活动。将生态产业、生态社会、生态环境建设融为一体。力争运用先进的城市发展理念、可行的低碳城市发展技术、严格的生态保护考核约束，努力减缓城市发展的生态目标与经济目标之间内在的功能冲突。例如，浙江省杭州市一方面定位于旅游城市和历史文化名城，但在发展模式上又面临着旅游带动型发展模式、高新技术主导型的发展模式、综合性服务业为主要的发展模式、制造业为支柱的发展模式、区域性管理与文化中心的发展模式的选择。以上具体的发展模式都有各自的基本依据，如果不能找到这些模式与杭州生态、绿色、低碳城市之间的冲突耦合之处，避免冲突并且促成耦合，那么在实际工作中就会置生态环境的功能目标于不顾，而将城市重新塑造成为不计生态成本追求 GDP 的增长机器。

4. 推动城市经济转型，大力发展第三产业，提升第二产业

浙江城市经济转型的总体方向是，大力发展第三产业，提升第二产业，融合带动第一产业。

要大力发展有特色的生活性服务业和有竞争力的生产性服务业。浙江省发展生活服务业具备较强优势。一是城镇化率较高，人口较多，服务业需求旺盛；二是流动人口数量多，生活性服务业的劳动力供给充足。要抓住时机，大力发展劳动密集型的养老、休闲、娱乐、餐饮等产业。

浙江省发展生产性服务业也有两个优势。一是制造业发达。据不完全统计，浙江超亿元的产业集群有 600 多个，产业集群内的各类制造企业

延伸出大量需要配套服务的环节。二是浙江科技创新能力较强、大专院校培育人才较多。要充分研究浙江已有制造业的特征，注重两头延伸，发展有竞争力的生产性服务业。近中期应重点针对技术引进、产品研发、品牌塑造、渠道营销、物流体系培育、金融保险、信息服务等环节，培育一批生产性服务企业。

表 17.12　　　浙江省年产值超亿元产业集群的相关组织情况　　　单位：个

	专业市场	行业协会和商会	科技服务中心	生产力促进中心	企业技术开发机构	质量检测机构	融资担保机构	教育培训机构	其他服务组织
合计	223	1152	238	26	522	131	165	1124	1845
每个集群拥有数	0.37	1.92	0.39	0.04	0.87	0.22	0.27	1.87	3.07
每百家企业拥有数	0.07	0.37	0.078	0.0084	0.17	0.042	0.054	0.36	0.60

说明：专业市场只包括经营额超亿元的市场，百家企业的平均产值规模为 5.13 亿元。

要提升第二产业。对于现有的传统产业，要本着减量化、高端化的发展原则，挑选重点产业领域，予以重点扶持。应重点培育中高档服装面料、品牌服装、精密仪器模具制造、改性塑料等产业。在新型制造业领域，结合浙江实际，应重点发展汽车、船舶、高铁和轨道交通设备、节能环保设备、工业自动化控制系统、高性能轻工机械等产业。在临港原材料工业领域，重点培育石油化工等行业。

要着眼于满足新型城镇化背景下的都市人口的消费需求，围绕休闲农业、观光农业、生态农业做文章。同时，农业生产要积极运用先进的技术设备，打造新型工业化、城镇化与农业现代化同步发展的新局面。

5. 改革财政与投融资体制，激发多元资本投资城镇化发展

一是要改革目前的财政体制，尽可能多地支持中小城市、特大镇发展。现行的财政体制是将中小城市、特大镇的大部分收入上收，再通过比例返还的方式由上级财政支持中小城市、特大镇的发展。浙江省中小城市与特大镇与全国类似城镇一样，它们所面对的财政体制的基本问题是，税收收入高、收入稳定的税种是上级政府争相分成的税种，但是分成比例的确定和当地实际管理的人口毫无关联。由于镇街创造的税收收入多数被上级政府获得，而镇街大量集聚的人口所需要的公共服务没有体现在财政分成之中，这导致行政级别较低的中小城市、特大镇没有财力用以改进城镇基础设施、提供公共服务。因此，当前浙江省要先在 27 个小城市培育中积累改革试点经验。比如初期可将地方财政收入区（县）留成部分 100% 返还，土地出让金区（县）留成部分 100% 返还、镇内重大基础设施建设和社会事业项目建设由区（县）财政 100% 承担。中远期应该建立和探索与人口规模相匹配的财政收入分配机制，将镇内实际承载的外来人口数量也考虑进来，研究制定以实际管理人口规模来确定税收分成比例的办法。

二是要发挥金融机构的作用。目前存在的问题是，镇这一级缺少经验、不善于包装项目，因此许多镇的项目过不了银行的审核门槛。另外，城镇化项目资金额较大，银行的分支机构没有权限审批，或者审批的流程耗时较长。在这种情况下，地方政府应该多创造条件，做好银行、企业、政府的对接，为银行金融资本投资城镇化发展克服困难。在发挥商业银行作用的同时，积极主动与政策性金融机构对接，例如与国家开发银行探索开发性金融支持城镇基础设施的方式方法。

三是发挥民间资本的作用。浙江民间资本十分活跃，2012 年前三季度，浙江省民间投资 7724 亿元，增速达 26%，占投资总额的 63.3%，表明民间投资潜力巨大。当前浙江省内外的企业家都对新型城镇化发展充满信心，这是发挥民间资本作用的有利时机。浙江各城镇应该抓紧出台相关政策，进一步鼓励民间资本参与城镇化建设。要放宽准入领域和条件，特别是在社会福利事业方面，面向中高收入群体和侨眷等特殊群体的养（托）老服务，全部面向社会，由民间资本投入。要加大税收优惠力度，例如对农民带资进入中心镇务工经商办企业，可以根据一定条件，减免税收。要实施公平的价格政策，对民间资本进入基础设施和基础产业领域建设的，在价格上要一视同仁。要在土地政策上对社会资本投资城镇化发展的给予适度倾斜，要在民营企业家本人及其家庭落户上，简化程序。

四是鼓励与支持农民自主城镇化，缓减政府投资城镇化的压力。浙江省处于长三角城市群的地带，境内一些村庄处于城市之间或交通干线之间。这些村庄的村民已经从事非农产业，村庄设施与公共服务水平也基本上与城市差异不大。要鼓励与支持这些地方的村庄，在集体土地上建设城市，保障其集体资产权利，允许集体土地形成的资产用于抵押等。归根到底，实现城镇化是目标，如何实现是途径，要改变不合理的法律与法规。

6. 以精简地级市职能和小城市培育为重点，推动行政体制改革

在探索精减地级市职能甚至撤销地级市方面，浙江具有诸多优势。如浙江面积较小、有利于省直管县。县域经济发达、外向度相对较高。在省管县的改革中，浙江创造了较多的经验。当前，从有利于推动形成城市主体的角度来说，要积极探索简化或合并地级市的职能，精简其机构，将来逐步过渡到撤销地级市，或将地级市变成省的派出机构。

小城市培育是浙江省新型城镇化的亮点。小城市培育已经取得一定成效。浙江省每年给予10亿元专项基金用于小城市培育，设区市政府出台了试点镇领导职级高配、行政区划调整、行政管理体制改革等政策予以支持，这些都取得了一定成效。比如强镇扩权改革，在一定程度上扭转了权力集中到县（市），责任集中到镇（街）的现象。小城市的人口城市化速度上升较快，基本公共服务设施有了明显改善，以二三产业为主体的城市经济实力壮大较快。

表 17.13　　　　　　　　浙江省小城市试点镇功能定位

小城市培育试点镇	功能定位
萧山区瓜沥镇	杭州都市经济圈的工贸卫星城市、环杭州湾地区的现代物流基地、杭州东南部的宜居新城
余杭区塘栖镇	江南水乡历史文化名城、杭州都市区宜居宜业新城、杭州湾先进机械设备制造基地
桐庐县分水镇	中国制笔产业基地、杭州西部休闲旅游胜地、生态型绿色小城市
富阳市新登镇	富阳市域副中心、富春江畔宜居宜业小城市、杭州西部产业新平台
象山县石浦镇	千年渔港名城、象山经济社会副中心、海洋休闲旅游胜地
慈溪市周巷镇	长三角区域创新特色家电之都、宁波西北部开放型现代商贸之地、杭州湾畔活力型品质宜居之城

续表

小城市培育试点镇	功能定位
奉化市溪口镇	国际著名旅游胜地、历史文化名镇、全国生态宜居小城市
余姚市泗门镇	姚西北宜居宜业小城市、长三角地区改革创新先行区、杭州湾南翼产业集聚集约发展示范区
苍南县龙港镇	全国城镇综合改革示范基地、鳌江流域中心城市、宜居宜业的滨海工贸特色城市
瑞安市塘下镇	中国汽摩托配产业重要基地、温瑞平原重要节点城市、海滨宜居活力新城
乐清市柳市镇	创业投资总部经济示范基地、国家先进电工电气制造业基地、温州大都市经济圈重要城市组团
平阳县鳌江镇	鳌江流域中心城市、平阳经济社会文化副中心、浙南特色装备制造业基地
吴兴区织里镇	中国童装之都、浙江经济雄镇、太湖魅力新城
德清县新市镇	接沪融杭工贸重镇、京杭运河活力新城
桐乡市崇福镇	中国皮草之都、杭州都市圈示范节点城市、江南运河文化名城
秀洲区王江泾镇	中国织造名镇、江南湿地新城、浙北商贸重镇
嘉善县姚庄镇	城乡协调临沪新城、宜居宜业幸福小城
诸暨市店口镇	三县边界新兴节点城市、杭州都市经济圈工业卫星城、全国五金水暖产业基地
绍兴县钱清镇	国际轻纺原料基地、都市经济圈节点城市、县域经济社会副中心
东阳市横店镇	影视文化旅游名城、浙江电子材料产业基地、东阳市域经济社会副中心
义乌市佛堂镇	国家历史文化名镇、文化旅游工艺品生产基地、义乌国际商贸城副中心
江山市贺村镇	特色产业发展示范区、三省边界工贸重镇、生态宜居小城市
普陀区六横镇	深水物流良港、临港产业基地、海岛宜居新城
温岭市泽国镇	工贸发达的活力城市、水乡特色的生态城市
玉环县楚门镇	家居产业名都、滨海活力名城、人文生态名镇
临海市杜桥镇	临海经济社会副中心、中国眼镜名城、台州湾北部工贸新城
缙云县壶镇镇	特色机械装备城、生态文化名城、台金丽三市交会新兴城市

资料来源：根据浙江 27 个试点镇资料汇总。

　　下一步应总结经验，在推动特大镇向小城市培育的基本规律、路径方面进行系统总结，在运用市场机制推动小城市发展方面作出更深入的试点，在探索新型设市制度方面作出新的突破，在科学规划、提高小城市发挥独特的功能定位方面进行突破。以往的经验与教训是，如果最终不能通过行政体制的办法巩固小城镇改革的成果，许多改革可能要经过若干反复。在当前有利的条件下，要创造条件，力争尽快让承担试点任务的特大镇成为试点小城市。

参考文献

[1] Ana Cristina Fernandes . Rovena Negreirus: Economics developmentism and change within the Brazilian urban system, Geoforum 32 (2001): 418

[2] B. J. L. Berry, Long – Wave Rhythms in Economic Development and Politcal Behavior (Baltimore Md. Johns Hopkins Universitu Press 1991) 32 – 33

[3] First Report of the Commissioners for Inquring into the State of Large Towns and Populous Districts1844 Second Report etc 1845

[4] Friedmann J. Regional development policy: A case study of Venezula. Massachusetts: MIT Press, 1966

[5] Gilles Duranton and Diego Puga. From Sectoral to Functional Specialization, Joural of Urban Economics 57, 2005: 343 – 370

[6] J. Hancock. the New Deal and American Planning: The 1930s, in The Two centuries of Amrican Planning, ed. D. Schaffer. Baltimore, Md: Johns Hopkins University Press, 1988: 197 – 230

[7] J. John Pelen. The Urban World, Mc – Hill Book Company, 1987: 120

[8] Jon C. Teaford. The Twentieth Century American City, Baitimore&London, 1993: 69

[9] Joseh Ramos. Growth crises and strategic turnarounds. CEPAL Review, 1993 (50): 63 – 79

[10] Justin Yifu Lin. Household Farm, Cooperative Farm, and Efficiency: Evidence from Rural Decollectivization in China, Working Paper. New Haven: Yale University, Economic Growth Center, 1987: 533

[11] Krugman P. Space: The Final Frontier. Journal of Economic Perspective, 1998, 12 (2): 161 – 174

[12] M. Lipton. Why Poor People Stay Poor: Urban Bias in World Development. Cambridge, Mass. : Harvard University Press, 1977

[13] Mark Girouard. Cities and People: A Social and Architectural History. New Haven: Yale University Press, 1995: 268

[14] Report on the Sanitary Condition of the Labouring Population, 1842

[15] V. g. childe, "The Urban Revolution" Town Planning Review 21 (1950): 3 – 17

[16] V. R. Fuchs. The Service Economy. National Bureau of Economic Research, 1968: 1

[17] W. sjoberg, "The Origin and Evolution of Cities", Scientific American, September (1965), 55 – 56

[18] Wallerstein. The Politics of the World – Economy . Cambridge, UK: Cambridge University Press, 1984

[19] 埃比尼泽·霍华德著，金经元译. 明日的田园城市. 北京：商务印书馆，2006

[20] 安格斯·麦迪森. 世界经济千年统计. 北京：北京大学出版社，2009

[21] 白志礼. 县域城镇化问题的特异性与发展思路研究. 城市发展研究，2007（5）

[22] 柏国强. 上海构建环境友好型城市研究. 华东师范大学博士论文，2005

[23] 保罗·诺克斯等著，顾朝林等译. 城市化. 北京：科学出版社，2011

[24] 北冥. 一些国家的"绿道"实践. 中国建设报. 2010 年 12 月 17 日

[25] 彼得·霍尔. 规划：新千年的回顾与展望. 国外城市规划，2004（4）

[26] 彼得·霍尔著，邹德慈等译. 城市和区域规划. 中国建筑工业出版社，2008

[27] 彼德·霍尔. 城市和区域规划. 北京：中国建筑工业出版社，2008

[28] 卞华舵. 主动城市化. 北京：中国经济出版社，2011

[29] 布莱恩·贝利. 比较城市化. 北京：商务印书馆，2012

[30] 蔡国华，李苗. 县域城镇化发展探析. 生产力研究，2006（12）

[31] 李景源等主编. 中国生态城市建设发展报告. 北京：社会科学文献出版社，2012

[32] 陈剑波. 农地制度：所有权问题还是委托——代理问题. 经济研究，2006（7）

[33] 陈秋玲等. 城市包容性发展与中国新型城市化. 南京理工大学学报（社会科学版）. 2002
（25）

[34] 陈如，匡强. 构建南京环境友好型城市建设的战略体系. 改革与开放，2008（11）

[35] 陈涛. 解密"土地财政". 财经，2010（8）

[36] 陈宪主编. 中国服务经济报告（2009）. 上海：上海大学出版社，2010

[37] 陈修颖等. 市场共同体推动下的城镇化研究. 地理研究，2008（1）

[38] 成婧. 江苏沿海城市群建设与政府治理模式创新. 城市发展研究，2010（11）

[39] 城市学研究编委会. 城市学研究. 北京：中国社会科学出版社，2011（5）

[40] 程晶. 城市化进程中拉美国家城市环保的经验及教训. 世界历史. 2007（6）

[41] 仇保兴. 笃行借鉴与变革. 北京：中国建筑工业出版社，2012

[42] 戴宾. 成都都市圈战略规划研究. 成都市哲学社会科学规划项目，2002

[43] 蒂莫西·比特利著，邹越、李吉涛译. 绿色城市主义. 北京：中国建筑工业出版社. 2011

[44] 范恒山主编. 土地政策与宏观调控. 北京：经济科学出版社，2010

[45] 冯奎. 多元复合转型的县域城镇化战略研究. 国家发改委优秀成果申报材料，2011

[46] 顾朝林，于涛方，李王鸣. 中国城市化格局·过程·机理. 北京：科学出版社，2008

[47] 广福德. 英国农村城市化历程及启示. 世界农业，2008（5）

[48] 国务院发展研究中心课题组. 中国城镇化：前景、战略与政策. 北京：中国发展出版
社. 2010

[49] 韩俊等. 巴西城市化过程中贫民窟问题及对我国的启示. 中国发展观察，2005（6）

[50] 韩俊主编. 中国农民工战略问题研究. 上海：上海远东出版社，2009

[51] 李春玲主编. 比较视野下的中产阶级形成过程、影响以及社会经济后果. 北京：社会科学
文献出版社，2009

[52] 贺曲夫、孙继英. 浙江省苍南县龙港镇发展与行政区划管理体制创新研究. 经济师,
     2008 (6)

[53] 贺卫华. 开发性金融与新型城镇化互动发展的路径分析. 河南科技报, 2012 (7)

[54] 胡鞍钢. 中国存在"四农"问题, 经济研究资料, 2005 (3)

[55] 黄勇等. 全球化和长三角一体化背景下环杭州湾地区战略抉择. 北京: 中国社会科学出版
     社, 2008: 6

[56] 纪晓岚. 英国城市化历史过程分析与启示. 华东理工大学学报 (社会科学版). 2004 (2)

[57] 江丽. 现代村庄治理模式探析. 郑州航空工业管理学院学报, 2008 (6)

[58] 江小涓. 中国经济发展进入新阶段: 挑战与战略. 经济研究, 2004 (10)

[59] 李景源等主编. 中国生态城市建设发展报告. 北京: 社会科学文献出版社, 2012

[60] 科斯托夫. 城市的形成: 历史进程中的城市模式和城市意义. 北京: 中国建筑工业出版社,
     2005

[61] 库采夫. 新城市社会学. 北京: 中国建筑工业出版社. 1987

[62] 李景源等主编, 中国生态城市建设发展报告. 北京: 社会科学文献出版社

[63] 李铁. 促进城镇健康发展的规划研究. 中国城市和小城镇改革发展中心内部报告, 2011

[64] 李祥荣, 李伟娟. 环境友好型城市. 北京: 中国环境科学出版社, 2006

[65] 李彦军. 中国城市转型的理论框架与支撑体系. 北京: 中国建筑工业出版社, 2012

[66] 李迎生. 关于现阶段我国城市化模式的探讨. 社会学研究, 1988 (2)

[67] 联合国人居中心编. 城市化的世界——全球人类居住区报告1996. 北京: 中国建筑工业出
     版社, 1999

[68] 林家彬, 王大伟. 城市病. 北京: 中国发展出版社, 2012

[69] 刘传江, 徐建玲等. 中国农民工市民化进程研究. 北京: 人民出版社, 2008

[70] 刘传江. 中国城市化的制度安排与创新. 武汉: 武汉大学出版社, 1999

[71] 刘桂文. 推进县域城镇化的对策研究. 经济纵横, 2010 (5)

[72] 刘慧. 我国农村发展地域差异及类型划分. 地理学与国土研究, 2002 (4)

[73] 刘守英, 周飞舟, 邵挺. 土地制度改革与转变发展方式. 北京: 中国发展出版社, 2012

[74] 任真等主编. 长三角的未来: 机遇与挑战. 北京: 人民出版社, 2011

[75] 刘易斯·芒福德著, 宋俊岭等译. 城市发展史. 北京: 中国建筑工业出版社, 2008

[76] 陆大道. 区位论及区域研究方法. 北京: 科学出版社, 1988

[77] 吕萍. 农民工住房: 理论、实践与政策. 北京: 中国建筑工业出版社, 2012

[78] 倪鹏飞主编. 2009中国城市竞争力研究报告. 北京: 中国社科文献出版社, 2009

[79] 牛文元主编: 中国新型城市化报告 (2009). 北京: 科学出版社, 2009

[80] 欧盟出版办公室编. 明日之城——挑战、愿景、开拓前进. 2011

[81] 浦善新. 中国行政区划改革研究. 北京: 商务印书馆, 2006

[82] 钱乘旦. 第一个工业化社会. 成都: 四川人民出版社, 1988

[83] 钱文荣，黄祖辉．转型时期的中国农民工．城市学研究．北京：中国社会科学出版社，2011

[84] 清华大学建筑学院．城市与区域发展转型．北京：商务印书馆，2011

[85] 任兴洲等主编．服务业发展．北京：中国发展出版社，2011

[86] 世界银行．1984年世界发展报告（中文版）．北京：中国财政经济出版社，1984

[87] 仵传振．城市化进程中的新生代农民工就业现状与对策研究．城市学研究，2011

[88] 覃成林，周姣．城市群协调发展：内涵、概念模型与实现路径．城市发展研究，2010（12）

[89] 谭明华．关于城市灰霾的治理．城市问题，2009（10）

[90] 谭纵波．城市规划．北京：清华大学出版社，2008

[91] 唐华．美国城市管理：以凤凰城为例．北京：中国人民大学出版社，2008

[92] 王春超，余静文．政府间组织结构创新与城市群整体经济绩效：以珠江三角洲城市群为例．世界经济，2011（1）

[93] 王建国．河南县域城镇化发展的着力点及应注意的问题．中州学刊，2008（6）

[94] 王敏等．环境友好城市建设初探——以上海为例．环境科学与技术，2007，30（8）

[95] 王伟等．基于制度分析的我国人口城镇化演变与城乡关系转型．城市规划学刊，2007（4）

[96] 王一鸣等．走向2020：中国中长期发展的挑战和对策．北京：中国计划出版社，2011

[97] 温宗国，李蕾．环境友好城市指标体系及其标杆管理．环境保护：2007（11）

[98] 吴敬琏．农村剩余劳动力转移与"三农"问题．宏观经济研究．2002（6）

[99] 吴群，李永乐．财政分权：地方政府竞争与土地财政．财贸经济．2010（7）

[100] 徐和平．经济发展中的大国城市化模式比较研究．北京：人民出版社，2011

[101] 徐剑峰．发达地区县域城市化特征及其存在的问题．上海经济研究，2002（12）

[102] 徐明华，陈文举．浙江县域经济融入都市圈发展研究．浙江社会科学，2011（8）

[103] 徐维祥等．基于产业集群成长的浙江省农村劳动力转移实证研究．2004（6）

[104] 徐竹青等．转型升级：浙江发展的战略抉择．北京：中国经济出版社，2010

[105] 许崇德．各国地方制度．北京：中国检察出版社，1993

[106] 许学强，周一星，宁越敏．城市地理学．北京：高等教育出版社，1997

[107] 许学强．中国城市化理论与实践．北京：科学出版社，2012

[108] 许正中．社会多元复合转型．北京：中国财政经济出版社，2007

[109] 杨伟民等．促进人的发展的新型城市化战略．北京：人民出版社，2010

[110] 易善策．"双重转型"背景与中国特色城镇化道路，济南大学学报，2008（6）

[111] 于洪俊，宁越敏．城市地理概论．合肥：安徽科学技术出版社．1983

[112] 于立等．中国乡镇企业吸纳劳动就业的实证分析．管理世界，2003（3）

[113] 余斌，魏家宁．中国财政金融风险问题研究．北京：中国发展出版社，2012

[114] 张保生等．环境友好型城市指标体系的研究．北方环境，2011（2）

[115] 张丽君等．世界主要国家和地区国土规划的经验与启示．北京：地质出版社，2011

[116] 张强，刘守英等．集体土地上长出来的城市．2008

[117] 张占斌主编．中国省直管县改革研究．北京：国家行政学院出版社，2010

[118] 张正河．快速城市化背景下的村庄演化方向研究．农业经济问题，2010（11）

[119] 赵凌．拆迁十年悲喜剧．南方周末．2003 年 9 月 4 日

[120] 赵民，王聿丽．新城规划与建设实践的国际经验及启示．城市与区域规划研究，2011（2）

[121] 赵沁娜等．环境友好型城市研究进展述评．中国人口·资源与环境，2010，20（3）

[122] 赵照．英国早期城市化研究——从 18 世纪后期到 19 世纪中叶．华东师范大学博士论文，2008

[123] 赵峥．中国城市化与金融支持．北京：商务印书馆，2011

[124] 浙江省发改委．2008 浙江省服务业发展报告．北京：社会科学文献出版社，2009

[125] 浙江省发展规划研究院．决策咨询（内部报告）．2004（17）

[126] 郑秉文．拉美"过度城市化"与中国"浅度城市化"的比较．中国党政干部论坛．2011（7）

[127] 中国人民大学课题组．新战略发展期我国城镇化融资面临的问题与解决方案．2011

[128] 住房和城乡建设部城乡规划司、中国城市规划设计研究院编．全国城镇体系规划 2006～2020．北京：商务印书馆，2010

[129] 邹湘江．基于"六普"数据的我国人口流动与分布分析．人口与经济．2011（6）